무죄의
無罪 기술

이 도서의 국립중앙도서관 출판시도서목록(CIP)은 e-CIP홈페이지(http://www.nl.go.kr/ecip)와 국가자료공동목록시스템(http://www.nl.go.kr/kolisnet)에서 이용하실 수 있습니다.
(CIP제어번호 : CIP2017012529)

무죄의 기술

펴낸날 초판 3쇄 2025년 1월 1일

지은이 노인수
사 진 노지윤
펴낸곳 주식회사 순눈
펴낸이 노인수
편집자 권병두
디자인 엔드디자인

출판신고 2015년 12월 28일 제2015-00278호
주소 서울특별시 서초구 서초대로 335, 5층 501호(서초동, 서흥빌딩) (우편번호 : 06607)
사업자등록번호 214-88-54893
계좌 국민은행 079801-04-114638
전화 02-597-2003 **팩스** 02-584-5055
블로그 blog.naver.com/sunnun2 **메일** sunnun2301@hanmail.net

ISBN 979-11-957084-2-0 13360

- 잘못 만든 책은 구입하신 서점에서 바꾸어 드립니다.
- 책값은 표지 뒷면에 있습니다.
- 독자의 의견을 기다립니다.(sunnun2301@hanmail.net)

책 쓰는 변호사 노인수의 법정다툼 불패전략

무죄의 無罪 기술

변호사 노인수 지음

순눈

:: 추천사 ::

서초동에는, 우스갯소리처럼 들리지만, 진정성이 묻어나는 말이 있다. "의뢰인은 변호사 잘 만나는 것이 복이고, 피고인은 재판장 잘 만나는 것이 복이다"라는 속언이다.

가까이서 지켜본 노인수 변호사는 항상 연구하고, 고민하고, 실천하는 변호사였다. 그 고뇌의 결과물이라고 할까?「변호사 노인수의 유치권 진짜 가짜 판별법」,「그들이 알려주지 않는 형사재판의 비밀」,「이기는 민사재판의 비밀」이라는 책은 일반인이 쉽게 이해할 수 있도록 눈높이를 낮춰 기술한 동시에 변호사들에게도 귀중한 지혜를 제공하는 책으로 널리 호평을 받고 있다.

이번에 출간한「무죄의 기술」이라는 책은 현실에서 발생한 "진실"을 법정의 "진실"로 만들기 위한 전략서로, 소송당사자에게 훌륭한 길잡이 역할을 할 것으로 기대된다. 타임머신이 있다면 단순히 시간을 되돌려 사건의 실체를 밝히면 되겠지만 그러한 기계가 존재하지 않는 관계로 부득이 과거에 발생한 "진실"을 법정에서도 똑같이 재생시키기 위해 하나의 룰이 필요하다. 노인수 변호사는 이 책을 통해 그러한 룰에 대한 체계적 이해와 전략을 기술했다. 또 한 번의 노작에 경의를 표한다.

변호사 김청만

머리말

무죄를 설계하는 방법

조금만 더 냉정했더라면 얼마든지 무죄가 될 수 있는 사건이 있다.

조금만 더 합리적 의심에 대해 알았더라면 얼마든지 집행유예나 벌금형으로 그칠 수 있는 사건이 있다.

처음부터 일관성 있게 접근했더라면 얼마든지 사태를 더 유리하게 끌고 갈 수 있는 사건이 있다.

법정 밖에서 답을 찾으면 얼마든지 전세를 역전시킬 수 있는 사건이 있다.

오늘 나는 무죄를 만드는 4가지 기술에 대해서 이야기하려고 한다. 이 4가지 기술로 민·형사상의 모든 사건을 말할 수는 없으나 대응 방안을 찾지 못해 갈팡질팡하는 사람에게 문제 해결의 '감(sense)'을 줄 수 있으리라 기대한다.

오랜 숙련을 통해 손과 눈에 익숙하게 된 것을 '감'이라고 부른다. 대부분의 소송당사자는 소송 경험이 전무하거나 거의 없다. 이런 이유로 일상에서 갖게 된 습관적 사고와 행동을 법정에 그대로 적용하는 잘못을 범한다. 일부는 더러 맞기도 하지만 대개는 어긋난다. 어이없는 실수가 연발되고, 왜 패소하는지도 모른 채 종국을 맞는다. 그리고 남을 탓한다.

나는 검사로 시작하여 청와대 사정비서관을 거쳐 현재 변호사가 되기까지 40년가량 법조계에서 활동하며 일반인이 저지르는 실수의 공통점을 조금 알게 되었다. 감정이 앞선 사람, 합리적 의심에 대해 잘 모르는 사람, 주장이 바뀌거나 적당한 선에서 타협하는 사람, 법정 밖에 해결의 열쇠가 있는데 이를 놓치는 사람이 그들이다. 이들도 물론 손에 쥔 무기를 크게 휘두르며 상대방을 공격한다. 그러나 손에 쥔 게 솜방망이일 때도 있고, 눈을 감고 휘두를 때도 있으며, 자기 가슴만 두드리고 있는 경우도 많다. 반대로 이 4가지 약점을 보강하고 소송을 준비하여 '최소한의 실수'와 '최대한의 공략'을 실행하는 사람들이 있다. 이 책에서 제시하는 4가지 기술, 즉 1) 냉정을 얻는 기술과 2) 판사로 하여금 검사의 주장에 합리적 의심을 하도록 만드는 기술, 3) 일관성을 잃지 않고 초지일관의 자세로 임하는 기술, 마지막으로 4) 법정 밖에서 법정 안의 싸움을 해결 짓는 기술은 소송 초보의 공통적 약점을 보강하는 데 효과가 있다고 믿는다.

"변호사님, 저는 어떻게 될까요? 무죄를 받을 수 있나요?"
처음 사무실을 방문한 사람들, 특히 소송 경험이 없는 분들이 자주 묻는 질문이다. 병원에 가서 다짜고짜 의사에게 '병이 위중한가, 나을 것 같은가?' 하고 묻는 것처럼 방문자들은 성급하다. 그 마음을 모르는 것은 아니지만 답변은 생각처럼 간단치 않다. 왜냐하면 당신이 변호사에게 이야기한 사정만으로는 아직 사건의 그림이 충분히 그려지지 않기 때문이며, 또한 설령 모든 사정을 다 알더라도 법정 다툼의 특성상 단정 지어 말하기 어려운 게 있기 때문이다. 법정 다툼이란 공격과 방어의 연속으로, 언제 어디서 어떤 변수가 등장할지 알 수 없는 전투와 같다. 이 때문에 법정 다툼은 시청자 반응에 따라 대본을 변경해가며 그때그때 방향을 트는 드라마와 같다. 드라마라는 게 갈등 관계에 놓인 두 명의 주인공이 각자에게 유리한 국면을 만들기 위해 끊임없이 수단과 방법을 강구하는 가운데 시청률을 높이는 것이 아닌가. 무죄라고 생각하고 이야기를 맞춰가다가도 뜻밖의 반발에 부딪쳐 유죄가 되는 경우도 있고, 유죄 가능성이 높다고 믿고 있다가 난데없는 증거의 출현으로 무죄가 되는 경우도 있다.

  40여년 법정 다툼을 경험한 지금, 나는 어떤 사건도 처음부터 답이 정해진 경우는 없다는 것을 알게 되었다. 그래서 지금 이 순간이 중요하다는 사실을 깨달았다. 좋은 법조인이란 식재료가 부족한 상황에서도 맛있는 음식을 만들어내는 요리사와 같다. 없는 재료를 탓하기보다는 지금 할 수 있는 걸 찾는 과정에서 근사한 요리가 태어나듯 무죄 판결 역시 지금 할 수 있는 걸 시도하는 과정에서 조금씩 승소의 가능성을 높인다. 이 책에서 제시하는 4가지 기술은, 스스로를 변호할 수 있는 힘을 부여할 뿐 아니라 패소의 가능성을 줄이고 단 한 걸음이라도 우리가 원하는 목표에 다가가는 데 기여하리라고 생각한다.

  검사나 상대방 혹은 상대방의 소송대리인(대부분 변호사)은 증거나 전략, 논리 등 여러 건축재료를 사용하여 나의 유죄를 강력히 주장할 수 있는 건축물을 지으려고 한다. 이에 대해서 우리는 두 가지 대응책을 생각할 수 있다. 하나는 상대방의 건축물이 부실공사임을 드러내는 것으로, 이를 통해 우리는 판사로 하여금 검사의 주장을 의심하도록 만들 수 있다(형사소송에서 유용한 방법). 다른 하나는 나의 무죄를 주장하는 또 하나의 강력한 건축물을 지어서 완전히 새로운 사실을 보여주는 것이다. 이 두 가지 방법 가운데 무엇이 효과적인지는 사건마다 상황마다 다르지만 공통적으로 '무죄는 만들 수 있다'는 점에서 차이가 없다. 안철수 전 국민의당 대통령 후보가 JTBC 프로인 〈썰전〉에 출연하여 이런 말을 했다. "전에는 가만히 있으면 사람들이 나의 선의를 헤아려 주리라고 생각했다. 그러나 근래에는 자꾸만 선의를 왜곡하는 사람들이 있다는 사실을 알게 되었고, 그래서 지금은 적극적으로 해명하려고 노력하고 있다." 정치계에 입문하여 우여곡절을 겪은 전직 기업가의 이 고백은 법적 문제에도 똑같이 적용된다. 적극적으로 방어하려는 노력이 하나둘씩 쌓여 무죄를 만든다.

 이제 본론으로 들어가 보자. 우리의 이야기는 다음 질문에서 시작된다.

 "잘만 했더라면 무죄가 될 수 있었던 사건이 왜 무죄가 되지 못했을까?"

2017년 6월
책 쓰는 변호사 노인수

형사사건 무료상담권

  1. 이 책을 통해 만나는 당신이 제게는 소중하고 사랑스럽습니다. 감사의 마음으로 작은 만남을 준비했습니다. 책이 아닌 실제 공간에서 여러분을 뵙고 싶습니다. 매월 둘째주 목요일 오후 4시에서 6시 사이를 비워두겠습니다. 한 분당 총 40분을 마련하겠습니다. 10분은 제가 쓴 책에 대해 이야기하고 싶고, 30분은 여러분의 형사문제 관련 궁금증에 답하고 싶습니다.

  2. 다만 미리 저의 블로그(blog.naver.com/sunnun2)에 접속, '무죄의 기술 독자의 방'에 원하는 시간과 본명(혹은 별명)을 기재해 주십시오. 그러면 제가 무료 상담일 하루 전날(매월 둘째주 수요일 오후)까지 제 블로그 사랑방에 미팅 일정표를 순서대로 적어두겠습니다. 혹여 특별한 사정이 생기거나 기다리시는 분이 많으면 시간을 늘리거나 다음달로 연기하겠습니다.

  3. 그러면 약속한 날 뵙겠습니다. 저의 사무실은 서울 서초구 남부터미널역 1번 출구에서 100미터 가량 직진한 후 우회전하여 50미터 정도 걸으면 다다를 수 있습니다(사무실주소 : 서초중앙로 8길 17, 전화 : 02-3482-3838). 늘 행복하시기를 바라며 좋은 만남 갖기를 기대합니다. 감사합니다.

  4. 무료상담권(40분) 유효기간

    : 2025년 1월 1일부터 2025년 6월 30일까지(책 1권당 1인 상담가능. 방문일에 도서 지참.)

상담예약일시		실제상담일시	
상담자	성명		연락전화
비고			

무료
상담권

 목차 :

머리말 : 무죄를 설계하는 방법 • 5

1장 냉정을 되찾는 기술

1 아버지가 분노를 억누른 이유 • 19
2 흥분하면 지는 이유 • 22
3 눈을 감고 싸우겠다고? • 26
4 복수든 용서든 내가 살아남는 것(승소)이 먼저다 • 30
5 감정적 대응, 소송에서 지는 가장 큰 이유 • 32
6 냉정이 필요한 또 한 가지 이유 • 37
7 냉정의 기술 • 44
8 감정의 전략적 활용 ① 양형을 대비하라 • 48
9 감정의 전략적 활용 ② 역으로 활용하기 • 51
10 법정 밖에서 찾은 해결책 • 58

2장 판사를 의심하게 하라 – 합리적 의심

1 법적 공방의 무기, 증거 • 65
2 자격이 있는가, 없는가?
　– 증거능력 • 68
3 증거의 자격보다 더 중요한 것
　– 증명력 • 72
4 판사를 의심하게 만드는 전략 • 81
5 합리적 의심과 자유심증 • 85
6 판사가 증거를 검토하는 3가지 방식 • 89
7 유죄 판결에 영향을 주는 증거들 • 93
8 자백만으로는 유죄 판결을 내릴 수 없다 • 100
9 바뀐 것 없는 2심 판결 • 108
10 뒤집힌 대법원 판결 • 118
11 거짓말쟁이의 말은 콩으로 메주를 쑨다고 해도 믿기 어렵다
　– 뇌물죄 사건 • 138
12 피해자의 진술을 어디까지 믿어야 할까?
　– 술집 음주 폭력사건 • 181
13 전체적인 그림이 중요하다
　– 노래방 도우미 강간치상 사건 • 208

3장 끝까지 입장을 고수하라

1 일관성이 판결을 좌우한다 • 227
2 일관성을 지킨다는 말의 의미 • 233
3 상대방의 일관성을 깨뜨리는 방법
   – 첫 휴가 나온 군인, 특수강간 사건에 휘말리다
      1) 발단 • 238
      2) 전개 • 240
      3) 국민참여재판 준비과정 • 242
      4) 피해자 VS 피고인의 주장 • 249
      5) 항소 • 256
      6) 결론 • 301

4장 법정 밖에서 문제를 해결하라

그들이 알려주지 않는 현실 재판의 모습 • 309

사건 1. 정확한 법리 분석 후 대응하자
   – 사기죄 사건 • 311

사건 2. 다른 재판 자료에 답이 있다
   – 전대보증금 편취 사건 • 317

사건 3. 전쟁 중 작은 실수는 대세를 그르친다
   – 유치권 점유 상실 유도 사건 • 323

사건 4. 유명인을 위한 법률 대응 전략
　　　　— 메이저리거 폭력행위 및 재물손괴 사건 • 329

사건 5. 공문서의 증명력을 또 다른 공문서로 깨뜨리다
　　　　— 농지양도소득세 과세처분 취소 사건 • 342

사건 6. 현장이 답이다
　　　　— 바닷가 묘지부 토지 매매 사건 • 347

사건 7. 왜 앞선 변호사들은 현장 방문을 소홀히 했을까?
　　　　— 유치권, 같은 사건 다른 판결 • 352

사건 8. 돈을 끝까지 받으려면 민사/형사 투트랙 전략이 필요하다
　　　　— 대여금 편취 피해 사건 • 358

사건 9. 양형 전략으로 갈아타기
　　　　— 남의 땅 대출 사기사건 • 362

사건 10. 양형을 위한 조건 만들기
　　　　— 대습상속녀 토지사기사건 • 372

사건 11. 합의의 한 가지 요령
　　　　— 내연녀 가위 폭력상해 사건 • 376

사건 12. 누구의 실수가 더 적은가?
　　　　— 분양대행 비용 회수 사건 • 379

사건 13. 뜻밖의 눈물
　　　　— 고위공직자 뇌물 수수 사건 • 387

사건 14. 법리로 해결되지 않는 일
　　　　— 광주 시절 두 개의 사건 • 390

사건 15. 낌새가 이상할 때는 시간을 벌어라
　　　　— 경매기입등기후 점유 유치권 사건 • 398

사건 16. 피고소인 중 한 명이 소재불명일 때
　　　　－ 사기죄, 배임죄 순차 고소 사건 • 402

사건 17. 고발보다는 고소가 좋다
　　　　－ 탈북자 사기 피해 사건 • 408

사건 18. 억울한 기소유예처분
　　　　－ 뺑소니불기소처분취소 헌법 소원 사건 • 411

사건 19. 누군가는 먼저 책임을 짊어져야 한다
　　　　－ 공직자 부부 임대보증금 편취 사건 • 422

사건 20. 합의 노력은 사건 해결의 필수조건이다
　　　　－ 미숙아 쌍둥이 사망 살인 사건 • 427

사건 21. 처분문서는 더 높은 증명력의 유지 노력이 필요하다
　　　　－ 가짜 차용증 유용 사기사건 • 435

사건 22. 신속히 입장을 정하여 즉시 행동에 나서야 한다
　　　　－ 남의 땅 편취 공모 사건 • 450

사건 23. 입장을 빨리 취하라
　　　　－ 강도 사건 피해자냐 사기사건 가해자냐 • 454

사건 24. 부동산 사기사건 증거 수집법
　　　　－ 개발빙자 땅 투기 사기사건 • 457

사건 25. 프레임 바꾸기
　　　　－ 정비사업관리업자 배임 사건 • 463

사건 26. 억울하더라도 적당한 때 멈춰야 한다
　　　　－ 어느 순진한 종교인의 대여금 사건 • 469

후기 • 474

저자 약력 • 477

참고문헌 • 479

일러두기

· 이 책은 당사자가 진실할 뿐 아니라 제대로 수사나 재판을 받았으면 처음부터 죄가 없거나 처벌받아서는 안 된다는 점을 전제로 했다. 억울한 유죄, 즉 누명을 씻는 방법에 초점이 맞춰져 있다.

· 이 책은 사기, 폭행, 강도 등과 같은 개별적인 사건 유형을 다루지 않는다. 똑같은 유형의 사건이라도 사건마다 해법이 다르다. 대신 이 책은 사건 유형을 떠나 대응책에 대한 '감'을 잡을 수 있도록 구성했다.

· 그럼에도 사건 유형별 대응 전략이 궁금한 분은 필자의 다른 저서 두 권을 참조하기 바란다(《판사 검사 변호사가 알려주지 않는 형사재판의 비밀》, 《이기는 민사재판의 비밀》).

· 본문 중에 괄호와 함께 '*' 표로 표시한 내용은 원문에 없는 것을 따로 설명하기 위해 저자가 붙인 주다.

1장

냉정을 되찾는 기술

"무술가가 체력이라는 토대 위에

기술의 옷을 입듯이

소송에 나서는 사람도

냉정이라는 토대 위에

전략이라는 옷을 입어야 한다."

●

아버지가 분노를
억누른 이유

LAW 01

고대 로마의 역사에는 잔혹한 황제가 여럿 등장한다. 그 가운데 한 명인 칼리굴라는 예측하기 힘들고 변덕스런 성격으로 유명했다. 사람들은 사이코패스 같은 황제가 어떤 꼬투리를 잡을지 몰랐기 때문에 황제를 피했다.

하루는 이 변덕스런 황제의 눈에 파스토르 장군의 아들이 걸려들었다. 파스토르의 아들은 한창 피어나는 청춘으로, 외모에 관심이 많았던 모양이다. 그는 당시 유행하는 스타일로 머리를 아름답게 손질했다. 그런데 그게 황제의 비위에 거슬렸다. 칼리굴라는 머리가 마음에 안 든다는 이유로 파스토르의 아들을 감옥에 처넣었다. 사람들은 황제의 명령을 거역할 수도 없었지만 그렇다고 납득할 수도 없었다. 어쩌면 칼리굴라 자신도 왜 그를 감옥에 넣었는지 설명키 힘들었으리라. 예상치 못한 투옥 사건은 로마 시 전역으로 빠르게 전파되었고, 아버지 파스토르의

귀에도 닿았다. 그는 아들이 이해하기 어려운 이유로 감금되었다는 소식을 듣자마자 황제에게 달려갔다. 파스토르는 최대한 예의를 지켜 은혜를 베풀어달라고 간청했다. 가만히 파스토르의 간청을 듣던 칼리굴라는 호기심이 발동했다. 아들을 잃은 아버지는 어떤 기분일까? 다리가 뜯긴 개미가 어떻게 기어갈지 궁금해 하는 어린아이의 심정으로 칼리굴라는 아들을 처형시키라는 청천벽력의 명령을 내렸다. 황제의 명령이 새로 떨어지자 장내에는 암흑보다 더 차가운 침묵이 깔렸다. 퍼뜩 정신을 차린 파스토르는 눈물을 뿌리며 목숨만은 살려달라고 손이 발이 되도록 빌었으나 한번 내뱉은 황제의 명령은 거두어지지 않았다. 잠시 뒤 아들의 목은 개미 다리마냥 허망하게 떨어지고 말았다.

칼리굴라의 악마와 같은 취미는 여기서 그치지 않았다. 머리를 깔끔하게 손질했다는 이유로 한 젊은이를 처형한 그날, 칼리굴라는 만찬을 준비시키고 방금 아들을 떠나보낸 아버지 파스토르를 초대했다.

드디어 저녁 만찬이 열렸다. 칼리굴라는 유쾌한 표정으로 식탁 상석에 앉았다. 그는 손님들에게 먹음직스런 음식을 권하며 신이 나서 떠들었다. 그러나 한편으로 파스토르의 표정이 궁금해 죽을 지경이었다. 저자가 과연 어떤 심정인지 알고 싶었다. 내가 자기 아들을 죽였으니 속으로 피눈물을 삼키고 있지 않겠는가. 그런데 칼리굴라의 눈에 비친 파스토르는 아들을 잃은 아버지의 얼굴이 아니었다. 아들이 죽기 전과 조금도 다를 바 없는 평상시 모습 그대로였다. 음식이 입에 맞는지, 오늘 날씨가 어떤지 일상적인 대화를 건네며 그의 심사를 긁어보려고 했으나 파스토르의 목소리는 차분했고 대답은 예의에 어긋나지 않았다.

칼리굴라는 그래도 의심의 눈초리를 거두지 못하고 마지막 술수를 부렸다.

"여러분, 파스토르의 건강과 행복을 위해, 나아가 그 가족의 평강을 위해 건배합시다."

칼리굴라는 큰 소리로 건배사를 외친 뒤 자신이 마신 술잔을 그에게 건넸다. 그러고는 가만히 살폈다. 아들의 살인자가 건넨 술잔을 그 아비가 어떤 얼굴로 받아 마시는지 빤히 바라보았다. 그러나 파스토르는 여느 손님이 술잔을 받듯 공손히 받아서 흐트러짐 없는 자세로 술잔을 비웠다. 아들을 앞세워 보낸 그 아비의 얼굴에는 분노와 슬픔의 흔적이 없었다. 파스토르의 태도에서 꼬투리를 잡을 수 없었던 칼리굴라는 입맛을 쩍 다신 뒤 오수의 꿈마냥 낮의 일을 잊어버리고 다른 일로 관심을 돌렸다.

아버지 파스토르가 냉정을 유지할 수 있었던 까닭은 무엇일까? 그 이유는 뒤에 살펴보기로 하고, 하고 싶었던 이야기부터 해보자. 만일 당신이 법정 다툼에 임하게 되었다면 만찬장에 참석한 파스토르처럼 절대로 감정을 드러내서는 안 된다.

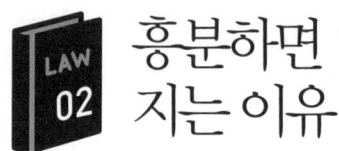

흥분하면 지는 이유

흥분하면 이미 진 거다. 이 말은 법정에만 적용되는 특수한 격언이 아니다. 그러나 유독 사람들은 소송에 임하면 흥분한다. 경찰서에서 전화가 걸려오거나 소장이 날아온 순간부터 심장은 거칠게 뛴다. 답변서나 의견서를 작성하기 위해 지난 일을 돌이키다 보면 미움과 분노, 억울함, 도망치고 싶은 심정, 큰일 났다는 생각이 마음을 사로잡아 눈앞이 컴컴해진다. 구속이라도 된다면 기는 푹 꺾이기 일쑤이고, 엄숙한 분위기의 법정에 들어서면 두려움은 최고조에 이른다. 검사나 상대방이 노골적인 언사로 내게 불리한 공세를 펼치면 그때까지 느껴왔던 부정적 감정이 폭발 직전까지 이르게 된다. 이런 심리 상태에서 설득력 있게 변론하거나 충분한 논거를 통해 반격을 가하기란 생각보다 어려운 일이다.

생각보다 많은 사람들이 소송대리인(변호사 등) 없이 혼자 소송을 치른다. 혼자 하면 안 된다는 법은 없으나 혼자라서 불리한 점은 많다. 그 가운데 대표적인 게 감정 제어 실패다. 감정 조절에 실패했다는 말은 계획해둔 전략과 목표가 있으나 감정이 앞선 나머지 준비한 것을 제대로 실행하지 못했다는 뜻이다.

나도 오랫동안 법조인으로 살았지만 냉정을 잃어 사건을 그르친 경우가 있다.

아직도 잊지 못하는 그 일은, 어머니와 아들이 재산을 두고 다투는 사건이었다. 아들은 어머니가 함부로 재산을 처분하지 못하도록 법원에 가처분 신청을 한 상태였다. 법원은 아들의 신청을 받아들여 가처분 결정을 내렸다. 나는 어머니의 편에서 변론을 맡았는데 우리는 1심의 가처분 결정이 부당하다고 판단하고 이의신청을 했다. 이의사건 첫 재판이 열렸다. 그날은 어머니를 포함하여 피신청인이 된 다른 딸 등 여러 의뢰인과 함께 재판에 참석했다. 변론을 맡은 당일의 내 심리상태는 다음과 같이 요약된다.

- 1심을 치르는 동안 아들이 어머니를 대하는 태도에 개인적으로 화가 나 있었다(뭐 저런 아들이 다 있담!).
- 이의신청을 위해 소송자료를 정리하는 과정에서 어머니의 재산을 갈취하려고 온갖 술수를 썼던 아들에 대한 분노가 커졌다. 변호를 하다 보면 종종 의뢰인이 처한 상황에 감정이입을 하는 경우가 생긴다(아니, 볼수록 너무하잖아!).

– 그리고 이게 중요한데, 법정에 들어가기 전부터 기분이 언짢은 상태였다.

감정을 제어하지 못했을 때 벌어질 일에 대해서 우리는 사전에 알아둘 필요가 있다. 이의사건 재판정에 들어선 순간 나는 이의신청이유를 적은 서류에 쓰지 말아야 할 내용까지 썼다는 사실을 깨달았다. 아들에 대해서 화가 단단히 난 나머지 1심 재판장의 인격을 비난하는 내용을 적은 것이다(이의사유서를 적을 때만 해도 1심의 결정을 납득할 수 없었고, 불효자 같은 아들 때문에 기분이 꽉 상해 있었는데, 사실 그런 감정에 젖은 채 변론을 한다는 건 소송대리인으로서 바람직한 태도가 아니었다.). 하지만 한번 빠진 감정의 늪은 쉽게 헤어나기 힘들었다. 이미 내 얼굴에는 노골적인 불만이 가득 담겨 있었고, 변론하는 내내 표정을 숨길 수 없었으니 본의 아니게 재판부에 몇 마디 감정 실린 말을 내뱉고 말았다.

하지만 법정의 상석(법대)에서 내려다보던 이의사건 재판장이 이 점을 놓칠 리 없다. 그는 언짢은 투로 변호인의 감정 절제를 요구하더니 곧바로 변론을 종료시켰다.

재판에 들어가기 전에 나는 의뢰인인 어머니에게 한 가지 조언을 한 뒤였다. 아마도 어머니 입장에서 이 속상한 상황에 대해 할 말이 있을 것 같았고, 그래서 필요하면 재판장에게 말씀을 올리라고 미리 얘기를 해두었던 것이다(소송대리인인 나는 차분한 태도로 논리적인 이의사유서를 제출하고, 동시에 어머니는 감정에 호소하는 양동 작전을 계획했다. 판사도 어머니가 있는 사람이라면 조금이라도 마음을 움직일 수 있을까 판단했던 것.). 마침 변

론 종료를 선언한 뒤라 어머니에게 신호를 주었다. '하고 싶은 말씀 있으시면 지금 하세요.'

그런데 어머니가 고개를 절레절레 흔들었다. 없다는 뜻이다. 뭔가 이상하여 재판정을 나온 뒤에 이유를 물었다.

"제가 하고 싶은 말씀을 변호사님께서 다 해주셔서 더 할 말이 없었습니다. 속 시원히 잘 이야기하셨습니다. 감사합니다."

그 말을 듣는 순간, 아차 싶었다. 내가 너무 감정적으로 변론을 했구나!

이 부끄러운 사건을 다시 들춘 이유는, 기분 내키는 대로 지껄이면 속이야 후련할지 모르지만 결과는 좋지 못하다는 점을 보여주고 싶었기 때문이다. 며칠 뒤 생각보다 빨리 이의사건 재판부에서 우편물을 보내왔다. 열어보니 '이의 기각 결정문'이었다. 기각이란 이건 재판을 할 이유를 찾을 수 없다는 뜻이다. 대문은 열고 들어갔으나 마당에서 쫓겨난 셈이다(나중에 항고하여 일부 우리 측에 유리한 판결을 끌어내기는 했으나 어쨌든 감정적 대응이 좋은 결과를 못 만든다는 점은 분명하다.).

다시 강조한다. 흥분하면 진다.

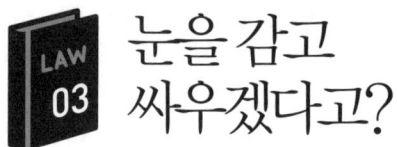
눈을 감고 싸우겠다고?

보이스피싱을 당한 사람이 있다.

하루는 자신을 검찰청 직원이라고 밝힌 사람에게 전화를 받았다. 얘기인즉 당신의 계좌가 중국 어느 조직의 범행에 사용되고 있다, 계좌 비밀번호를 알려주어야 문제를 해결할 수 있다는 내용이었다. 보이스피싱이라고는 조금도 의심하지 못했던 이 사람은 잠시 망설이기는 했지만 '계좌가 뚫렸다'는 말에 비밀번호를 알려주었다. 나중에 떠올려 보니 수화기 너머에서 배경음처럼 사람들의 말소리가 들렸는데 '검사님'이라거나 '사건 처리' 등의 단어가 들려서 의심할 수 없었다고 한다. 어쨌든 전화를 끊고 보니 이상한 느낌이 들어서 통장을 조회했는데 마침 전세 재계약을 위해 보관하고 있던 600만 원이 흔적 없이 사라졌다. 떨리는 손가락으로 검찰청 전화번호를 검색한 뒤 연락을 취했다. 돌아오는 답변은 '당한 것 같다'는 말이었다. 당시 전화를 받았던 진짜 검찰청 사람은 이런 조언을 해주더란다.

"노력은 해보겠지만 지금까지 경험으로 보면 인출당한 돈은 찾기 힘듭니다. 제일 좋은 건 빨리 잊으시는 겁니다."

그러나 어떻게 잊을 수 있겠는가. 그 사건이 벌어진 지 3년이 지나는 동안, 잊을 만하면 떠오르는 당시의 기억 때문에 불면과 우울의 날이 이어졌다고 피해자는 고백했다.

"600만 원 때문에 그런 게 아니에요. 그깟 돈이야 있다가도 없는 것 아닌가요. 하지만 속았다는 생각이 들면 정말 괴로워 죽겠어요. 그동안 내가 얼마나 미련하게 살았으면 그깟 일에 당했는지 너무 분하고 속상해요."

당신은 보이스피싱 피해자의 말을 어떻게 생각하는가? 내가 괴로웠던 이유는 돈이 아니라 못난 나 자신 때문이었다고 말하는 그의 생각은 올바른가? 내가 보기에는 아니다. 그는 그 사건을 있는 그대로 받아들이지 못하고 있다. 600만 원은 전세 재계약을 위해 보관하고 있던 돈이다. 설령 돈이 인생의 전부는 아닐지라도 쓸모가 정해진 돈이 아닌가. 그는 600만 원이 사라졌다는 그 사실을 받아들일 수 없어서 자신의 미련함으로 책임을 돌리고 있다.

이런 게 흥분했다는 증거다. 냉정히 돌아보면 나쁜 짓을 한 자는 보이스피싱 일당이다. 그런데 왜 자신을 탓하는가? 건강한 정신은 '그 나쁜 놈들이 사기를 쳐서 내 돈을 훔쳤다'고 말하며 상대방을 욕할 것이다. '야, 그 돈이 있었으면 유럽에 한 달도 넘게 여행 갔다가 오겠다.' 하고 돈이 아깝다고 말할 것이다. 그러나 그의 얘기에는 '돈'이 사라져 있고 비난 받아야 할 대상이 바뀌어 있다. 그건 냉정한 시선이 아니다.

　냉정해야 한다는 말은 감정을 완전히 없애야 한다는 뜻이 아니다. 마음을 어떻게 없애겠는가. 설령 마음을 없애버렸다고 해보자. 만일 감정이 사라지면 내가 왜 이 소송을 치러야 하는지, 왜 내가 나를 보호해야 하는지 동력을 잃어버릴지도 모른다. 분노나 억울함, 사회적 생존 욕구와 같은 감정이나 본능은 소송을 할 때 가장 중요한 원동력 내지 에너지가 된다. 그런 의미에서도 감정을 완전히 지워버리려고 해서는 안 된다. 억눌러서도 안 된다.

　다만 감정이 이성의 눈을 가리지 않도록 주의해야 한다. 가슴은 뜨겁게 끓어오르고, 머리는 차갑게 돌아가야 한다.

　흥분하면 진다.

　이 말은 감정을 수증기처럼 증발시켜야 한다는 뜻이 아니다. 힘의 원천인 감정이 이성의 역할을 빼앗아 방향까지 마음대로 흔들어버릴 때가 흥분 상태다. 반면 냉정이란 피마저 차가운 냉혈한이 아니라 감정을 감정의 영역 안에 가두어둔 상태다. 뜻대로 안 될 때 '너 죽고 나 죽자' 하고 덤비는 사람이 있고, '너 두고 봐' 하고 당장은 물러서지만 단단히 준비하며 때를 기다리는 사람이 있다. '너 두고 봐' 하는 사람은 감정도 갖고 있지만 이성도 갖고 있는 경우다. 이성을 통해 작전을 짜고 준비하며 때를 기다릴 수 있는 게 냉정한 자세다. 법정에 임할 때도 감정과 이성은 둘 다 필요하며, 나아가 이 둘의 역할을 분담하고 서로의 영역을 침범하지 않도록 관리해야 한다. 복수하려는 마음, 분노하는 마음, 옳고 그름을 가리려는 마음, 억울함을 풀고 싶은 마음을 갖고 있되 감정이 내 행위의 주체가 되지 않도록 주의해야 한다. 감정은 눈 먼 자의 분노와 같아서 앞으로 나아가는 힘은 부여하지만 이성의 제어가 없으면 당신을 낭떠러지로 인도할 것이다.

LAW 04 복수든 용서든 내가 살아남는 것(승소)이 먼저다

 미치광이 황제 칼리굴라와 불쌍한 아버지 파스토르 이야기를 마무리할 때가 되었다. 졸지에 아들을 잃은 파스토르는 도대체 어떻게 분노를 삭일 수 있었을까? 변덕스런 황제가 또 어떤 트집을 잡아 자기를 죽일까 두려웠기 때문일까? 그럴 수도 있다. 그러나 이 이야기를 전한 로마의 철학자 세네카에 따르면 파스토르에게는 또 다른 아들들이 있었다고 한다. 파스토르가 평상심으로 황제의 만찬장에 참석할 수 있었던 이유는, 아니 조금 더 정확히 말하면 파스토르가 감정을 뒤로 숨길 수 있었던 이유는 그에게 지켜야 할 아들들이 있었기 때문이다.

 감정을 다스리기 힘들 때는 파스토르처럼 '잃을지도 모르는 그 무엇'을 떠올려보자. 혹은 반대로 얻을 수 있는 그 무엇을 생각해 보자.

 로라 블루멘펠트라는 여기자가 있었다. 그녀의 아버지는 1986년 이스라엘을 여행하던 중에 테러리스트의 총탄을 맞고 중상을 입었다. 범인은 달아났다. 당시 이스라엘 경찰은 자국과 적대 관계에 있던 팔레스타인 테러리스트의 소행으로 추정했다. 블루멘펠트는 멀리 이국에서 들려온 비보에 눈물을 삼키며 복수를 다짐했다. 그녀가 생각한 복수는 범인을 찾아서 법정에 세우겠다는 것. 워싱턴포스트 기자로 있던 그녀는 이스라엘 근무를 자원하여 범인 찾기에 돌입했다. 단서를 찾고 포위망을 줄이는 데 오랜 시간이 걸렸다. 그녀는 자신의 신분을 숨기고 팔레스타인 지역을 취재하며 드디어 12년 만에 테러리스트의 가족과 친해질 수 있었고 끝내 범인을 이스라엘 재판정에 세웠다. 이 이야기의 결론은 다소 뜻밖이다. 재판 과정은 그녀가 원하는 대로 흘러가고 있었다. 재판장이 변론 종결을 앞두었을 때 블루멘펠트는 재판정에 '범인을 용서한다'고 이례적으로 의견을 밝혔다. 이스라엘 재판정은 피해자 가족의 의사를 존중하여 감형을 하면서 이 사건은 종결되었다. 아마 블루멘펠트가 범인 가족을 만나는 동안 심리에 변화를 일으킨 것으로 보이지만 어쨌든 이 이야기의 핵심은 이것이다. 만일 복수를 하고 싶다면 법정 다툼에서 지지 마라. 복수를 하든 용서를 하든, 보상을 받든 명예를 되찾든 일단 승소하지 않으면 아무것도 할 수 없다.

그러므로 감정이 짐승처럼 나를 돌진하도록 내버려두면 안 된다. 주인의 명령을 기다리는 충직한 개처럼 우리 각자는 자신의 감정에게 '아직, 기다려, 안 돼, 이기기 전까지는 움직이지 마!' 하고 명령을 내려야 한다.

감정적 대응, 소송에서 지는 가장 큰 이유

'제어하지 못한 감정'은 소송에서 지는 가장 큰 이유이기도 하다. 물론 패소 이유가 판결문에 모두 기록되지는 않는다. 그토록 많은 판례를 아무리 뒤져도 '감정적으로 주장해서 패소'라는 문구를 찾아볼 수 없다. 그러나 이 기록되지 않은 문장 하나가 패소로 가는 지름길임을 법조인들은 너무 잘 알고 있다. 나 역시 의뢰인의 딱한 사정에 마음이 흔들릴 때도 있고, 의뢰인이 미워 보일 때도 있지만 그럼에도 냉정을 유지한 채 변론에 착수하는 이유는, 전략적 접근을 위해서이며 무엇보다 판사에게 점수를 잃지 않기 위해서다(변호인들도 이런 점에서 감정 노동자와 유사하다.).

흥분하면 진다는 말이 단순히 격언이기 때문에 지켜야 한다고 말하고 싶은 건 아니다. 이건 소송의 생리와 연관이 깊다. 소송에 돌입하면 판사가 주체가 되어 재판을 이끌어간다. 검사와 변호사 혹은 당사자(피고인)는 판사가 깔아주는 판 안에서만 움직여야 한다.

판사는 소송이 시작되면 제일 먼저 '사실(fact)'을 알고 싶어 한다. 두 여인이 한 아이를 데리고 지혜의 왕 솔로몬을 찾아와서 서로 자기 아들이라고 주장하는데 과연 누구 말이 맞는가? 무엇이 사실인지 알기 전에는 판결을 내릴 수 없지 않은가? 그래서 판사의 첫 번째 관심사는 '사실'이다.

만일 검사가 입에 거품을 물고 '이 자는 대역죄인입니다. 사형에 처해야 합니다.' 하고 '판단'을 내리고 있다면 판사는 검사를 제지시킨다. "지금은 그가 대역죄인인지 사기꾼인지 관심이 없습니다. 무슨 일이 있었는지 증거를 통해 그 사실을 알 수 있도록 해주세요."

물론 대역죄인 운운하며 공소장을 작성하는 검사는 없다. 검사도 소송이 어떻게 전개되는지 알고 있기 때문에 판사에게 '주장과 증거'를 제시하며 '우리가 파악한 사실을 인정해 달라'는 관점에서 접근한다. 실제로 소송의 90% 이상은 '사실'을 두고 벌어지는 다툼이다(그걸 '쟁점'이라고 부른다.). 판사가 보기에 '음, 이런 일이 있었던 거군. 의심의 여지가 없어.'라고 마음을 굳히기 전까지 양측의 '사실 공방'은 지속되며 판사의 '사실 파악'은 지속된다. 뭔가 의심스런 점이 있으면 '보충하라'고 요구하기도 하고, 만일 그렇게 해서도 무슨 일이 있었는지 불분명하면, 즉 합리적인 의심이 남아 있으며 피고인에게 유리하게 무죄 판결을 내린다.

판례에서 자주 인용되는 내용 가운데 다음과 같은 문장이 있다.

> 형사재판에서 공소된 범죄사실에 대한 입증책임은 검사에게 있는 것이고, 유죄의 인정은 법관으로 하여금 합리적인 의심을 할 여지가 없을 정도로 공소사실이 진실한 것이라는 확신을 가지게 하는 증명력을 가진 증거에 의하여야 하므로, 그와 같은 증거가 없다면 설령 피고인에게 유죄의 의심이 간다 하더라도 피고인의 이익으로 판단할 수밖에 없다(대법원 2000. 7. 28. 선고 2000도1568 판결, 2001. 2. 9. 선고 2000도4946 판결 등 참조).
> - 대법원 2001. 8. 21. 선고 2001도2823 판결[특정범죄가중처벌등에관한법률위반(도주차량)·도로교통법위반(음주운전)]

이 인용문에서 중요한 문장은, '(범죄사실을 인정하기 위해서는) 합리적인 의심을 할 여지가 없을 정도로 공소사실이 진실한 것이라는 확신을 가지게 하는 증명력을 가진 증거에 의하여야' 한다는 부분이다. 말이 어렵다. 한마디로 줄이면 '의심스러우면 사실로 인정하지 못한다'는 말이다. 즉 제출된 증거는 증명력이 있어야 하는데 이때 증명력은 합리적 의심을 할 수 없을 정도로 마음에 확신을 주어야 한다는 뜻이다. 그래야 '사실'로 인정할 수 있다. 어떤 사람이 칼을 들고 있었다는 이유만으로 그를 살인자라고 단정 지을 수 있을까? 그럴 법한 개연성은 있지만 확신까지는 힘들지 않겠는가?

이 이야기를 하는 이유는, '사실 인정'은 판사가 쥐고 있는 권한임을 강조하기 위해서다. 설령 검사나 피고인이 '이게 사실입니다.' 하고 증거를 제출하더라도 그게 사실인지 아닌지는 판사가 결정한다[판사를 왜 판사(判事)라고 부르는지 생각해 보라.].

　판사가 요구하는 게 사실을 뒷받침할 증거인데 증거는 내놓지 않고 억울하다느니, 저들의 말은 거짓이라느니 하고 감정적으로 대응할 틈이 어디 있겠는가? 우리가 냉정해야 할 실용적인 이유를 한 가지 꼽는다면 그건 판사가 사실에 대한 '증거'를 요구하기 때문이다. 그런 의미에서 '냉정해야 한다'는 말은 '사실을 뒷받침하는 게 아니면 말하지 말라'는 뜻이다. '저는 억울합니다'가 불필요한 이유는 이 때문이다. 감정은 지금 이 순간 아무런 역할을 못할 뿐 아니라 도리어 전략적 접근에 방해가 된다.

　나아가 냉정이란 객관성의 다른 이름이기도 하다. 같은 법조인이지만 변호사와 판사, 검사는 태생적으로 다른 생리를 갖고 있다. 변호사는 빈틈을 노리거나 생각지 못했던 증거나 논리를 찾는 데 능숙하지만 검사나 판사는 의심을 하는 데 능하다. 특히 검사가 피의자의 말을 의심하는 데 익숙하다면 판사는 검사나 피고인(혹은 변호인)의 말을 제3자 입장에서 의심하는 데 능한 사람이다. 판사가 객관적 입장에서 당신의 주장과 증거를 살피고 있는데 혼자 '내 생각이 맞아. 이 증거 하나면 틀림없어.' 하고 생각하고 있다면 그게 객관성이 없다는 말이다. 객관성 없이 소송에 임하면 설령 흥분은 가라앉힐 수 있을지 몰라도 자기주장과 증거를 판사의 시각에서 살필 수 없게 된 나머지 자기 혼자 논리를 만들어 주장하지만 말이 먹히지 않아서 당황하는 경험을 하게 된다.

정리하자. 냉정해야 한다는 말은 감정이 이성의 눈을 가려서는 안 된다는 의미이며, 나아가 나의 주장과 증거를 제3자의 눈으로 보려고 노력해야 한다는 말이다(판사의 시각에서 사건을 보기 위해서는 이 책의 2장이 필요하다.).

 # 냉정이 필요한
또 한 가지 이유

판사를 움직일 수 있는 건 증거가 거의 전부다. 주의하자. '전부'가 아니라 '거의 전부'다.

당신도 알다시피, 판사는 사실을 알고 싶어 하고, 그래서 증거가 필요하다. 증거는 사실 인정을 위해 꼭 필요한 재료다. 그래서 감정적 주장이 별로 도움이 안 된다고 설명한 것이고, 그래서 냉정하라고 주문한 것이다. 그러나 경우에 따라 냉정이 '약간의 증거'가 될 때도 있다.

왜 냉정이 약간의 증거가 되는지 말하기 전에 증거에 대한 사전 설명이 필요하다. 조금만 참고 읽어주기를 바란다.

 단계 1 | 증거를 통해 사실 인정하기

증거가 증거로 인정받으려면 다음과 같은 절차를 따라야 한다.

- 우선, 판사가 정한 날짜, 즉 변론종결 전에 증거를 제출해야 한다. 변론이 종결된 후에 제출된 증거는 '참고자료'일 뿐이다. 참고자료란 말 그대로 참고만 할 뿐 이 자료를 통해 사실을 인정하지 않는다는 말이다. 만일 변론종결 후 제출한 증거가 중요하다고 판단되면 변론재개를 신청하여 증거조사를 거쳐야 한다.
- 내가 제출한 자료는 만일 상대방이 동의하면 증거로 채택된다.
- 만일 상대방이 동의하지 않으면 해당 자료를 놓고 공방을 펼치게 된다. 이 과정을 통해 증거가 선별된다(증거조사).
- 이렇게 증거가 채택된 후 판사는 이 증거가 사실을 얼마나 잘 뒷받침하는지 따지게 되고, 이 판단 과정을 거쳐 사실을 인정한다.
- 이런 절차를 거친 증거 외의 자료로 사실을 인정하는 일은 거의 없다.

단계 2 │ 인정된 사실이 범죄를 증명하는가?

자, 여기까지가 증거를 통해 사실을 인정하는 과정이다. 그런데 이때 인정한 사실이 범죄 사실을 인정할 만한 수준이 되는가 하는 문제는 별개다. 예컨대 A가 화장실에 갔다는 게 증명되었고, 그가 나온 뒤에 화장실 변기 하나가 망가졌다는 사실이 발견되었다고 해보자. 증거를 통해 증명된 것은 몇 가지 사실, 즉 A가 화장실에 갔다는 사실과, A가 나온 뒤에 변기가 망가진 게 발견되었다는 사실, 그리고 변기가 누군가 둔탁한 물체로 내려쳤다는 게 분명한 피해 흔적이다. 여기에 마침 화장실 밖에 있던 B가 'A가 화장실에 들어간 뒤 곧 뭔가 쾅쾅 하고 두드리는 소리와 그릇이 바닥에 떨어지는 듯한 소리가 들렸다'는 증언이 추가되었다. 여러 가지 증거가 있고, 이를 통해 인정된 사실이 있으나 이런 증거들은 A가 화장실 변기를 망가뜨렸다는 직접적인 증거는 되지 못한다. 그럼에도 우리는 여러 증거를 종합하여 A가 범인이라고 말할 수 있다. 변기가 낡아서 스스로 깨졌다는 것도 설명이 안 되고, 누군가 몰래 들어가 변기를 깨뜨렸다고도 말할 수 없기 때문이다.

혹자는 그래도 A가 내리치는 모습을 직접 본 게 아니므로 A가 범인이라고 말할 수 없다고 주장할지 모른다. 그러나 판사는 자연과학자가 아니기 때문에 '이건 100%야!' 하는 상태까지 증명되기를 기대하지 않는다. 인정된 사실 안에서 의심의 여지가 없다면 유죄를 판결하게 된다.

반대로 증거를 통해 인정한 사실은 많은데 그것만으로는 범죄 사실을 인정하기 힘든 경우도 물론 있다. 예컨대 A가 B에게 원한을 품고 있었다는 증언이 다수 등장했고, 그날 A의 알리바이가 증명되지 못했고, A의 집 뒤쪽에서 피 묻은 칼이 발견되었고, A가 B의 집으로 가는 걸 목격한 사람도 있었다. 그런데 동시에 B의 집에 다녀간 사람이 A 말고도 또 있었으며, 평소 B가 주위 사람들에게 폭력을 행사하고 돈을 갈취하는 등 나쁜 짓을 하고 다녔다는 증언이 나왔다면 A가 비록 유력한 용의자가 될 수는 있겠지만 그것만으로 의심의 여지가 없다고 단정하기는 곤란하다.

이와 같이 인정된 사실을 바탕으로 범죄 사실을 인정할 수 있을 때 이를 의심의 여지가 없는 상태라고 말하며, 보다 정확히는 '합리적 의심이 없는 정도의 증명력'이라고 표현한다. 이런 수준의 증명력은 일반적으로 다음과 같이 자연법칙보다는 증명력이 약하지만 민사재판의 기준보다는 높다.

자연법칙 〉 합리적 의심이 없음(형사) 〉 합리적 의심이 없는 정도는 아니지만 고도의 개연성을 갖고 있음(민사) 〉 그럴 가능성이 있음(개연성)
* 민사소송보다 형사소송에서 요구하는 증명력이 더 높다.

어려운 내용이다. 개연성은 '그럴 가능성'으로 이해하면 어느 정도 감이 잡히지만 '고도의 개연성'은 또 무엇이며, '합리적 의심이 없다'는 건 도대체 어느 정도인지 불분명하다. 이런 모호함을 없애기 위해 대법원 판례에서는 이를 다음과 같이 정의한다.

> 증거의 증명력은 법관의 자유판단에 맡겨져 있으나 그 판단은 논리와 경험칙에 합치하여야 하고, 형사재판에 있어서 유죄로 인정하기 위한 심증형성의 정도는 합리적인 의심을 할 여지가 없을 정도여야 하나, 이는 모든 가능한 의심을 배제할 정도에 이를 것까지 요구하는 것은 아니며, 증명력이 있는 것으로 인정되는 증거를 합리적인 근거가 없는 의심을 일으켜 배척하는 것은 자유심증주의의 한계를 벗어나는 것으로 허용될 수 없다. 여기에서 말하는 합리적 의심이라 함은 모든 의문,

> 불신을 포함하는 것이 아니라 논리와 경험칙에 기하여 요증사실과 양립할 수 없는 사실의 개연성에 대한 합리성 있는 의문을 의미하는 것으로서, 피고인에게 유리한 정황을 사실인정과 관련하여 파악한 이성적 추론에 그 근거를 두어야 하는 것이므로 단순히 관념적인 의심이나 추상적인 가능성에 기초한 의심은 합리적 의심에 포함된다고 할 수 없다(대법원 2011. 9. 29. 선고 2010도5962 판결 등).
> – 대법원 2014. 5. 16. 선고 2013도14656 판결[근로기준법위반·조세범처벌법위반]

단계 3 | 증명력은 판사가 판단

위 대법원 판례는 중요한 내용을 담고 있기는 하나, 여전히 어려운 것은 사실이다. 이처럼 '합리적 의심이 없는 수준의 증명'을 이해하기 어려운 이유는 어떤 증거에 어떤 증명력을 부여해야 하는지 객관적 기준이 딱히 정해진 게 없기 때문이다. 실제로 재판에서도 확고한 기준이 존재하지 않기 때문에 판사마다 판결이 달라지는 경우도 생긴다. 달리 말해 합리적 의심이 있는지 없는지 결정하는 것은 판사 개인의 입장에 달린 일이라는 말이다.

증명력을 따지는 일에서는 객관적 기준이란 존재할 수 없다. 사건과 증거, 변론 과정이 다 다르기 때문에 일률적으로 적용할 기준이란 게 있을 리가 없다. 증명력과 관련된 법률 조항은 있으나 이 조항 어디에도 구체적인 기준은 찾아볼 수 없다[형사소송법 제308조 '증거의 증명력은 법관의 자유판단에 의한다.'(자유심증주의), 제307조 제1항 '사실의 인정은 증거에 의하여야 한다.', 제2항 '범죄사실의 인정은 합리적인 의심이 없는 정도의 증명에 이르러야 한다.'].

 이 때문에 고도의 훈련을 받은 판사가 필요한 것이고, 판사는 평생의 공부에 토대를 두고 일상의 경험과 논리 등 자신이 쓸 수 있는 다양한 수단을 강구하여 '자유롭게' 판단한다. 물론 이 말은 '판사 마음대로'라는 뜻이 아니다. 법이 정해놓은 기준선 안에서 판단해야 하며, 또한 누가 보더라도 납득할 만한 이유가 있어야 한다. 다만 '자유롭게'라고 표현하는 것은 객관적 기준이 없다는 의미일 뿐이다. 객관적 기준이 없으므로 판사는 이 모든 판단 과정에서 자신의 훈련된 이성을 믿고 따라야 한다. 이를 법조계에서는 '심증의 형성'이라고 표현한다. 판사가 심증을 형성해야 유죄 판결이 나오고 심증이 형성되지 않으면, 즉 합리적 의심이 있으면 무죄가 된다.

 여기까지가 증거에서 시작하여 판결에 이르는 과정을 요약한 것이다. 그리고 이 과정에는 한 가지 문제가 숨어 있다. 누가 보더라도 범죄를 뚜렷이 증명해주는 증거라면 판사도 고민하지 않는다. 그러나 증거에는 사실을 뒷받침하는 직접증거뿐 아니라 개연성밖에 주지 못하는 간접증거도 많다. 또한 물증 외에도 당사자나 증인의 진술도 증거가 된다. 진술 외에 다른 증거가 없는 경우도 많다. 진술이란 말이어서 왜곡의 여지가 늘 존재하지 않는가? 그렇다면 진술 증거 외에 아무런 뚜렷한 증거가 없을 때는 무조건 피고인의 이익으로 돌려서 무죄 판결을 내릴까?

아니다. 그렇게 대충 판단한다면 판사가 아니다. 판사들은 범죄 유무를 판단하기 위해 여러 가지 기술을 발전시켰는데 주어진 증거 외에도 당사자들의 태도나 진술 방식 등 증거의 외연을 이루고 있는 여러 사정을 따지는 게 대표적인 방법이다. 예컨대 진술이란 게 이미 지나간 일이고, 대개 기억에 의존하며, 그 사람의 현재 처한 입장을 반영하기 때문에 그 말이 믿을 만한 얘기인지 확인하는 절차가 필요하다. 이를 위해 판사는 이 자가 전과가 있는지, 현재 다른 소송이 진행 중인지, 이해관계가 어떻게 되는지, 말을 바꾸지 않았는지(일관성), 해당 분야에 전문가인지, 거만한 태도로 진술하지 않았는지 주변 정황을 살핀다. 즉 판사가 눈으로 보고 귀로 들은 모든 정황을 통해서 진술의 신빙성을 따진다.

만일 사정이 이렇다면 피고인의 진술 태도나 현재의 감정 상태 역시 판사는 예의주시하고 있다는 얘기이며, 판사는 자기 눈과 귀로 확인한 진술인의 태도를 통해 그 말의 신빙성에 점수를 매기게 된다.

차분한 상태로 이야기하는 것, 조리 있게 말하는 것, 상대방을 자극하는 언사를 쓰지 않는 것, 필요한 말 외에는 자제하는 것은 판사로 하여금 그의 진술을 믿도록 하는 데 어느 정도 영향을 끼친다는 얘기다. 달리 말해 냉정 자체가 무슨 증거가 되는 건 아니지만 다른 증거를 진짜라고 받아들이게 하는 역할은 한다는 뜻이다. 그런 의미에서 냉정은 약간의 증거가 될 수 있다.

LAW 07 냉정의 기술

　사람마다 분노나 흥분을 가라앉히기 위해서 습관적으로 하는 행동이 있다. 긴장을 풀기 위해서 노래를 부르는 사람이 있다. 화가 끓어오를 때 자식을 생각하는 사람이 있다. 공자는 그의 다혈질 제자인 자로가 성급하게 굴자 '너는 고향에 계신 아버지와 형님도 생각하지 않느냐'고 진정시켰다. 인생의 큰일을 떠올려보는 사람도 있다. 〈장자〉의 내용 중에는 아내가 죽자 북을 두드리며 노래를 부르는 사람이 나온다. '죽고 사는 일은 사람의 뜻이 아닌데 굳이 슬퍼할 일이 무엇인가?' 운동선수 중에는 긴장감을 내려놓기 위해 아침마다 10분씩 명상을 하는 사람도 있다. 어떤 명상가는 단 5분 만에 호흡 조절로 맥박을 50까지 떨어뜨린다. 왕의 불의한 행동에 소신으로 맞섰던 영국의 재판관 토머스 모어는 괘씸죄에 적용되어 단두대에 오르게 되었는데 사형집행인에게 이렇게 말했다. '힘내게. 자네 일을 하는 데 두려워하지 말게나. 내 목은 짧으니 조심해서 자르게.' 적의 소굴에서 한창 쌍절곤을 휘두르던 이소룡은 벽에 갇히게 되자 무기를 목에 걸고 가부좌를 틀고 앉아 호흡을 가다듬었다.

우리는 다양한 사례에서 감정을 절제한 사람들의 이야기를 확인할 수 있다. 이들이 감정을 절제하는 이유는 여러 가지가 있겠지만 그게 품위도 있어 보이고, 문제 해결에도 도움이 되었기 때문이 아니겠는가.

이밖에 우리가 활용할 수 있는 방법을 몇 가지 소개한다.

첫째, 필요하다면 시간을 끌어라. 감정 조절 효과가 뛰어난 것 가운데 하나가 시간 지연이다. 도저히 마음이 가라앉지 않을 뿐 아니라 이대로는 준비조차 제대로 하기 어렵다고 생각되면 시간 연장책을 쓰는 것도 한 가지 방법이다. 경찰에서 연락이 와서 소환을 요청하면 '해외 출장'이나 '병원 수술 예약'과 같이 납득할 만한 이유를 들어서 시기를 늦춰라. 검찰 소환이나 법원 출두도 마찬가지다. 다만 정당한 이유 없이 소환에 응하지 않으면 구속 사유가 될 수 있으므로 주의하자.

둘째, 조언자를 만나라. 당신이 상대해야 할 사람은 검사거나 혹은 민사사건이라면 변호사일지 모른다. 연습 경기를 뛴다는 생각으로 주변 사람에게 자신을 공격해 달라고 요청해 보라. 당신의 사건, 입장을 이해할 수 있는 사람으로 하되, 이 과정을 통해 당신은 혼자 살필 때는 놓치고 있었던 빈틈을 발견해야 한다. 물론 변호사 등 최고의 전문가를 만나는 게 가장 좋을 수 있다. 단지 연습하기 위해서만 만나려고 하지 말고, 당신의 주관적 생각을 깨뜨릴 수 있는 좋은 파트너이기를 바란다. 가능하면 돈을 들여서라도 최고의 전문가를 만나 진솔하게 상황을 말하고 의견을 구하라. 다양한 의견을 듣는 가운데 나를 사로잡았던 감정이 '주관적 판단'에 기인하고 있음을 느낀다면 감정을 가라앉히는 데 도움이 될 것이요, 소송 전략을 짜는 데도 밑거름이 될 것이다.

셋째, 목표를 구체적이고 분명하게 잡아라. 감정을 다스리는 데는 목표 상정이 좋다. 내가 이 소송에서 얻어야 할 게 무엇인지 1~3번까지 중요도 순으로 목표를 상정하고 어디까지 달성할 수 있는지 정하고 나면 이미 감정은 후순위로 밀리게 된다. 목표는 여러 가지가 될 수 있다. 어떤 사람은 무죄가 목표인 경우도 있고, 어떤 사람은 일부 무죄, 일부 유죄를 목표로 움직일 때도 있으며, 어떤 사람은 유죄를 인정하되 양형에서 유리한 판결이 나오도록 움직이는 사람도 있다. 또한 명예를 되찾는 게 목표인 사람도 있고, 피해 보상을 받는 게 목표인 사람도 있다. 목표는 각자 설정하기에 따라 달라지지만 가능하면 현실성을 기준으로 단계별로 설정하는 게 좋다(예를 들면, 실현 가능성이 높은 것, 중간 것, 낮은 것). 그러면 나중에 상황에 맞게 조정할 수 있다. 어쨌든 목표를 구체적으로 설정하고 나면 나의 언행 가운데 무엇이 목표 달성에 도움이 되는지 안 되는지, 어느 수준에서 목표 달성을 할 것인지 포기할 것인지 스스로 판단할 수 있는 기준이 마련된다. 이렇게 목표 중심으로 소송에 임하면 감정이 끼어들 가능성도 조금은 줄어들게 된다.

넷째, 마지막으로, 감정의 전략적 활용법에 눈을 뜨라. 조절하기 힘든 감정은 감추어야 하되, 상황에 따라 감정은 훌륭한 소송 무기가 되기도 한다. 그 방법은 다음 8~9절에서 확인해보자.

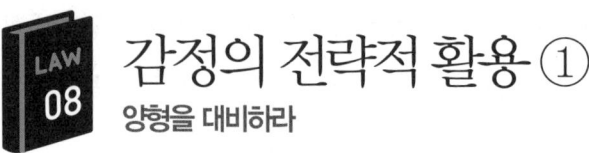

감정의 전략적 활용 ①
양형을 대비하라

 똑같은 감정이어도 이를 전략적으로 활용할 수 있다면 소송의 좋은 무기가 된다. 다만 이때 감정은 나 혼자 느끼고 끝나는 게 아니라 판사가 느낄 수 있도록 해야 한다는 게 차이가 있다.
 판결이 나기까지의 과정은 대체로 다음과 같다.

 사실 인정 ▶ 법률 적용 ▶ 양형 판단 ▶ 판결

 무엇이 사실인지 확정되면 이게 사기죄인지 배임죄인지 법률을 검토하는 시간을 갖고, 만일 그래서 유죄(일부 유죄 포함)임이 확실하다면 얼마나 죄값을 치르게 할 것인지 정하게 된다. 이 마지막 과정을 '양형'이라고 부른다. 얼마 전 음주운전으로 적발된 미국 메이저리그 소속의 한국 야구 선수는 이례적으로 무거운 선고를 받았다. 검사가 1,500만 원의 벌금형에 처해달라고 공소를 제기하였는데 판사는 징역 8개월에 집행유예 2년을 선고했다. 이처럼 벌금형에 처할 것인지 아니면 징역형에 처할 것인지 결정하는 과정이 '양형'이다.

양형에는 기준이 있다. 최근에는 대법원에서 양형위원회를 구성하여 죄의 유형에 따라 나름대로 양형의 기준을 정해 놓기도 했다. 초범인지 재범인지, 피해 복구에 얼마나 의지가 있는지, 피해자에게 사과를 했는지, 나아가 받아들여졌는지, 처음부터 죄를 인정하고 반성의 기미를 보였는지 등 여러 사정을 따지게 된다. 이 가운데 '반성의 기미'는 객관적 사실이 아니기 때문에 감정에 호소할 수 있는 여지가 있다.

한화 그룹의 셋째 아들이 술에 취해 폭행을 저지른 뒤 혐의를 모두 인정하고 눈물을 보이며 반성한다고 얘기하는 것도 감정에 호소하기 위한 방법 가운데 하나다. 물론 재범인데다 최근 사회적 분위기가 가진 자에 대해서도 평등하게 책임을 묻는 추세라 양형이 잘 나오길 기대하기는 어렵지만 어쨌든 이런 식으로 작전을 구사하는 게 핵심이다.

탄원서는 이럴 때 유용한 수단이 된다. 보통 탄원서는 주변 사람들이 넣는 게 일반적이지만 당사자가 '반성의 의미'에서 적어 내도 무방하다. 탄원서를 적을 때는 내가 그런 일을 벌이게 된 이유, 앞으로는 어떻게 재범을 방지하기 위해 살 것인지 등 납득될 만한 것이 되도록 설명을 다는 게 좋다. 예컨대 돈을 훔쳤다면 '당시 집안 사정이 너무 힘들었습니다. 어머니가 차에 치여 병원에 입원한 상태에서 실직하는 바람에 잠시 눈에 뭐가 씌었습니다.'라고 말하는 식이다. 물론 어머니의 입원증명시나 실직 상태를 증명하는 자료를 첨부하면 더할 나위 없다. 생활환경에 대한 비판이라거나 어려운 상황에 부딪쳐 이성이 마비되었다고 객관적 상황과 연결시켜 설명하면 적절할 것으로 보인다. 물론 이렇게 이성적이지 못한 상황에서 벌인 일이라는 점을 부각시킨 뒤 재발 방지를 위해 어떤 계획을 갖고 있다는 점을 명시할 필요가 있다. 판사가 양형을 좋게 하는 이유는 '이 정도 반성하고 있고, 개선의 의지를 갖고 있다면 굳이 무겁게 형을 매기는 건 옳지 않다'고 판단하기 때문이다.

또한 탄원서는 재판장에게 직접 띄우는 편지와 같기 때문에 호칭에서도 주의할 필요가 있다. 사실 인정, 법리 적용 단계에서는 '공평하신 재판장님'처럼 호칭을 달면 좋고, 양형 단계에서는 '관대하신', '너그러운', '자비로운' 등의 표현을 가져와서 호칭을 수식하면 좋다. 탄원서를 쓰든 준비서면을 작성하든 지금 내가 판사의 이성과 감성 중 어느 부분에 어필하는지 알고 접근하자.

# 감정의 전략적 활용 ②
역으로 활용하기

흥분하면 진다는 말을 역으로 적용하면 우리는 좋은 전략 한 가지를 얻게 된다. 상대방을 자극하여 흥분 상태에 빠뜨리는 방법이다. 사건 한 가지를 살펴보자(우리는 앞으로도 여러 사건을 접하게 될 것인데 간략히 설명하고 넘어가는 사건도 있고, 조금 자세히 풀어서 보여주는 사건도 있을 것이다.).

후배는 금방이라도 울 것 같은 얼굴로 나를 찾아왔다. 머리는 부스스했고 두 눈은 붉게 핏줄이 서 있었다.
"얼굴이 왜 이렇게 상했나?"
"형님, 너무 억울합니다. 모레까지 1억 원을 갚지 못하면 제 사업이 다 날아가게 생겼습니다."
후배가 찾아온 날은 2006년 6월 28일이었다. 이야기를 들어보니 사업 자금을 빌렸는데 이틀 뒤인 6월 30일까지 갚지 못하면 도시개발사업의 사업권을 넘겨야 할 판이었다. 후배는 지금까지 이 사업을 위해 수십억 원을 쏟아 부었다고 덧붙였다. 불과 수개월 전 만 해도, 자금 회전 때문에 시달리기는 했지만 이렇게 망가지리라고 생각지 못했다고 한다.

"아무리 그래도 1억 때문에 사업까지 날아가는 건 아니지 않은가?"
"소개를 받고 돈을 빌렸는데 조폭이 개입되어 있더라고요."

조폭이 개입된 불법추심사건인 모양이었다. 아마도 무슨 협박이 있었을 터.

후배 말에 따르면 2005년 10월 서울시에서 재건축 기본계획이 내려오면서 모든 게 일변했다고 한다. 서울특별시 지침에 따르면 사업을 처음부터 다시 시작해야 했다. 서울시 담당부서에 찾아가서 다시 사업 신청을 하고, 분양대행사를 선정하여 계약도 맺어야 했다. 서류를 마련하여 필요한 행정업무를 처리하고 2006년 1월 분양대행사와 계약을 맺었다. 그런데 이 계약이 독약이 되었다.

당시 약정서에는 3개월 뒤인 2006년 4월 30일까지 개발사업을 시작하지 못할 시에는 위약금을 내도록 되어 있었는데 그게 계약금의 두 배인 1억 원이었다. 물론 후배는 이때만 해도 무슨 일이 있으랴 싶었단다. 그런데 다시 서울시에서 새로 지침이 내려왔다. 인근 2,400평에 대해서도 재개발사업을 동시에 진행해야 한다는 것. 이건 새로운 문제였다. 보상 문제를 두고 주민과 협상을 시작해야 하는데 시간이 문제였다. 달라는 대로 다 주면 남는 게 없고, 그렇다고 질질 끌자니 자금 문제에 봉

착할 수밖에 없었다. 역시나 주민 협상은 지지부진했다. 분양대행사와 약정했던 2006년 4월 30일을 넘기고 말았다. 후배는 분양대행사를 찾아가 서울시의 새로운 지침을 설명하고 시일을 조금만 더 달라고 요청했다. 약정 기간이 6월 5일로 늦춰지며 후배는 35일 정도 시간을 벌었다. 그러나 35일로도 주민 협상은 끝날 줄 몰랐다.

새 약정 기일인 6월 5일이 되자 사무실로 사나운 인상의 남자들이 찾아왔다. 후배와 함께 공동채무를 지고 있던 사람이 읍소를 하며 시간을 주면 어음을 할인하여 갚겠다고 사정했다. 그러나 그들은 들은 척도 하지 않고 '어떻게 책임질 거냐?'며 윽박질렀다. 그러다 한 남자가 탁자에 다리를 올리며 '당장 돈 가져오라'고 소리치며 후배의 머리를 때렸다. 입에 담지 못할 욕설도 이어졌다. 사무실은 지옥으로 변했다. 그들이 본색을 드러냈다.

"좋아. 기일을 연장해 줄 테니 담보를 제공해."

"무슨 담보 말씀입니까?"

"개발사업권을 걸어."

후배가 2005년 이후 추가로 투입한 2억 원과 함께 사업권을 담보로 제공하라는 얘기였다.

"그건 안 됩니다."

후배가 펄쩍 뛰자 그 남자가 어딘가로 전화를 걸었다.

"여기 묻어 버릴 놈 하나 있다. 옷 차려 입고 3명만 대기시켜라."

수화기 너머에서 '알겠습니다. 형님!' 하는 굵은 목소리가 흘러나왔다. 후배는 겁을 먹은 와중에도 사업권만큼은 못 넘긴다며 버텼다.

"좋아, 그럼, 당신 부인과 자식을 연대보증 세워."

후배는 손이 발이 되도록 통사정을 했다.

"제발 아내와 자식은 건드리지 말아 주십시오."

협박은 저녁까지 이어졌다. 소파에 앉아서 가만히 사태를 지켜보던 조폭 일당 중 한 명이 펜과 종이를 요구했다. 그는 또박또박 글자를 적어가기 시작했다. '6월 20일까지 5천만 원, 6월 30일까지 나머지 5천만 원을 갚지 않으면 사업권을 넘기겠다'는 내용의 이행각서였다. 지금까지 그들이 보인 태도로 보면 '이행각서에 사인하지 않으면 네가 죽거나 가족이 다칠 것이다'라는 협박이었다. 달리 선택지가 없었다. 일단 그때까지 돈을 마련해보자는 심정으로 도장을 찍었다.

첫 변제일인 6월 20일이 되었다. 후배는 사방으로 돈을 빌리러 다녔지만 일원 한 장 구할 길이 없었다. 21일이 되자 전화가 걸려 왔다. 화성시 모처로 튀어오라는 조폭의 전갈이었다. 후배는 겁이 덜컥 났지만 차마 발걸음이 떨어지질 않았다. 악몽 같은 밤이 지나고 다음날 다시 전화벨이 울렸다. 후배는 '알았다'고 말만 하고 화성시로 가지 않았다. 23일 아침이 되자 조폭 3명이 사무실로 찾아왔다. 그들은 온갖 말로 협박을 늘어놓았다.

"밥 먹듯이 드나드는 게 감옥이다. 너 하나 손 보고 들어가도 돼."

그들은 책상의 물품을 집어던지기도 하고 후배의 뺨을 때리기도 했다. 아침 10시에 찾아온 그들은 저녁 8시가 될 때까지 떠날 줄 몰랐다. 조금 조용해졌다 싶으면 다시 공갈과 협박이 이어졌다.

"너는 사기꾼 새끼야. 경찰서에 가든 직원을 연대보증 세우든지 아니면 자인서(해당 사실을 인정하는 문서)를 쓰든 해."

그들은 후배에게 3가지 선택지를 주었다. 연대보증은 생각할 수 없었고, 빚 때문에 경찰서에 가면 회사가 어떻게 될지 알 수 없었다. 결국 후배는 울며 겨자 먹기로 자인서를 작성해 주었다. 이미 이행각서도 쓴 상태가 아닌가. 종이 한 장 더 써준다고 무슨 일이 생기겠는가. 그들은 6월 30일까지 돈을 갚으라는 말을 던지고 밤 10시 30분에 그를 풀어주었다.

하루하루가 지옥이었다. 백방으로 뛰어다녔지만 돈을 구할 곳이 없었다. 6월 27일, 그러니까 최종 변제일을 3일 남기고 이 사건에 연루되어 있던 투자회사 사장에게 전화를 걸었다. 그러나 수화기 너머 들려오는 목소리는 얼음보다 차가왔다.

"이봐, 나도 이 돈에 연대보증을 섰다고. 당신이 해결 못하면 다음은 나야. 그냥 개발사업권 넘기라고. 그들이 하자는 대로 해. 만일 해결 안 되면 그때는 어떻게 할 거야? 차라리 해결 못할 바에는 어디 가서 코 박고 죽어."

그 사장도 후배 때문에 난처한 입장이었다. 그럼에도 그에게 전화를 걸었던 것은 지푸라기라도 잡는 심정이었다. 그러나 수화기 너머에서 들려온 매몰찬 한마디에 그의 마음은 완전히 무너지고 말았다. 그리고 다음날인 6월 28일 그는 무슨 생각을 했는지 오랫동안 안부조차 모르던 나를 찾아온 것이다.

"그런데 제가 궁금한 건 이겁니다. 분명 이행각서를 제 손으로 쓰기는 했지만 안 쓰면 죽을지도 모른다는 생각에 썼을 뿐입니다. 강압과 협박에 의해 작성한 것은 법적으로 효력이 없는 것 아닌가요?"

후배는 6월 30일까지 돈을 마련할 길이 없다고 털어놓았다. 그냥 손 놓고 있으면 이행각서대로 사업에 투입한 2억 원과 사업권을 넘겨야 할 판이었다. 그러다 지난밤에 '협박에 의한 이행각서 작성은 무효'라는 데 생각이 미친 모양이다.

후배가 지금까지 들려준 이야기가 사실이라는 가정 아래, 분명 강압과 협박에 의해 작성된 이행각서는 취소할 수 있고, 취소하면 무효임이 자명하다. 하지만 문제는 그리 간단치 않았다.

"어디 맞아서 다친 데가 있는가? 아까 머리도 맞았다고 했지?"

"맞은 건 사실인데 상처가 남은 건 아닙니다."

"아마 불법추심에 경험이 있는 곳일 테지. 흉터 안 남게 조심해서 주먹을 휘둘렀을 거야."

"사무실 직원들이 다 보고 있었습니다. 그들을 증인으로 세우면 안 될까요?"

"문제가 뭐냐면 말이야, 자네가 작성한 이행각서는 '처분문서'야. 이게 협박에 의해서 작성했다는 사실을 밝히려면 증명력이 높은 증거가 필요하다고. 직원 진술만으로는 인정이 안 될 가능성이 크다는 말이야."

직원 진술이란 결국 말일 뿐이다. 특히 그 증인이 제3자도 아니고 후배와 우호적인 관계에 있는 사람이라면 그 진술을 사실로 받아들이는 데 한계가 있을 것이다. 더욱이 직원 진술을 통해서 부정해야 하는 게 처분문서였다. 처분문서는 그 작성에 문제가 있다는 점이 명백히 드러나기 전에는 '진정이 성립된 것'으로 본다. 즉 문서에 작성된 내용을 사실이라고 인정한다는 말이다. 처분문서와 반대되는 주장을 인정받으려면 처분문서만큼 믿을 만한 증거가 제시되어야 한다. 다음 판례를 보라. '합리적인 이유 설시도 없이 이를 배척해서는 안 된다'는 내용이 이 말이다.

> 처분문서는 진정성립이 인정되면 그 기재 내용을 부정할 만한 분명하고도 수긍할 수 있는 반증이 없는 이상 문서의 기재 내용에 따른 의사표시의 존재 및 내용을 인정하여야 한다는 점을 감안하면 처분문서의 진정성립을 인정함에 있어서는 신중하여야 할 것이다. 그리고 사문서의 진정성립에 관한 증명 방법에 관하여는 특별한 제한이 없으나 그 증명 방법은 신빙성이 있어야 하고, 증인의 증언에 의하여 그 진정성립을 인정하는 경우 그 신빙성 여부를 판단함에 있어서는 증언 내용의 합리성, 증인의 증언 태도, 다른 증거와의 합치 여부, 증인의 사건에 대한 이해관계, 당사자와의 관계 등을 종합적으로 검토하여야 한다(대법원 2015. 11. 26. 선고 2014다45317 판결 등 참조).
> – 대법원 2016. 10. 27. 선고 2014다72210 판결[공사대금]

나는 후배에게 다른 증거가 없는지 물었으나 후배는 고개를 저었다. 남은 시간은 불과 이틀. 이 시간 안에 어떻게 증거를 만들 수 있을까? 어떻게 상황을 반전시킬 수 있을까?

법정 밖에서 찾은 해결책

시간은 부족했지만 목표는 명확했다. 주어진 시간 안에 이행각서(처분문서)의 진정성립을 뒤집을 수 있는 증거(반증) 찾기.

"호랑이를 잡으려면 호랑이굴에 들어가는 수밖에 없겠네."

"저한테도 없는 증거가 그들에게 있을 리 없지 않을까요?"

후배는 이해하기 어렵다는 표정을 지었다.

"내가 시키는 대로 해볼 텐가?"

달리 방법도 없었다. 후배는 의자를 바짝 당겨서 앉았다.

나는 검사 재직 시절에 함께 일했던 전직 형사에게 전화를 걸었다. 후배는 사무실에 전화를 걸어 직원 한 명을 불렀다. 총 4명이 된 우리는 조폭 사무실이 있는 화성시로 이동했다. 달리는 차량 안에서 우리는 각자 역할을 분배하고 해야 할 일을 숙지했다. 후배는 혼자서 조폭 사무실로 들어가고, 전직 형사는 사무실 복도에 숨어서 여차하면 현장으로 달려가기로 했다. 후배가 치명적인 상해나 위해를 당하면 안 되었기 때문이다. 후배의 직원은 동영상 촬영이 가능한 카메라를 들고 옆 건물 옥상에서 대기하기로 했다. 나는 총지휘를 맡았다. 후배는 화성시로 이동하는 도중, 중간에 내려서 깡소주를 마셨다.

긴장감이 감도는 가운데 어느 틈에 화성시 조폭 사무실에 도착했다. 나와 직원은 시야가 트여 있는 옆 건물로 올라갔고, 후배와 전직 형사는 조폭 사무실로 올라갔다. 잠시 뒤 후배가 자기 머리를 때렸다는 그 조폭과 마주 앉았다.

우리의 계획은 조폭의 성질을 건드려서 폭력을 휘두르게 한 뒤 이를 동영상으로 촬영하는 것이었다. 폭행 영상이 있으면 두 가지 측면에서 유리할 것으로 보았다. 하나는 우리가 처음 계획한 대로 폭행 영상을 '강압과 협박에 의한 이행각서 작성'의 간접증거로 제시할 생각이었다. 물론 별도의 시간에 별도의 장소에서 벌어진 폭행으로 처분문서의 진정성립을 깨뜨릴 수 있을지 확신할 수는 없었다. 그러나 여기에 직원들의 진술이 덧붙여진다면 최소한 판사 입장에서 의심해 볼 수 있는 사정이 생길 수 있지 않을까 판단했다. 그리고 다른 이유가 더 중요했다. 후배 말에 따르면 그 조폭이 출소한 지 얼마 되지 않은 시점이라 폭행죄를 저지르면 형사적으로 그는 매우 불리한 입장에 처하게 된다. 그렇다면 그 조폭이 고소하지 않는다는 조건으로 협상을 걸어오지 않겠는가?

나는 후배를 올려 보내기 전에 이런 말을 해주었다.

"출소한 지 얼마 되지 않았다면 아마 몸을 사릴 거야. 일단 변제일을 연기해 달라고 운을 땐 뒤 조금씩 자극적인 말을 하라고. 정 안 되면 욕도 해야 해. 조폭들이 제일 싫어하는 말이 '양아치'야."

처음 후배와 조폭은 마주 앉아서 차분히 대화를 이어가는 듯했다. 그러다 아마 후배가 준비한 대사를 뽑아든 모양이다. 갑자기 조폭의 손이 올라가더니 후배의 뺨을 수차례 때렸다. 후배의 회사 직원은 동영상을 찍고 있었다. 우리는 보다 신중하기 위해 후배의 몸에 녹음기를 부착해 두었다. 다행히 더 큰 폭력은 없었다. 사건은 단 수십 분 만에 종료되었고, 우리는 서울로 돌아왔다.

후배는 다음날 병원에 들러 진단서를 떼었는데 다행히 여러 주의 상해진단서를 끊을 수 있다는 답변을 들었다. 불과 하루 사이에 우리 손에는 3개의 추가 증거가 생겼다. 폭행 동영상과 녹취, 상해진단서. 증거를 확보한 뒤 우리는 다음 단계를 밟았다. 조폭에게 내용증명을 보내 이행각서의 취소를 주장하고 만일 이를 거부한다면 형사 문제를 삼겠다고 경고했다. 내용증명 발송 며칠 후 후배에게 전화가 걸려왔다.

"지금 협상을 벌이고 있습니다. 일단 제 사업권은 건드리지 않기로 얘기가 되었고요, 지금은 변제일 등을 조율하고 있습니다. 다 형님 덕분입니다."

'도발'은 싸움을 앞둔 사람들이 즐겨 쓰는 전략 가운데 하나다. 권투 선수끼리, 격투기 선수끼리 서로 노려보거나 자극적인 언사를 써서 상대방의 심기를 흩트린다. 흥분 상태가 되면 누설하지 말아야 할 정보를 흘리거나 취하지 말아야 할 행동을 하는 경우가 있다.

한편 상대방과 나누는 대화를 몰래 녹음하는 것은 불법이 아니다. 필요하다면 상대방과 대화를 나눌 때 녹음을 하라. 이때 중요한 건 '어떻게 도발할 것인가' 하는 점이다. 도발할 수 있는 표현을 사전에 준비하여 만남을 시도하는 게 관건이다. 이 모든 전략의 핵심에 '제어되지 못한 감정'이란 게 있다. 나의 감정은 제어하고, 상대방의 감정은 흔드는 것이 때로는 사건의 향방을 뒤흔드는 중요한 포인트가 될 때가 있다.

상대방과의 통화 내용을 녹음하는 것은 불법이 아니다 :

대법원 2008. 10. 23. 선고 2008도1237 판결[통신비밀보호법위반]

통신비밀보호법 제3조 제1항이 금지하고 있는 '전기통신의 감청'이란 전기통신에 대하여 그 당사자인 송신인과 수신인이 아닌 제3자가 당사자의 동의를 받지 않고 전자장치 등을 이용하여 통신의 음향·문언·부호·영상을 청취·공독하여 그 내용을 지득 또는 채록하는 등의 행위를 하는 것을 의미하므로(대법원 2008. 1. 18. 선고 2006도1513 판결 참조), 전기통신에 해당하는 전화통화의 당사자 일방이 상대방과의 통화내용을 녹음하는 것은 위 법조에 정한 '감청' 자체에 해당하지 아니한다.

판사를
의심하게 하라
- 합리적 의심

"판사가 검사의 주장을 의심하는 순간,

피고인에게 한 줄기 빛이 내린다."

법적 공방의 무기, 증거

LAW 01

 바야흐로 '팩트(fact)'의 시대다. 2012년 11월 11일, 보수 논객을 자처하는 변희재 미디어워치 대표는 진보 논객으로 이름을 떨치던 진중권 교수에게 공개 토론을 제안한다. 변희재 대표가 제안한 토론 주제는 'NLL의 진실과 자유통일의 비전'이었고, 토론회는 곰TV를 통해서 생중계하기로 합의했다. 이것이 현재도 유튜브 등에서 지속적으로 시청자를 끌어 모으고 있는 '사망유희 토론배틀'이다.

 사망유희 토론배틀은 토론회가 벌어지기 전부터 뜨거운 관심을 받았다. 이미 진중권과 변희재는 소송으로 엮여 있었으며, 변희재는 10명의 보수 논객을 진중권이 격파하는 방식으로 토론을 진행하자고 제안하며 흥미를 이끌어냈다. 그러나 정작 토론배틀은 본격적인 토론에 이르기 전에 팩트 논쟁에서 종말을 고한다.

 토론 당일 변희재 대표는 노무현 정부가 인천 앞바다를 남북 공동수

역으로 지정했다고 주장하며 이를 뒷받침하는 내용의 지도 한 장을 들고 왔다. 처음 보는 지도였다. 진중권 교수는 변희재 대표의 논리를 공격하기 위해 애를 썼으나 지도가 증명하는 사실 자체를 뛰어넘을 수는 없었다. 인터넷 생중계가 끝난 뒤 진중권 교수는 팩트에서 밀렸다며 패배를 자인했다.

그러나 토론 직후 지도 조작 논란이 벌어지면서 사망유희는 장외 논쟁으로 번졌고, 연이어 조작을 주장하는 사람에 대한 변희재 대표의 고소가 이어졌다. 그러다 2013년 어느 국회의원이, 보안 등의 문제로 비공개되었던 남북공동회담 자료를 공개하면서 변희재 대표의 주장이 사실이 아니었음이 드러난다. 인천 앞바다는 공동수역으로 지정된 적이 없었다.

오늘날 벌어지는 이념 논쟁의 밑바닥에는 '팩트'에 대한 주도권 다툼이 놓여 있다. 누가 팩트를 제대로 아는가 하는 문제가 존재한다는 얘기다. 전원책 변호사가 이재명 시장에게 기업체 법인세를 놓고 다툰 것도 좌냐 우냐를 가리는 이념 논쟁이 아닌 법인세 수치 계산과 관련된 '팩트'였으며, MBC 뉴스가 시청률 추락에 직면한 것도 이념 이전에 '팩트'를 외면했던 보도 태도 때문이다. 건물을 세우려면 골조가 필요하듯 팩트는 논리를 만드는 재료이기 때문에 팩트가 부실하면 어떤 주장도 펼칠 수 없고 설령 세운다고 하더라도 '가정'에 의존한 논리는 부실공사가 되기 십상이다.

팩트를 놓고 벌어지는 다툼의 최정점에 법정이 있다. 서로가 주장하는 사실이 다를 때 우리는 법원으로 달려간다. 판사는 누구의 팩트가 진짜인지 가리기 위해 존재하는 사람들이며, 엄격한 잣대로 사실을 가린 뒤 이에 토대를 두고 법령을 적용하여 유무죄라는 판결을 도출한다.

  문제의 핵심은 자연스럽게 누구의 팩트가 진짜인지 가리는 일로 넘어간다. 증거가 수면 위로 부상한다. 토론회를 지켜보는 사람이든 법대에 앉아 있는 판사든 누구의 주장이 팩트인지 가리기 위해 증거를 요구한다. '내 두 눈으로 똑똑히 봤다. 내가 그 자리에 있었다'는 주장만으로는 믿음을 줄 수 없다. 권투 경기에서 승리하는 원동력이 잘 피하고 잘 때리는 것이라면 법정 다툼에서 승패가 가려지는 유일한 조건은 증거다. 증거는 당신에게 승리를 가져다주는 무기로, 증거 없는 모든 주장은 공허한 메아리와 같다. 2장은 증거에 대한 이야기다.

# 자격이 있는가, 없는가?

반기문 전 UN 총장이 임기를 마치고 귀국길에 오르자 그의 대선 출마 여부가 관심사로 떠올랐다. 그러나 몇몇 사람들은 반 전 총장이 과연 대선에 나갈 자격이 있는지 의구심을 표했다. 문제가 되는 것은 '5년 이상 국내 거주'라는 공직선거법제16조상 대통령피선거권의 자격 요건이었다. 이 문장을 놓고, 한편에서는 5년 이상 '연속으로' 거주해야 한다는 해석을 내놓았고, 한편에서는 연속적이지 않더라도 5년만 채우면 된다는 뜻으로 풀이했다. 결과적으로 반 전 총장은 대선 출마를 포기했지만 만일 중도에 그치지 않았더라면 선관위든 누구든 이 조항의 유권해석을 놓고 고심했으리라.

 대통령을 뽑든 9급 공무원을 뽑든 혹은 동네 구멍가게 아르바이트생을 뽑든 세상에 존재하는 거의 모든 선발 과정에는 이처럼 응시 자격이란 게 존재한다. 아무리 학력 무관, 나이 무관이 대세라고 하지만 자격

요건이 전무한 경우는 없다. 합격과 탈락을 심사하기 전에 일단 자격부터 따지는 게 순서다.

증거도 마찬가지다. 당신이 손에 쥐고 있는 증거가 빼도 박도 못하는 핵심 증거인지 아닌지는 둘째 치고 일단 증거 자격부터 심사해야 한다. 자격이 없는 증거는 형사 재판정 안에 발을 들여놓을 수 없다.

증거 채택이 안 된다는 말은 생각보다 중대한 의미를 갖는다. 판사는 채택된 증거만 살피기 때문이다. 자격을 갖춘 증거임이 확인된 후에야 비로소 '자, 무슨 내용인지 한번 살펴볼까?' 하고 들여다본다. 그 전에는 원칙적으로 증거를 보지 않는다. 이를 예단배제의 법칙이라고 하는데 우리나라는 '공소장 일본주의'를 채택하여 증거조사가 끝날 때까지 판사는 공소장 외에 검찰이 제출한 증거를 미리 보지 않는다. 아래 예를 보면 이게 어떤 의미인지 조금 더 명확해질 것 같다.

증인 : 김괴물 씨가 박희생 씨를 죽이겠다고 말한 것을 제가 똑똑히 들었습니다. 구체적인 범행계획까지 세밀하게 세웠음을 증명할 수 있습니다.

판사 : 무슨 증거가 있나요?

증인 : 저에게 녹취 파일이 있습니다.

판사 : 김괴물 씨가 당신에게 이야기한 것을 녹취한 것인가요?

증인 : 아니요. 김괴물 씨와 김괴수 씨가 대화한 걸 제가 녹음했습니다.

판사 : 어떻게 녹음했죠?

증인 : 그들의 통화 내용을 도청했습니다.

판사 : 불법으로 도청했다는 뜻인가요? 그렇다면 말씀하신 그 녹취 파일은 증거

로 채택할 수 없습니다.

증인 : 무슨 말이죠? 증거로 채택할 수는 없어도 그들에게 살인 의도가 있었다는 건 확실하잖아요?

판사 : 제 말을 이해하지 못했군요. 물론 김괴물 씨에게 살인 의도가 있었을지도 모릅니다. 그러나 다른 증거로 이를 증명할 수는 있어도 최소한 지금 갖고 있다는 그 불법 도청 자료로는 이를 증명할 수 없다는 말입니다.

증인 : 왜죠?

판사 : 불법으로 손에 넣은 증거는 증거로서 자격이 없기 때문이죠.

증인 : 그래도 한 번 들어볼 필요는 있지 않을까요?

판사 : 안 됩니다. 판사라면 누구나 그런 증거가 있었다는 사실 자체를 머릿속에서 지울 겁니다. 왜냐하면 증거로 채택되지 않은 자료에 영향을 받으면 안 되기 때문이죠.

이 대화가 조금 이상하다고 생각할지 모른다. 불법이든 편법이든 버젓이 '살인 계획'을 증명할 수 있는 자료가 있는데 이를 못 본 것으로 하겠다니? 법이 미친 것 아닌가 하는 생각이 들지도 모른다.

그러나 반대 경우도 생각해 보자. 만일 불법으로 증거를 수집하는 것이 용인된다면 검사가 절차를 무시한 채 마구잡이 수사를 벌일 수도 있지 않겠는가? 피의자(범죄를 저질렀다고 의심을 받고 있는 자)를 불러다가 윽박지르거나 격리된 공간에 가둔 채 변호인도 못 만나게 하면서 며칠이고 위협적인 분위기를 만들어 허위로 자백하게 만들려고 할지도 모르지 않는가? 돈 많은 자가 흥신소나 심부름센터, 사립탐정을 고용하여 당신의 뒤를 캐면서 불법적으로 증거를 손에 넣으려고 하지 않겠는가? 불법으로 얻은 증거는 증거로서의 자격(=증거능력)을 인정하지 않는다는 원칙은 피의자의 인권 보호 등을 위해 피와 눈물로 만든 역사적 산물이다. 만일 당신이 약자라면 특히나 이 룰이 있다는 것을 긍정적으로 받아들이는 게 좋지 않을까?

'불법으로 수집한 것은 증거로 채택하지 않는다.'(형사소송법 제308조의2 (위법수집증거의 배제) 적법한 절차에 따르지 아니하고 수집한 증거는 증거로 할 수 없다.)는 말은, 증거의 자격을 논할 때 빠지지 않고 등장하는 원칙 가운데 하나다. 이밖에도 증거 자격을 제한하는 몇 가지 기준이 있으나 이는 뒤에서 필요할 때마다 다시 언급하기로 하자. 대신 여기서는 증거가 증거로서 받아들여지려면 자격을 인정받아야 한다는 점만 기억하자. 그 자격을 형사소송에서는 '증거능력'이라고 부른다.

증거의 자격보다
더 중요한 것
증명력

LAW 03

　회사에 입사지원을 하려면 일단 결격사유가 없어야 하고(자격), 다음 경쟁을 뚫고 합격을 해야 한다. 마찬가지로 결격사유가 없어서 증거로 채택이 되었다면 다음은 이 자료가 범죄사실을 잘 증명하고 있는지 확인하는 과정을 거치게 된다. 달리 말해, 증거 자격(=증거능력)을 갖춘 증거들은 이제 증명력(증거가치)을 심사받게 된다.

　CCTV에 강도사건 현장이 고스란히 찍혔다. 범인은 얼굴도 가리지 않았고, 녹화된 파일을 보니 얼굴도 선명히 잘 잡혔다. 여성의 몸에서 남성의 정액을 채취하여 검사했다. DNA 검사를 해보니 용의자 가운데 유전정보가 일치하는 사람이 있었다. '나는 범인이 아니에요' 하고 부인하는 피의자에게 이보다 확실한 증거가 있을까?

　이런 증거들처럼 범죄 사실을 증명하는 데 핵심적인 역할을 하는 증거가 있다. 이런 증거는 '증명력이 높다'고 말한다. 증명력이 높다는 말은, 의심하는 방법을 훈련받은 판사의 눈에 더 이상 의심의 여지가 없다는 뜻이고, 따라서 이 증거만으로 유죄 판결을 내릴 수 있다는 뜻이다.

하지만 증명력 높은 증거는 생각보다 많지 않다. 당신이 직면한 사건에서도 뚜렷한 증거가 없을지 모른다. 대신 그런 일이 있었을지 모른다고 추측케 하는, 다소 거리가 먼 증거만 수두룩할지도 모른다. 예컨대 A가 금은방에 들어갔다가 나오는 장면이 CCTV에 잡혔지만 그가 금은방을 털었다는 직접적인 증거가 없을 때가 있다. 특히나 CCTV를 살펴보니 범행 시각으로 추정되는 때에 3명의 사람이 드나들었다면 증명력은 낮을 수밖에 없다. 이 증거만으로는 A를 도둑으로 몰 수 없다.

증명력은 다른 말로 증거가치라고도 부른다. 증거를 저울에 달아서 그 무게를 측정한 값이다. 모순되는 증거가 없고, 그 증거 하나만으로 더 이상 의심의 여지가 없을 때는 최상위의 가치를 지닌 증거가 된다. 반면 10개를 끌어 모아도 저울추가 살짝 기우는 데 그치는 정도라면 가치가 낮은 증거가 된다. 증거의 가치를 매기는 일은 판사의 고유 영역이다. 판사는 스스로 저울이 되어 증거의 무게를 잰다. 때로는 증거가 일정한 질량을 넘어서지 못할 때도 있다. 이런 경우, 당사자에게 '또 다른 증거가 없느냐?'고 묻기도 하지만, 어쨌든 증거가 부족하거나 의심스러울 때는 피고인에게 유리한 판결, 즉 무죄를 선고할 수밖에 없다.

보통 우리는 증명력이 높은 증거는 따로 있을 것이라고 생각하는 경향이 있다. 예컨대 범행 현장에 있었던 목격자의 착오 없는 진술이나 범행 순간을 담은 CCTV처럼 범죄사실을 직접 증명하는 직접증거는 다른 증거보다 증명력이 높다고 여긴다. 반면 범행 순간을 찍은 CCTV는 아니지만 A가 B의 집 근처에서 배회하고 있었다는 목격자의 증언처럼 옆에서 지원해주는 간접증거는 증명력이 낮다고 여긴다.

물론 직접증거가 간접증거보다 증명력이 더 높은 경향이 있는 건 사실이다. 그러나 이 말을 오해하면 곤란하다. 직접증거 없이 간접증거만으로도 얼마든지 유죄 판결을 내릴 수 있기 때문이다(반대로 직접증거만으로도 유죄 판결을 내릴 수 없는 경우도 얼마든지 존재한다.). 대신 간접증거로 유죄 판결을 내리기 위해서는 보다 신중한 판단이 요구된다. 만일 간접증거만으로도 다른 일이 벌어질 가능성이 없다고 판단되면 범죄사실을 인정할 수 있는 근거가 된다. 예컨대 A가 B의 집에 들어가 혼자 집을 지키던 푸들 한 마리를 훔쳤다고 해보자. 이 사건의 증거는 총 2가지로 다음과 같았다.

1) **CCTV 증거** : 마침 B의 집 앞을 비추고 있는 CCTV에 범행 당일 3명이 출입하는 모습이 찍혔다. 한 명은 집 주인인 B이고, 다른 한 명은 아래층에 세 들어 사는 C이고, 나머지 한 사람은 A였다.

2) **개 사육장 주인의 진술** : 서울 근교의 명명 사육장 주인 D는 A가 사건 당일 푸들 한 마리를 데리고 왔다고 증언했다. 주인 D는 A의 인상착의를 잘 기억하고 있었고, 푸들의 크기나 생김새를 비교적 잘 알고 있었다.

이때는 2가지 간접증거밖에 없지만 A가 B의 집에 들어간 합리적인 이유를 대지 못하거나 훔치지 않았다는 사실을 증명하지 못한다면 의심의 여지가 사라지게 된다. A가 훔쳤을 가능성은 95% 이상으로 높아진다. 훔치는 순간을 본 사람은 없으나 간접증거(=정황증거)를 통해서 범죄사실이 있었음을 인정할 수 있다는 말이다. 다음 판례가 이를 잘 말하고 있다.

> 형사재판에 있어서 유죄의 인정은 법관으로 하여금 합리적인 의심을 할 여지가 없을 정도로 공소사실이 진실한 것이라는 확신을 가지게 할 수 있는 증명력을 가진 증거에 의하여야 하고 이러한 정도의 ①심증을 형성하는 증거가 없다면 설령 피고인에게 유죄의 의심이 간다 하더라도 피고인의 이익으로 판단할 수밖에 없다 할 것이나(당원 1989.1.31. 선고 85도1579 판결; 1991.11.12. 선고 91도1278 판결; 1992.6.9. 선고 92도737 판결 등 참조) 그와 같은 심증이 반드시 직접증거에 의하여 형성되어야만 하는 것은 아니고 ②경험칙과 ③논리법칙에 위반되지 아니하는 한 간접증거에 의하여 형성되어도 되는 것이며(당원 1960.5.18. 선고 4293형106 판결; 1961.11.16. 선고 4294형상497 판결; 1969.3.4. 선고 68도1000판결; 1979.9.11. 선고 79도1161 판결 등 참조)
> - 대법원 1993. 3. 23. 선고 92도3327 판결[특정범죄가중처벌등에관한법률위반(관세), 총포·도검·화약류등단속법위반]

① '심증이 형성된다'는 말은 판사가 확신을 갖는 것을 의미한다. 즉 위 판례는 판사가 유죄 판결을 내릴 때 굳이 직접증거가 있어야 할 필요는 없고, 대신 간접증거만 있어도 된다. 그러나 그 간접증거는 경험칙과 논리법칙에 어긋나면 안 된다는 뜻이다.

② 경험칙이란 우리가 살면서 알게 되는 법칙들이다. 예컨대 덩치가 큰 남성이 왜소한 체격의 여성에게 두들겨 맞았다고 주장한다면 우리는 그의 말을 의아하게 생각한다. 별로 특별할 것 없는 10년 전 일을 방금 전에 경험한 것처럼 또렷하게 기억하는 사람이 있다면 우리는 그의 진술을 이상하게 생각한다. 이와 같이 경험을 통해서 자연스럽게 갖게 된 법칙이 경험칙이다(물론 그 덩치 큰 남자가 근육병을 앓고 있는 비만증 환자인데다 평소 개미 한 마리 못 죽이는 사람이라는 게 소명되고, 또한 왜소한 여성이 실은 격투기 선수라는 게 밝혀진다면 이야기는 달라진다. 그러나 그런 설명 없이 위의 이야기만으로는 도저히 납득하기 어렵지 않겠는가?).

한편 ③ 논리법칙(=논리칙)은 연역법에 토대를 둔 사고방식이다. K스포츠재단의 정동춘 이사장과 강일원 헌법재판관의 문답이 이를 잘 보여준다.

재판관 : 그러니까 최서원(최순실) 씨가 단순히 청와대의 의견을 전달해주는 전달자라고 생각했다고 말씀하시는 거죠?

이사장 : 그렇게 알고 있었습니다. 최서원 씨에게 이야기를 들으면 얼마 뒤에 다

시 안종범 전 수석에게 전화가 왔는데 내용이 늘 같았습니다.

재판관 : 최서원 씨와 안종범 전 수석의 이야기가 달랐던 적이 있었다고 했는데 그때는 왜 최서원 씨에게 확인해보겠다고 말했던 것이죠? 단순 전달자라면 안종범 전 수석의 이야기만 들으면 되는 것이잖아요? 최서원 씨에게 확인했다는 말은 최서원 씨를 단순 전달자가 아니라 재단 운영에 영향력 있는 사람이라고 생각했다는 말이 아닌가요?

한마디로 정동춘 이사장의 이야기가 논리적으로 모순임을 지적한 것이다. 이 문답을 삼단논법에 적용해 보자.

대전제 : 최서원은 청와대 의견의 전달자(심부름꾼)일 뿐이다.
소전제 : 최서원과 안종범의 의견이 다르다.
결   론 : 심부름꾼에 불과한 최서원의 의견을 물을 필요 없이 안종범의 의견을 들으면 된다.

대전제와 소전제가 주어지면 결론은 자연히 도출된다. 결론이 두 가지가 될 수 없다. 그런데 헌법재판관은 정동춘 이사장의 말이 결론과 다르기 때문에, 즉 논리법칙에 위배되기 때문에 그 점을 지적한 것이다.

경험칙과 논리법칙, 이 두 가지에 어긋나서는 안 된다는 말이 위 판례의 핵심이다. 그런데 2010년에 있었던 대법원 판례에서는 더욱 강화된 기준이 제시된다.

> 형사재판에서 유죄의 인정은 법관으로 하여금 합리적인 의심을 할 여지가 없을 정도로 공소사실이 진실한 것이라는 확신을 가지게 하는 증명력을 가진 증거에 의하여야 하므로, 그와 같은 증거가 없다면 설령 피고인에게 유죄의 의심이 간다 하더라도 피고인의 이익으로 판단할 수밖에 없다(대법원 2006. 3. 9. 선고 2005도8675 판결 등 참조). 한편 살인죄 등과 같이 법정형이 무거운 범죄의 경우에도 직접증거 없이 간접증거만에 의하여 유죄를 인정할 수 있으나, 그러한 유죄 인정에 있어서는 공소사실에 대한 관련성이 깊은 간접증거들에 의하여 신중한 판단이 요구된다(대법원 2008. 3. 13. 선고 2007도10754 판결 참조). 특히 간접증거에 의한 간접사실의 인정에 있어서도 그 증명은 합리적인 의심을 허용하지 않을 정도에 이르러야 하고, 그 하나하나의 간접사실은 그 사이에 모순, 저촉이 없어야 함은 물론 논리와 경험칙, 과학법칙에 의하여 뒷받침되어야 할 것이다
>
> — 대법원 2010. 12. 9. 선고 2010도10895 판결[살인·산지관리법위반·약사법위반]

이 판례에도 '논리, 경험칙'이 언급되고 있다. 여기에 더해 간접사실에 대한 이야기가 추가되어 있다.

간접사실이란 간접증거가 증명하는 사실을 말한다. A가 B의 집에 출입하는 모습이 찍힌 CCTV는 A의 범죄사실을 증명하는 게 아니라 말

그대로 A가 B의 집에 들어간 사실(간접사실)만을 증명한다. 이처럼 범죄사실의 주변을 이루는 사실을 간접사실이라고 한다.

비유하자면 직소퍼즐의 주변 그림이라고 생각하면 쉽다. 직소퍼즐은 가장자리부터 퍼즐을 맞추는데 그렇게 하나씩 조각을 맞추다 보면 나중에는 중앙만 비게 된다. 이 중앙에는 전체 그림에서 가장 중요한 부분이 숨어 있다. 마찬가지로 우리는 직접사실에 대해서 모를 때 간접사실을 통해서 가운데 그림을 추론할 수 있다.

이 판례 전까지는 범죄사실을 인정할 때 합리적 의심이 없을 정도의 증명력을 가져야 한다고 말했는데 이 판례에서는 간접사실을 인정할 때도 합리적 의심이 없어야 한다고 명시하고 있다. 왜냐하면 간접사실을 통해서 유죄를 선고해야 하기 때문에 간접사실을 인정하는 절차도 직접사실을 인정하는 수준으로 엄격하게 규정하는 것이다.

또한 유죄 판결에 필요한 간접사실은 하나가 아니라 여러 개이기 때문에(여러 개의 간접사실을 합쳐서 하나의 그림을 완성해야 하므로) 간접사실 사이에 부딪치거나 모순된 내용이 있으면 안 된다고 지적한다(판사가 인정한 사실 가운데 모순된 게 있다면 전체 그림 자체를 잘못 그린 것이 되기 때문에 이를 바탕으로 유죄 판결을 내려서는 안 된다는 얘기다. 기억하자.).

요건이 강화되기는 했지만 얼마든지 간접증거만으로도 유죄 판결을 내릴 수 있다는 게 이 판례의 골자다. 간접증거가 이처럼 중시되는 이유는 직접증거가 부족한 사건이 많기 때문이며, 이런 경향은 갈수록 심해지고 있다.

그런데 이런 설명은 너무 복잡하다. 더 쉬운 방법은 없을까?

'간접증거나 직접증거의 구분은 필요 없으며, 결국 재판은 의심의 문제로 귀결된다.'

LAW 04 판사를 의심하게 만드는 전략

그렇다, 증거는 의심과 연관이 깊다. 직접증거든 간접증거든 모든 증거는 의심의 영역에서 검토된다. 의심은 비록 마음의 작용이지만 이를 굳이 수치화해서 표현한다면, 의심의 여지가 0~5% 수준으로 줄어들면 그때는 유죄가 되고, 의심이 5% 이상 넘어서면 그때는 무죄가 된다(이 수치는 과학적으로 증명되거나 법제화된 게 아니고, 또한 판사마다 기준이 다르다. 여기서는 이해의 편의를 위해 수치로 표현했다.).

0% < 의심 < 5%   ▶ 유죄
5% < 의심   ▶ 무죄

따라서 피고인 입장에서 법정 다툼이란 판사의 의심 수준을 5% 이상으로 만드는 일이라고 바꾸어 말할 수 있다. 100% 확신은 거의 없다.

대개 판사는 95~99% 사이의 확신을 가질 때 유죄 판결을 내린다. 만일 현재 판사의 의심이 4% 수준이라고 한다면 피고인은 여기에 1~2%의 의심을 더하는 전략을 취하는 게 좋다.

의심이라는 단어는 법률 현장에서 '합리적 의심(reasonable suspicion)'이라는 말로 불린다. 예컨대 다음과 같은 식이다.

"검사의 주장에 대해 저는 합리적 의심을 할 수 없습니다. 그러므로 유죄!"

"검사의 주장에 대해 저는 합리적 의심을 지울 수 없습니다. 의심스러울 때는 피고인의 이익으로! 그러므로 무죄!"

물론 이렇게 딱 꼬집어 말하지는 않지만 모든 판결문은 위와 같이 요약될 수 있다.

많은 사람들이 무죄의 의미를 잘못 이해하는 경향이 있다. 보통은 유죄의 반대, 즉 '죄가 없는 게 분명하다'라는 의미로 받아들인다. 그러나 무죄에는 또 하나의 의미가 숨어 있다. '그가 범죄를 저질렀는지 불분명하다.' 죄를 저질렀는지 아닌지 불분명한 경우에도 무죄가 된다는 말이다. 다시 한 번 강조하지만, 그러므로 판사로 하여금 합리적 의심을 하도록 만들 수 있다면 그게 피고인에게는 최적의 전략이 된다.

실제 재판 절차도 이 전략에 적합하게 만들어져 있다. 먼저 검사가 공소장을 작성하여 피고인이 이런 범죄를 저질렀다고 주장하며 증거를 제출하여 선공을 하고, 피고인은 공소장을 검토하며 방어전략을 구상한 뒤 의견서를 제출한다. 이때 피고인 측의 의견서는 검사의 공소장 수준으로 나의 결백을 엄격하게 증명하는 것이 아니라 검사의 주장에 빈틈이 있다는 점을 강조하고 그에 맞는 증거를 제출한다. 예컨대 안종범 전 수석의 수첩과 JTBC가 공개한 태블릿PC의 입수 경위가 의심스럽다고 탄핵 당시 박 전 대통령 변호인단이 주장하는 게 이 사례에 속한다. 이는 불법 수집 증거로 보아 증거에서 배제하고자 하는 의도를 표현하고 있다고 볼 수 있다. 만일 재판관이 불법 입수라고 판단한다면 이 증거는 채택하지 못한다. 굳이 자신이 했던 일을 소상히 밝힐 필요가 없어도 된다는 뜻이다(헌법재판이 일반 형사재판과 다르기는 하지만 이번 헌법재판에서 박근혜 전 대통령은 세월호 사건 당일 행적을 소상히 밝혀 달라는 재판관의 요청에 불성실하게 응했다. 재판관은 문제가 없다면 소상히 밝히는 게 피청구인, 즉 박근혜 전 대통령에게 유리할 것이라고 말했지만 만일 불리하다고 판단된다면 굳이 밝힐 필요는 없다. 밝히는 게 나은지 감추는 게 나은지는 사건마다 다르므로 잘 판단해야 한다.).

피고인의 무죄 전략은 이와 같이 판사의 의심을 키우는 방향으로 이루어지는 게 좋다. 그렇다면 이제 우리는 판사가 어떻게 의심을 품게 되는지 궁금하지 않을 수 없다. 도대체 판사는 어떤 경우에 의심을 하고 어떤 경우에 확신을 하게 되는 것일까?

입증의 정도에 대한 판사들의 생각

곽동효는 논문 〈형사재판과 증명의 정도〉[『형사증거법(상)』 재판자료집 제22집(1984)]에서 합리적 의심이 없는 증명의 증명도는 90%를 넘어야 한다고 설명하기도 하고, 설민수가 시행한 설문연구 논문 "민사·형사재판에서의 입증의 정도에 대한 비교법적·실증적 접근"에서 설문에 응답한 우리나라 판사들은 형사재판의 입증의 정도를 수치화하는 질문에 대하여 평균적으로 89.35%라고 답하였고, 민사재판의 입증의 정도에 대하여는 평균 70%라고 답하였다.
- 김상준, 『무죄판결과 법관의 사실인정』 386쪽에서 재인용

합리적 의심과 자유심증

합리적 의심은 증거의 증명력과 연관이 깊다. 만일 어떤 증거가 어떤 증명력을 갖는지 법률에 기준을 마련해 두었다면 이처럼 복잡할 필요도 없다. '살인사건의 도구로 활용된 흉기는 10점 만점에 7점, 목격자 진술은 8점' 하고 계산이 가능하다면 판결에 이르는 과정을 누구나 객관적으로 볼 수 있을지 모른다. 그러나 증명력을 채점하는 기준표란 존재할 수도 없고, 실제로 존재하지도 않는다. 판사는 오랜 시간 훈련을 통해 손에 익힌 방법에 따라 증거를 놓고 저울질하며 증거에 점수를 매기게 된다. 이를 자유심증주의라고 부른다. 판사는 어떤 증거에 어떤 증명력을 부여할지 권한을 갖고 있다. 다만 이 말은 재판관 마음대로 점수를 매긴다는 뜻은 아니다. 최소한의 룰은 존재하며 그게 '합리적 의심'이라는 단어로 압축된다는 뜻이다.

합리적 의심이란 검사가 주장하는 그 범죄사실 외에 다른 일이 벌어질 가능성이 있음을 의미한다. 검사는 '언제, 어디서, 누가, 무엇을, 어떻게, 왜'의 육하원칙에 따라 범죄사실을 모두 소상히 밝히며 기소하게 된다(때로는 중요한 게 아닐 때 '어디서'와 '언제', '왜'가 없거나 증거 없이 추정일 때도 있다.). 그런데 판사가 보기에 '누가'나 '무엇을', '어떻게', '왜' 등의 부분에 다른 사람이나 다른 행위, 다른 이유가 들어갈 가능성이 보인다면 그건 합리적 의심이 있는 상태다.

예컨대 재벌기업들에 미르재단 출연금을 강요한 사람이 안종범 전 수석인지 아니면 따로 배후가 있는지 혹은 최서원인지 밝히는 게 중요할 때는 '누가'에 의문점이 생긴다. 혹은 삼성 이재용 부회장이 뇌물의 의미로 자금을 출연했는지, 혹은 강요에 못 이겨 자금을 출연했는지를 다투는 경우에는 '왜'에 의문점이 생긴다.

설령 이재용 삼성 부회장이 실제로는 강요도 받고, 이 기회에 후계 구도 문제를 청와대의 힘을 빌려 해결하자고 생각하여 뇌물의 성격으로 제공할 수는 있다. 이 경우 의도는 '강요 반 뇌물 반'이 된다. 그러나 판사는 이 사건이 둘이 아닌 하나의 이야기로 설명되어야 한다고 생각한다. 왜냐하면 특검이 이 부회장을 '뇌물죄'로 기소했기 때문이다. 그러므로 판사는 뇌물죄와 관련된 하나의 사건을 떠올리고, 관련 증거가 이에 부합하는지 따진다. 만일 뇌물사건이 아닌 다른 이야기가 가능하다면(이 사건의 실체는 뇌물이 아니라 강요로도 설명되지 않은가?) 특검의 주장은 배척된다. 이때가 합리적 의심이 있는 상태가 된다. '뇌물죄든 강요죄든 어쨌든 돈을 준 건 맞네.' 하고 넘어갈 수 있는 게 아니라 기소내용에 맞게 딱 하나의 진실이 밝혀져야 한다는 말이다. 그렇지 않으면 합리적 의심을 지울 수 없게 되어 뇌물죄로 기소된 이 사건을 무죄 판결 내려야 한다(만일 검사가 기소 죄명을 '뇌물죄'가 아니라 '강요죄'로 공소장을 바꾸게 되면 판사는 다시 '강요죄'에 맞게 하나의 진실을 요구하게 된다.).

합리적 의심이 없는 정도의 증명은 일반적으로 과학적 법칙보다 증명 수준은 약하지만 그렇다고 '그런 일이 있을 수 있다'는 정도만으로는 유죄 판결은 불가능하며, 나아가 민사재판의 승소 판결 기준인 '고도의 개연성'보다도 높은 수준의 증명을 요구한다. 고도의 개연성은 '매우 높은 수준으로 그런 일이 있을 수 있다'는 의미로, 일반인의 상식에서는 '다른 일이 벌어졌을 가능성이 있다'고 의심하는 게 어려운 상태를 뜻한다.

과학법칙 〉 합리적 의심 없는 증명 〉 고도의 개연성 〉 개연성

일반인이 보기에는 의심하기 힘들고, 판사가 보기에는 그래도 의심의 여지가 있는 상태라면 그건 고도의 개연성(민사재판에서 승소의 기준)은 충족하지만 합리적 의심이 없는 증명 수준(형사재판에서 유무죄의 기준)에는 미치지 못한다는 말이다. 어려운가? 40년 넘게 법조계에 몸담고 있는 필자조차도 여전히 어려운 게 이 부분이다. 학식이 늘고 경험이 많아질수록 합리적 의심을 정의하는 게 점점 어려워지는 건 당연한 일이다(뒤에 이야기하겠지만 여기에는 가변적인 조건이 한 가지 존재하기 때문이다. 그건 자유심증주의, 즉 판사가 자기 양심에 맞게 판결을 내려야 한다는 원칙이다. 판사가 AI가 아닌 이상, 개인적 편견을 갖고 있을 가능성이 있다. 판사 개인의

편견이 사건을 판단하는 데 영향을 미칠 수 있다는 건 여러 학술 논문이나 경험이 풍부한 법조인 사이에서는 상식으로 알려진 일이다.).

그럼에도 조금 더 접근해 보기로 하자. 판사가 증거를 살필 때 기준으로 삼는 건 '경험칙', '논리법칙'을 포함하여 여러 기준이 있으나 우리는 이를 다음 3가지로 편의상 압축해서 보기로 하자. 만일 당신이 증거 1을 제출했다고 보자. 그렇다면 판사는 다음 절과 같이 3가지 방식으로 증거를 검토한다.

판사가 증거를 검토하는 3가지 방식

첫째, 증거 자체다.

세상에서 가장 흔한 증거 가운데 하나가 진술이다. 진술이란 당사자를 포함한 제3자의 말이나 글을 말한다. 법정에 나와서 하는 증언이나 주장, 경찰서나 검찰에서 했던 말을 기록한 진술조서, 증거로 제출된 녹취록 등도 모두 진술에 해당한다. 진술이 증거로 채택되면 판사들은 먼저 진술된 내용 자체에 초점을 맞춰서 검토한다. 진술이 말하고 있는 내용이 과연 논리적으로 말이 되는지, 경험적으로 볼 때 이상하지 않은지 따진다. 앞서 언급한 논리법칙(=논리칙)과 경험칙에 부합하는지 살펴보는 것이다. 이를 증거의 합리성이라고 부르기도 한다. 예를 들어 덩치 큰 남자가 왜소한 여성에게 얻어맞았다고 주장하는 내용이나 정동춘 이사장과 강일원 재판관의 문답이 증언 자체의 신빙성을 따지는 과정이 이에 속한다.

만일 진술 증거 자체에 논리칙이나 경험칙에 어긋나는 내용이 담겨 있다면 그 증거는 의심을 받는다. 다행히 논리칙과 경험칙에 잘 합치한다면 두 번째 검증 단계로 넘어간다.

둘째, 증거의 배경(출처와 시기, 동기, 경위 등)이다.
증거의 배경이란 이 증거가 누구에게서 나온 것인지, 언제 제출된 것인지 등을 살피는 과정이다(이를 증거의 객관성이라고 부르기도 한다.). 만일 이 증거가 피고인과 이해관계에 놓인 사람, 예컨대 가족이나 친구, 혹은 회사 직원에게서 나왔다면 누구라도 그 증거가 의심스럽지 않겠는가? 반대로 객관적인 입장에 놓인 제3자에게서 나왔거나 전과가 없을 뿐 아니라 해당 분야에서 전문가로서 지위를 갖고 있는 사람의 증언이라면 우리는 믿을 만하다고 생각한다. 증거의 제출 시기도 중요할 때가 있다. 예컨대 사기죄로 진행 중이던 재판이 종국을 향해 가는데 뒤늦게 '차용증을 찾았다'며 가져온다면 '그토록 중요한 차용증을 어디다 보관했기에 지금 가져온 것일까? 혹시 가짜로 만든 것 아닌가?' 하고 의심을 사게 된다. 증거의 출처와 시기, 동기, 경위 등을 따졌는데 별로 의심할 만한 여지가 보이지 않는다면 최종 단계로 넘어간다.

셋째, 다른 증거와의 관계다.
증거가 하나인 경우는 없다. 왜냐하면 검사가 제출한 공소장도 증거가 되고, 공소장에 첨부한 증거도 증거가 되기 때문이다. 또한 피고인이 제출한 의견서도 증거가 되고, 재판기일의 참석 여부나 태도, 참석

후 진술 등도 모두 증거가 된다. 물론 참석 여부만으로 유무죄를 판결할 수는 없으나 어쨌든 판사는 재판이 시작되고 진행되는 과정에서 자신에게 주어지는 모든 정보를 증거능력의 유무를 떠나 실제로 증거로 바라본다는 얘기다. 달리 말해 증거 자체도 증거가 되지만 증거의 배경 따위도 증거가 된다는 말이다(증거와, 증거의 신빙성을 따지는 증거로 구분할 수 있으나 어쨌든 둘 다 의심의 차원에서 보면 증거로 묶어서 이야기해도 무방해 보인다.). 그러므로 증거가 딱 한 개만 제출되는 경우는 현실적으로 없다.

판사는 본능적으로 진실의 그림을 그리려는 사람이다. 마치 고고학자처럼 하나의 뼈다귀를 통해 공룡 전체를 복원하려는 습성이 있다. 마침 정강이뼈를 손에 넣은 고고학자는 며칠 뒤 발가락뼈 하나를 발견한다. 고고학자는 이 둘 사이에 아무런 모순이 없는지 살피려고 하지 않을까? 정강이뼈가 1미터인데 발가락뼈가 5미터라면 이건 이상하다고 여기지 않겠는가? 새로운 증거가 입수되면 확실하다고 인정받은 사실과 비교해 보며 어긋나는 점은 없는지 따지는 건 판사의 오랜 습성 가운데 하나다. 그러므로 판사는 마지막으로 다른 증거와의 관계를 살핀다.

한편 피고인이 말을 뒤집는 경우도 있다. 그럴 때도 판사는 위의 3가지 측면에서 주장을 살핀다. 바뀐 말 자체를 따지고, 말을 바꾼 배경을 살피고, 다른 증거와의 관계를 따져서 '바뀐 말'과 '바꾸기 전의 말' 가운데 무엇이 진실에 가까운지 살핀다. 그러나 한 가지 염두에 둘 것은 말을 뒤집는 것 자체는 좋은 점수를 받기 어렵다는 사실이다. 이를 일관성이라고 부르는데 일관되게 어떤 주장을 펼치는 것, 예를 들면 '나는 저 여자를 성추행한 적이 없다'고 처음부터 끝까지 주장하는 것이 그 자체로 보면 판사에게 신뢰감을 줄 때가 있다. 반대로 '나는 무죄다!'라고 일관되게 주장하다가 유죄 판결을 받게 되면 '개전의 정', 즉 반성하는 마음이 없는 사람이라고 보고 양형에서 불리한 판결을 받을 수도 있다. 그러므로 처음부터 무죄를 주장할지 아니면 유죄를 인정하되 양형에서 유리한 판결을 받도록 할 것인지는 재판 초기에 결정하는 게 좋고, 말을 뒤집는 일은 신중을 기해야 한다. 그래서 거짓도 일관되면 진실이 될 수 있고 진실도 일관성을 잃으면 거짓으로 취급된다는 말이 생겼다.

판례나 형사소송 관련 서적 등을 보면 지금까지 설명한 내용을 '객관성', '신빙성', '합리성', '일관성', '논리칙', '경험칙' 등으로 표현하고 있는 것을 알 수 있다. 그러나 복잡하게 생각할 필요 없이 피고인의 진술을 포함한 모든 증거는 이 세 가지, 즉 증거 자체, 증거의 배경, 다른 증거와의 관계 안에서 판단되고 있다고 보면 거의 틀림이 없다. 따라서 무죄 전략에서 우리가 주목해야 할 것이 있다면 검사가 제출한 모든 증거를 이 측면에서 살펴보며 흠집을 낼 수 있는 약점이 어디인지 노려야 한다. 물론 기왕이면 범죄사실과 가까이 있는 증거에서 흠집을 잡는 게 좋다. 유죄 판결에 영향 없는 증거를 붙들고 다투어 봐야 아무 소용없기 때문이다.

유죄 판결에 영향을 주는 증거들

사건마다 유죄 판결에 영향을 끼치는 증거는 다르다는 게 현직 법조인들의 생각이다. '이런 사건에서는 이런 증거가 중요하다'는 게 일률적으로 정해져 있지 않다는 말이다. 그럼에도 우리는 '경향성'은 찾아볼 수 있다.

서울고등법원 김상준 판사는 2013년 12월 『무죄판결과 법관의 사실인정』(경인문화사)이라는 책을 출간했다. 이 책은 같은 해 2월의 박사학위 논문을 재편집한 것으로, 그는 이 책에서 원심에서 유죄였던 사건이 상급심에서 무죄가 된 사례를 연구하고 있다.

재판은 1심, 2심(항소심), 3심(상고심)으로 이루어진다. 이 가운데 1심과 2심은 검사와 피고인(혹은 변호인)이 증거도 제출하고, 주장도 펼치며 다투는 방식으로 재판이 진행되며, 3심은 따로 변론 기일 없이 상고이유서 등 자료만으로 유죄 혹은 무죄 판결이 이상 없이 이루어졌는지 검토한다. 1심에서 유죄를 받은 피고인이 이에 불복하여 1주 안에 항소심을 신청했다면(1주가 지나면 1심의 판결을 받아들인 것으로 보고 재판은 여기서 확정 판결된다.) 2심이 시작된다. 이때 2심을 진행하는 재판관은 1심을 '원심'이라고 부른다. 마찬가지로 3심의 재판관은 직전의 재판, 즉 2심을 '원심'이라고 부른다. 원심에 대해서 현재 진행되는 재판은 '상급심'이 된다. 즉 원심의 유죄 판결에 불복하여 피고인이 상급심을 진행한 사건을 연구한 게 『무죄판결과 법관의 사실인정』이라는 책이다.

이 책을 소개하는 이유는 원심이 뒤집히는 이유를 통해 어떤 점에서 유무죄의 판단 차이가 발생하는지 살피기 위해서다. 달리 말해 판사들이 어떤 점에서 서로 의견이 달라지는지, 즉 해석의 차이가 있는지 알 수 있다면 우리는 그 지점이 판사들도 어려워하고 헷갈려 하는 부분이라고 생각할 수 있다. 바로 그 지점이 '합리적 의심이 생길 수도 있고, 생기지 않을 수도 있는' 첨예한 부분이 된다. 바로 그 부분을 주목할 필요가 있다.

이 책에 보면 아주 흥미로운 데이터가 나온다.

표를 보면 형사재판의 사건을 몇 가지 유형으로 분류했음을 알 수 있다. 생명침해범죄란 사람이 죽은 사건을 의미한다. 치사죄를 비롯해 살인죄가 모두 여기에 속한다. 또한 성폭력범죄가 있고, 강도죄, 방화죄, 기타 범죄가 나열되어 있다. 전체 사건수의 합계는 540건으로, 이 표의 원 데이터 수를 의미한다. 김상준 판사는 특정 기간에 벌어진 '원심을 뒤집은 상급심 사례 540건'을 자료로 삼고 있음을 알 수 있다. 이 가운데 생명침해범죄는 115건이고, 성폭력범죄는 311건, 강도죄는 66건,

::유죄증거 및 범죄 유형별 현황 종합::

죄명	전체 사건수	자백		공범 자백		지목진술		피해진술		과학적 증거		정황증거	
생명침해범죄	115	44	38.3%	29	25.2%	1	0.9%	5	4.3%	34	29.6%	61	53.0%
성폭력범죄	311	40	12.9%	12	3.9%	66	21.2%	240	77.2%	27	8.7%	33	10.6%
강도죄	66	17	25.8%	15	22.7%	37	56.1%	12	18.2%	5	7.6%	11	16.7%
방화죄	25	5	20.0%	2	8.0%	1	4.0%	2	8.0%	8	32.0%	14	56.0%
기타 범죄	23	4	17.4%	2	8.7%	7	30.4%	7	30.4%	1	4.3%	5	21.7%
합계	540	110	20.4%	60	11.1%	112	20.7%	266	49.3%	75	13.9%	124	23.0%

(김상준, 「무죄판결과 법관의 사실인정」, 경인문화사, p139)

방화죄는 25건, 기타 범죄는 23건이다.

유형별 샘플의 숫자에 차이가 나는 이유는 두 가지로 해석된다. 하나는 실제 발생 건수에 차이가 있기 때문이고, 다른 하나는 오심이 생길 가능성이 어떤 유형의 사건이 더 큰가에 따라 달라지기 때문이다. 이에 따르면 성폭력범죄는 발생빈도가 높거나 오심의 여지가 크다고 볼 수 있다. 같은 책의 자료에 보면 2010년 살인, 성폭력, 강도, 방화의 발생 수치는 다음과 같다.

살인 : 1,262건

성폭력 : 19,939건

강도 : 4,395건

방화 : 1,886건

오심 비중이 높은 성폭력 사건은 실제로 발생빈도도 높다. 반면 살인 사건의 경우는 발생 빈도가 강도나 방화보다 낮지만 오심은 오히려 높다. 이는 사건의 특성과 연관이 깊다. 목격자가 있을 가능성이 낮고, 또한 피해자가 죽었기 때문에 증거 수집에서 불리하기 때문이다.

다시 표로 돌아가자. 각각의 사건은 증거 유형별로 분류되어 있다. 자백, 공범 자백, 지목(指目)진술, 피해진술, 과학적 증거, 정황증거가 그것이다. 이 가운데 정황증거는 간접증거를 의미한다. 자백은 피고인(가해자)의 자백을, 공범 자백은 범행을 함께 저지른 자의 자백을 의미한다. 지목진술이란 '저 사람이 범인이다'라고 손가락으로 가리키는 것으로, 사건 현장을 목격한 사람이나 피해자가 범인의 생김새 따위를 증언하는 것을 말한다. 피해진술은 피해 내용과 관련된 진술로 피해자 등이 '어디를 어떻게 다쳤다(혹은 맞았다, 혹은 도난당했다)'고 진술하는 것을 말한다. 과학적 증거는 지문이나 모발, 필적, 혈액, 정액 등을 과학적으로 분석한 증거를 말한다('과학적 증거'라는 표현 때문에 100% 확실한 증거라고 받아들이면 곤란하다. 과학적 증거라도 오류가 없는 건 아니다.).

자, 다시 표를 보자. 사건 유형별로 어떤 증거에서 오심이 발생할 가능성이 큰지 알 수 있다. 오심 발생률이 높은 증거를 위에서 4개까지 순서대로 나열하면 다음과 같다(백분율의 합이 100을 넘는 이유는 오심의 원인이 된 증거 유형이 여러 개이기 때문. 즉 살인죄의 경우 정황증거과 동시에 자백 증거에서 오판이 있을 수 있다는 뜻.).

생명침해범죄 : 정황증거(53.0%) 〉 자백(38.3%) 〉 과학적 증거(29.6%) 〉 공범

자백(25.2%)

성폭력범죄 : 피해진술(77.2%) 〉지목진술(21.2%) 〉자백(12.9%) 〉정황증거(10.6%)

강도죄 : 지목진술(56.1%) 〉자백(25.8%) 〉공범 자백(22.7%) 〉피해진술(18.2%)

방화죄 : 정황증거(56.0%) 〉과학적 증거(32.0%) 〉자백(20.0%) 〉공범 자백/피해진술(8.0%)

기타 범죄 : 지목진술/피해진술(30.4%) 〉정황증거(21.7%) 〉자백(17.4%)

생명침해범죄의 경우 정황증거를 해석하는 데서 오심이 발생할 비율이 높고, 성폭력범죄의 경우는 피해진술에서 오심이 발생할 비율이 높다. 이처럼 사건유형별로 오판이 벌어지는 증거가 다른 이유는 해당 사건의 특성과 연관이 깊다. 즉 살인사건의 경우는 목격자가 없는 경우가 많기 때문에 지목진술이 드물고, 피해자가 죽었기 때문에 굳이 피해진술이 필요 없다(해부 등을 통해 사망 원인이나 시기 등을 과학적으로 따지기 때문에 오심의 여지가 적다.). 마찬가지로 방화죄의 경우도 목격자와 피해자가 보지 못하는 곳에서 사건이 벌어지는 경우가 많기 때문에 지목진술이 드물고, 피해 현황이 물리적으로 분명하기 때문에 피해진술에서 다툼이 적다. 따라서 생명침해범죄나 방화죄의 경우, 검사는 정황증거와 과학적 증거에 의존하는 경향이 커진다.

반면 성폭력범죄나 강도죄의 경우는 피해자가 살아 있기 때문에 피해자나 목격자의 진술이 중요해진다. 다만 성폭력범죄와 강도죄는 오심이 일어나는 증거의 양상이 다른데 이는 성폭력범죄가 합의 아래 잔 것이냐, 성폭력이냐를 다투는 경우가 많기 때문이다. 즉 피해자가 나는 '피해를 입었다'고 주장하고 피고인은 '폭력을 행사한 적이 없다'며 피해 사실을 부인하는 경우가 많기 때문이다(일반적인 성행위에서도 생길 만한 상처라면 특히 폭력성 여부를 가리는 게 힘들 수 있다.). 반면 강도죄는 피해진술보다는 지목진술에서 더 많은 오심이 발생하는 것을 볼 수 있다. 강도 사건의 피해는 대개 물리적으로 식별이 어렵지 않지만 복면강도가 있고 강도당한 사람의 사고 당시 경황없는 정신과 기억력의 한계, 해가 진 뒤의 외진 곳에서 벌어지는 특성 때문에 범인 식별에 어려움을 겪는다. 이 때문에 '범인의 체구는 어떻고, 머리카락 길이와 색깔은 어떻고, 얼굴 생김새는 어떻다'는 지목진술이 다툼의 중심에 놓이는 경우가 많다.

한 가지 더 주목할 만한 사실은 이 모든 사건에서 공통적으로 2~3위권에 올라 있는 자백 증거다. 생각보다 많은 사건에서 자백이 문제가 되고 있음을 알 수 있다. 이 책의 저자가 지적하듯이 허위 자백이 적지 않다는 점도 염두에 두기 바란다.

지금까지 소개한 내용은 우리에게 두 가지 암시를 준다. 하나는 각 사건유형별 쟁점이 되는 증거가 무엇인지 알 수 있다는 점이다. 당신의 사건 형태를 떠올려 보면 어떤 증거가 존재할 수 있고, 어떤 증거가 없는지 가늠할 수 있을 것이다. 예컨대 사기사건의 경우, 돈을 주고받은 기록은 남아 있을 수 있으나 '사기를 치려는 의도'가 있었는지는 증거로 남기 어렵다. 실제로 사기사건 관련 재판에서도 늘 문제가 되는 게 '사기 칠 의도가 있었느냐 없었느냐' 하는 점이다(같은 맥락에서 뇌물죄도 증명이 힘든 건 마찬가지.). 이건 뒤에서 다시 다룰 것이다.

다른 하나는 판사가 어떤 증거의 해독을 어려워하는지 알 수 있다는 점이다. 위의 내용에 따르면 크게 2가지, 즉 진술과 간접증거가 다툼의 중심에 놓여 있다(진술에는 '자백과 지목진술, 피해진술' 등이 모두 포함된다.). 실제 판례를 통해 하나씩 살펴보도록 하자.

자백만으로는
유죄 판결을 내릴 수 없다

2002년, 스물한 살의 젊은 남자 두 명이 강도죄 등으로 재판정에 섰다. 1심 재판정은 이들의 범죄를 확신하고 징역 3년형을 선고했다(인천지방법원 2002. 8. 2 선고 2002고합70 판결). 이 두 명의 공범이 저질렀다고 인정된 범죄는 다음과 같다.

- (2001년 10월 26일) 새벽 2시가 가까워진 시각, 인천 모처에서 48세의 남성 피해자 N 씨가 택시에서 내리는 것을 보고 다가가 손에 쥐고 있던 현금 9만 원을 빼앗아 달아남.

- (2001년 10월 29일) 낮 4시 무렵, 오토바이 날치기로 피해자 O 씨의 가방을 빼앗음. 가방 안에는 현금 5만 원과 직불카드, 전세계약서 2통이 들어 있었음.

- (2001년 11월 17일~2002년 2월 5일) 이 시기에 오토바이 날치기와 속칭 아리랑치기를 통해 7건의 절도죄를 저지름.

- (2001년 11월 6일) 해거름이 내린 저녁 무렵, 인천 모처에서 이 두 명은 17살짜리 피해자 P 군을 골목으로 따라오게 한 뒤 각목으로 팔을 때려 겁을 주고 가진 돈을 내놓으라고 협박했으나 마침 P 군이 빈털터리라 그냥 보내줌.

- (2001년 11월 25일) 새벽 3시경, 역시 인천 모처에서 귀가 중이던 29세 여성 피해자 Q 씨를 협박하여 현금 7만 원과 가방을 빼앗음.

- (2001년 12월 30일) 새벽 2시, 역시 인천 모처에서 34세 여성 피해자 R 씨를 인적이 드문 상가 골목으로 들어가서 발로 때려서 겁을 주고 돈을 빼앗으려고 했으나 역시 돈이 없어서 그냥 보내줌.

- (2002년 1월 1일) 자정을 막 넘긴 시각, 인천의 모 아파트 입구에서 32세의 여성 피해자 S 씨를 발견, 머리를 때려서 겁을 준 뒤 가방을 빼앗음.

- (2002년 1월 29일) 새벽 6시경, 인천 어느 중학교 앞에서 길을 가던 40세의 여성 피해자 T 씨의 머리와 얼굴을 때리고 현금 37,000원과 가방을 빼앗음.

현행범은 아니었고, 경찰 검문에서 흉기를 갖고 있는 게 발각되어 잡혀간 경우였다. 경찰은 조사 과정에서 그간 벌어진 미결 강도 사건을 추궁하여 이들의 자백을 받아냈다. 사건은 곧 검찰로 송치되었고, 검찰의 기소가 이어졌다. 한편 자백만으로는 유죄 판결이 안 된다는 점을 알았던 검찰은 추가적으로 강도 피해자들이 범인의 인상착의를 진술한 진술조서를 증거로 제출했다. 검찰의 판단에 따르면 피해자가 진술한 내용과 이 두 명의 인상착의가 흡사했다. 1심 판사는 두 명의 자백과 피해자의 지목진술, 그리고 두 자루의 칼과 오토바이 등의 물증을 묶어서 유죄 판결을 내렸다.

우리의 관심사는 증거다. 이 사건에서 유죄 판결의 근거가 되었던 증거는 구체적으로 다음과 같다.

1) 제1회 공판조서 가운데 피고인들의 일부 진술
2) 증인 C와 D의 법정 진술
3) 검찰 피의자신문조서
4) 경찰에서 작성된 피해자 13명의 진술조서
5) 특정 피해자의 진술서
6) 운전면허 조회자료
7) 검문 당시 발견한 회칼과 과도 각 1자루, 오토바이 1대

* 1번에 등장하는 '공판조서'란 법정에서 벌어진 일을 기록한 재판기록이다. 쉽게 말하면 공판기일에 벌어진 절차와 진술 등을 모두 기록한 공식 서류다. 공식 재판 기록에 담긴 절차상의 기록(예컨대 피고인 출석 여부라든

가 최종의견을 진술할 수 있는 기회를 제공했다든가 하는 절차적 여부를 기록한 것)은 상급심 판사조차도 마음대로 판단하지 못하고 이를 인정해야 하는데 이를 공판조서의 배타적 증명력이라고 한다(형사소송법 제311조). 한편 공판조서에는 법정에서의 진술 내용도 기록으로 남는데 이는 무조건 인정하는 건 아니고, 충분히 반론을 펼 만한 증거가 있다면 다툴 수 있다.

* 3번 관련, 경찰에서 조사를 받으며 대답한 내용은 기록으로 남는데 이게 '경찰 피의자신문조서'가 된다. 그런데 경찰 피의자신문조서는 피고인이 부인하면 증거로 채택하지 못한다. 한편 경찰에서 검찰로 사건이 넘어가면 검사는 다시 피의자를 불러서 '검찰 피의자신문조서'를 작성하게 된다. 재판이 열리면 피고인은 서면이든 구두든 검찰의 피의자신문조서 내용도 부인할 수 있다. 그러나 단순히 부인하면 증거 채택이 안 되던 경찰 조서와 달리 검찰 조서는 재판관이 신문조서의 임의성 여부를 결정한다. 검사의 협박이 있었거나 절차에 문제가 있었거나 피의자가 했던 말과 실제 내용이 다르다는 등 진술조서의 임의성에 의심을 살 만한 정황이 존재하면 판사는 증거로 채택하지 않는다.

총 7가지 유형의 증거가 채택되었는데 이를 더 큰 유형으로 묶어 보면 '피고인 2인의 진술'과 '피해자들의 진술'이 하나가 되고, 그리고 '칼 두 자루와 오토바이' 등 물증이 또 하나가 된다. 6번 운전면허 조회자료는 이 두 명의 공범이 무면허 운전임을 밝히기 위해 첨부한 것이다.

물증은 칼 두 자루와 오토바이밖에 없고, 나머지는 진술, 즉 피의자의 자백과, 피해자의 지목진술(범인의 인상착의 등)을 포함한 피해 사실을 기록한 내용이다.

그리고 한 가지 더 기억해야 할 점은 이 두 명의 공범은 대학생이 아니었고, 직업도 없는 상태였다는 점이다(이런 사실은 증거의 배경을 살필 때 중요한 것으로, 이밖에도 전과가 있었는지 직장이 있는지 따위는 진술의 신빙성을 따질 때 살피는 기준이다.). 그런데 1심이 유죄 판결로 끝나자 이 둘은 항소심을 제기한다. 그들은 억울함을 호소했다.

아래는 유죄가 선고된 1심 판결문의 주요 내용이다.

> **1심 판결문**
>
> – 인천지방법원 2002고합70
>
> **주문**
>
> 피고인 A를 징역 3년 및 벌금 100,000원에 피고인 B를 징역 3년에 각 처한다. 피고인 A가 위 벌금을 납입하지 아니하는 경우 금 30,000원을 1일로 환산한 기간 위 피고인을 노역장에 유치한다. 다만 단수금액은 이를 1일로 한다.
>
> 이 판결선고 전의 구금일수 177일씩을 피고인 A에 대하여는 위 징역형에 피고인 B에 대하여는 위 형에 각 산입한다.
>
> 압수된 회칼 1자루(중 제1호), 오토바이 1대(중 제3호), 과도 1자루(중 제4호)를 피고인들로부터 몰수한다.

이유

범죄사실

1. 피고인들은 합동하여

    가. (1) 2001.11.6. 18:30경 인천 ○○구 ○○동 227 소재 신도연립 앞에서 길을 가던 피해자 권○○(남 17세)를 발견하고 피해자를 불러 세워 골목으로 따라오게 한 뒤, 피고인 A가 들고 있던 각목으로 피해자의 좌측 팔을 1회 때려 반항을 억압한 다음 금원을 강취하려 하였으나 피해자가 돈이 없어 그 뜻을 이루지 못하고 미수에 그치고,

    (2) 같은 해 12.30. 02:00경 인천 ○○구 ○○동 270-3 앞 도로에서 길을 가던 피해자 김○○(여 34세)를 발견하고 피고인 B는 주변에서 망을 보고 피고인 A는 피해자에게 '잔말 말고 따라와, 이년아'라며 피해자의 어깨를 잡고 근처 상가로 끌고 가 발로 피해자의 온 몸을 수회 때려 반항을 억압한 다음 재물을 강취하려 하였으나 피해자가 돈이 없어 그 뜻을 이루지 못하고 미수에 그치고,

    나. (1) 2001.11.25. 03:00경 인천 ○○구 ○○동 561 앞길에서 집으로 귀가하던 피해자 이○○(여 29세)를 발견하고 피고인 A는 주변에서 망을 보고 피고인 B는 피해자에게 '돈 내놔, 안 내놓으면 죽어'라고 협박하여 피해자의 반항을 억압한 다음 현금 7만 원이 들어 있는 가방 1개를 빼앗아 이를 강취하고,

(2) 2002.1.1. 00:05경 인천 ○○구 ○○동 18 소재 ○○아파트 1층 입구에서 피해자 여○○(남 32세)를 발견하고 피고인 A는 주변에서 망을 보고 피고인 B는 불상의 도구로 피해자의 머리를 1회 때려 반항을 억압한 다음 가방 1개를 빼앗아 이를 강취하고,

(3) 같은 달 29. 05:55경 인천 ○○구 ○○ ○○중학교 앞 도로에서 길을 가던 피해자 고○○(여 40세)를 발견하고 피고인 B는 주먹으로 피해자의 뒤통수를 1회 때리고 피고인 A는 주먹으로 피해자의 입 부분을 1회 때려 반항을 억압한 다음 현금 37,000원이 들어 있는 가방 1개를 빼앗아 이를 강취하고,

다. 2001.10.26. 01:40경 인천 ○○구 ○○동 546-25 앞 도로에서 택시에서 내려 길을 가는 피해자 유○○(남 48세)을 발견하고 피고인 A는 주변에서 망을 보고 피고인 B는 피해자에게 다가가 피해자가 손에 쥐고 있던 현금 9만 원을 낚아채 가 이를 절취한 것을 비롯하여 그 무렵부터 2002.2.5.경까지 별지 범죄일람표 기재와 같이 총 9회에 걸쳐 같은 방법으로 타인의 재물을 절취하고,

2. 피고인들은 공모하여

2001.12.10. 14:00경 서울 남대문시장에서 강도할 목적으로 칼 4자루를 금 5,000원에 구입한 뒤, 2002.2.6. 16:00경 피고인 A는 125씨씨 오토바이를 운전하고 피고인 B는 위 칼 1개를 잠바 주머니에 넣어 소지하고 위 오토바이 뒤에 탑승하여 같은 날 17:50경까지 인천 ○○구 ○○동111-216 소재 '하얀교회' 뒷골목 일대에서

범행대상을 물색하여 강도를 예비하고

3. 피고인 A는 원동기장치자전거 운전면허를 받지 아니하고 2002.2.6. 17:50경 위 '하얀교회' 뒷골목 일대에서 위 오토바이를 운전한 것을 비롯하여 2002.1. 일자불상경부터 2002.2.6. 17:50경까지 인천시내 일원에서 위 오토바이를 운전한 것이다.

바뀐 것 없는
2심 판결

 이 두 명의 어린 공범이 유죄 판결을 받아들이지 못하고 2심 법원에 항소한 이유는 자백 때문이었다. 이들은 1심 때부터 자신들의 자백이 모두 가짜였다고 주장했다. 경찰관이 때리고 겁을 주어서 거짓으로 자백한 것일 뿐 우리는 그런 일을 한 적이 없다고 목소리를 높였다. 경찰 검문 때 발견된 뚜렷한 물증, 즉 회칼과 과도를 몸에 지니고 있었던 이유는 마침 영화 〈공공의 적〉을 보고 호기심과 흠모하는 마음이 생겨서 구입했을 뿐, 강도죄를 저지른 적도 없고, 강도죄를 저지르려고 마음먹은 적도 없었다고 강조했다. 다만 무면허운전에 대해서는 1심 판결을 받아들였다. 이 두 공범이 쟁점으로 삼으려고 했던 것은 자백이었다. 물증 자체는 다툴 수 없으나 자백 진술에서 여지가 있다고 본 것이다.
 그리고 한 가지 더 항소 이유가 있는데 그건 양형과 관련된 내용이었다. 설령 우리가 강도죄를 저질렀더라도 깊이 반성하고 있다, 3년 징역형은 너무 무겁다, 그러므로 감경해달라는 내용이다.

일종의 양수겸장으로, 하나가 안 되면 그 다음이라도 되기를 바라는 심정에서 이렇게 항소 이유를 적은 것이다. 물론 판사에 따라 '무죄를 주장하면 무죄를 주장할 뿐이지, 왜 양형까지 건드릴까?' 하고 의구심을 보일 수는 있다. '무죄가 맞다면 굳이 양형을 따질 필요가 없으며, 양형을 따진다는 것은 유죄를 일정 부분 인정한다는 얘기가 아닌가?' 그러나 양수겸장 자체가 괘씸죄의 요건은 될지언정 판사의 판단에 영향을 끼치는 것은 아니므로 일단 항소 이유에 추가하는 게 무조건 잘못은 아니며, 무죄가 되지 않을 경우를 대비하여 선처를 바라는, 상황에 따른 대처가 필요하다[이것은 시간문제와도 연관이 있다. 항소이유를 소송기록 접수통지를 받은 날로부터 20일 이내에 밝혀 두지 않으면 항소심에서는 판단하지 않기 때문이다. 한편 항소심에서 항소이유를 적을 때는 통상 사실 오인(무죄 주장의 경우), 법리 오해(무죄 주장이나 감형 주장의 경우), 양형 부당(유죄를 전제로 감형을 주장하는 경우) 등 3가지로 요약하여 법정에서 진술하는 경우가 많다. 형사소송법제361조의3 제1항 참조].

어쨌든 그럼에도 불구하고 2심 판사 역시 1심 판사와 똑같은 판단을 내렸다(서울고등법원 2002. 10. 23 선고 2002노2060 판결). 2심 판사는 두 가지 측면에서 이 어린 공범의 주장을 기각했다.

첫째, 자백이 허위로 보이지 않는다는 점

자백이 가짜인지 진짜인지 따질 때는 어떻게 할까? 앞서 증거의 증명력을 따질 때 3가지 측면에서 살펴야 한다고 했던 말을 기억할 것이다.

자백 역시 그 관점에서 따질 수 있다. 즉 자백 내용 자체에 문제가 없는지 살피고, 자백의 배경, 즉 자백을 한 경위(동기나 과정 등)에 문제가 있는지 따지고, 마지막으로 다른 증거와 모순되는 게 없는지 따진다. 이 가운데 가장 중요한 자백의 경위부터 살펴보자.

이 둘은 번호판 없는 오토바이를 타고 가다가 경찰 검문에 걸렸는데 당시 이들의 잠바 안주머니에서 회칼 등이 발견되었다. 이를 수상히 여긴 경찰이 그들을 잡아다가 조사를 시작한다. 조사 순서는 다음과 같았다.

1) 자술서
2) 제1회 경찰 피의자신문조서
3) 제2회 경찰 피의자신문조서
4) 검찰 피의자신문조서

2~4번 신문조서는 경찰이나 검찰이 묻고 피의자가 답을 하면 다시 경찰이나 검찰이 문서로 기록을 남기는 것을 말하고, 1번 자술서는 피의자 본인이 범죄 사실을 작성한 기록이다. 경찰서에 끌려간 피고인들에게 경찰은 종이와 펜을 주며 저지른 죄를 적으라고 시킨 것이다. 이것이 자술서이고, 이후 자술서를 토대로 신문한 결과가 제1회 경찰 피의자신문조서다. 피의자신문 절차가 2회까지 이어진 이유는 피고인 A가 혐의를 부인했기 때문이다.

즉 피고인 A는 1번 자술서를 작성할 때는 강도예비죄(강도죄를 저지르려고 했다)를 시인했다. 그러나 2번 제1회 경찰 피의자신문조서에서는 이를 부인했다.

 반면 피고인 B는 2번 제1회 경찰 피의자신문조서에서는 '몸에 지니고 있던 칼로 범행을 저지른 적이 없다'고 주장할 뿐 특수강도, 특수절도에 대해서는 자백했다.

 그러나 피고인 A는 친구였던 B가 자백한 가운데도 경찰 조사에서는 끝까지 범행을 부인했다.

 경찰은 이들에게 혐의가 있는 것으로 보고 사건을 검찰로 넘겼다. 검찰에 간 뒤에도 피고인 A는 범행 일체를 부인하고 있었고, 반면 피고인 B는 범행 일체를 자백했다. 그러자 검찰은 둘을 대질신문했다. 대질신문 이후 피고인 A의 심경에 변화가 일었는지 A는 자백으로 방향을 틀었다. 기소 시점에서는 피고인 A와 B가 모두 자백을 한 상태였다.

 2심 판사는 자술서, 경찰 피의자신문조서, 검찰 피의자신문조서 등을 살피고, 그 경위를 살핀 끝에 경찰의 폭행 등으로 인한 허위 자백의 여지가 보이지 않는다고 결론을 내린다. 자백의 신빙성을 의심할 만한 단서를 발견하지 못했다는 얘기다. 참고로 의심의 여지가 보이지 않는다고 판사가 생각할 때 판결에도 별다른 내용이 담기지 않는 경우가 많다. 실제로 2심 판결문에는 왜 의심의 여지가 없는지 자세한 설명은 보이지 않는다.

 둘째, 지목진술에도 문제가 없다.
 사실, 이 두 번째 문제가 오히려 더 다투어져야 할 대목이었는지 모른다. 피고인들은 1심에 불복하고 항소를 했지만 지목진술에 대해서는 아무런 문제 제기를 하지 않았다. 그러나 2심 판사는 이 점까지 헤아리고 있다. 핵심 내용은 이렇다. '범행이 야간에 이루어지거나 오토바이 날치기처럼 순식간에 사건이 벌어져 범인의 얼굴을 제대로 못 본 경우가 많기는 하지만 언뜻 본 기억으로 진술한 범인의 인상착의가 대체로 피고인 A, B와 일치하고 있다.' 피해자들의 지목진술에는 문제가 없다는 내용이다. 심지어 2심 판사는 야간 범행과 짧은 시간의 범행 때문에 피해자들의 지목진술이 정확하지 않은 건 너무 당연하다는 논리까지 보여준다. 이게 과연 적절한 논리일까? 반대로 보면 야간이라서, 겨를이 없어서 잘못 보았을 수 있다는 얘기가 아닐까? 뒤에 3심 판례에서 살펴보겠지만 2심의 이런 문장은 다소 느슨한 논리라고 판단된다. 어쨌든 2심 판사는 피해자들의 증언과 유사한 인상착의를 갖고 있으므로 범인임을 증명하는 데 무리 없다는 판단이다.

한편 2심 판사가 자백의 신빙성을 살피고 다시 지목진술을 언급하는 이유는, 유죄 판결의 근거가 자백 하나밖에 없을 때는 이를 유죄의 증거로 삼을 수 없다는 법조항 때문이다. 설령 피고인이 자신이 그런 자백을 한 것이 맞다고 인정하더라도 자백 하나밖에 증거가 없을 때는 유죄의 증거로 삼을 수 없기는 마찬가지다. 만일 자백만 있는 사건에서 이를 유죄로 판결하려면 보강증거가 필요하다(형사소송법 제310조, "피고인의 자백이 그 피고인에게 불이익한 유일의 증거인 때에는 이를 유죄의 증거로 하지 못한다." 이를 자백의 보강법칙이라고 부른다. 보강증거가 필요한 경우는 피고인의 자백에만 해당하고 증인이나 참고인의 진술에는 보강증거가 필요 없다.).

자백만으로 유죄가 가능하다면 수사 과정에서 자백에 집중하려는 경향이 생기며, 이 과정에서 인권 침해의 여지가 생길 수 있다. 달리 말해 허위 자백이 생길 가능성이 생기기 때문에 이를 사전에 막기 위해 마련한 원칙이다.

물론 이 사건처럼 공범의 자백이 있을 때는 공범의 자백을 당사자 자백의 보강증거로 쓸 수 있다. 그러나 이 사건은 재판정에서 자백이 허위라고 주장하면서 문제가 발생했다. 그래서 보다 확실히 하기 위해 판사는 자백 외에 따로 존재하는 증거, 즉 피해자의 지목진술로 보충한 것이다.

아래는 역시 유죄를 선고한 2심 판결의 주요 내용이다.

2심 판결문
- 서울고법 2002. 10. 23. 선고 2002노2060

주문
피고인들의 항소를 모두 기각한다.
항소 제기 후의 이 판결 선고 전 구금일수 중 80일씩을 원심판결의 각 형에 산입한다.

이유
1. 항소이유의 요지(* 피고인이 항소한 이유를 적은 게 항소이유다.)
　가. 사실 오인(* 증거를 통해 채택한 사실이 잘못이라는 주장이다.)

피고인들은 원심판시 범죄사실 중 피고인 A에 대한 도로교통법위반(무면허운전)의 점을 제외한 나머지 범죄사실에 대하여, 공공의 적이라는 영화를 보고 호기심과 단순한 동경심에서 회칼을 구입하여 소지하고 있었을 뿐 강도예비, 특수강도와 특수절도 등의 범행을 저지른 사실이 없고, 다만 경찰관으로부터 폭행과 고문을 당해 이 사건 범행들을 허위 자백한 것임에도 불구하고 원심이 이 사건 공소사실을 모두 유죄로 인정하였으니, 원심판결에는 사실을 오인함으로써 판결 결과에 영향을 미친 위법이 있다.

나. 양형 부당

피고인들은 깊이 반성하고 있는 점 등 이 사건의 여러 정상을 참작하면 피고인들에 대한 원심의 선고형은 너무 무거워서 부당하다.

2. 판단

가. 사실오인 주장에 대한 판단

원심이 적법하게 조사·채택한 여러 증거들을 종합하면, ① 피고인들이 번호판 없는 오토바이를 타고 돌아다니다 경찰관으로부터 검문을 받았는데 피고인 B의 잠바안주머니에서 회칼과 챙이 달린 모자가 발견되었고, 위 회칼은 피고인들이 2001. 12. 10.경 남대문시장에서 5,000원에 구입한 칼 1세트 중 1개인 사실, ② 피고인 B는 처음 경찰에서 작성한 자술서(수사기록 17쪽)에서는 강도예비의 점을 시인하였다가 제1회 경찰피의자신문조서에서는 이를 부인하였고, 피고인 A가 이 사건 특수강도, 특수절도 등의 범행을 자백한 후인 제2회 경찰 피의자신문조서에서도 강도예비 및 특수강도, 특수절도 등의 범행을 모두 부인하였으나, 검찰에서는 제1회 검찰피의자신문조서를 받으면서 처음에 범행을 부인하다 피고인 A와 대질을 하면서 이 사건 범행들을 모두 자백하였으며, 피고인 A는 제1회 경찰 피의자신문조서에서 소지한 칼로 실제 범행을 하지 않았다고 진술한 이외에는 경찰 및 검찰에서 이 사건 범행들을 모두 자백한 사실, ③ 이 사건 특수강도와 특수절도 등의 각 범행은 범인 2명이 오토바이를 타고 가다가 가방을 낚아채거나 밤에 귀가하는 피해자들을 따라가다가 갑자기 달려들어 폭행하고 지갑이나 가방 등을 빼앗아 달아나거나 날치기하는 수법으로 이루어진 사실, ④ 피해자들은 야간이거나 순간적으로 당한 범행이어서 범인들의 얼굴을 제대로 보지 못하고 도망가는 범인들의 뒷모습만 본 경우가 많으며, 원심법정에서 피해자 권○○는 범인들의 얼굴을 정확히 보지는 못하였으나 언뜻 본 기억으로 범인들의 인상착의가 피고인들과 비슷하고, 피해자 유○○은 범인들이 모자를 쓰고 있어 얼굴을 보지 못하였으나 피고인들의 전체적인 분위기나 몸매가 그 당시 범인들과 비슷하며, 피해자 이○○는 범인 중 한 명인 피고인 김○○을 분명히 보았다고 각 진술한 사실 등이 인정된다.

위 인정사실에 의하면, 피고인들이 검거될 당시 피고인 B가 회칼과 피고인 A의 모자를 소지하고 있었던 점, 피고인 B에 대한 각 경찰 피의자신문조서에는 범행을 모두 부인하는 내용으로 작성되어 있고, 피고인 A가 경찰에서 작성한 범죄일람표 중 검찰에서 부인한 부분(수사기록 198, 199쪽)은 제외하고 공소가 제기되는 등 피고인들이 수사기관에서 진술한 경위 및 그 내용 등에 의하면 피고인들이 경찰관들의 폭행 등으로 인하여 허위 자백한 것으로는 보이지 않는 점, 이 사건 범행들이 주로 야간 또는 순식간에 이루어졌으므로 대부분의 피해자들이 피고인들을 정확하게 기억하지 못하는 것은 오히려 당연해 보이는 점 등에 비추어 보면, 피고인들이 원심 판시와 같은 범행들을 저질렀음을 인정하기에 충분하고, 달리 원심판결에 사실오인의 위법이 있음을 찾아볼 수 없으므로 피고인들의 이 부분 항소 논지는 이유 없다.(다만 원심판시 범죄일람표 순번 9의 피해품란 중 "현금 26만 원"은 "현금 12만 원"의 오기임이 명백하므로 이를 바로 잡는다)

나. 양형부당 주장에 대한 판단

이 사건 기록에 의하면, 피고인들이 특별히 처벌받은 전력은 없으나, 오토바이를 타고 다니면서 날치기를 하거나 밤늦게 귀가하는 피해자들을 폭행하고 지갑 등을 강취한 것은 그 죄질이 나쁜 점, 피해자들과 합의도 되지 않은 점 등 이 사건에 나타난 피고인들의 연령, 성행, 지능과 환경, 가족관계, 이 사건 범행의 동기, 수단과 결과, 범행 후의 정황, 전과관계 등 이 사건 양형의 조건이 되는 제반 사정들을 종합하여 보면, 원심이 피고인들에 대하여 선고한 형(각 징역 3년)이 너무 무거워서 부당하다고는 인정되지 아니하므로 피고인들의 이 부분 항소논지는 이유 없다.

뒤집힌 대법원 판결

앞서 언급했듯이 경찰의 피의자신문조서는 피고인이 부인하면 증거로 채택할 수 없다. 그러나 검찰에서 작성한 피의자신문조서는 다르다. 이때는 단순히 부인한다고 증거 불채택이 되는 건 아니고, 판사가 그 진술의 임의성을 따져서 증거로 삼을지 말지는 결정한다.

3심(상고심)에서도 피고인들이 다투는 점은 똑같았다. 자신들의 자백은 임의성이 없는 허위 자백이므로 증거로 삼아서는 안 된다는 점이었다(임의성은 자백이 허위인지 아닌지 설명할 때 등장하는 키워드다. 협박이나 구속, 압박, 착오 등 여러 가지 요인에 의해서 가짜로 한 자백은 임의성이 없다고 표현한다. 자백하는 자는 오로지 자기 마음에서 우러나와 자백을 해야 하며, 그럴 때만 임의성이 있는 자백, 즉 의심의 여지가 없는 믿을 만한 자백이 된다.). 그러나 임의성이 없는 자백은 드문 것으로, 이 사건의 3심에서도 역시 임의성이 없다고 보기는 힘들다고 판사는 적고 있다. 대신 3심의 판사가 주목한 것은 자백진술의 '신빙성'이었다. 다음은 대법원 판결문에 기록된 판결요지 가운데 하나다(대법원 2003. 2. 11. 선고 2002도6110 판결).

> 자백의 신빙성 유무를 판단함에 있어서는 자백의 진술내용 자체가 객관적으로 합리성을 띠고 있는지, 자백의 동기나 이유는 무엇이며, 자백에 이르게 된 경위는 어떠한지, 그리고 자백 외의 정황증거 중 자백과 저촉되거나 모순되는 것은 없는지 여부의 점 등을 고려하여 판단하여야 한다.

다시 한 번 강조하지만 세상의 모든 증거는 이 문구처럼 1) 증거 내용 자체, 2) 증거의 배경(출처나 제출시기, 동기, 경위 등), 3) 다른 증거와의 관계를 따지게 된다.

3심의 판사는 1심, 2심의 재판기록과 검사가 제출한 피의자신문조서 등 수사기록을 검토하며 자백의 신빙성을 확인했다. 그 결과는 원심 파기였다. 즉 2심에서 유죄 판결한 것은 잘못이라는 얘기다. 원심이 파기된 사건은 다시 하급심으로 돌아가게 되며, 하급심 판사는 상급심이 판결한 내용과 원칙적으로 다른 판결을 내릴 수 없다. 이를 구속력이라고 한다. 그러나 새로운 증거가 추가로 나타나면 그때는 다시 다툴 수 있다. 다음 판례가 이를 잘 보여준다.

한편, 환송판결의 하급심에 대한 구속력은 파기의 이유가 된 원심판결의 사실상 및 법률상 판단이 정당하지 않다는 소극적인 면에서만 발생하는 것이므로 환송 후의 심리과정에서 새로운 증거가 제시되어 기속적 판단의 기초가 된 증거관계에 변동이 있었다면 그 구속력은 이에 미치지 아니하고, 따라서 파기이유가 된 잘못된 판단을 피하면 새로운 증거에 따라 다른 가능한 견해에 의하여 환송 전의 판결과 동일한 결론을 낸다고 하여도 환송판결의 하급심 기속에 관한 규정을 위반한 위법이 있다고 할 수 없다(대법원 2003. 2. 26. 선고 2001도1314 판결 참조). 환송판결은 변경 전 공소사실인 명의대여로 인한 건설산업기본법위반의 점에 대하여 피고인 2 주식회사가 이 사건 공사에 실질적으로 관여하였으므로 명의대여라고 할 수 없다는 취지일 뿐 그것이 재하도급에 해당하지도 않는다는 점에 대한 사실상 및 법률상의 판단을 한 것은 아니고, 환송 후 원심에서 공소장이 변경됨으로써 사실관계의 변동이 생겼다고 할 것이므로 변경 후 공소사실을 유죄로 인정한 것이 환송판결의 기속력에 반한다고 할 수는 없는 것인바, 같은 취지에서 변경 후 공소사실을 유죄로 인정한 원심의 조치는 옳고, 거기에 환송판결의 기속력에 관한 법리를 오해한 위법이 있다고 할 수 없다.

— 대법원 2004. 7. 22. 선고 2003도8153 판결[건설산업기본법위반]

다시 사건으로 돌아와서, 그렇다면 왜 유죄가 무죄로 바뀌었을까? 이 사건의 대법원 판결문에 보면 다음 요약한 것과 같이 그 이유가 적혀 있다.

- 검사의 피의자신문조서(여기에 자백 내용이 담겨 있다.)를 보면 검사가 범행의 구체적인 방법이나 피해물품을 먼저 말해주고 피의자들은 소극적으로 '네'만 답한 부분이 상당 부분 있다는 점을 3심 판사는 우선적으로 들고 있다.

  이를 유도신문이라고 한다. 신문을 하는 사람이 범행 관련 정보를 제공하고 피의자에게 '네, 아니오'만 말하도록 하는 방법은 신빙성을 의심케 하는 수법이다. 예컨대 '너 지난 금요일 밤 10시에 금은방 앞에서 기다리고 있다가 주인이 나오는 걸 보고 골목으로 쫓아가서 준비한 칼로 협박하고 현금 100만 원을 탈취했잖아?' 하고 구체적인 범행 과정을 얘기해준 뒤 '예'라고 대답하기를 바라는 방법이다.

- 3심 판사가 두 번째로 제기하는 의문은 피고인 두 명이 모두 '경찰에서 구타를 당했다'고 진술하고 있다는 점을 들었다.

  자백의 부인 과정을 보면 피고인 A가 끝까지 부인하다가 대질신문 이후 자백으로 돌변한다. 반면 피고인 B는 처음부터 자백의 입장을 취하고 있다. A는 번복한 것이고, B는 번복한 적이 없다. A와 같이 중간에 말을 바꾸는 경우, 일관성이 없다고 한다. 뭔가 머리를 굴려 임기응변을 발휘한 것으로 본다는 말이다. 일관성이 없는 경우 그 사람의 말은 신빙성이 떨어져서 말을 바꾼 충분한 이유가 없다면 그 사람의 말을 믿는 데 한계가 생길 수밖에 없다. 그런 관점에서 말을 번복한 피고인 A의 '구타를 당했다'는 말도 의심의 대상이 된다. 그런데 말을 바꾼 적이 없는 피고인 B까지 '구타를 당했다'고 주장하고 있다면 이때는 무엇이 진실일까? 판사로서는 의심을 할 수밖에 없는 것이다(진술의 일관성 문제).

- 3심 판사는 추가 수사가 없었다는 점을 세 번째 의문으로 제기한다. 피고인들의 말이 자꾸 바뀌고 있었다면 자백에만 집중할 게 아니라 피해자와의 대질신문 등 다른 수사도 벌여 증거를 추가했어야 했는데 그게 전무한 상태에서 기소를 했다는 점을 지적한다. 이는 범행 여부가 확실하지 않은 상태에서 기소가 이루어졌을 가능성을 지적하는 것으로, 경찰이나 검찰 혹은 판사의 편견이 유죄판결에 영향을 끼쳤을 가능성이 있음을 암시한다. 어쩌면 이 두 명이 대학생이 아니라는 점, 직장이 없다는 점, 무면허운전으로 오토바이를 타고 있다는 점, 품속에 회칼을 넣고 다녔다는 점 등이 증거보다 더 큰 영향을 끼친 것은 아닐까?

- 넷째로 피고인들의 처지나 경험을 들고 있다(증거의 배경). 피고인들이 전과가 없고, 학력이 고졸이고, 부모와 떨어져 살고 있다는 점 등이다.

피고인들의 인적사항 가운데 학력이 고졸이고, 부모와 떨어져 살고 있다는 점을 어떻게 해석할까 하는 건 중요한 문제다. 대학생도 아니고 직업도 없고 부모와 떨어져 사는 20대 초반의 남성이라면, 더욱이 칼을 소지하고 있는 자라면 우리는 조금 불량하고 미래가 없는 어떤 이미지를 떠올리는 경향이 있다. 그러나 3심 판사는 그런 생각도 가능하지만 반대로 전과가 없으니 경찰에 구속수감된 것도 처음이었을 것이고, 그게 큰 위협이었을 수 있다, 부모와 떨어져 있으니 의지할 곳도 없었을 것이고 그러니 더 무서웠을 것이다, 고졸 학력이니 이런 경우에 어떻게 대처해야 할지 잘 몰랐을 것이다, 라고 해석할 여지가 있다고 판단한다. 꼭 그렇다는 게 아니라 그럴 수 있는 가능성도 양립한다는 점을 지적한다. 이 말은 스토리가 두 가지가 가능하다는 말이다. 이렇게 두 가지 해석이 가능한데 이 가운데 한 가지 해석에 집착해서 판결을 내린 것은 잘못임을 지적한다.

이와 같이 살핀 끝에 3심 판사는 임의성은 있지만 신빙성이 없는 자백일 가능성이 있다고 결론을 내린다(진술의 신빙성을 의심할 수밖에 없다.). 자백을 믿을 수 없으므로 자백은 증거가 될 수 없다(이 말은 자백만으로 유죄의 증거를 삼을 수 없다는 뜻과 다르다. 이 사건의 자백은 증거로서 의심을 받고 있다는 말로, 한마디로 증거로 삼을 수 없다는 얘기다.).

마지막으로 보강증거로 제출된 피해자들의 지목진술을 다시 살핀다. 신기하게도 1심과 2심에서는 피해자들이 증언하는 범인의 인상착의가 피고인 A, B와 비슷하다고 판단했는데 3심 판사는 똑같은 피해자의 진술을 살펴보고 전혀 비슷하지 않다고 결론을 내린다. 예컨대 실제 피고인 A는 키가 178cm, 피고인 B는 165cm이며, 둘 다 마른 체형이다. 그런데 지목진술 내용에는 '약간 뚱뚱한 체격'이라는 표현도 등장하고, '전체적인 분위기가 비슷하다'는 취지의 모호한 내용도 나오고, '30대 중반의 남자로 180cm 이상으로 컸으며 70kg 정도로 마른 편'이라는 상이한 증언도 담겨 있고, '범인은 1명'이라는 진술도 있었다. 또한 기소 이후 이루어진 대질신문에서 '범인인지 잘 모르겠다'는 진술도 있었다. 3심 판사는 이처럼 비슷하다고 볼 수 없는 다양한 진술을 예시로 들면서 피해자의 지목진술만으로는 이 두 명의 어린 청년이 범인이라고 단정할 수 없다고 지적한다.

혼란을 막기 위해 한마디 덧붙이면 이 둘이 범인이 아니라고 3심 판사가 말하는 게 아니고, 다른 가능성이 있음을 지적하는 것이다. 유죄 판결을 내리기 위해서는 합리적 의심이 없는 정도의 증명이 필요하다고 앞서 설명했다. 그런데 다른 가능성이 있는 것으로 보인다면 그건 의심이 사라지지 않은 상태로, 이때는 무죄 판결을 내려야 한다. 이밖에도 3심 판사는 자백에만 너무 집중하고, 피해품 따위도 확보하지 않았다는 점도 지적하는 등 전체적으로 증거가 부족하다고 판단했다.

요약하면 자백은 신빙성에 의심이 있으므로 증거로 채택할 수 없고, 피해자들의 진술만으로는 유죄를 선고할 만큼 합리적 의심이 완전히 사라진 상태가 아니었다. 합리적 의심이 사라지지 않은 건 어떻게 알 수 있을까? 검사의 기소사실 외에 전혀 다른 이야기가 가능해 보인다면 그때는 의심이 가시지 않은 것이다. 그러므로 판사가 인정한 증거를 토대로 검사의 기소사실을 살펴보면서 다른 이야기가 가능한지, 가능하다면 어떤 점에서 다툼이 가능한지 따져보는 것도 재판의 쟁점으로 들어가는 좋은 방법이다.

대법원홈페이지(www.scourt.go.kr)에 게시된 이 사건의 대법원 판결문 가운데 핵심 내용은 다음과 같다.

> **대법원 판결문**
>
> – 2002도6110 특수강도·특수강도미수·특수절도·강도예비
>
> **주문**
>
> 원심판결 중 징역형 부분을 모두 파기하고, 이 부분 사건을 서울고등법원으로 환송한다.
>
> **이유**
>
> 상고이유를 판단한다.
>
> 1. 원심의 판단
>
>   원심이 유지한 제1심판결은 그 판시의 증거들을 종합하면, 피고인들에 대한 판시 범죄사실을 모두 인정할 수 있다고 판단하여 피고인들에게 유죄를 선고하였고, 원심은 제1심판결이 채용한 증거들에 의하여 인정되는 사실들을 종합한 판시와 같은 사정들 즉, 피고인들이 이 사건으로 검거될 당시 피고인 B가 회칼과 피고인 A의 모자를 소지하고 있었던 점, 피고인 B에 대한 각 경찰 작성의 피의자

신문조서는 범행을 모두 부인하는 내용으로 작성되어 있고, 피고인 A가 경찰에서 작성한 범죄일람표 중 검찰에서 부인한 부분은 제외하고 공소가 제기되는 등 피고인들이 수사기관에서 진술한 경위 및 그 내용에 의하면 피고인들이 경찰관들의 폭행 등으로 인하여 허위자백한 것으로 보이지는 않는 점, 이 사건 범행들이 주로 야간에 또는 순식간에 이루어졌으므로 대부분의 피해자들이 피고인들을 정확하게 기억하지 못하는 것은 오히려 당연한 것으로 보이는 점 등에 비추어 보면, 피고인들이 이 사건 공소사실 기재의 각 범행을 저질렀음을 인정하기에 충분하다고 판단하여, 제1심판결에 대한 피고인들의 사실오인의 주장을 배척하고 항소를 기각하였다.

2. 이 법원의 판단

피고인들에 대한 이 사건 각 공소사실 중 벌금형이 선고된 피고인 A의 도로교통법위반죄 부분(이 부분은 위 피고인이 상고하지 않아 이미 분리 확정되었다. 이하 위 도로교통법위반죄 부분을 제외한 나머지 부분을 '이 사건 공소사실'이라고 한다)을 제외한 나머지 징역형이 선고된 부분에 관하여, 아래에서 기록에 나타난 객관적인 상황과 원심이 위 공소사실을 유죄로 인정함에 있어 채택한 증거들을 차례로 살펴보기로 한다.

가. 피고인들이 범인으로 지목된 경위

2002. 2. 6. 17:50경 경찰관이 112순찰차를 타고 순찰업무를 수행하던 중 인천 ○○구 ○○동 소재 '하얀교회' 뒷골목에서 번호판 없

는 125cc 오토바이를 운전하던 피고인 A를 발견하고 불심검문을 하였는데, 당시 무면허운전임이 드러나 위 피고인을 연행하려는 순간, 부근에 있던 피고인 B가 숨는 것을 발견하고 피고인들을 검거하였고, 당시 피고인 B의 몸에서 칼과 피고인 A의 모자가 발견되었다.

나. 피고인들의 검찰에서의 자백진술

피고인들이 진정성립 및 임의성을 인정한 검사 작성의 피고인들에 대한 각 피의자신문조서의 기재에 의하면, 피고인들은 이 사건 범행을 모두 자백하고 있는바, 기록에 나타난 피고인들의 학력, 경력, 지능 정도 등 기록에 나타난 제반 사정에 비추어 보면, 피고인들의 위 자백이 임의성이 없는 것이라고 단정하기는 어렵다.

그러나 자백의 신빙성 유무를 판단함에 있어서는 자백의 진술내용 자체가 객관적으로 합리성을 띠고 있는지, 자백의 동기나 이유는 무엇이며, 자백에 이르게 된 경위는 어떠한지, 그리고 자백 외의 정황증거 중 자백과 저촉되거나 모순되는 것은 없는지 여부의 점 등을 고려하여 판단하여야 할 것인바(대법원 1995. 1. 24. 선고 94도1476 판결 참조), 이와 같은 점에 착안하여 피고인들의 검사 앞에서의 각 자백진술의 신빙성을 검토해 보기로 한다.

(1) 피고인들이 자백을 하게 된 경위와 그 이후의 진술

(가) 위와 같이 피고인들이 체포된 다음날인 2002. 2. 7. 경찰에서 피고인 A는 강도예비죄만을 시인하는 진술을 하였고, 피고인 B도

강도예비죄를 시인하는 자술서를 작성하였다. 그런데 이 사건 수사기록 55면부터 160면까지 사이에는 경찰관 작성의 강·절도 미제사건 15건의 자료가 편철되어 있고, 그 뒤에 같은 해 2. 7.자로 피고인 1이 강도 및 절도사건 30건 내지 40건을 시인하는 내용으로 작성한 2매의 자술서가 기록에 편철되어 있다(위 편철된 미제사건의 서류 중 같은 해 2. 10.자로 작성된 서류가 있는 점에 비추어 볼 때 실제로는 위 자술서 작성일자인 같은 해 2. 7. 이후에 편철된 것으로 보인다). 위 2매의 자술서의 내용은 일시·장소·피해자 등의 점에서 이 사건 공소사실과는 전혀 다르나, 편철된 미제사건 15건 중 14건의 자료들의 내용은 이 사건 공소사실 중 14건의 강·절도 범행과 일치하고 있다.

한편, 그 후인 같은 해 2. 11.자 경찰 작성의 피고인 A에 대한 피의자신문조서에는 당초 위 피고인이 작성한 자술서의 내용에 대하여는 전혀 조사가 이루어지지 않은 채, 피고인 A가 위와 같이 편철된 15건에 관하여 범행을 모두 자백한 것으로 기재되어 있다. 그러나 피고인 B는 위 15건의 범행을 모두 부인하였고, 이에 관한 수사보고서에는 "피고인 B가 구두신문상으로는 시인하면서도 조서작성시에는 부인한다."고 기재되어 있다.

(나) 사건이 검찰에 송치된 후인 같은 해 2. 15.자 제1회 피의자신문에서 피고인 A는 범행을 포괄적으로 시인하였고, 같은 날 피고인 B는 처음에 범행을 부인하다가 피고인 A와 대질한 직후 역시 범행을 포괄적으로 시인하였다. 그 후 피고인들에 대한 각 제2회 피의자신

문에서는 피고인들은 당초 경찰이 작성한 위 15건의 강·절도사건 중 1건에 대하여는 범행을 부인하였으나, 이를 제외한 나머지 14건에 대하여는 범행을 시인하였다.

한편, 피고인들의 검찰에서의 위 각 자백진술의 내용을 보면, 피고인들의 기억이 불분명한 부분에 관하여는 검사가 위 미제사건 관련 피해자들의 진술 내용을 토대로 구체적인 범행방법과 피해물품 등에 대하여 신문하고 피고인들은 소극적으로 간략히 이를 시인하는 방식으로 이루어져 있다.

(다) 그런데 피고인들은 이 사건 공소가 제기된 후 제1심 법정에서 위 14건의 강·절도 범행 및 강도예비 범행 등에 관하여 그 범행을 모두 부인하였는바, 피고인 A는 경찰에서 수사관으로부터 손, 발 및 곤봉, 의자 등으로 구타를 당하는 등 심한 가혹행위로 자백을 강요받아 겁에 질린 나머지 경찰관이 범죄사실을 지적하는 대로 이를 모두 인정하여 허위로 자백한 것이고, 검찰에 송치된 후에도 경찰에서와 같은 가혹행위를 당할 것이 두려워 허위자백을 한 것이라고 진술하고 있고, 피고인 B는 경찰에서는 구타 등 가혹행위를 당하였음에도 범행을 자백하지 않았는데, 검찰 수사관이 "피고인 A가 모두 시인하는 마당에 너만 부인한다."면서 윽박지르는 등 억압적인 분위기를 조성하면서 조사를 하였고, 옆에서 피고인 A가 울고 있어 가혹행위를 당할 것 같은 두려움에 사로잡혀 허위자백을 하였다고 진술하였다. 또한, 피고인들은 이 사건 칼은 영화 '공공의 적'을 보

고 멋있게 생각되어 구입하여 소지하고 있던 것이라고 진술하고 있고, 원심에 이르러도 제1심의 진술 내용과 같은 취지로 범행을 부인하고 있다.

(2) 피고인들의 전과, 학력, 생활환경 등

피고인들은 모두 1981년생으로서 이 사건 범행 당시 만 20세 가량의 고등학교 동창생들인바, 피고인 A는 2001. 8. 26. 무면허운전으로 1회 입건되었을 뿐 다른 전과가 없고, 피고인 B는 아무런 전과가 없으며, 이 사건 당시 피고인들은 모두 부모와 떨어져 고시원 등에서 숙식을 하며 일정한 직업 없이 생활을 하고 있었다.

(3) 피고인들의 자백진술의 의문점

위에서 본 바와 같이 피고인들은 경찰에서 칼을 소지하였다는 이유로 강도예비죄로 조사를 받았는데, 피고인 A가 처음에는 강도예비죄만을 시인하였다가 갑자기 30~40건의 강·절도 범행을 시인하는 자술서를 작성하였고, 그 자술서의 내용과도 전혀 일치하지 않는 다른 15건의 미제사건의 자료가 확보되자마자 곧바로 피고인 A가 그 15건 모두가 피고인들의 범행이라고 시인을 하였으며, 피고인 B는 검찰에 이르러 피고인 A와 대질신문을 하는 과정에서 이 사건 범행을 모두 자백하게 된 점, 피고인들의 위 자백진술의 내용상 검사가 피해자들의 진술내용에 터잡아 구체적인 범행방법이나 피해물품 등에 대하여 주도적으로 신문하고, 이에 대하여 피고인들이 소극적으로 간략하게 답변한 부분이 상당 부분 존재하고 있는 점, 피고인들이 일치하여 경찰에서 구타 등 가혹행위를 당하였다고 진술하고 있는 점, 뒤에서 보는 바와 같이 경찰 및 검찰조사단계에서 이 사건 피해자들과 피고인들과의 대질신문 등의 수사가 전혀 이루어지지 않은 채 이 사건 공소가 제기된 점, 위에서 본 피고인들의 학력·전과·생활환경 등의 사정을 종합하여 볼 때, 이 사건의 경우, 경찰관이 우범지역을 순찰하다가 피고인들이 칼을 소지하고 오토바이를 함께 타고 다니고 있는 것을 발견하고, 피고인들을 체포한 후 과거 관내에서 일어난 강·절도 미제사건의 범인이 피고인들이라고 속단하고 그 범행사실에 관하여 엄히 추궁하자, 나이도 어리고 무면허운전으로 1회 입건된 외에는 전과가 없는 피고인 A는 칼을 소지하고 있었다는 이유로 강도예비죄에 대하여 조사를 받다가 경찰관의 엄한 추궁에 따라 자포자기의 심정에서 허위의 자술서를 작성한 다음, 경찰관의 미제사건 제시 및 추궁에 따라 항변을 포기하고 제시된 미제사건의 범행 내용에 맞추어 허위의 자백을 하고 이와 같은 심리상태는 피고인이 구속되어 검찰에서의 조사를 받을 때까지 연장되어, 검찰에서도 허위의 자백을 하였으며 이와 같이 피고인 A가 공동으로 범행을 하였다고 자백함에 따라, 나이 어리고 전과가 전혀 없는 피고인 B 역시 더 이상 자신의 주장을 고집하지 못하고 절망감에 빠져 허위의 자백을 하였을 가능성을 배제할 수 없다 할 것이다.

따라서 객관적으로 피고인들의 위 각 자백진술의 증거능력을 부정할 만한 명백한 자료를 찾기 어렵다고 할지라도, 피고인들이 위와 같이 수사기관에서 자신들에게 가하여진 강요나 회유 등으로 인한 궁박한 처지에서 벗어나려는 노력이 그 진술내용에 영향을 미쳤을 개연성을 충분히 상정해 볼 수 있다고 할 것인바, 이와 같은 사정들 및 뒤에서 보는 바와 같은 이 사건 관련 피해자들의 진술내용과 피고인들의 인상착의나 자백진술 내용이 상당 부분 불일치하는 점 등에 비추어 볼 때, 비록 원심이 지적한 바와 같이 피고인들이 검찰에서 당초 지목된 15건의 범행 내용 중 1건을 부인하는 진술을 하였고 이와 같은 사정이 공소제기에 반영되었다는 점을 감안한다고 하더라도, 원심이 유죄의 증거로 채용한 검사 작성의 피고인들에 대한 각 피의자신문조서의 자백진술 내용은 그 자백경위가 석연하지 아니하고, 다른 증거들과의 관계에서 저촉되거나 모순되는 점이 있는 등 그 진술내용 자체의 진실성과 신빙성이 극히 의심스러워 믿을 만한 증명력을 갖추었다고 보기 어렵다.

다. 피고인들의 신체적 특징 및 이 사건 피해자들의 진술

(1) 피고인들의 신체적 특징

피고인들의 신장은 피고인 A가 178cm, 피고인 B가 165cm로서 피고인 A가 피고인 B에 비하여 키가 더 크고, 모두 비교적 마른 체형인데, 피고인 B는 스포츠형 머리를 하고 있다.

(2) 피해자들의 진술

이 사건 공소사실 중 강·절도범행의 피해자들에 대하여는 피고인들이 체포된 후에도 전혀 조사가 이루어지지 아니한 채 공소가 제기되었는데, 제1심에서 비로소 피해자들 중 일부에 대하여 증인신문을 하였고, 피고인들과 대질하여 인상착의를 확인하였는바, 그 진술내용은 다음과 같다.

피해자들 중 피고인들을 명확히 범인이라고 지목한 사람은 제1심 판시 1. 나. ⑴ 범행의 피해자인 이○○가 유일한바, 이○○는 제1심 법정에서 피고인들을 구체적으로 지목하면서 범인이라고 진술하고 있기는 하나, 피고인들의 키의 차이에 관하여 반대로 진술하고 있을 뿐만 아니라, 수사기관에서는 피고인들 중 1인을 지칭하여 '약간 뚱뚱한 체격'이라고 진술하였는데, 그 내용도 피고인들의 체격과는 차이가 난다. 또 제1심판시 1. 가. ⑴ 범행의 피해자인 권○○, 1. 다. ⑴의 피해자인 유○○의 각 진술은 범인들과 피고인들이 전체적인 분위기나 몸매가 비슷하다는 취지일 뿐이어서 피고인들을 그 범인으로 인정하기에는 부족하다.

반면, 제1심판시 1. 가. ⑵ 범행의 피해자인 김○○는 피해를 당한 직후 범인에 대해 "30대 중반의 남자이고, 180cm 이상으로 컸으며 70kg 정도로 마른 편"이라고 하면서 범인이 한 명이라고 진술하였고, 이 사건 공소사실처럼 강도범행이 아니라 "이유 없이 다짜고짜 때렸다."고 진술하였으며, 그에 관한 수사보고서에는 강도범행과는 전연 관련 없는 내용을 진술한 것으로 기재되어 있어, 과연 피고인들이 이 부분 범행을 저질렀다고 볼 수 있는지 의심하지 않을 수 없다.

또 기록에 의하면, 피해자들 일부는 범인들을 30대로 지목하거나{1. 나. (2)}, 최초 20대 남자 1명을 범인으로 지목하기도 하고{1. 다. (3)}, 중·고등학생풍의 남자 2명이라고 지목하기도 하며{1. 다. (8)}, 범인들의 키 차이가 거의 한 뼘 정도였는데, 피고인들보다 더 차이가 났다고 진술하고 있는 등{1. 다. (9)}, 피고인들의 나이나 신체적 특징 및 공소사실과 대조하여 볼 때 상당한 차이가 있음을 알 수 있다.

그 밖에 나머지 피해자들은 피고인들과의 대질신문에 있어서도 범인인지 여부를 식별할 수 없다고 진술하고 있을 뿐이고, 제1심에서 조사·채택되었으나 법정에 증인으로 출석하지 않은 피해자들의 수사기관에서의 진술들은 피해사실을 증명할 뿐 피고인들이 그 범행의 범인들이라고 인정할 자료로는 되지 아니한다고 할 것인데, 그들의 진술 역시 나이, 키, 용모 등에서 피고인들과는 다른 점이 적지 아니하다.

결국, 이 사건 피해자들의 진술에 의하더라도, 이 사건 공소사실 중 14건의 강·절도의 범행이 피고인들에 의하여 저질러졌다고 보기에는 의심스러운 점이 많다고 하지 않을 수 없다.

(3) 형사재판에서 공소제기된 범죄사실에 대한 입증책임은 검사에게 있는 것이고, 유죄의 인정은 법관으로 하여금 합리적인 의심을 할 여지가 없을 정도로 공소사실이 진실한 것이라는 확신을 가지게 하는 증명력을 가진 증거에 의하여야 하므로, 그와 같은 증거가 없

다면 설령 피고인에게 유죄의 의심이 간다 하더라도 피고인의 이익으로 판단할 수밖에 없다 할 것인바(대법원 2001. 8. 21. 선고 2001도2823 판결 참조), 비록 원심이 설시한 바와 같이, 이 사건 강·절도 범행시간이 야간이거나 순간적으로 이루어진 것이어서 피해자들이 범인들의 얼굴을 제대로 보지 못하고 범인들을 식별하는 것이 곤란하다는 점은 수긍할 수 있다 할 것이나, 그러한 사정이 있다고 하여 합리적인 의심을 할 여지가 없을 정도로 공소사실이 진실한 것이라는 확신을 가지게 하는 증명력을 가진 증거 없이 위와 같이 불분명한 피해자들의 진술만으로 곧바로 피고인들을 범인으로 단정할 수는 없다고 할 것이다.

라. 그 밖의 정황

기록에 의해 인정되는 바와 같이, 피고인들은 당시 만 20세임에도 피고인 A가 무면허운전으로 1회 입건된 외에는 전과가 없는 점, 피고인 B가 검찰 제1회 피의자신문에 이르기까지 계속 범행을 부인한 점, 경찰관이 피고인 A의 집을 수색하였으나 이 사건 범행과 관련된 자료가 발견되지 아니한 점, 수사기관에서 피고인들을 체포한 후에도 피고인들로부터 자백만을 받은 채 피해자들 및 증거물 등에 관하여 아무런 조사를 하지 아니함으로써 피해품도 전혀 확보되지 아니하는 등 각 피해사례들과 피고인들의 범행을 연결시킬 만한 자료가 전혀 나타나지 아니한 점, 피고인 B가 2002. 1. 10.경 오토바이를 140만 원에 구입하였다는 사실이 확인되었는데, 이 사건 공소사실 중 위 오토바이 구입일자 이후의 강·절도 범행에는 모두 오토바이가 등장하지 아니하는 반면에, 오히려 구입일자 이전의 범행에 오토바이가 등장하는데도 그 종전 범행에 사용된 오토바이의 출처가 규명되지 아니한 점 등 여러 사정들을 고려하여 보면, 이 사건 강·절도 범행에 관한 피고인들의 제1심 및 원심법정에서의 일관된 변소를 가볍게 배척할 수 없다고 보인다.

마. 결국, 이 사건 공소사실을 모두 유죄로 인정하기에는 위에서 본 바와 같은 여러 가지 의문점들이 있고, 이러한 의문점들이 합리적으로 해명되기 전에는 제1심판결이 채용한 증거들만으로 피고인들에 대한 이 사건 공소사실을 섣불리 유죄로 단정할 수 없다고 할 것이다.

그렇다면 원심으로서는 위와 같은 점들을 감안하여 유죄의 증거들의 신빙성에 관하여 좀 더 면밀히 검토한 다음, 이 사건 공소사실에 대한 유·무죄의 판단에 나아갔어야 할 것이다.

그럼에도 불구하고, 원심이 위와 같이 신빙성이 의심스러운 증거들에 의하여 피고인들에 대한 이 사건 공소사실을 모두 유죄로 인정한 조치에는 증거의 가치판단을 그르친 나머지 채증법칙을 위반하여 사실을 오인하였거나, 증거의 신빙성 유무에 관한 심리를 다하지 아니하여 판결에 영향을 미친 위법이 있다고 하지 않을 수 없고, 이 점을 지적하는 피고인들의 상고이유의 주장은 이유 있다.

위 사건은 대법원에서 파기환송되어 다시 제2심 재판이 열렸는데 피고인들은 특수강도의 점에 대해 무죄를 선고받고 확정되었다(서울고등법원 2003.06.11.선고 2003노504판결).

거짓말쟁이의 말은 콩으로 메주를 쑨다고 해도 믿기 어렵다
뇌물죄 사건

계속해서 진술에 대해서 살펴보자. 앞의 사건에서 우리는 피고인의 자백을 어떻게 판단할 것인가, 즉 피고인의 자백을 토대로 유죄 판결을 내리려면 무엇을 어떻게 살펴야 하는가를 알아보았다. 검찰의 피의자신문조서에 적힌 내용이 피고인의 자백 경위를 알 수 있는 중요한 증거 가운데 하나임을 3심 판사가 지적하고 있으며, 이런 불의의 자백 문제로 고통을 겪지 않으려면 신문이 끝난 뒤 피의자신문조서를 꼼꼼히 살펴서 불리한 내용은 현장에서 고치거나 혹은 사전에 신문 과정을 녹화해 달라고 요구하는 게 좋다.

이번에 다룰 사건은 돈을 주었다는 사람과 돈을 안 받았다는 사람 사이의 진술 공방전이다. 2017년 연초를 뜨겁게 달구었던 박근혜 전 대통령의 혐의와 똑같은 뇌물죄 이야기다. 이 사건의 문제는 뇌물 수수자로 의심받는 사람은 '난 받은 적 없다'고 딱 잡아떼고 있고, 뇌물 공여자는 '한 번도 아니고 여러 차례에 걸쳐서 주었다'고 주장하고 있다는 점. 안타깝게도 돈이 오간 계좌기록은 없다. 쇼핑백에 넣어서 현금을 건네주었기 때문에 남아 있는 기록이 없다는 것이다. 다른 증거는 없었을까? 간접증거(정황증거)는 몇 가지 있지만 범행과 관련된 직접증거는 뇌물 공여자의 진술이 유일했다. 이 경우 판사는 어떻게 판단할까? 추측하다시피 '돈을 주었다'고 주장하는 뇌물 공여자의 진술이 믿을 만한 것인지 아닌지 판단하는 과정이 이 재판의 핵심이다.

1심에서는 '돈을 주었다는 뇌물 공여자의 말을 믿기 어렵다, 그러므로 뇌물 수수자로 의심되는 피고인은 무죄'라고 판결을 내렸고, 이에 대해 2심은 1심이 무죄를 판단하는 과정에 문제가 있다, 뇌물 공여자의 진술 가운데 일부는 개연성이 있고, 또한 증인들의 진술이나 정황증거 등을 종합해 보면 유죄라고 보인다며 판결을 뒤집었다. 무죄가 유죄로 바뀌었으니 검사는 신이 났을 터. 그러나 피고인은 불복했다. 사건은 다시 3심으로 넘어갔다. 4명의 대법관이 모인 3심은 1심과 마찬가지로 무죄를 선고했다. 증거가 부족하다는 게 이유였다. 도대체 진술 증거의 신빙성 판단이 얼마나 어려웠기에 판결이 무죄에서 유죄로, 유죄에서 다시 무죄로 변한 것일까? 찬찬히 살펴보자.

먼저 뇌물 공여자라고 주장하는 사람(공여자 B라고 하자.)의 진술은 다음과 같다.

"저는 피고인 A에게 2007년 2월, 3월, 7월, 10월 등 총 4회에 걸쳐 5천만 원의 현금과 양주 등의 선물을 주었습니다."

참고로 이 재판은 공여자 B에 대한 재판이 아니라 피고인 A의 뇌물죄 사건으로, 공여자 B는 공소시효 만료로 더 이상 재판이 불가능한 상태였다. 같은 뇌물 사건인데 뇌물을 준 사람과 받은 사람의 공소시효가 달라지는 이유는, 뇌물을 받은 사람은 뇌물을 준 사람과는 달리, 그 액수에 따라 공소시효가 달라지기 때문이다. 이 사건처럼 뇌물을 준 사람보다 뇌물을 받은 사람의 공소시효가 더 큰 경우에는 뇌물 액수가 적지 않았다고 볼 수 있다. 어쨌든 공여자 B는 검사 측의 요청으로 증인석에 앉았다.

반면 뇌물 수수자로 의심받고 있는 피고인(피고인 A라고 하자.)은 다소 표현이 모호한 부분이 있지만 돈을 받은 적이 없다고 일관되게 주장한다(이 사건에서 '일관성'은 매우 중요한 역할을 한다.).

공여자 B의 진술을 포함하여, 뇌물죄를 증명하기 위해 검사가 제출하여 받아들여진 증거가 몇 가지 있었다.

1) 공여자 B의 검찰 및 법정 진술
2) 공항 직원 C의 검찰 진술조서
3) 이 사건과 무관한 증인(공소외) 4명의 검찰 진술조서
4) 피고인 A의 검찰 피의자신문조서 일부
5) 이 사건과 무관한 증인(공소외 D)이 작성한 비자금 수첩과 계좌거래내역(공여자 B와 주고받은 기록이다.)

1번부터 4번까지는 모두 진술이다. 검찰에서 했든 법정에서 했든 말

이나 말을 기록한 문서라는 얘기다. 5번의 비자금 수첩과 계좌거래내역은 증여자 B가 피고인 A에게 뇌물로 준 돈을 어떻게 마련했는지 보여주기 위해 첨부한 자료다.

5번 증거로 우리가 알 수 있는 건 증여자 B와 공소외 D가 특수한 관계에 있다는 사실이며, 둘이 돈을 주고받았다는 점, 당시 주고받은 액수가 얼마인지 따위의 사실이다. 달리 말해 5번 증거는 뇌물죄의 직접증거가 아니라 정황증거일 뿐이다.

나아가 1번을 제외하고 2~4번까지의 진술은 '뇌물을 주고받는 걸 보았다'는 진술이 아니라 그런 얘기를 들었다거나 준 것 같다는 추측 혹은 주고받은 게 현금인지 아닌지 확실하지 않다는 식의 진술이 전부였다. 즉 2~4번까지의 검찰 진술도 현금 주는 걸 직접 보았다는 직접증거는 아니라는 얘기다(뭔가 주는 걸 봤다는 것과 현금이 든 가방을 건네는 것을 보았다는 것은 천지차이다.). 참고로 2번 공항 직원 C의 진술이 '뇌물 주었다고 들었다'는 내용을 포함하고 있는데 이를 '전문증거(傳聞證據)'라고 한다. 남이 그렇게 얘기하는 걸 들었다는 것으로, 남에게 들은 이야기는 들은 적이 있다는 걸 증명할 때는 증거가 될 수 있지만 들은 내용에 대한 것을 증명하는 증거는 되지 못한다. 따라서 들은 내용에 대한 증거라고 제출해 보았자 판사는 '그 진술이 특히 신빙할 수 있는 상태 하에서 행하여졌음이 증명된 때'를 제외하고는 받아들이지 않는다(이를 전문증거 배제의 법칙이라고 한다.). 증거로서 자격이 없다는 말이다.

> **전문증거 배제의 법칙**
>
> 형사소송법제316조(전문의 진술)
>
> ① 피고인이 아닌 자(공소제기 전에 피고인을 피의자로 조사하였거나 그 조사에 참여하였던 자를 포함한다. 이하 이 조에서 같다)의 공판준비 또는 공판기일에서의 진술이 피고인의 진술을 그 내용으로 하는 것인 때에는 그 진술이 특히 신빙할 수 있는 상태하에서 행하여졌음이 증명된 때에 한하여 이를 증거로 할 수 있다. 〈개정 2007.6.1〉
>
> ② 피고인 아닌 자의 공판준비 또는 공판기일에서의 진술이 피고인 아닌 타인의 진술을 그 내용으로 하는 것인 때에는 원진술자가 사망, 질병, 외국거주, 소재불명 그 밖에 이에 준하는 사유로 인하여 진술할 수 없고, 그 진술이 특히 신빙할 수 있는 상태하에서 행하여졌음이 증명된 때에 한하여 이를 증거로 할 수 있다. 〈개정 1995.12.29, 2007.6.1〉
>
> [전문개정 1961.9.1]

조금 더 쉽게 설명하면 이렇다.

증인: 친구가 A에게 성폭행을 당했다고 전화로 울면서 말했습니다. 그러니까 분명 성폭행을 당했을 겁니다.

판사 : 친구가 그런 말을 한 적이 있다는 건 인정합니다. 그런데 증인이 성폭행을 당했다는 걸 직접 목격한 건 아니잖아요?

증인 : 네, 본 적은 없죠. 하지만 친구 목소리가 평소와 달랐거든요. 잘 우는 친구도 아니고.

판사 : 그건 참고하겠습니다만, 어쨌든 본 건 아니지요?

증인 : 네, 맞습니다.

판사 : 단지 들었다는 얘기만으로 실제로 성폭행이 있었다는 증거로 삼기 어렵습니다.

전문증거, 즉 남에게 들은 이야기를 옮길 때 내가 증명할 수 있는 건 그런 얘기를 하는 걸 들었다는 사실일 뿐, 들은 내용 자체가 될 수 없다.

물론 피해를 주장하는 그 친구가 증인에게 '성폭행 당했다'고 말한 사실은 정황증거나 진술의 신빙성을 따질 때 역할을 하기는 한다. 사건 직후 친구에게 피해 사실을 알렸다는 것은 그때 뭔가 일이 있었기 때문일 것이다, 아무 이유 없이 그러지는 않았을 것이다, 라고 판사가 볼 수 있다는 얘기다.

어쨌든 이렇게 정리하고 보면 범행의 순간, 즉 뇌물을 주고받는 장면을 직접 증언하고 있는 건 1번 증여자 B의 검찰 및 법정 진술밖에 없음을 알 수 있다. 물론 간접증거만으로도 유죄 판결을 끌어낼 수는 있으나 이 사건의 간접증거를 다 인정하더라도 '뇌물을 주었다'는 걸 인정할 만큼 합리적 의심이 없는 상태까지 이르지는 못했다. 쟁점은 유일한 직접증거, 즉 '내 손으로 뇌물을 주었다'고 주장하는 증여자 B의 검찰 및 법정에서의 진술이다. 그 진술이 믿을 만한지 믿을 수 없는지(진술의 신빙성) 문제로 법정 다툼은 압축되었다.

진술의 신빙성을 따질 때 살펴야 할 것은 4가지다.

1) 진술 자체의 문제 : 진술된 내용이 합리적인지, 즉 경험칙이나 논리법칙 등 이치에 맞는지 살핀다.
2) 진술의 배경 문제 : 그런 진술을 한 동기와 이유, 경위가 무엇인지, 나아가 진술자의 이해관계나 직업, 처한 상황 등을 따진다.
3) 다른 증거와의 관계 문제 : 해당 진술이 다른 증거와 모순되는 점은 없는지 살핀다.
4) 일관성 문제 : 진술이 일관성을 유지하는지 살핀다.

일관성과 관련, 중간에 이유 없이 말을 바꾸면 일관성이 흐트러져 거짓말쟁이가 되는 것이고, 설령 말을 바꾸더라도 충분히 그 이유나 근거가 설명되면 어느 정도는 신빙성을 다시 얻게 된다. 일관성 자체가 어떤 증거가 되는 건 아니다. 그러나 그 사람의 진술에 문제가 있다는 것을 살필 때 판사들은 말을 바꾼 적이 있는지, 바꾼 이유가 납득될 만한지, 아니면 그때그때 상황에 따라 임기응변으로 하는 말인지 살핀다. 가장 좋은 건 말을 바꾸지 않는 것이고(그러므로 재판을 받기 전에 증거와 함께 사실 관계가 잘 정리되어 있어야 한다.), 차선은 설령 말을 바꾸더라도 납득할 만한 이유를 대는 것이다. 이유 없이 말을 바꾸는 것은 '나 거짓말쟁이요' 하고 선포하는 것과 같아서 다른 증거가 있지 않는 한 그 사람의 말은 계속 의심을 받게 된다.

어쨌든 위의 네 가지는 단 하나라도 의심을 받아서는 안 된다. 이리 보고 저리 보면서 꼼꼼히 뜯어보는 과정에서 '믿을 만하다'라는 심증이 형성될 때 판사는 진술에 신빙성이 있다고 판단하여 증명력을 높이 쳐주는 것이다. 나아가 이런 검토 과정은 특정 증거에 대해서만 그렇게 하는 게 아니라 채택한 모든 증거에 대해서 똑같은 검토 과정을 거친다. 처음부터 증명력의 점수를 매기고 시작하는 게 아니라 검토 과정 중에서 증거의 가치가 매겨지기 때문이다.

사건을 자세히 들여다보자.

공여자 B는 전직 변호사로, 금괴를 밀수출입하는 조직에 발을 담갔다. 금괴 밀수출입 조직에는 당연히 두목이 존재했다(이 자가 5번 증거를 제출한 공소외 D이다.). 공여자 B는 검찰과 법정에서의 진술을 번복하기는 하지만 이 재판 1심에서는 금괴 밀수 조직으로부터 자금을 받아서 피고인 A에게 돈을 주었다고 주장했다(자금을 받았다는 사실은 공소외 D의 비자금 수첩과 계좌거래내역으로 입증했다. 그러나 뇌물을 주었다는 기록은 따로 없다.). 피고인 A는 인천공항 휴대품통관국장으로 근무하는 4급 공무원이었다.

공여자 B의 진술 등에 따르면 그는 금괴 밀수를 위해 공항 직원 C에게 접근했다. 공항 직원 C는 휴대품통관부서에서 근무하는 7급 공무원이었다. 공여자 B는 C를 통해 밀수출입을 하고 있던 도중, '당신만으로는 불안하다, 상관을 소개시켜 달라'고 C에게 부탁했고, C는 자신의 상관이었던 통관국장 피고인 A를 소개해주었다. 그리고 소개받은 지 일주일 뒤인 2007년 2월부터 그해 10월까지 총 4회에 걸쳐 현금 5천만 원과 양주 등의 선물을 주었다고 주장했다.

한편 공항 직원 C 역시 증인으로 이 재판에 참석했다. 그는 비록 검찰에서 한 말과 1심 법정에서 한 말이 다르기는 했지만 어쨌든 공여자 B의 진술에 부합하는 증언을 하여 피고인 A를 불리한 입장에 빠뜨렸다. 그러나 피고인 A는 일관되게 무죄를 주장했다.

1심 판사는 총 4회에 걸친 뇌물 공여와 관련, 두 번째 사건에 주목했다. 공여자 B는 2007년 3월 피고인 A와 두 번째 만나서 현금 500만 원과 면세가 37만 원 상당의 로얄살루트 38년산 양주 1병을 선물했다고 증언했다.

문제가 되는 진술은 시간이었다. 공여자 B는 당일 인천공항 내 환승호텔 커피숍에서 뇌물을 건넸다고 주장했다. 그날 공여자 B는 외국에서 인천공항을 경유하여 다른 나라로 가던 중에 피고인 A를 만난 것이다.

    1심 판사: 그러니까 2007년 3월 20일, 증인(공여자 B)은 인천공항에서 환승을 했다는 것이죠?

    공여자 B: 네, 맞습니다.

    1심 판사: 인천공항에 내려 환승을 위해 출국심사를 한 시각이 17시 6분경이었고요.

공여자 B : 네, 맞습니다.

1심 판사 : 갈아타는 비행기는 17시 24분에 탑승용 다리가 제거되었다고 되어 있는데 그렇다면 그 시간 전에는 탑승을 완료했어야 하니까, 증인이 인천공항에서 피고인 A를 만날 수 있었던 시간은 17시 6분에서 17시 24분 사이, 즉 18분밖에 안 되는군요. 이 짧은 시간 안에 피고인 A를 만나서 돈을 건네주었다는 얘기네요?

공여자 B : 네, 맞습니다.

1심 판사 : 그런데 18분이란 시간이, 그 넓은 공항에서 찻집으로 가서 사람을 만나고 돈을 건네줄 만큼 충분한 시간은 아닌 것 같은데요.

공여자 B : 아닙니다. 가능합니다.

1심 판사 : 출국심사대에서 미팅장소인 환승호텔까지 오는 데 걸리는 시간이 있을 것 아닙니까? 또한 환승호텔에서 출국장 탑승게이트까지 가는 데도 시간이 걸릴 것 아닙니까? 심지어 증인이 선물했다는 그 양주는 인천공항 면세점에서 구입한 것이죠? 면세점에 들러서 구매하고 결제하는 데 드는 시간까지 포함하면 과연 18분 안에 피고인 A를 만나서 선물을 건넬 수 있을까요? 더욱이 피고인 A가 당일 내부 공문에 전자결재를 한 시간을 보면 미리 와서 기다렸던 것도 아니거든요.

공여자 B : 시간이 없다는 걸 알고 열심히 달렸습니다.

1심 판사 : 아주 불가능한 것은 아닐지 모르지만 가능성이 희박하다고 보는 게 정상 아닙니까?

1심 판사는 2번째 만남과 관련된 진술이 억지스럽다는 점에 주목했다. 이 점에 대해서는 2심 판사도 똑같은 판결을 내렸다. 즉 두 번째 미팅은 석연치 않은 점이 있다는 말이다. 그런데 두 번째 미팅이 가짜라면 첫 번째, 세 번째, 네 번째 미팅은 어떻게 될까? 이들 3건의 미팅은 두 번째 미팅처럼 진술 자체에 이치에 맞지 않는 내용이 포함된 것은 아니다. 그런데 두 번째 사건을 가짜로 판단했다면 이 판단은 1, 3, 4회 미팅의 신빙성을 판단하는 데 어떤 영향을 끼칠까?

이 지점에서 1심과 2심 판사의 판단이 갈린다.

1심 판사는 설령 확률적으로 1/4에 불과하지만 하나가 가짜라면 다른 3/4도 가짜일 가능성이 생길 수밖에 없다고 보았다. 4번의 미팅 가운데 하나가 가짜라는 말은 반대로 나머지 3번이 진짜라는 뜻이 아니며, 3번의 만남이 진짜라고 확정할 만한 증거는 없다. 거짓이 섞여 있는 경우, 일관성이 깨졌다고 보아서 나머지도 의심하는 게 옳다고 판단한다.

반면 2심 판사는 설령 1/4이 가짜일 가능성이 높다고 하더라도 만일 다른 3/4이 믿을 만한 정황이 있다면 의심을 해서는 안 된다고 판단한다. 그러면서 2심 판사가 들었던 이유는 경험자가 아니면 할 수 없는 구체적이고 상세한 진술을 들었다.

이미 판단이 이렇게 갈리고 나니까 공항 직원 C의 진술에 대한 판단도 달라진다. 즉 1심은 이미 증여자 B의 진술을 의심하고 있기 때문에 이와 동일하게 증언하고 있는 공항 직원 C의 진술도 의심스럽다고 결론을 내린다.

반면 2심은 의심스러운 부분이 있으나 나머지는 신빙성을 인정할 수 있다고 판단하기 때문에 동일하게 증언하고 있는 공항 직원 C의 진술도 그 부분만 빼고는 신빙성이 있다고 결론을 내린다.

같은 판사여도 심증을 굳히기 위해 거치는 과정과 초점을 두는 포인트가 다를 수 있다. 특히 그 과정에 특정 정보를 신뢰하는 경향이 개입하기도 하는데 이를 편중이라고 한다. 판사 개인의 역사에 특히 나쁜 놈으로 기억되는 사건이 있을 가능성이 있다. 이 경우 판사도 사람인지라 자신의 경험을 상기시키는 어떤 정보에 접하면 객관적인 입장이 아니라 주관적인 입장에서 정보를 받아들이는 경향이 있다. 예컨대 비록 가난한 집에서 자랐지만 부모 형제 모두 잘 지내고 있었는데 어느 날 도둑이 들어 집문서를 훔쳐간 나머지, 가족이 헤어지게 된 경험이 있다면 같은 도둑놈이어도 부자 집을 터는 자와 가난한 집을 터는 자가 달라 보일 수 있다. 가난한 집을 터는 자에 대한 증오심이 조금이라도 있다면 그 판사의 심증 형성에 영향을 끼칠 수 있다는 말이다. 물론 현장의 판사들은 편견에 영향을 받지 않기 위해 애를 쓰지만 편중은 무의식중에 일어난다는 게 법학자들의 일반적인 의견이다.

그렇다면 과연 1심 판사와 2심 판사 가운데 누가 판단을 그르친 것일까?

사건은 3심으로 넘어간다.

3심이 처음 지적한 점은 누가 일관성을 유지하고 있는가 하는 점이다. 일관성은 자체로 증거는 되지 않지만 증거의 증명력을 따지는 데 큰 역할을 한다. 이게 왜 중요할까? 다음 대화를 보자.

증인 : 2016년 2월 10일, 오후 3~4시로 기억됩니다. 그때 A에게 전화가 걸려왔고, 늦은 저녁 9시경에 강남 모처에서 만났습니다. A는 저에게 금 500만원을 빌려달라고 요청했는데 마침 제가 가진 돈이 없어서 빌려주지 못했습니다. A는 내일이라도 괜찮으니까 빌려달라고 사정을 했고, 저는 그럼 내일 계좌로 넣어주겠다고 말했더니 계좌는 안 된다, 지금 가압류가 걸려 있어서 현찰로 주면 좋겠다고 말했습니다.

어느 증인이 만일 이와 같이 이야기를 했다고 해보자. 만일 누군가 이 증인의 말에 딴지를 걸지 않는다면, 또한 판사가 보기에 다른 증거와 모순되는 부분도 없고, 자체로 이치에 어긋나는 부분도 발견하지 못하고, 또한 이 증인이 직장도 갖고 있고, 가족도 있는 등 사회적으로 크게 의심할 만한 사람이 아니라고 보면 그의 말은 그대로 사실이 된다. 의심의 여지가 딱히 없다면 사실로 받아들여진다는 말이다. 그런데 이때 누군가 증인의 진술과 다른 이야기를 하면 그때부터 신빙성을 따지게 된다. 그런데 증인의 진술이 녹음기 틀듯이 똑같이 되풀이하거나 혹은 다른 증거를 통해 뒷받침하면 문제가 없는데 이유도 없이 중간에 말을 바꾼다면 어떻게 될까? 그때는 일관성이 깨진 것으로 보고 판사는 그의 진술 전체를 의심하게 된다. 만일 의심받는 진술을 다시 믿게 하려면 다른 증거가 필요하다. 말만으로는 더 이상 안 되는 것이다.

일관성을 스스로 깼다는 말은 내 말을 믿지 말라고 하는 것과 다름이 없다. 그런 관점에서 일관성은, 그 자체로 증거가 되는 것은 아니지만 증거의 증명력을 깨뜨릴 수 있음을 기억해야 한다.

3심 판사가 주목한 것도 바로 그 지점이다. 1심 판사의 판단처럼 4개의 증거 가운데 하나가 가짜임이 밝혀졌다면 나머지 3개도 의심하는 게 정상이며, 만일 다른 증거로 뒷받침되지 않는다면 믿어서는 안 된다는 게 그의 판단이다.

그런데 2심 판사가 보기에 설령 2번째 미팅은 가짜라고 하더라도 1, 3, 4번째 미팅은 경험자가 아니면 알 수 없는 구체적이고 상세한 진술이 있지 않은가? 그거라면 충분히 인정할 수 있지 않을까?

그러나 3심 판사의 생각은 달랐다. 판결문을 잠시 보자.

금품수수 여부가 쟁점이 된 사건에서 A) 금품수수자로 지목된 피고인이 수수 사실을 부인하고 있고 이를 뒷받침할 금융자료 등 객관적 물증이 없는 경우에 금품을 제공하였다는 사람의 진술만으로 유죄를 인정하기 위해서는 a) 그 사람의 진술이 증거능력이 있어야 함은 물론 b) 합리적인 의심을 배제할 만한 신빙성이 있어야 하고, B) 신빙성이 있는지 여부를 판단할 때에는 a) 그 진술 내용 자체의 합리성, 객관적 상당성, b) 전후의 일관성뿐만 아니라 c) 그의 인간됨, 그 진술로 얻게 되는 이해관계 유무, 특히 그에게 어떤 범죄의 혐의가 있고 그 혐의에 대하여 수사가 개시될 가능성이 있거나 수사가 진행 중인 경우에는 이를 이용한 협박이나 회유 등의 의심이 있어 그 진술의 증거능력이 부정되는 정도에까지 이르지 않는 경우에도 그로 인한 궁박한 처지에서 벗어

> 나려는 노력이 진술에 영향을 미칠 수 있는지 여부 등도 아울러 살펴 보아야 한다(대법원 2009. 1. 15. 선고 2008도8137 판결 등 참조).

이 내용은 이 사건에서 인용한 다른 판례이다. 내용을 자세히 살펴보자. 이 글은 A와 B의 경우에는 각각 a, b, c 등을 따져야 한다는 형태로 되어 있다.

A는 사건의 조건이다.
- 뇌물 사건에서
- 뇌물 수수 혐의를 받고 있는 피고인이 '나는 안 받았다'고 주장하고
- 준 사람이 '나는 줬다'고 주장하고
- 따로 객관적인 증거는 없고
- 이런 조건에서 주었다는 사람의 진술만으로 유죄를 판단하려면 어떻게 해야 할까?

그때는 a와 b가 필요하다.
a : 그 사람의 진술이 증거능력이 있어야 하고
b : 그 사람의 진술이 합리적 의심을 배제할 만큼 신빙성이 있어야 한다.

이 가운데 조건 a는 증거능력에 관련된 것으로 증거의 자격을 말한

다. 남에게 들은 이야기를 전하는 전문증거여서는 안 되고, 불법으로 수집한 증거여서도 안 된다는 말이다.

이보다 중요한 게 조건 b다. b는 합리적 의심을 배제할 수 있을 만큼 믿을 수 있는 증거여야 한다는 말로, 앞서도 얘기했듯이 합리적 의심이 없다는 말은 사건이 하나로 잘 설명되며, 다른 일이 벌어졌을 가능성이 없다는 의미다. 엄격한 증명이 요구된다는 얘기다.

다음, B를 보자. B는 합리적 의심을 배제할 만큼 신빙성을 갖추어야 한다는 얘기인데 이를 위해서는 다시 a, b, c가 필요하다.

이 세 가지 abc는 앞서 반복했던 증거를 살피는 세 가지 기준을 말한다. 즉 1) 진술된 내용 자체가 경험칙이나 논리법칙과 같은 이치에 부합하는지(합리적인지), 누가 보더라도 타당한지(객관적인지) 살피고, 2) 진술의 배경, 즉 진술한 사람이 어떤 사람인지, 재판 당사자와 어떤 관계인지, 나아가 이 진술을 통해서 어떤 이해득실이 있는지 따져야 하고, 3) 다른 증거와의 관계를 따져야 한다. 이 가운데 3번 다른 증거와의 관계는, 이 사건처럼 진술이 유일한 증거일 때는 예전 진술과 지금 진술이 달라진 게 없는지 살펴야 한다는 말로 이를 '전후의 일관성'이라고 표현하고 있다.

3심 판사가 이 판례를 언급한 이유를 우리는 어렵지 않게 짐작할 수 있다. 지금 공여자 B가 말한 4번의 뇌물 공여 가운데 한 가지가 거짓일 가능성이 높기 때문이다.

그런데 3심 판사는 여기에 더해 한 가지를 더 지적한다. 사람의 기억력에 대한 것이다.

사람의 기억력과 관련해서 판사들이 신봉하고 있는 일반 상식 하나가 있다.

기억이란 게 시간이 흐를수록 약화되는 게 정상이며, 만일 반대로 시간이 지날수록 뚜렷해지는 기억이 있다면, 그에 합당한 이유와 근거가 있지 않는 한 신빙성을 의심한다는 내용이다. 기억은 갈수록 약해지는 게 경험칙에 부합한다. 그런데 이 말은 두 가지 의미가 있다. 하나는 특별히 기억할 이유가 없는 과거의 일에 대해서는 기억이 희미한 게 정상이라는 의미이며, 다른 하나는 한 달 전 검찰 조사에서는 다소 희미했던 기억이 한 달 뒤 법정에서는 더욱 뚜렷한 형태, 보다 구체적인 모습을 띠게 되면 그건 매우 의심스럽다는 것이다. 기억을 여러 차례 되풀이해서 떠올리는 과정에서 누군가의 암시, 특히 검찰이나 이해관계자, 혹은 다른 누군가가 '이랬을 것이다'라고 했던 말이 기억에 영향을 끼쳐 변형을 주었을 가능성이 있을 뿐 아니라 처음 진술한 기억 내용을 스스로 합리화하기 위해 몇 가지 내용을 추가했을 가능성이 존재한다고 본다. 그러므로 먼 옛 일의 기억을 회상하는 진술이 뚜렷한 형태를 띠고 있다면, 판사는 특별한 사정이 없는 한 신빙성이 약하다고 본다.

실제로 이 사건의 3심 재판이 벌어진 때는 2016년 6월경이었는데 사건이 벌어진 시기는 2007년이다. 근 10년 세월이 흐른 일이었다. 그런데 3심 판사는, 공여자 B가 검찰 진술에서 했던 말이 법정에서는 더욱 상세해지는 정황을 포착한 것이다.

이 점은 2심 판사가 '기억이 상세하고 구체적이어서 경험한 사람이 아니면 할 수 없는 진술'이라고 했던 것과 대조됨을 알 수 있다. 2심 판사는 기억을 경험적 측면에서만 다루었을 뿐 기억력이 시간에 따라 달라질 수 있다는 점을 간과한 것이다.

진술이 점점 구체화된 것은 말을 번복한 것까지는 아니지만 살을 붙여서 예전에 없던 말을 넣는 등 일관성의 법칙에서 어긋난다고 말할 수 있다.

그리고 판례에서 긴 문장으로 설명하고 있는 2) 진술의 배경이 중요한데 다시 옮기면 다음과 같다.

> 그 진술로 얻게 되는 이해관계 유무, 특히 그에게 어떤 범죄의 혐의가 있고 그 혐의에 대하여 수사가 개시될 가능성이 있거나 수사가 진행 중인 경우에는 이를 이용한 협박이나 회유 등의 의심이 있어 그 진술의 증거능력이 부정되는 정도에까지 이르지 않는 경우에도 그로 인한 궁박한 처지에서 벗어나려는 노력이 진술에 영향을 미칠 수 있는지 여부 등도 아울러 살펴보아야 한다.

이 부분이 중요한 이유는 대개 이런 뇌물수수 사건에서는 뇌물을 주었다고 말하는 사람도 소송을 진행 중이거나 혹은 소송이 벌어질 경우가 많기 때문으로, 누군가 진술하는 사람에게 협박이나 회유를 하는 경우도 있고, 또한 본인이 문제의 소지를 남기지 않으려고 하는 경향이 있기 때문이다. 그래서 이런 점을 살펴보라는 게 판례의 요지다.

그러나 이 사건에서 공여자 B는 이미 공소시효가 완성되어 증언으로 인한 위증죄 외에 더 이상 뇌물공여죄로 기소 당하지는 않는다. 그런데 여기에는 한 가지 변수가 있었다. 마침 금괴 밀수 조직의 공범들이 공여자 B를 변호사법 위반으로 고소한 상황이었던 것. 고소를 당한 공여자 B는 검찰에 진정서를 넣어 탈출구를 찾았다. 진정서 내용은 대략 이랬다.

"최대한 금괴 밀수에 개입한 공무원들을 잡을 수 있도록 도울 테니 선처해 달라."

그 진정서 때문에 이 사건 재판도 시작된 것이다. 한 가지 문제가 더 있었는데 밀수 조직원들에게 고소를 당하고 미움을 받게 된 공여자 B는 중국을 거쳐 태국으로 밀항을 해서 약 3년을 해외로 도피했었다. 피의자가 해외로 도피한 경우 공소시효는 중지되는 게 원칙이다(형사소송법제253조제3항). 예컨대 공소시효가 5년인 경우, 피의자가 해외로 도망쳤다가 5년이 지난 뒤에 다시 돌아오면 어떻게 될까? 해외에 있던 동안은 공소시효의 시계가 단 1초도 움직이지 않기 때문에 국내에 발을 디디는 순간부터 다시 공소시효가 시작된다. 그런데 공여자 B는 밀항으로 나갔다 왔기 때문에 여권에는 해외에 갔다 왔다는 기록이 없으며 최소한 기록상으로 그는 그 기간 동안 국내에 있었던 게 된다. 만일 밀항 사실이 적발되면 공소시효는 다시 연장될 것이고, 그렇다면 뇌물공여 혐의로 재판을 받아야 할 입장에 있었던 것이다.

이런 여러 가지 사정이 판례에서 말하고 있는 '그 진술로 얻게 되는 이해관계의 유무'이다.

또한 3심 판사는 증거의 배경으로 진술자의 인간성을 살피고 있는데 중국 여권 위조, 밀항, 경찰에 재직 중인 동거녀에게 요청하여 다른 사람의 수사기록이나 범죄경력을 불법 조회하는 등 그간의 행실이 수상하다는 점을 지적한다.

3심 판사가 언급하고 있지는 않지만 이런 정황이라면 공여자 B와 검사 간의 모종의 거래도 의심스러울 만큼 석연치 않은 대목이 많은 사건이었다. 그래서 3심 판사는 이 사건을 증거 부족으로 무죄 판결을 내렸다(대법원 2016. 6. 23. 선고 2016도2889 판결).

우리가 여기서 기억할 것은, 뇌물죄 사건에 대한 대응 전략도 중요하지만 증거가 판단되는 과정, 즉 증거 자체, 증거의 배경, 다른 증거와의 관계, 나아가 일관성을 판단해가는 판사의 생각이다.

아래 판결은 위 사건에 대한 대법원 판결 일부다. 천천히 음미해 보면 무죄를 받을 수 있는 좋은 통찰력을 얻을 것이다.

대법원 판결

- 대법원 2016. 6. 23. 선고 2016도2889 판결[특정범죄가중처벌등에관한법률위반(뇌물)]

판시사항

[1] 금품수수 여부가 쟁점인 사건에서 금융자료 등 객관적 물증이 없는 경우, 금품을 제공하였다는 사람의 진술만으로 유죄를 인정하

기 위한 요건 및 진술에 신빙성이 있는지 판단하는 기준

[2] 금품수수 여부가 쟁점인 사건에서 여러 차례에 걸쳐 금품을 제공하였다는 사람의 진술 중 상당 부분의 신빙성을 배척하는 경우, 나머지 금품제공 진술로 유죄를 인정하기 위한 요건

[3] 금품수수 여부가 쟁점인 사건에서 금품을 제공하였다는 사람의 진술에 대하여 제1심이 증인신문 절차 등을 거친 후에 합리적인 의심을 배제할 만한 신빙성이 없다고 보아 공소사실을 무죄로 판단하였는데, 항소심이 제1심 증인 등을 다시 신문하는 등의 추가 증거조사를 거쳐 신빙성을 심사하여 본 결과 제1심이 들고 있는 의심과 일부 어긋날 수 있는 사실의 개연성이 드러남으로써 제1심 판단에 의문이 생긴 경우, 일부 반대되는 사실에 관한 개연성 또는 의문만으로 제1심 판단에 사실오인의 위법이 있다고 단정하여 공소사실을 유죄로 인정할 수 있는지 여부(원칙적 소극)

원심판결

서울고법 2016. 1. 28. 선고 2014노1889 판결

주문

원심판결 중 유죄 부분을 파기하고, 이 부분 사건을 서울고등법원에 환송한다.

이유

상고이유(상고이유서 제출기간이 지난 후에 변호인이 제출한 상고이유보충서

의 기재는 상고이유를 보충하는 범위 내에서)를 판단한다.

1. 가. 형사재판에서 범죄사실에 대한 증명책임은 검사에게 있고, 유죄의 인정은 법관으로 하여금 합리적인 의심을 할 여지가 없을 정도로 공소사실이 진실한 것이라는 확신을 가지게 하는 증명력을 가진 증거에 의하여야 하므로, 그와 같은 증거가 없다면 설령 피고인에게 유죄의 의심이 간다 하더라도 피고인의 이익으로 판단할 수밖에 없다(대법원 1996. 3. 8. 선고 95도3081 판결 등 참조).

나. 금품수수 여부가 쟁점이 된 사건에서 금품수수자로 지목된 피고인이 수수사실을 부인하고 있고 이를 뒷받침할 금융자료 등 객관적 물증이 없는 경우에 금품을 제공하였다는 사람의 진술만으로 유죄를 인정하기 위해서는 그 사람의 진술이 증거능력이 있어야 함은 물론 합리적인 의심을 배제할 만한 신빙성이 있어야 하고, 신빙성이 있는지 여부를 판단할 때에는 그 진술 내용 자체의 합리성, 객관적 상당성, 전후의 일관성뿐만 아니라 그의 인간됨, 그 진술로 얻게 되는 이해관계 유무, 특히 그에게 어떤 범죄의 혐의가 있고 그 혐의에 대하여 수사가 개시될 가능성이 있거나 수사가 진행 중인 경우에는 이를 이용한 협박이나 회유 등의 의심이 있어 그 진술의 증거능력이 부정되는 정도에까지 이르지 않는 경우에도 그로 인한 궁박한 처지에서 벗어나려는 노력이 진술에 영향을 미칠 수 있는지 여부 등도 아울러 살펴보아야 한다(대법원 2009. 1. 15. 선고 2008도8137 판결 등 참조).

나아가 금품수수 여부가 쟁점이 된 사건에서 여러 차례에 걸쳐 금품을 제공하였다고 주장하는 사람의 진술을 신뢰할 수 있는지에 관하여 심사해 본 결과 그중 상당한 진술 부분을 그대로 믿을 수 없는 객관적인 사정 등이 밝혀짐에 따라 그 부분 진술의 신빙성을 배척하는 경우라면, 여러 차례에 걸쳐 금품을 제공하였다는 진술의 신빙성은 전체적으로 상당히 약해졌다고 보아야 할 것이므로, 비록 나머지 일부 금품제공 진술 부분에 대하여는 이를 그대로 믿을 수 없는 객관적 사정 등이 직접 밝혀지지 않았다고 하더라도, 그 진술만을 내세워 함부로 나머지 일부 금품수수 사실을 인정하는 것은 원칙적으로 허용될 수 없다고 보아야 한다. 나머지 일부 금품수수 사실을 인정할 수 있으려면, 신빙성을 배척하는 진술 부분과는 달리 그 부분 진술만은 신뢰할 수 있는 근거가 확신할 수 있을 정도로 충분히 제시되거나, 그 진술을 보강할 수 있는 다른 증거들에 의하여 충분히 뒷받침되는 경우 등과 같이 합리적인 의심을 해소할 만한 특별한 사정이 존재하여야 한다(대법원 2009. 1. 15. 선고 2008도8137 판결 등 참조).

다. 금품수수 여부가 쟁점이 된 사건에서 금품을 제공하였다는 사람의 진술에 대하여 제1심이 증인신문 절차 등을 거친 후에 합리적인 의심을 배제할 만한 신빙성이 없다고 보아 공소사실을 무죄로 판단한 경우에, 항소심이 제1심 증인 등을 다시 신문하는 등의 추가 증거조사를 거쳐 그 신빙성을 심사하여 본 결과 제1심이 들고 있는 의심과 일부 어긋날 수 있는 사실의 개연성이 드러남으로써 제1심의 판단에 의문이 생긴다 하더라도, 제1심이 제기한 의심이 금품 제공과 양립할 수 없거나 그 진술의 신빙성 인정에 장애가 되는 사실의 개연성에 대한 합리성 있는 근거에 기초하고 있고 제1심의 증거조사 결과와 항소심의 추가 증거조사 결과에 의하여도 제1심이 일으킨 이러한 합리적인 의심을 충분히 해소할 수 있을 정도에까지 이르지 아니한다면, 그와 같은 일부 반대되는 사실에 관한 개연성 또는 의문만으로 그 진술의 신빙성 및 범죄의 증명이 부족하다는 제1심의 판단에 사실오인의 위법이 있다고 단정하여 공소사실을 유죄로 인정하여서는 아니 된다. 특히 항소심에서도 그 진술 중의 일부에 대하여 신빙성을 부정함으로써 그에 관한 제1심의 판단을 수긍하는 경우라면, 나머지 진술 부분에 대하여 신빙성을 부정한 제1심의 판단이 위법하다고 인정하기 위해서는 그 부분 진술만은 신뢰할 수 있는 확실한 근거가 제시되는 등의 특별한 사정이 있는지에 관하여 더욱 신중히 판단하여야 한다(대법원 2016. 2. 18. 선고 2015도11428 판결 참조).

2. 가. 이 사건 공소사실의 요지는, 피고인이 관세청 인천공항세관 휴대품통관국장으로 근무하던 2007. 2. 중순 또는 하순경 인천국제공항 내 한식당에서 휴대품통관국 휴대품검사관실 소속 7급 직원인 공소외 1과 금괴 밀수출입을 하려던 공소외 2를 만나, 금괴 밀수출과 금괴 및 달러(금괴 판매대금) 밀수입을 위한 각종 편의를 제공해 주고 이를 위해 공소외 1의 휴대품검사관실 잔류 및 승진 등 인사문제에 대하여 신경을 써 달라는 청탁을 받고, 그 자리에서 공소외 2로부터 현금 3,000

만 원과 면세가 295,422원 상당의 발렌타인 30년산 양주 1병을 교부받은 것을 비롯하여, 2007. 3.경 인천국제공항 내 환승호텔에서 현금 500만 원과 면세가 370,671원 상당의 로얄살루트 38년산 양주 1병을, 2007. 7. 말경 또는 8월 초경 인천국제공항 내 한식당에서 현금 1,000만 원과 시가 불상의 에르메스 스카프 1점을, 2007. 10.경 인천국제공항에서 현금 500만 원과 면세가 262,907원 상당의 조니워커블루 양주 1병을 교부받아 총 4회에 걸쳐 합계 5,000만 원의 현금과 면세가 합계 929,000원 상당의 양주 3병 및 시가 불상의 스카프 1점을 교부받아 그 직무에 관하여 뇌물을 수수하였다는 것이다.

나. 이에 대하여 제1심은, 이 사건 공소사실에 부합하는 증거로는 공소외 2의 검찰 및 법정 진술, 공소외 1의 검찰 진술, 공소외 3, 공소외 4, 공소외 5, 공소외 6의 각 검찰 진술, 피고인의 일부 검찰 진술, 공소외 7이 작성한 비자금 수첩 및 공소외 7, 공소외 2의 각 계좌거래내역 등이 있으나, ① 공소외 2의 검찰 및 법정 진술과 공소외 1의 검찰 진술을 제외한 나머지는 모두 정황증거 또는 간접증거에 불과하고, ② 공소외 2의 진술은 당시의 객관적인 상황에 어긋나거나 경험칙에 반하여 도저히 납득하기 어려운 부분이 존재하므로 그 진술의 객관적인 상당성과 합리성을 인정하기 어려울 뿐만 아니라 별건으로 수사 또는 형사재판을 받고 있던 공소외 2의 처지나 그와 같은 상황이 진술에 영향을 미쳤을 가능성마저 엿보이고 있어서 선뜻 그 신빙성을 인정하기 어렵고, ③ 공소외 1의 검찰 진술은 피고인이 공소외 1로부터 공소

외 2를 소개받아 공소외 2로부터 뇌물을 수수하게 된 경위나 뇌물 전달 장소 및 방법 등 주요 부분이 공소외 2의 진술과 내용이 동일하므로 공소외 2의 해당 부분 진술에 객관적 상당성과 합리성에 의문이 제기된 것과 똑같은 문제점이 존재하는데다가 공소외 1이 제1심 법정에 이르러 그와 피고인 및 공소외 2가 한 자리에서 식사를 하거나 피고인에게 현금을 건네준 사실이 전혀 없다는 취지로 검찰에서의 진술을 번복하는 등 진술의 일관성 측면에서 치명적인 결함을 지니게 되어 그 검찰 진술의 신빙성을 부여할 수 없으며, ④ 그 밖에 나머지 증거들은 모두 이 사건 공소사실을 증명할 만한 증거로는 부족한 것들이어서, 결국 위 각 증거들만으로는 이 사건 공소사실이 합리적 의심의 여지없이 증명되었다고 보기 어렵다고 보아 이 사건 공소사실을 무죄로 판단하였다.

다. 반면에 원심은, ① 공소외 2의 검찰 및 법정 진술은 공여 당시 참석자, 공여시기, 공여장소, 공여 당시의 상황 및 금액, 공여 방법 등 중요 부분에 관하여 일관되고 합리적이며 객관적 상당성이 있으며, 특히 원심 법정에서 공소외 2가 진술한 내용은 이 사건 공소사실에 부합하는 것으로서 직접 경험하지 않은 사람이라면 진술하기 어렵다고 보일 정도로 대단히 구체적이고 명확하여 그 신빙성을 충분히 인정할 수 있고, ② 이에 상당 부분 부합하는 공소외 1의 검찰 진술 역시 마찬가지로 신빙성을 충분히 인정할 수 있으며, 오히려 자신의 검찰 진술을 번복한 공소외 1의 법정 진술은 접견부나 당시의 여러 정황에 비추어 그 신빙성을 인정하기 어렵고, ③ 공소외 2가 피고인에게 공여하였다는 현금의 자금출처에 관한 공소외 7의 비자금 수첩 또는 공소외 7, 공소외 2의 각 계좌거래내역만으로는 피고인의 뇌물수수 사실을 증명할 직접적인 증거가 되지는 못하지만 공소외 2는 위 근거자료를 토대로 피고인에게 공여한 현금을 어떻게 조성하였는지에 관하여 구체적이고 명확하게 진술하는 점, 2007. 2.경 피고인에게 공여한 3,000만 원의 조성 경위에 관한 공소외 8과 공소외 4의 진술도 이에 부합하는 점 등에 비추어 위 수첩과 각 계좌거래내역은 공소외 2 진술의 신빙성을 상당 부분 뒷받침하고 있다고 평가함이 타당하며, ④ 원심 증인 공소외 8과 공소외 4는 피고인과는 별다른 이해관계가 없고 오히려 공소외 2와는 적대관계에 있거나 적어도 우호적인 관계는 아님에도 이들이 원심 법정에서 한 '2007. 2. 초순경 공소외 2를 공소외 3을 통하여 공소외 1에게 소개시켜 주게 된 동기 내지 경위, 2007. 2. 중순 또는 하순경 피고인에게 공여한 현금 3,000만 원의 출처, 2007. 2. 8.경 공소외 2가 공소외 1에게 현금 3,000만 원과 발렌타인 30년산 양주 1병이 들어있는 쇼핑백을 전달하는 장면' 등에 관한 진술이 공소외 2의 진술과 모두 부합하는 점 등을 이유로 이 사건 공소사실 중 2007. 2. 중순 또는 하순경의 뇌물수수의 점, 2007. 7. 말경 또는 8월 초경의 뇌물수수의 점 및 2007. 10.경 뇌물수수의 점에 관하여 무죄로 판단한 제1심판결을 파기하고 검사의 사실오인에 관한 항소이유를 받아들여 이 부분 공소사실을 유죄로 인정하였다.

다만, 이 사건 공소사실 중 2007. 3.경의 뇌물수수의 점에 관하여는 공소외 2가 검찰에서 피고인에게 500만 원과 양주를 건네준 날이 2007. 3. 20.이고 그 장소는 인천공항 환승호텔 내 커피숍이라고 진술하여 이 부분 공소사실 역시 그에 따라 특정되었다고 보아야 하고, 공소외 2가 2007. 3. 20. 출국심사를 거친 시간은 17:06경, 공소외 2가 탑승했던 항공기가 탑승교에서 분리된 시간은 17:24경으로 공소외 2와 피고인이 환승호텔 내 커피숍에서 만날 수 있는 시간은 17:06경부터 17:24경까지일 수밖에 없는데, 피고인이 당일 내부 공문에 전자결재를 한 시간, 공소외 2가 출국심사대에서 환승호텔까지 갔다가 탑승 게이트로 이동하는 시간, 피고인이 휴대품통관국장실에서 환승호텔까지 이동하는 시간, 공소외 2가 면세점에서 양주를 구입하는 시간, 피고인과 만나 대화하고 뇌물을 건네는 시간, 항공기에서 탑승교가 분리되기 전에 공소외 2가 항공기에 탑승하여 짐을 정리하고 착석하는 시간 등을 모두 감안하면 위 시간 사이에 공소외 2와 피고인이 환승호텔에서 만나는 것이 전혀 불가능하지는 않다고 하더라도 시간적으로 그 가능성이 매우 희박하다는 이유로 이 부분 공소사실은 합리적 의심의 여지가 없을 정도로 증명되었다고 볼 수 없다고 보아 이를 무죄로 판단한 원심의 결론을 수긍하여 이유무죄로 판단하였다.

3. 위와 같이 이 사건 공소사실에 대하여 범죄의 증명이 없다고 본 제1심과 달리 2007. 3.경 뇌물수수의 점을 제외한 나머지 공소사실(이하 '이 부분 공소사실'이라 한다)을 유죄로 인정한 원심의 판단은 앞서 본 법

리에 비추어, 다음의 이유로 그대로 수긍할 수 없다.

가. 우선 이 부분 공소사실에 부합하는 직접적인 증거로는 공소외 2의 검찰 및 법정 진술, 공소외 1의 검찰 진술뿐이나 원심은 제1심에서 증인으로 진술한 공소외 2, 공소외 1 외에도 공소외 8, 공소외 4를 증인으로 신문하고 현장검증까지 하는 등 추가 심리를 거쳐 공소외 2와 공소외 1의 위 각 진술이 신뢰할 만하다는 결론에 이른 것으로 보이고, 원심판결 이유와 적법하게 채택된 증거들로부터 알 수 있는 제반 사정에 비추어 보면, 피고인이 이 부분 공소사실과 같이 공소외 2로부터 금품을 수수한 것이 아닌가 하는 의심이 드는 것은 사실이다. 그러나 피고인은 검찰에서의 다소 애매한 진술태도에도 불구하고 검찰부터 원심 법정에 이르기까지 뇌물수수 사실을 일관되게 부인하고 있고, 공소외 2와 피고인 사이의 금품수수 사실을 실질적으로 뒷받침할 금융자료 등 객관적인 증거도 없는 상황에서, 공소외 1의 일관되지 못한 진술을 제외하면, 이 부분 공소사실에 부합하는 직접적인 증거로는 공소외 2의 진술이 사실상 유일하므로 그 진술만으로 이 부분 공소사실을 유죄로 인정하기 위해서는 그 진술에 합리적인 의심을 배제할 만한 신빙성이 인정되어야 한다.

나. 원심판결 이유에 의하면, 원심이 이 부분 공소사실을 유죄로 인정한 것은 다른 무엇보다도 공소외 2의 원심 법정에서의 진술이 직접 경험하지 않은 사람이라면 진술하기 어렵다고 보일 정도로 대단히 구체

적이고 명확하여 그 신빙성을 충분히 인정할 수 있다는 점과 피고인에게 유리한 공소외 1의 법정 진술에도 불구하고 공소외 1이 그의 처와 접견하면서 나누었던 대화내용 등에 비추어 공소외 1의 검찰 진술의 신빙성 역시 충분히 인정할 수 있다는 점 등을 고려한 것으로 보인다. 그러나 이 부분 공소사실은 2007년에 있었던 일로 그로부터 상당한 기간이 경과한데다가 사람의 기억은 시간이 지날수록 희미해질 수밖에 없는데 공소외 2의 진술은 검찰과 제1심 법정에서보다 원심 법정에 이르러 더욱 구체화되고 명확해지고 있다는 점에서 오히려 그 진술의 신빙성을 의심할 사유로 삼아 공소외 2의 진술이 신뢰할 만한 것인지 여부를 더욱 신중하게 판단하였어야 한다. 나아가 공소외 1에 대한 접견부의 기재내용만 놓고 보면 공소외 1의 법정 진술보다 검찰 진술의 신빙성에 더 무게를 두게 하는 면이 없지 아니하나, 그렇다 하더라도 공소외 1의 검찰 진술만으로 이 부분 공소사실이 합리적 의심을 배제할 정도로 증명되었다고 볼 것인지는 별개의 문제이므로 공소외 1의 검찰 진술의 신빙성 여부에 관하여도 더욱 면밀히 살펴보았어야 한다.

다. 공소외 2의 진술의 신빙성과 관련하여, 공소외 2는 금괴 밀수출입에 함께 관여하였던 공범들이 오히려 자신을 변호사법 위반 혐의로 고소하여 억울하고 변호사법 위반 혐의를 벗어야 하는 상황에서, 공범들 및 금괴 밀수출입 범죄를 도와준 공무원들에 대하여 처벌을 하고 대신 자신에 대해서는 최대한 선처해 달라는 취지의 진정서를 검찰에 제출하여 수사가 진행되었는데, 실제로 그 후 공소외 2는 금괴 밀수출입 범행에 대하여 공소시효가 만료되었다는 이유로 '공소권 없음'으로 불기소처분 되었다. 그러나 공소외 2의 검찰 진술에 의하면, 공소외 2가 공소외 1의 도움을 받아 2007. 2.경부터 2008. 6.경까지 밀수출입한 금괴의 양이 약 955㎏, 시가 약 334억 원 상당에 이르는 규모로 그 범행내용 및 죄질의 정도가 결코 가볍지 않은데다가 공소외 2는 2008. 10.경부터 2012. 1.경까지 변호사법 위반 사건과 관련하여 중국으로 밀항한 뒤 태국에 체류하는 등 국외에 있었으므로 그 기간 동안은 공소시효가 정지될 수도 있었던 사정까지 더하여 보면, 공소외 2 자신에 대한 수사나 재판 등이 그 진술에 영향을 미쳤을 가능성을 완전히 배제하기 어렵다. 또한, 공소외 2는 2012. 11. 15. 인천지방검찰청에서 공소외 1에 대한 뇌물공여 사건으로 조사를 받기도 하였으므로 그때 공소외 1의 상관인 피고인에 대한 현금 제공 사실도 함께 진술할수 있었을 것으로 보이는데, 당시에는 '공소외 1이 자신이 받은 돈을 인사를 관장하는 상관에게도 준다고 했고, 실제로 저에게 로얄살루트 등 고급양주를 사오라고 해서 공항 던킨도너츠에 공소외 1이 상급자와 같이 나와 저를 그 사람에게 사업하는 후배라고 소개시키고 양주를 받아서 상급자에게 주기도 하였다'라고만 진술하는 등 이 사건 공소사실과 유사한 취지의 진술을 하면서도 피고인에게 직접 현금을 제공하였다는 취지의 진술은 전혀 한 바가 없어, 이를 위와 같은 진정의 동기 내지 경위와 함께 살펴보면 이 사건에서의 진술이 진실에 부합하는 것인지 의심하지 않을 수 없다.

라. 이 사건 공소사실은, 피고인이 공소외 1, 공소외 2로부터 금괴 밀수출입을 위한 각종 편의를 제공해 주고 이를 위해 공소외 1의 휴대품 검사관실 잔류 및 승진 등 인사문제에 대하여 신경을 써 달라는 청탁과 함께 뇌물을 수수하였다는 것인데, 공소외 1과 공소외 2의 진술에 의하더라도 이들이 피고인에게 금괴를 밀수출입한다는 얘기까지 하였는지 여부는 불분명하다. 우선 공소외 1의 검찰 진술을 살펴보아도 공소외 1은 피고인에게 '공소외 2를 굴비판매사업을 하는 사업가로, 사업다각화를 위해 금 수출입업을 준비하고 있는 후배라고 소개하였다'는 것이고, 공소외 2도 검찰에서 공소외 1과 같은 취지로 진술하였을 뿐이다. 공소외 2가 제1심 법정에서는 '금괴를 밀반출하게 되면 달러를 가져오게 되는데 이에 대해 피고인은 과거 외환과 관련된 조사나 일을 많이 해봤기 때문에 잘 안다면서 공소외 2에게 해외로 나가서 달러를 벌어오는 것이니 국가경제 입장에서는 무조건 좋은 일이라는 취지로 이야기를 하였고, 예전에 공소외 9 회장은 돌멩이를 수출해서 외화를 번 일이 있다는 이야기까지 하였다'고 진술한 바 있으나, 다시 원심 법정에서는 '2007. 2.경 피고인을 처음 만났을 때는 물론 피고인과 같이 있는 자리에서 금괴 밀수출을 하여 달러를 가져온다는 취지의 얘기는 전혀 한 적이 없다'고 진술을 번복하였으므로, 공소외 2의 원심 법정에서의 진술이 사실이라면 이 사건 공소사실 중 '금괴 밀수출입을 위한 각종 편의를 제공해 달라는 청탁과 함께 뇌물을 수수하였다'는

부분에 대해서는 아무런 증명이 없는 셈이다. 뿐만 아니라 공소외 2가 피고인에게 뇌물을 공여한 궁극적인 목적은 금괴 밀수출입을 용이하게 하기 위함인데, 공소외 1이나 공소외 2 모두 피고인에게 그에 관해서는 아무런 부탁도 하지 않았다는 것도 납득하기 어렵다.

마. 공소외 2는 피고인에게 총 4회에 걸쳐 현금과 양주, 스카프를 뇌물로 공여하였다고 진술하였고 그에 따라 공소사실이 특정되었는데, 이 사건 공소사실 중 2007. 3.경의 뇌물수수의 점에 관하여는 원심도 제1심과 같이 무죄로 판단하였고, 무죄로 판단한 이유는 앞서 본 바와 같은데, 이와 같이 여러 차례에 걸쳐 금품을 제공하였다는 공소외 2의 진술 중 일부 진술이 객관적인 사정과 배치되는 것으로 밝혀져 그 부분 진술의 신빙성이 배척된 이상, 앞서 본 법리에 비추어 나머지 금품 제공 사실에 관한 공소외 2의 진술을 전부 그대로 신뢰할 수 있는 것인지는 의문이 아닐 수 없다. 특히 공소외 2가 피고인에게 금품을 제공하였다고 주장하는 때로부터 공소외 2의 진정으로 검찰 조사가 개시된 때까지는 6년 이상이 경과하여, 순전히 그의 기억만으로 금품 제공의 일시와 장소는 물론 4회에 걸쳐 제공한 금품의 액수와 종류까지 정확하게 진술하였다고 보기는 어렵고, 그렇게 보는 것은 경험칙에도 반한다. 공소외 2는 공소외 7의 비자금 수첩과 공소외 7, 공소외 2의 각 계좌거래내역에 의존하여 위와 같은 사실을 특정한 것으로 진술하고 있으나, 그 자료들을 살펴보아도 자금의 입출금 현황 등을 확인할 수 있을 뿐 그 금액이 피고인에게 교부하였다는 금액과 모두 일치하는

것도 아니어서, 피고인이 위 비자금 수첩 등을 보고 피고인에 대한 현금 공여 일시와 그 금액 등을 특정하였다는 사실 또한 쉽게 납득할 수 없다. 공소외 1의 검찰 진술에 의하더라도 이 사건 공소사실 중 2007. 2. 중순 또는 하순경 피고인에게 공여하였다는 3,000만 원을 제외한 나머지 공소사실과 관련하여서는 '몇 차례인지는 정확히 모르고 여러 차례 공소외 2가 쇼핑백을 가져와 피고인에게 전달한 것은 있지만 쇼핑백 안에 현금이 들어 있는 것을 직접 눈으로 확인한 사실은 없고, 공소외 2가 현금을 넣어두었다고 해서 그렇게 알고 있는 것'이라는 취지로만 진술하여 나머지 공소사실에 관하여는 공소외 1의 검찰 진술에도 불구하고 공소외 2의 진술만이 유일한 직접적인 증거일 뿐이다. 나아가 현금 외에 공소외 2가 피고인에게 교부하였다는 양주와 스카프 등의 구입내역을 확인할 수 있는 자료도 존재하지 않는다. 결국 공소외 1의 검찰 진술에도 불구하고 2007. 2. 중순 또는 하순경의 뇌물수수의 점을 제외한 나머지 공소사실에 관하여는 공소외 2의 진술의 신빙성이 부정되는 이상, 그 증명이 없거나 증명이 합리적 의심을 배제할 정도에 이르지 못한다고 볼 수밖에 없다.

바. 나아가 공소외 2가 2007. 2. 중순 또는 하순경 피고인에게 공여하였다는 3,000만 원에 관하여 보면, 공소외 2는 검찰에서 '공소외 7 명의로 관리하던 계좌에서 1,500만 원을 인출하고 금괴 밀수조직의 공금에서 2,000만 원을 마련하여 그중 3,000만 원을 피고인에게 공여하였다'고 진술하였고, 제1심 법정에서는 '금괴 밀반출, 밀반입을 하면서

보유하고 있던 현금 2,000만 원을 더하여 3,500만 원을 조성한 사실이 있다'고 진술하였다. 원심 법정에서는 공금과 관련하여 '저희가 한 번 금괴를 밀반출하게 되면 수익이 이것저것 경비 제하고 그때그때 금시세에 따라 다르기는 하지만 1,000만 원에서 2,000만 원 정도씩 남기 때문에 저희한테는 늘 공금이라는 것이 있었다'고 진술하기도 하였다. 그런데 공소외 2가 금괴 밀수조직의 수괴로 지목하는 공소외 8은 원심 법정에서 '공소외 2가 공소외 3과 함께 처음 공소외 1 등 세관 직원을 만나러 갈 때 2~3,000만 원을 해 준 적이 있는데, 이는 수배생활을 하기 위해 현금으로 마련해 놓고 있었던 돈으로 공소외 2가 말하는 공금이라는 것은 존재하지 않았다'고 진술하여, 공소외 2의 진술과 배치된다. 이에 대하여 공소외 2는 다시 원심 법정에서 '피고인에게 주는 돈은 개인 돈으로 주는 것이 아니고 수괴인 공소외 8이 공금에서 책정을 해주든 이윤에서 책정을 해주든 공소외 8이 지시해서 주는 돈으로 주는 것이고, 공금이 됐든 공소외 8이 주는 돈이 됐든 전부 그 돈의 집행 권한은 공소외 8이 갖고 있으므로 모두 같은 돈이다'라는 취지로 진술하여 이전 진술의 취지를 해명하려고 하였으나, 공소외 2가 이전까지 3,000만 원의 출처와 관련하여 공소외 8로부터 돈을 받았다는 진술은 한 적이 없어, 공소외 2의 이전 진술과 원심 법정에서의 위 진술이 같은 취지의 진술이라고 볼 수 있는지 의문이다. 오히려 공소외 2의 원심 법정에서의 위 진술은 공소외 2가 그때그때 상황에 따라 진술을 번복하거나 변경하면서 임기응변을 하고 있다는 의심을 지울 수 없다. 한편, 공소외 2가 공소외 1을 통하여 피고인에게 3,000만 원을 제공하였다는 2007. 2.경은 공소외 2가 막 금괴 밀수출입을 시작하려던 때였으므로 금괴 밀수출입으로 발생한 수익, 즉 공금이라는 것이 존재하였는지 의심스러울 뿐만 아니라, 공금이 존재하였다면 공금에서 3,000만 원을 전부 마련하면 그만인 것을 공소외 7 명의로 관리하던 계좌에서 별도로 1,500만 원을 인출한 이유가 무엇인지, 기록을 살펴보아도 명확하게 해명되지 아니한다. 결국 3,000만 원의 출처에 관한 공소외 2의 진술은 공소외 2가 공소외 1을 처음 만난 2007. 2. 8. 이전으로서 비자금 수첩 및 계좌거래내역상 확인되는 그 무렵의 기재 금액을 토대로 그 돈이 공소외 1을 통해 피고인에게 전달되었다는 전제 내지 가정 하에 이루어진 것으로 볼 여지가 다분하다.

사. 원심은, 공소외 2가 공소외 1을 통해 피고인에게 3,000만 원을 전달하였다는 공소외 2 진술의 신빙성과 관련하여, 비자금 수첩 및 계좌거래내역 외에도 공소외 4의 진술이 이를 뒷받침한다고 보았으나, 공소외 4는 2009년경 인천지방검찰청에서 조사받을 때에는 이 사건 검찰 및 원심 법정에서의 진술과 달리 '3,000만 원이 1,000만 원씩 초밥 도시락 포장 봉투에 나누어 담겨 당시 저녁 모임에 참석했던 세관공무원 3명에게 각각 전달되었다'는 취지로 진술하였고, 당시 공소외 4가 공소외 2를 뇌물공여 혐의로 제보한 취지도 '공소외 2가 금괴 밀반출입을 용이하게 해달라는 청탁과 함께 불상의 세관공무들에게 3,000만 원을 뇌물로 공여하였다'는 것으로, 간과할 수 없는 차이가 존재한다.

더욱이 공소외 4가 이 사건 검찰 조사를 받은 때인 2013. 11. 16.보다는 인천지방검찰청에서 조사를 받았을 때가 공소외 2가 공소외 1에게 3,000만 원을 전달하였다는 때와 훨씬 가깝다는 점에서 이 사건 수사 과정에서 공소외 4가 한 검찰 진술의 신빙성을 별다른 의심 없이 쉽게 인정할 것도 아니다. 뿐만 아니라 공소외 4는, 이에 대하여 검찰에서 '세관공무원을 3명이나 만나 세관공무원이 다 연관되어 있다는 점을 강조하다보니 약간 오버되어 진술된 부분이 있고, 공무원들에게 돈을 전달한 것이 맞는 이상 한 사람이 받았든 세 사람이 받았든 누구에게 정확하게 얼마가 전달되었는지는 별로 중요하게 생각하지 않았으며, 받은 사람 수가 많으면 더 좋은 게 아니냐고 안일하게 생각했던 면도 있다'고 진술하였고, 다시 원심 법정에서는 자신의 검찰 진술과 관련하여 '그때 당시 사건을 까맣게 잊고 있었는데 뜬금없이 오라고 해서 왔더니 공소외 2가 앉아 있었고, 조사를 하면서 이건 내가 틀린 것 같다, 공소외 2는 다르게 얘기하는데 당신은 왜 3,000만 원을 1,000만 원씩 나눠서 줬다고 하느냐고 해서, 제가 착각해서 실수한 것 같다고 진술하였다'는 취지로 진술하는 등 인천지방검찰청에서의 진술과 차이가 나는 이유에 대한 해명이 석연치 않은데다가 공소외 2의 진술 내용에 맞추어 그 진술을 변경하였다는 의심을 지울 수 없다.

아. 특히 공소외 2는 알루미늄 조세포탈 범죄를 저지른 외에도 변호사법 위반 사건이 문제되자 2008. 10.경부터 2012. 1.경까지 장기간 중국으로 밀항하여 태국에 체류하였고, 중국으로 밀항하는 과정에서는

중국 여권을 위조, 행사하였으며, 동거녀가 경찰에 재직 중인 점을 이용하여 여러 사람의 수사 및 범죄경력 등 개인정보를 불법으로 조회하는 등 그의 이력과 행실을 기록에 나타난 그 밖의 다른 사정들, 즉 공소외 2의 진술이 검찰부터 원심 법정에 이르기까지 갈수록 더욱 구체화되고 명확해지는 점이나 그때그때 상황에 따라 진술을 번복하거나 변경하는 태도 등과 함께 살펴보면, 그 진술의 신빙성을 더욱 의심할 수밖에 없다.

자. 한편, 공소외 1의 검찰 진술의 신빙성과 관련하여, 공소외 1의 검찰 진술은 그에 대한 뇌물수수 사건의 항소심 판결 선고(2013. 11. 29.) 직전인 2013. 11. 25.부터 상고심 계속 중일 때까지 이루어진 것으로, 자신의 뇌물수수 사건에서 막연하게나마 선처를 받고자 하는 동기가 그 진술에 영향을 미쳤을 가능성을 배제할 수 없다. 이는 공소외 1이 상고 기각된 날(2014. 3. 13.) 이후인 제1심 제5회 공판기일(2014. 4. 22.)부터 검찰 진술을 번복한 점에 비추어 보아도 그러하다. 나아가 공소외 1의 검찰 진술을 살펴보아도 공소외 1이 처음부터 자발적으로 공소사실에 부합하는 취지의 진술을 하였던 것으로는 보이지 않는다. 공소외 1은 검찰에서 초기에는 '오래된 일이라 구체적으로 기억나지 않지만 공소외 2가 쇼핑백에 현금을 넣어 인사하였다는 말을 들은 것 같다'는 취지로 진술하는 등 스스로 경험한 사실이 아닌 양 진술하거나 '쇼핑백 안에 양주병과 함께 선물이 들어있기는 했는데 그것이 현금이라고 단정해서 말하기는 곤란하다'는 등으로 애매모호하게 진

술하다가 시간이 갈수록 진술 내용이 구체화되면서 공소외 2의 진술에 부합하는 형태로 변화하였다. 이에 대하여 공소외 1은 제1심 법정에서 '검찰에서 조사받을 때마다 사실은 기억이 없는데 공소외 2가 동석하여 옆에서 계속 그때 상황에 대해 설명하면서 구체적인 얘기를 해주어 그에 맞추어 진술한 것'뿐이라거나 조서 작성과 관련하여 '사전에 충분히 조사내용에 관하여 공소외 2와 이야기를 나눈 후 진술서를 먼저 작성하고 그에 따라 조사를 받고 진술조서를 작성하는 과정을 거쳤다'는 취지로 진술하였는데, 공소외 1의 검찰에서의 진술 태도, 진술의 변화 과정, 그 진술이 공소외 2의 진술과 닮아가는 모습 등을 살펴보면 공소외 1의 제1심 법정에서의 위와 같은 진술은 어느 정도 사실인 것으로 보여, 공소외 1의 검찰 진술의 신빙성을 의심케 한다.

차. 또한, 공소외 1은 검찰에서 '2006년에 승진이 누락되어 2007년에는 반드시 승진해야 하는 상황이었기 때문에 인사권자인 피고인이 국장으로 부임하자마자 국장실에 찾아가 피고인에게 식사대접을 하겠다고 말을 하였으나 거절당하였고, 며칠 뒤 다시 찾아가 피고인에게 승진 관련 사정을 얘기하고 만약 다른 부서로 자리를 이동하게 되면 승진서열에서 좋은 평가를 받지 못하기 때문에 휴대품검사관실에 계속 근무하고 싶다는 취지로 말하면서 굴비판매사업을 하는 후배가 있는데 세관에 도움도 주고 열심히 사업하는 후배이니 같이 식사를 하였으면 좋겠다고 말하여 피고인으로부터 승낙을 받아 2007. 2. 중순경 공소외 2와 함께 만났다'는 취지로 진술하였다. 피고인은 2007. 2. 7.자

인사발령에 따라 2007. 2. 12. 휴대품통관국장으로 부임하였는데, 7급 직원인 공소외 1이 4급 국장으로 갓 부임한 직속상관인 피고인을 찾아가 식사를 제의하였다는 것이나 한 차례 거절을 당하였음에도 다시 찾아가 승진 문제를 운운하면서 일면식도 없는 제3자와 동석할 것을 제의하여 승낙을 받아냈다는 점, 그리고 약 360명이나 되는 소속 직원 중 1명인 공소외 1이 마련한 식사 자리에, 그것도 전혀 면식이 없던 외부인인 공소외 2가 함께하는 자리에 선뜻 나가 식사를 하고 그 자리에서 인사 등 청탁 명목으로 3,000만 원이라는 거액의 돈을 수수한다는 것이 통상의 경험칙에 비추어 수긍이 될 만한 일인지 매우 의문이고, 당시 인천공항 세관의 직장 풍토가 그런 정도에 이르렀다고 딱히 볼 만한 자료도 발견할 수 없다. 오히려 공소외 1이 검찰에서 최초로 작성한 진술서에 의하면, '2007년경 공소외 2가 금괴 밀반출을 할 당시 자신이 도와주는 것만으로는 불안하다면서 국장급 정도와 연을 맺고 싶다고 하여 공소외 2를 피고인에게 소개시킨 것 같다'는 것이고, 이는 공소외 2가 공소외 1을 소개받고 그의 도움을 받아 금괴 밀수 출입을 어느 정도 하다가 불안하다면서 국장급의 소개를 부탁하였다는 취지로서, 공소외 2와 공소외 1이 처음 만난 2007. 2. 8.로부터 불과 열흘 내지 보름 정도 지난 2007. 2. 중순 또는 하순경 공소외 2와 함께 피고인을 만났다는 공소사실과 잘 들어맞지 않는다. 공소외 1의 범행 동기와 관련하여서도 공소외 1이 근무하였던 휴대품검사관실은 업무가 일정치 않고 야간근무로 인하여 기피 부서였다는 것인데, 그러한 기피 부서에 잔류하기 위해 공소사실과 같은 거액의 뇌물을 공여할 필요가 있었는지 의문일 뿐만 아니라 공소외 1이 잔류를 희망하였던 2007. 4. 9.자 전보인사에서 공소외 1과 같은 조건에 있던 전보대상자 중 휴대품검사관실에 그대로 잔류한 인원이 11명 중 10명에 이른다는 것이어서, 그런 인사를 청탁하기 위해 공소사실과 같이 뇌물을 제공할 필요가 있었다는 것도 쉽게 납득이 되지 않는다.

카. 공소외 2의 진술이나 공소외 1의 검찰 진술에 의하면, 공소외 2가 2007. 2. 8. 공소외 1을 만났을 때 3,000만 원과 양주가 든 쇼핑백을 건네주고, 공소외 1은 이를 집으로 가져갔다가 다시 인천국제공항으로 가져와 입국장 내 세관직원용 캐비닛에 보관하다가 그달 중하순경 피고인과 만나는 날 이를 가지고 나가 공소외 2가 있는 자리에서 피고인에게 전달하였다는 것인데, 공소외 1과 피고인이 식사하는 자리에 공소외 2가 동석할 것이었다면 미리 공소외 1에게 쇼핑백을 전달하였다가 공소외 1이 다시 이를 가지고 나가 피고인에게 전달하는 번거로운 과정을 거칠 필요가 있었는지 의문이고, 또한 공소외 1은 쇼핑백을 집으로 가져다 놓았으면 그대로 두었다가 피고인과 만나는 날 가지고 나오면 될 것을 3,000만 원이나 되는 거액을 굳이 미리 가지고 나와 직원들의 왕래가 잦은 입국장 내 세관직원용 캐비닛에 상당 기간 보관하는 위험을 무릅쓸 필요가 있었는지 선뜻 이해가 되지 않는다.

타. 이처럼 공소외 2의 진술과 공소외 1의 검찰 진술은 그 진술 내용

의 합리성, 객관적 상당성, 전후의 일관성뿐만 아니라 이들이 수사에 협조함으로써 기대했을 것으로 보이는 추정적 이익, 공소외 2의 품행이나 공소외 1에 대한 조사 과정 등에 비추어 신빙성을 의심할 사유가 여전히 해소되지 않고 있음에도 원심은 그 판시와 같은 이유만으로 공소외 2의 진술과 공소외 1의 검찰 진술의 신빙성을 충분히 인정할 수 있다고 보았다. 그러면서도 원심은 이 사건 공소사실 중 2007. 3.경의 뇌물수수의 점에 대해서는 공소외 2의 진술이 객관적인 사정에 반한다는 이유로 무죄로 판단한 제1심의 결론을 그대로 유지하였는데, 이와 같이 공소외 2의 일부 진술의 신빙성을 배척하면서 나머지 진술만은 신뢰할 수 있는 것인지, 앞서 본 여러 사정에 비추어 그 확실한 근거가 충분히 제시된 것으로 보이지 않는다.

또한, 원심은 공소외 7이 작성한 비자금 수첩 및 공소외 7, 공소외 2의 각 계좌거래내역의 경우 공소외 2의 진술의 신빙성이 인정됨을 전제로 그 진술과 함께 공소사실을 뒷받침하는 유력한 증거로 보았고, 공소외 8, 공소외 4의 각 진술도 공소외 2의 진술을 강하게 뒷받침한다고 보았으나, 앞서 본 바와 같이 공소외 2의 진술을 신뢰하기 어려운 여러 사정이 존재하는 이상, 위 각 증거들의 증명력의 주된 토대는 무너졌다고 보아야 한다. 나아가 나머지 증거들은 모두 이 부분 공소사실을 증명하는 직접적인 증거라고 볼 수 없으므로, 그것만으로는 이 부분 공소사실이 합리적인 의심의 여지가 없을 정도로 증명되었다고 보기 어렵다.

파. 그러므로 이 사건에서는, 피고인이 검찰에서 범행사실을 극구 부인하기보다는 다소 모호하거나 소극적으로 대응하는 듯한 태도를 보였고, 공소외 2 등의 진술이 매우 구체적인 점 등으로 볼 때, 비록 유죄의 의심을 단호하게 배제하기는 어렵다고 하더라도, 형사재판에서의 증명의 정도에 관한 기본 원칙과 '열 사람의 범인을 놓쳐도 한 사람의 무고한 죄인을 만들어서는 안 된다'는 근본정신을 다시 되새기지 않을 수 없다.

4. 결국 원심은 위에서 본 여러 가지 점들에 대하여 좀 더 면밀하게 심리·판단하지 아니한 채 이 부분 공소사실을 유죄로 인정하였으니, 이러한 원심의 판단에는 범죄사실에 대한 증명책임, 유죄의 인정에 필요한 증명의 정도, 금품 제공자의 진술에 대한 신빙성 평가 등에 관한 법리를 오해하여 필요한 심리를 다하지 아니함으로써 판결에 영향을 미친 잘못이 있다. 이를 지적하는 취지의 상고이유 주장은 이유 있다.

그러므로 원심판결 중 유죄 부분을 파기하고, 이 부분 사건을 다시 심리·판단하도록 원심법원에 환송하기로 하여 관여 대법관의 일치된 의견으로 주문과 같이 판결한다.

피해자의 진술을 어디까지 믿어야 할까?
술집 음주 폭력사건

이번 사건도 진술을 둘러싼 문제다. 검찰 피의자신문조서를 작성할 때부터 2심에 이를 때까지 피해자의 진술이 자꾸 달라진다. 우리는 앞서 진술이 달라지면 일관성이 깨진 것으로 보아 판사는 그의 말을 의심할 수밖에 없다고 말했다. 그러나 한 가지 조건이 있다. 만일 다른 증거로 뒷받침되기만 한다면 설령 말이 바뀌었더라도 사실로 인정할 수 있다.

2009년 6월 20일 자정을 지난 시각, 마포의 한 술집에서 4명의 술 손님이 여자 종업원과 함께 술을 마시고 있었다. 기록에 따르면 피고인 A는 술이 이미 과한 상태였다. 마침 여자 종업원이 술값 계산을 요구하자 피고인 A는 유리컵을 탁자에 내리쳐 깨뜨린 뒤 깨진 유리 조각으로 여자 종업원의 왼쪽 팔뚝을 찔렀다고 한다. 그런 뒤 여자 종업원의 머리채를 잡고 흔들고, 주먹으로 머리를 여러 차례 때렸다. 여자 종업원의 왼쪽 팔뚝 상처는 깊었다. 신촌의 어느 병원으로 가서 치료를 받고 상처를 꿰맸다. 진단서에는 '심부열상', 즉 피부 거죽만 다친 게 아니라 깨진 유리조각이 살갗을 깊게 파고 들어가 근육까지 찢어진 상태였다. 4주간의 진단이 나왔다.

1심 판사는 기록된 이런 사실을 다 인정하며 피고인 A에게 '폭력행위 등 처벌에 관한 법률 위반'으로 유죄를 선고했다.

변호인은 피고인 A가 인사불성 상태에서 저지른 일(심신미약)이니 선처를 해달라고 호소했으나 받아들여지지 않았다. 고주망태가 될 정도라면 쓰러져서 잠을 자야 하는 것이 아닌가?

재판 전 피고인은 피해자와 만나서 합의서를 작성했다. 합의서에는 이 문제로 민형사상 책임을 묻지 않겠다는 내용이 담겨 있다. 그런데 어인 일인지 피해자는 경찰에 고소를 했으며, 피고인과 피해자는 조사를 받았다. 피해자는 검찰 조사에서 '피고인이 유리컵을 탁자에 내리쳐 깨뜨린 뒤 그 유리조각을 들고 내 얼굴을 향하기에 얼른 비키다가 팔이 찔렸다'고 증언했다.

한편 피고인 A는 경찰 조사 당시 '아마 내가 저지른 것 같다'고 시인을 하는 듯한 표현을 썼는데 음주로 기억이 불분명했기 때문이다.

그런데 재판이 열리면서 상황이 달라졌다. 피고인 A는 검찰 조사 때부터 지속적으로 무죄를 주장했다. 나는 그런 적이 없다는 얘기였다. 한편 피해자의 진술도 달라졌다. '피고인이 유리컵을 깬 건 맞지만 무서워서 도망치다 바닥에 넘어졌는데 그때 유리 파편에 찔렸다'고 증언한 것.

그러나 1심 판사는 검찰 조사 당시의 피해자 진술을 인정하여 그대로 유죄 판결을 내렸다(서울서부지방법원 2010. 3. 31. 선고 2009고단2113 판결). 피고인 A는 불복했고, 사건은 2심으로 넘어갔다.

사건은 고등법원이 아닌 지방법원에서 2심을 치르게 되었는데 그 이유는 단독재판부 사건이기 때문에 항소심은 지방법원이 관할이다. 피고인이 항소하자 검찰은 처음의 공소내용에 더해 한 가지 공소내용을 더 추가했다.

처음 공소내용은 '피고인이 유리컵을 깨서 그 조각으로 피해자의 왼쪽 팔뚝을 찔렀다'는 것이었다. 그런데 추가한 내용에는 '피고인이 유리컵을 피해자의 머리를 향해 던졌는데 그 유리컵이 벽에 부딪치며 깨졌고, 그때 튀어나온 파편이 피해자의 팔에 상해를 입혔다'는 내용이었다.

공소사실을 이렇게 추가한 이유는 만일 첫 번째 이유로 유죄 판결이 안 된다면 두 번째 이유로라도 유죄 판결이 되기를 바라기 때문이다. 첫 번째 것을 주위적 공소사실이라고 하고, 두 번째 것을 예비적 공소사실이라고 한다.

공소장이 변경되면 원심의 판결은 더 이상 유지할 수 없게 되며, 다시 처음부터 살펴야 한다. 이겨 놓고 공소장을 변경하면 없던 사실까지 자동으로 인정되므로 이를 방지하기 위해 원심 판결 자체를 무효로 돌리는 것이다. 어쨌든 2심 판사는 주위적 공소사실과 예비적 공소사실을 둘 다 판단해야 하는 입장에 놓이게 되었다. 즉 주위적 공소사실이 인정되지 않으면 예비적 공소사실까지 판단해야 되고 주위적 공소사실이 인정되면 예비적 공소사실은 판단할 필요가 없다.

앞에서 우리는 일관성을 잃은 진술은 의심을 받는다고 설명했다. 2심 판사도 이 점이 의아했다. 피해자가 검찰 조사에서 했던 말이 다르고, 1심에서 했던 말이 다르고, 심지어 2심에서 했던 말이 또 다르다. 이게 무슨 일인가? 일단 피해자 진술의 변천사부터 살펴보자.

검찰 조사 때 : 깨진 유리 조각으로 내 팔을 찔렀다!
1심 재판 때 : 내가 넘어져서 유리 조각에 찔린 거다!
2심 재판 때 : 그가 던진 유리컵이 깨지면서 그 조각이 내 팔에 상처를 입혔다!

술에 취한 건 피고인 A이지, 피해자가 아니다. 그런데 왜 피해자의 말은 이렇게 오락가락하는 것일까? 2심 판사는 다음과 같이 이 부분을 지적한다.

> 자신이 입은 상해의 발생경위에 관하여 합리적인 이유 없이 그 진술을 계속하여 번복하고 있고, 특히 당심(* 현재 이루어지고 있는 2심을 일컫는 말)에서 보다 자유로운 분위기에서 진술할 수 있도록 피고인이 퇴정한 상태에서 증언하도록 배려를 하여 주었음에도 재판장의 거듭된 확인에도 불구하고 수사단계에서의 진술은 화가 치밀어 피고인에게 겁을 주려고 한 거짓 진술이고, 위와 같은 당심에서의 진술이 사실이라고 한 점

물론 이 재판에는 진술만 증거로 채택된 게 아니다. 병원에서 치료를 받으며 발부받은 진단서와, 피해자와 피고인이 맺은 합의서도 있다. 특히 진단서에도 병원 담당자의 사고 원인을 적는 칸이 있는데 거기에는 '유리컵에 맞아 다쳤다'는 내용이 적혀 있었다. 그러나 2심 판사는 '깨진 유리조각에 찔렸다'는 내용과 동떨어져 있어서 진단서만으로 주위적 및 예비적 공소사실(피고인이 유리조각으로 찔렀다가 주위적 공소사실, 피고인이 던진 유리컵의 조각에 팔뚝을 찔렸다가 예비적 공소사실)을 인정하기 어렵다고 판단한다. 아무래도 표현된 내용만 보면 '유리컵에 맞아 다쳤다'는 것과는 거리가 있어 보이기는 하다.

어쨌든 이밖에도 몇 가지 이유를 들어 2심 판사는 '범죄가 증명되지 못했다'고 보고 무죄 판결을 내린다(서울서부지방법원 2010. 9. 14. 선고 2010노378 판결).

그러나 검찰의 시각에는 분명 폭력이 개입된 사건임이 분명해 보였다. 검찰은 곧 상고한다. 3심의 판사는 자료를 검토한 뒤에 이 사건이 '자유심증주의의 한계'와 관련된 것으로 판단한다.

자유심증주의란 증거의 증명력을 판사가 자유롭게 판단하도록 한다는 재판의 원칙을 말한다. 증거는 증명력을 따지게 되어 있는데 어떤 증거가 어떤 증명력을 갖고 있는지는 사전에 정해져 있을 수 없다. 사건마다 증거가 다르기 마련이요, 중요한 증거가 다를 수밖에 없기 때문이다. 그래서 판사가 자유롭게 증거의 증명력을 매기도록 한 것이 자유심증주의다. 그러나 자유심증주의라도 판사 마음대로 할 수는 없는 법이고, 어느 정도의 기준은 존재한다. 3심 판사가 보기에 이 사건이 자유심증주의의 한계와 연관되어 있었다.

> 자유심증주의를 규정한 형사소송법 제308조가 증거의 증명력을 법관의 자유판단에 의하도록 한 것은 그것이 실체적 진실발견에 적합하기 때문이므로, 증거판단에 관한 전권을 가지고 있는 사실심 법관은 사실인정을 하면서 공판절차에서 획득된 인식과 조사된 증거를 남김없이 고려하여야 한다. 또한 증거의 증명력에 대한 법관의 판단은 논리와 경험칙에 합치하여야 하고, 형사재판에서 유죄로 인정하기 위한 심증 형성의 정도는 합리적인 의심을 할 여지가 없을 정도여야 하나, 이는 모든 가능한 의심을 배제할 정도에 이를 것까지 요구하는 것은 아니며, 증명력이 있는 것으로 인정되는 증거를 합리적인 근거가 없는 의심을 일으켜 배척하는 것은 자유심증주의의 한계를 벗어나는 것으로 허용될 수 없다. 여기에서 말하는 합리적 의심이란 모든 의문, 불신을 포함하는 것이 아니라 논리와 경험칙에 기하여 요증사실과 양립할 수 없는 사실의 개연성에 대한 합리성 있는 의문을 의미하는 것으로서, 단순히 관념적인 의심이나 추상적인 가능성에 기초한 의심은 합리적 의심에 포함된다고 할 수 없다.
> – 2011. 1. 27. 선고 2010도12728 판결

인용문의 내용은, 크게 두 가지 주제로 압축된다. 자유롭게 증명력을 판단하는 것은 맞지만 모든 증거를 다 꼼꼼히 살펴야 한다는 점이 하나요, 만일 증명력이 인정된 증거를 배척하려면 합리적 근거가 있어야 한다는 얘기다.

무슨 말인가? 이 사건의 증거부터 다시 보자.

1) 피해자의 경찰 진술조서
2) 피고인의 검찰 진술조서
3) 당일 술자리에 함께 있었던 3명의 진술
4) 피해자와 피고인 사이의 합의서
5) 상해진단서
6) 의무기록 사본

이 가운데 앞의 세 가지는 진술이고, 4~6번은 문서(서증)다. 자, 이 가운데 가장 신뢰도가 높은 증거는 무엇일까? 1번 피해자의 진술은 자꾸 번복되었으며, 2번 피고인의 진술 역시 검찰 진술과 법정 진술이 다르고(자신이 한 것 같다고 말했다가 법정에서는 무죄 주장), 또한 합의서의 내용과도 다르다(합의서에는 자신의 잘못을 적시하고 있다.). 3번 당일 술자리에 참석했던 사람들은 동일한 내용으로 증언하고 있는데 그게 2심에서 피해자가 주장했던 내용과 동일하다. 다만 술자리 참석자들은 피고인과 아는 사람들이다. 4번 합의서는 본래 진술보다 증명력이 높아야 정상이지만 이 경우는 자꾸 말을 바꾸는 사람들 사이의 합의서이므로 이 역시 신빙성에 한계가 있다. 그런데 5번과 6번의 증거는 어떤가? 이 기록은 전문가의 견해가 담긴 것이고, 또한 제3자의 입장에서 기록한 것이 아닌가?

3심 판사가 주목한 것은 진단서와 의무기록이다. 이 안에 적혀 있는 것은 나름 믿을 만한 것인데 2심 판사는 '진단서에 적혀 있는 것이란 게 유리잔에 맞아 다쳤다는 정도에서 그치므로 유죄를 입증하기에는 부족하다'며 이를 배척하고 있다.

이때 2심 판사가 진단서의 기록을 배척한 것이 합리적 근거 없는 의심에 해당한다는 것이 3심 판사의 판단이다.

믿을 만한 증거를 배척할 때에는 그에 합당한 근거가 있어야 한다. 자, 다시 검사의 공소사실과 진단서의 내용을 뜯어보자.

검사의 공소사실 : 어쨌든 찔렸다!
진단서 기재내용 : 맞아서 다쳤다!

이 둘을 같이 볼 것인가, 아니면 다르게 볼 것인가 하는 것이 이 재판의 핵심이다.

2심 판사의 생각은 이런 듯하다.

"진단서 기재내용을 볼 때 유리조각에 찔렸다는 내용이 아니므로 피해자가 넘어져서 다쳤을 가능성도 충분히 존재한다. 피고인 때문에 다친 게 아닐 수 있다는 말이다."

가능한 생각이다. 그러나 3심 판사의 생각은 이렇다.

"진단서 내용을 보면 어떻게 다쳤는지 정확히 표현되었다고 볼 수는 없으나 외력이 작용하여 다쳤다는 점만은 분명히 하고 있다. 병원이, 없는 사실을 적을 리는 만무하고, 이렇게 적었다는 건 그 상처를 외력이 아니면 설명이 되지 않기 때문에 이렇게 적었을 것이다. 물론 2심 판사의 생각처럼 혼자 넘어져 생긴 상처일 수는 있다. 그러나 그렇게 생각할 수는 있더라도 공신력을 가진 진단서를 배척하기 위해서는 합리적인 근거가 있어야지 혼자만의 생각으로 이를 배척해서는 안 된다."

3심 판사는 특히 다친 경위가 구체적으로 입증되지 않았더라도 진단서 내용과 다양한 진술 증거가 공통적으로 뭔가 외력의 작용에 의해 피해자가 다쳤음을 가리키고 있다면 충분히 공소사실을 인정할 수 있다고 지적한다.

물론 '맞아서 다쳤다'는 진단서의 내용은 엄격한 과학적 검증에 따라 의사가 판단한 내용을 적는 게 아니라 피해자가 알려준 사실을 적도록 되어 있다. 그래서 실제로 적혀 있는 내용도 '맞아서 다쳤다고 함'이라고 들은 얘기를 적은 형태다. 물론 피해자의 이야기와 상처 상태가 너무 괴리를 보이면 곤란하겠지만 피해자가 어느 정도 거짓말을 할 수 있는 여지도 보인다. 3심 판사가 이를 몰랐을 리는 없을 것 같고, 다만 진단서라는 공식적인 서류에 대한 기준을 세우기 위해서 이와 같이 판단한 측면도 있는 것 같다. 만일 진단서를 반박해야 한다면 진단서를 뗄 때 사고 원인란에 기재하는 글이 어떻게 작성되는지 조사하여 이를 증거자료로 제출할 필요가 있어 보인다. 그럼에도 진단서에 적힌 내용을 배척하기는 쉽지 않을 것이다.

어쨌든 이 사건에서 우리가 기억해야 할 것은, 두 가지다. 하나는 진술을 자꾸 뒤집어 일관성을 잃은 경우라도 합리적인 근거가 있다면 사실로 인정받을 수 있다는 것이 하나고, 합리적인 근거 없이 진단서와 같은 증명력이 있는 증거를 배척해서는 안 된다는 점이다.

위 사건에 관한 각 심급의 주요 판시사항의 변천을 음미해 보자.

1심 판결문

– 서울서부지방법원 2010.3.31.선고 2009고단2113 판결

주문

피고인을 징역 1년 6월에 처한다.

이유

범죄사실

피고인은 2009. 4. 22. 서울서부지방법원에서 상해 등의 죄로 징역 10월에 집행유예 2년을 선고받고, 같은 날 위 판결이 확정되어 현재 그 유예기간 중에 있는 사람이다.

피고인은 2009. 6. 20. 00:40경 서울 마포구 ○동 ○-○에 있는 '○○' 주점에서, 그곳 종업원인 피해자 김○○(여, 48세)가 술값계산을 요구하였다는 이유로, "건방진 년, 씹할 년아"라고 욕설을 하면서 탁자 위에 있던 유리컵을 손으로 집어 탁자 위에 내리쳐 깨뜨리고, 위험한 물건인 위 깨진 유리컵 조각을 들고 피해자의 좌측 팔 부위를 찌르고, 손

으로 피해자의 머리채를 잡아 흔들고, 주먹으로 피해자의 머리부위를 수 회 때려 피해자에게 약 4주간의 치료를 요하는 좌측 전완부 심부열상 등을 가하였다.

변호인의 주장에 대한 판단

피고인의 변호인은, 피고인이 이 사건 범행 당시 술에 취하여 심신미약의 상태에서 이 사건 범행을 저지르게 된 것이라는 취지의 주장을 하는 것으로 보이나, 이 사건 기록에 나타난 증거들에 의하면, 피고인이 위 범행 당시 술을 마신 상태였던 사실은 인정되나 그로 인하여 사물을 변별할 능력이나 의사를 결정할 능력이 미약한 상태에 이르렀다고 보이지는 않는다. 따라서 위 주장은 받아들이지 않는다.

이상의 이유로 주문과 같이 판결한다.

2심 판결문

- 서울서부지방법원 2010.9.14. 선고 2010노378 판결

주문

원심판결을 파기한다.

이 사건 주위적 및 예비적 공소를 모두 기각한다.

이유

1. 항소이유의 요지(사실오인)

피고인이 이 사건 공소사실의 기재와 같이 위험한 물건인 깨진 유리컵 조각으로 피해자의 좌측 팔 부위를 찌른 사실이 없는데도 신빙성이 없는 피해자의 일방적인 진술만을 그대로 믿고서 이 사건 공소사실에 관한 피고인의 유죄를 인정한 원심의 판단에는 사실을 오인하여 판결에 영향을 미친 위법이 있다.

2. 판단

가. 직권판단

피고인의 항소이유에 대하여 판단하기에 앞서 직권으로 살피건대, 당심에 이르러 검사는 이 사건 공소사실을 주위적 공소사실로 유지하면서 예비적 공소사실로 아래 '다시 쓰는 판결'의 제2의 가. 항 기재와 같은 내용을 추가하는 공소장변경 신청을 하였고, 이 법원이 이를 허가함으로써 그 심판대상이 변경되었으므로 원심판결은 더 이상 유지될 수 없게 되었다.

다만, 위에서 본 직권파기사유가 있음에도 피고인의 사실오인 주장은 여전히 당심의 판단대상이 되므로, 이에 관하여 항을 바꾸어 살펴보기로 한다.

나. 피고인의 사실오인 주장에 관한 판단

(1) 이 사건 주위적 공소사실의 요지

피고인은 2009. 6. 20. 00:40경 서울 ○○구 ○○동(지번 생략)에 있는

'○○' 주점에서, 그곳 종업원인 피해자 공소외 4(여, 48세)가 술값 계산을 요구하였다는 이유로, "건방진 년, 씹할 년아"라고 욕설을 하면서 탁자 위에 있던 유리컵을 손으로 집어 탁자 위에 내리쳐 깨뜨리고, 위험한 물건인 위 깨진 유리컵 조각을 들고 피해자의 좌측 팔 부위를 찌르고, 손으로 피해자의 머리채를 잡아 흔들고, 주먹으로 피해자의 머리부위를 수회 때려 피해자에게 약 4주간의 치료를 요하는 좌측 전완부 심부열상 등을 가하였다.

(2) 원심의 판단

원심은, 공소외 4에 대한 경찰 진술조서의 진술기재, 진단서, 합의서 및 의무기록사본의 각 기재, 각 사진의 각 영상 등을 증거로 하여 이 사건 주위적 공소사실에 대하여 피고인의 유죄를 인정하였다.

(3) 당심의 판단

피고인이 원심 및 당심 법정에서 피해자에게 이 사건 주위적 공소사실의 기재와 같이 상해를 가한 사실이 없다고 극구 부인하고 있으므로, 결국 이 부분 공소사실에 부합하는 듯한 증거로는 피고인에 대한 검찰 피의자신문조서의 진술기재, 공소외 4에 대한 경찰 진술조서의 진술기재, 진단서, 합의서, 의무기록 사본의 각 기재, 각 사진의 각 영상만이 있을 뿐이다.

그런데 피고인에 대한 검찰 피의자신문조서의 진술기재는, 술에 취하여 기억이 나지 않지만 피해자가 피고인의 행위로 인해 다쳤다고 한다면 그것이 맞을 것이라는 취지에 불과하고 이 사건 범행을 완전히 자백한 것으로 보기는 어려우므로, 피고인이 위 공소사실 기재와 같은 방법으로 피해자에게 상해를 가하였다는 점을 인정하기에는 부족하다.

다음, 공소외 4의 경찰 수사단계에서의 진술은, 기록에 의하여 알 수 있는 다음과 같은 사정들, 즉 ① 피해자 공소외 4는 경찰에서 조사받으면서 피고인이 이 사건 당일 자신에게 욕설을 하며 유리컵을 손으로 집고서는 탁자 위에 그대로 내리쳐 깨뜨리고, 그 깨진 유리컵 조각으로 자신의 얼굴 부위를 향하여 내리찍으려 하기에 좌측 팔로 방어를 하다가 그 팔의 바깥부위를 위 유리컵 조각에 찍히게 되었다고 진술하다가, 원심 법정에서는 피고인이 유리컵을 깨뜨렸을 뿐 자신을 그 유리컵 조각으로 찌르는 등의 행위를 한 적은 없고 다만 자신이 피고인의 행동에 겁을 먹고 그 방을 나가면서 실수로 넘어져 위 상해를 입게 된 것이라고 진술한 데 이어, 다시 당심 법정에 이르러서는 피고인이 피해자를 향하여 유리컵을 던지기에 순간적으로 자신의 얼굴을 보호하고자 팔로 얼굴을 막았는데 그 유리컵이 자신의 등 뒤에 있는 벽에 맞고 깨지면서 그 유리컵 조각이 자신의 좌측 팔 부위에 튀어 다쳤다고 진술하여 자신이 입은 상해의 발생경위에 관하여 합리적인 이유 없이 그 진술을 계속하여 번복하고 있고, 특히 당심에서 보다 자유로운 분위기에서 진술할 수 있도록 피고인이 퇴정한 상태에서 증언하도록 배려를 하여 주었음에도 재판장의 거듭된 확인에도 불구하고 수사단계에서의 진술은 화가 치밀어 피고인에게 겁을 주려고 한 거짓 진술이고, 위와 같은 당심에서의 진술이 사실이라고 한 점, ② 이 사건 당시 피고인 및 피해자와 동석하고 있었던 공소외 3, 1, 2는 모두, 피고인이 유리컵을 손에 들고 탁자에 내리쳐 깨뜨리자, 겁을 먹은 피해자가 급히 그곳 방을 나가면서 바닥에 미끄러져 넘어지는 과정에서 자신의 좌측 팔로 바닥을 딛다가 그 바닥에 흩어져 있던 유리컵 조각에 찔려 이 사건 상해를 입게 된 것이라고 진술하고 있어 피고인의 주장에 부합하는데다가, 이 사건 당시 피고인, 피해자 및 자신들이 앉아 있었던 위치, 당시의 상황 등도 상당히 구체적으로 진술하고 있어 그들의 진술에 설득력이 없지 않아 보이는 점 등에 비추어 이를 쉽게 믿기 어렵다. 그 밖에 합의서의 기재 중 피해자가 유리컵에 찍혔다는 취지의 기재 부분은 피해자의 일방적인 주장이 기재된 것으로 위와 같은 사정들에 비추어 이를 그대로 믿기 어렵고, 진단서, 의무기록 사본의 각 기재와 각 사진의 각 영상만으로는 이 사건 주위적 공소사실의 기재와 같은 방법으로 피고인이 피해자에게 상해를 가하였다는 점을 인정하기에 부족하며(진단서와 의무기록 사본에는, 피해자가 단순히 '유리컵에 맞아 다쳤다'는 취지의 기재만 보일 뿐, 위 주위적 공소사실과 같이 '깨진 유리컵 조각에 찔렸다'는 취지의 기재는 전혀 없다), 달리 이를 인정할 만한 충분한 증거가 없다.

무릇 형사재판에서 공소 제기된 범죄사실에 대한 입증책임은 검사에게 있는 것이고, 유죄의 인정은 법관으로 하여금 합리적인 의심을 할 여지가 없을 정도로 공소사실이 진실한 것이라는 확신을 가지게 하는 증명력을 가진 증거에 의하여야 하므로, 그와 같은 증거가 없다면 설령 피고인에게 유죄의 의심이 간다 하더라도 피고인의 이익으로 판단할 수밖에 없다 할 것인바, 이 사건에서 피해자 공소외 4가 당초 경찰 수사단계에서 위 주위적 공소사실과 같은 경위로 자신의 좌측 팔을 다쳤다고 진술한 바 있고, 피해자가 피고인 측에게 작성해 준 합의서에도 유리컵에 찍혔다는 취지의 기재가 있으며, 피해자가 치료를 받으면서 의사에게도 유리컵에 맞아서 다쳤다고 진술한 바 있는 점, 피해자가 당심에 이르러, 자신이 원심 법정에서 피고인이 유리컵을 깨뜨렸을 뿐 자신을 그 유리컵 조각으로 찌르는 등의 행위를 한 적은 없고 다만 자신이 피고인의 행동에 겁을 먹고 그 방을 나가면서 실수로 넘어져 위 상해를 입게 된 것이라고 진술한 것은 주점 주인과 피고인 일행의 요청에 따라 허위 진술한 것이라고 한 점 등을 고려하면, 위 주위적 공소사실과 같이 피고인이 깨진 유리컵 조각을 들고 피해자의 좌측 팔 부위를 찌른 것이 아닌가 하는 강한 의심이 드는 것은 사실이나, 피해자의 위와 같은 수사단계에서의 일부 진술만을 사실상 유일한 증거로 하여 위 주위적 공소사실을 인정하기에는 앞서 본 바와 같은 합리적인 의심을 배제하기 어려우므로 위 주위적 공소사실은 결국 범죄의 증명이 없는 경우에 해당한다고 보아야 할 것이다.

그렇다면, 위 주위적 공소사실은 형사소송법 제325조 후단에 의하여 무죄로 판단하여야 할 것임에도, 이와 달리 위 공소사실에 관하여 피고인의 유죄를 인정한 원심의 판단에는 사실을 오인하여 판결에 영향을 미친 위법이 있다고 할 것이므로, 이 점을 지적하는 피고인의 위 주장은 이유 있다.

3. 결론

그렇다면, 원심판결에는 위와 같은 직권파기사유가 있는데다 피고인의 항소도 이유 있으므로, 형사소송법 제364조 제2항, 제6항에 의하여 이를 파기하고 변론을 거쳐 다시 다음과 같이 판결한다.

[다시 쓰는 판결]

1. 이 사건 주위적 공소사실에 대한 판단

이 사건 주위적 공소사실의 요지는 위 제2의 나. (1)항 기재와 같은바, 피고인이 위험한 물건인 깨진 유리컵 조각을 들고 피해자의 좌측 팔 부위를 찔러 피해자에게 약 4주간의 치료를 요하는 좌측 전완부 심부 열상 등을 가하였다는 점은 위 제2의 나. (3)항에서 본 바와 같은 이유로 범죄의 증명이 없는 경우에 해당하여 피고인을 폭력행위 등 처벌에 관한 법률위반(집단·흉기 등 상해)죄로는 처벌할 수 없고, 다만, 피고인이 손으로 피해자의 머리채를 잡아 흔들고, 주먹으로 피해자의 머리부위를 수회 때렸다는 점에 관한 폭행죄만 성립할 여지가 있을 뿐이다.

그런데 폭행죄는 형법 제283조 제3항에 의하여 피해자의 명시한 의사에 반하여 공소를 제기할 수 없고, 수사기록에 편철된 합의서의 기재에 의하면, 피해자가 이 사건 공소제기 이전인 2009. 7. 17. 이미 피고인의 처벌을 원하지 않는다는 의사를 명시적으로 표시한 사실을 인정할 수 있으므로, 이 사건 주위적 공소는 결국 그 공소제기의 절차가 법률의 규정에 위반하여 무효인 때에 해당한다.

따라서 형사소송법 제327조 제2호에 의하여 이 사건 주위적 공소를 기각한다.

2. 이 사건 예비적 공소사실에 대한 판단

가. 이 사건 예비적 공소사실의 요지

피고인은 위 주위적 공소사실의 일시·장소에서 피해자 공소외 4가 술값 계산을 요구하였다는 이유로, "건방진 년, 씹할 년아"라고 욕설을 하면서 탁자 위에 있던 유리컵을 손에 들고 피해자의 머리를 향해 집어던져 유리잔이 벽에 부딪혀 깨지면서 그 깨진 유리조각이 피해자의 왼팔 부위에 부딪히게 하고, 손으로 피해자의 머리채를 잡아 흔들고, 주먹으로 피해자의 머리 부위를 수회 때려 피해자에게 약 4주간의 치료를 요하는 좌측 전완부 심부열상 등을 가하였다.

나. 판단

우선, 이 사건 예비적 공소사실 중 피고인이 이 사건 당일 탁자 위에 있던 유리컵을 손에 들고 피해자의 머리를 향해 집어던져 유리잔이 벽에 부딪혀 깨지면서 그 깨진 유리조각이 피해자의 왼팔 부위에 부딪히게 하여 피해자에게 약 4주간의 치료를 요하는 좌측 전완부 심부열상 등을 가하였다는 점에 관하여 살피건대, 피고인이 당심 법정에서 피해자에게 이 사건 예비적 공소사실의 기재와 같이 상해를 가한 사실도 없다고 부인하고 있어 결국 이 부분 공소사실에 부합하는 증거로는 증인 공소외 4의 당심 법정에서의 진술, 진단서, 의무기록 사본의 각 기재, 각 사진의 각 영상만이 있을 뿐이다.

그런데 증인 공소외 4의 당심 법정에서의 진술은, 앞서 '항소이유에 대한 판단'에서 설시한 사정들, 즉 피해자의 진술이 합리적인 이유 없이 계속하여 번복되는 점, 이 사건 당시 동석하였던 공소외 3, 1, 2의 진술이 피고인의 주장에 부합하는 점에다가, 기록에 의하여 알 수 있는 다음의 사정들, 즉 피해자가 입은 상해의 부위는 좌측 전완부 바깥쪽으로서, 피고인이 벽을 등지고 있던 피해자에게 던진 유리컵이 벽에 부딪혀 깨지면서 그 파편이 튀어 다친 것이라면 그 상해의 부위는 팔의 '안쪽' 부위 등이 되어야 자연스러울 것인데도, 피해자가 벽으로부터 튄 유리컵 조각에 팔 '바깥쪽' 부위를 맞았고, 또 다른 곳은 맞아 다친 데가 전혀 없다는 것은 아주 이례적으로 보이는 점, 피해자는 당시 좌측 전완부 신전건 및 척골 신경에 부분 파열이 일어날 정도로 깊은 상처를 입었고, 치료과정에서 40여 바늘 봉합술까지 받았다는 것이므로 벽에서 튀어 날아온 유리컵 조각에 의해 다쳤다고 단정하기에는 상해의 정도가 지나치게 중해 보이는 점 등을 보태어 보면, 이를 도저히 그대로 믿기 어렵다.

그 밖에 합의서, 진단서, 의무기록 사본의 각 기재, 각 사진의 각 영상만으로는 이 사건 예비적 공소사실의 기재와 같은 방법으로 피고인이 피해자에게 상해를 가하였다는 점을 인정하기에 부족하고, 달리 이를 인정할 만한 충분한 증거가 없다.

그렇다면, 이 부분 공소사실도 결국 범죄의 증명이 없는 경우에 해당하여 피고인을 폭력행위 등 처벌에 관한 법률위반(집단·흉기 등 상해)죄로는 처벌할 수 없고, 다만, 피고인이 손으로 피해자의 머리채를 잡아 흔들고, 주먹으로 피해자의 머리부위를 수회 때렸다는 점에 관한 폭행죄만 성립할 여지가 있다 할 것인데, 폭행죄는 형법 제283조 제3항에 의하여 피해자의 명시한 의사에 반하여 공소를 제기할 수 없고, 피해자가 이 사건 공소제기 이전인 2009. 7. 17. 이미 피고인의 처벌을 원하지 않는다는 의사를 명시적으로 표시한 사실은 앞서 본 바와 같으므로 이 사건 예비적 공소 또한 그 공소제기의 절차가 법률의 규정에 위반하여 무효인 때에 해당한다.

따라서 형사소송법 제327조 제2호 에 의하여 이 사건 예비적 공소도 이를 기각한다.

이상의 이유로 주문과 같이 판결한다.

3심 판결문

– 대법원 2011. 1. 27. 선고 2010도12728 판결[폭력행위등처벌에관한법률위반(집단·흉기등상해)]

판시사항

[1] 형사재판에서 자유심증주의의 의미와 한계 및 유죄 인정을 위한 심증형성의 정도에서 '합리적 의심'의 의미

[2] 상해의 피해자가 제출하는 '상해진단서'의 증명력

[3] 피고인의 행위로 인하여 갑이 상해를 입게 된 것이라는 폭력행위 등 처벌에 관한 법률 위반의 공소사실을 인정할 여지가 충분한데도, 이를 무죄로 판단한 원심판결에 자유심증주의에 관한 법리오해의 위법이 있다고 한 사례

원심판결

서울서부지법 2010. 9. 14. 선고 2010노378 판결

주문

원심판결을 파기하고, 사건을 서울서부지방법원 합의부에 환송한다.

이유

상고이유를 판단한다.

자유심증주의를 규정한 형사소송법 제308조가 증거의 증명력을 법관의 자유판단에 의하도록 한 것은 그것이 실체적 진실발견에 적합하

기 때문이라 할 것이므로, 증거판단에 관한 전권을 가지고 있는 사실심 법관은 사실인정에 있어 공판절차에서 획득된 인식과 조사된 증거를 남김없이 고려하여야 한다. 또한, 증거의 증명력에 대한 법관의 판단은 논리와 경험칙에 합치하여야 하고, 형사재판에 있어서 유죄로 인정하기 위한 심증 형성의 정도는 합리적인 의심을 할 여지가 없을 정도여야 하나, 이는 모든 가능한 의심을 배제할 정도에 이를 것까지 요구하는 것은 아니며, 증명력이 있는 것으로 인정되는 증거를 합리적인 근거가 없는 의심을 일으켜 배척하는 것은 자유심증주의의 한계를 벗어나는 것으로 허용될 수 없다 할 것인바, 여기에서 말하는 합리적 의심이라 함은 모든 의문, 불신을 포함하는 것이 아니라 논리와 경험칙에 기하여 요증사실과 양립할 수 없는 사실의 개연성에 대한 합리성 있는 의문을 의미하는 것으로서, 단순히 관념적인 의심이나 추상적인 가능성에 기초한 의심은 합리적 의심에 포함된다고 할 수 없다(대법원 2006. 11. 23. 선고 2006도5407 판결 참조). 그리고 상해죄의 피해자가 제출하는 상해진단서는 일반적으로 의사가 당해 피해자의 진술을 토대로 상해의 원인을 파악한 후 의학적 전문지식을 동원하여 관찰·판단한 상해의 부위와 정도 등을 기재한 것으로서 거기에 기재된 상해가 곧 피고인의 범죄행위로 인하여 발생한 것이라는 사실을 직접 증명하는 증거가 되기에 부족한 것이지만, 그 상해에 대한 진단일자 및 상해진단서 작성일자가 상해 발생시점과 시간상으로 근접하고 상해진단서 발급 경위에 특별히 신빙성을 의심할 만한 사정이 없으며 거기에 기재된 상해의 부위와 정도가 피해자가 주장하는 상해의 원인 내지 경위와 일치하는 경우에는, 그 무렵 피해자가 제3자로부터 폭행을 당하는 등으로 달리 상해를 입을 만한 정황이 발견되거나 의사가 허위로 진단서를 작성한 사실이 밝혀지는 등의 특별한 사정이 없는 한, 그 상해진단서는 피해자의 진술과 더불어 피고인의 상해 사실에 대한 유력한 증거가 되고, 합리적인 근거 없이 그 증명력을 함부로 배척할 수 없다고 할 것이다(대법원 2007. 5. 10. 선고 2007도136 판결 참조).

원심판결 이유에 의하면, 원심은 '피고인이 2009. 6. 20. 00:40경 서울 마포구 ㅇㅇ동 ㅇ-ㅇ에 있는 ㅇㅇ 주점에서 깨진 유리컵 조각을 들고 피해자의 왼쪽 팔 부위를 찔러 피해자에게 상해를 가하였다'는 요지의 주위적 공소사실 및 '피고인이 위 일시, 장소에서 유리컵을 피해자를 향해 집어던져 깨진 유리조각이 피해자의 왼쪽 팔 부위에 부딪히게 하여 상해를 가하였다'는 요지의 예비적 공소사실에 대하여, 피해자는 경찰에서는 '피고인이 깨진 유리컵 조각으로 내리찍어 다쳤다'는 취지로 진술하였고, 제1심 법정에서는 '무서워서 도망을 가다가 넘어지는 바람에 유리컵 조각에 찔려 다쳤다'는 취지로 증언하였으며, 원심 법정에서는 '피고인이 유리컵을 던지는 바람에 다쳤다'는 취지로 증언하는 등 자신이 입은 상해의 발생 경위에 관하여 합리적인 이유 없이 그 진술을 계속해서 번복하고 있는 점, 이 사건 당시 피고인 및 피해자와 동석하고 있었던 공소외 1, 2, 3은 피고인이 유리컵을 손에 들고 탁자에 내리쳐 깨뜨리자 겁을 먹은 피해자가 급히 그곳 방을 나가면서 바닥에 미끄러져 넘어지는 과정에서 자신의 왼쪽 팔로 바닥을 딛다가 그 바닥에 흩어져 있던 유리컵 조각에 찔려 이 사건 상해를 입게 된 것이라고 진술하고 있는 점 등에 비추어 볼 때 이 사건 공소사실에 부합하는 피해자의 경찰 진술이나 원심의 법정 증언은 믿기 어렵고, 상해진단서, 합의서, 의무기록 사본 등의 각 증거들만으로는 이 사건 공소사실을 인정하기에 부족하다는 이유를 들어 폭력행위 등 처벌에 관한 법률 위반의 공소사실에 대하여는 이유 부분에서 무죄로 판단한 다음 폭행의 점에 관하여는 피해자의 처벌불원의 의사표시가 있었음을 들어 이 사건 주위적 및 예비적 공소를 모두 기각하였다.

그러나 원심의 이와 같은 판단은 앞서 본 법리와 아래와 같은 사정에 비추어 볼 때 수긍하기 어렵다.

먼저, 피해자의 수사기관 진술과 원심 증언은 그 상해의 발생경위에 있어서 차이가 있기는 하지만 피고인의 행위로 인하여 피해자가 이 사건 상해를 입게 된 것이라는 점에서는 일치하고 있는 반면, 피해자의 제1심 증언과 공소외 1 등의 진술은 피고인의 행위와 무관하게 피해자가 이 사건 상해를 입게 된 것이라는 점에서 피해자의 수사기관 진술 및 원심 증언과 배치되는 것임이 분명하다. 결국, 원심이 이 사건 주위적 및 예비적 공소사실에 대한 증명이 없다고 본 것은 피해자의 제1심 증언과 공소외 1 등의 진술에 비추어 볼 때, 피고인의 행위와 무관하게 피해자가 이 사건 상해를 입게 되었을 가능성이 있다는 점에 주목한 것이라고 볼 수밖에 없다.

그런데 원심 및 제1심이 적법하게 채택한 증거들에 의하면, 이 사건 발생 직후 피해자는 신촌연세병원으로 찾아가 치료를 받았는데, 그 과정에서 신촌연세병원 간호사가 작성한 간호력에는 '술집에서 날아오는 유리잔에 수상'이라는 내용이 기재되어 있는 사실, 피해자는 이 사건 발생일로부터 3일 후인 2009. 6. 23. 신촌연세병원 소속 의사로부터 상해진단서를 발급받았는데, 위 상해진단서에도 상해의 원인은 '유리컵에 맞았다 함'으로 기재되어 있고, 병명은 '좌측 전완부 심부열상, 신전건 및 척골신경 부분파열'로 기재되어 있는 사실, 피해자는 2009. 7. 17. 피고인과 합의를 하였는데 그 합의서에는 'ㅇㅇ에서 유리컵에 찍은 것을 민·형사상 차후에 책임지지 않게 하겠음'이라는 내용이 기재되어 있는 사실, 피해자는 위와 같이 합의가 성립된 이후인 2009. 11. 13. 제1심 법정에 출석하여 '자신이 넘어지는 바람에 유리컵 조각에 찔려 다쳤다'는 취지로 증언하였다가 위 증언에 대하여 위증혐의로 조사를 받게 되자 2010. 8. 10. 원심 법정에 출석하여 '피고인이 컵을 던지는 바람에 다쳤다'는 취지로 증언한 사실, 피고인은 검찰에서 '깨진 유리컵 조각으로 피해자의 왼쪽 팔을 찍었다는 피해자의 말이 맞는 것 같다. 제가 술에 취한 상태에서 정신을 놓고 저도 모르게 행패를 부린 것 같다'는 취지로 진술한 사실을 알 수 있다. 이와 같은 사실관계에 의해 알 수 있는 다음과 같은 사정, 즉 ① 피고인의 검찰 진술이나 피해자의 경찰 진술 및 원심 증언은 모두 피고인의 행위로 인하여 피해자가 이 사건 상해를 입게 된 것이라는 점에서는 일치하고 있고 다만 그 상해의 구체적인 발생 경위에 있어서만 차이가 있는 것에 불과한 점, ② 신촌연세병원의 의사가 작성한 상해진단서와 위 병원 간호사가 작성한 간호력의 기재도 단순히 피해자가 넘어지는 바람에 다친 것이 아니라 외부적인 요소로 인하여 피해자가 이 사건 상해를 입게 된 것이라는 점을 뒷받침하고 있을 뿐만 아니라 그 작성일자와 발급 경위에 비추어 볼 때 상해진단서의 신빙성을 의심할 만한 특별한 사정도 발견되지 않는 점, ③ 피고인의 행위와 전혀 무관하게 피해자가 다친 것임에도 불구하고 피고인이 검찰에서 피해자의 경찰 진술에 부합하는 진술을 하거나 피해자가 피고인과 합의를 함에 있어 '유리컵에 찍은 것을 책임지지 않게 하겠다'는 내용의 합의서를 작성한다는 것은 경험칙에 현저히 반하는 점, ④ 상해진단서에 의하면, 피해자가 다친 부위는 왼쪽 팔뚝 부위로서 그곳에 심부열상을 입었다는 것인데, 피해자의 제1심 증언이나 공소외 1 등의 진술처럼 피해자가 바닥에 미끄러져 넘어지면서 왼쪽 팔뚝 부위를 다친다거나 그곳에 심부열상을 입었다고 보는 것 역시 경험칙이나 논리칙에 부합하지 않는 점 등을 모두 종합하여 보면, 피해자의 제1심 증언과 공소외 1 등의 진술을 토대로 피고인의 행위와 무관하게 피해자가 이 사건 상해를 입게 되었을 가능성이 있다고 본 원심의 판단은 요증사실과 양립할 수 없는 사실의 개연성에 대한 합리적인 의심에 기초한 것이라고 볼 수 없다.

사정이 이와 같다면, 피고인의 행위로 인하여 피해자가 이 사건 상해를 입게 된 것이라는 이 사건 공소사실을 인정할 여지가 충분하다고 할 것임에도 불구하고 원심은 그 판시와 같은 사정을 들어 이 사건 공소사실에 대하여 무죄로 판단하였는바, 이러한 원심판결에는 증거의 증명력을 판단함에 있어 경험칙과 논리칙에 어긋나는 판단을 함으로써 자유심증주의에 관한 법리를 오해한 위법이 있다고 할 것이다. 이 점을 지적하는 검사의 상고이유 주장은 이유 있다.

그러므로 원심판결을 파기하고, 사건을 다시 심리·판단하게 하기 위하여 원심법원에 환송하기로 하여, 관여 대법관의 일치된 의견으로 주문과 같이 판결한다.

전체적인 그림이 중요하다
노래방 도우미 강간치상 사건

판사는 채택된 모든 증거를 각각 저울에 달아보며 증명력(=증거가치)을 인정하게 된다. 이때 세 가지를 따진다는 건 지금까지 계속 강조했던 내용이다. 즉 증거 자체, 증거의 배경, 타 증거와의 관계 등이다. 이와 함께 진술의 일관성 문제도 다루게 된다(일관성을 자꾸 따로 떼어서 이야기하는 것은 그만큼 중요하기 때문이다.). 그런데 우리가 한 가지 더 기억할 게 있다. 판사가 이와 같이 개별적인 증거의 가치를 매기는 작업을 하는 이유는 전체 그림을 그리기 위해서다. 설령 개별 증거 한두 가지에 의심의 여지가 있더라도 전체적인 그림 차원에서 사소하다고 여겨지면 크게 문제 삼지 않는다.

특히 성범죄와 관련해서 대법원 2005도3071 판결 이후 이런 경향이 커졌다. 일종의 판결의 프레임이 바뀐 것이다.

판결의 프레임이 왜 중요한가 하면 똑같은 사실을 해석하는 방식이 달라지기 때문이다. 한마디로 무죄가 유죄 된다. 2005년의 대법원 판결(2005도 3071)은 원심에서 인정한 사실을 다른 각도에서 판결을 내리며 성범죄의 폭행, 위협과 관련된 새로운 기준을 제시한다.

이 사건은 1심에서 무죄, 2심에서도 무죄를 선고받았으나 3심에서 유죄로 바뀌었다. 사실과 해석 차원에서 1~2심은 똑같은 자세를 취하고 있으나 3심은 다른 해석을 보여준다(물론 3심은 사실심이 아니므로 1~2심이 인정한 사실까지 뒤집지는 않는다. 특별한 사정이 없는 한 3심은 원심, 즉 2심에서 사실을 해석할 때 잘못이 없었는지만 볼 뿐, 원칙적으로 사실 자체를 문제 삼지 않는다.).

먼저 1~2심 판사들이 인정한 사실에 토대하여 그날 무슨 일이 있었는지 살펴보고, 동시에 어떤 점에서 1~2심 판사가 무죄 판결을 내리게 되었는지 살펴보자.

1) A는 전주 시 모처에서 노래방을 하고 있었다. 2003년 2월 10일 새벽 친구 둘이 놀러오자 3시경 노래방 도우미 B를 불러서 함께 술을 마셨다. 새벽 5시가 가까워지자 친구들은 돌아갔다.

2) A는 B에게 1시간 더 연장하자고 말하고 단 둘이 남아 술을 마셨다. 그로부터 30분 뒤 노래방 주인 A는 도우미 B에게 '여관에 가자, 같이 자고 싶다'고 말하며 피해자 B의 가슴을 만졌다. B는 A의 요구를 거절하고 그만 돌아가겠다고 말했으나 A가 B의 팔을 잡아당기면서 나가지 못하게 했다. 이처럼 15분 정도 A는 B에게

성관계를 요구하면서 실랑이를 벌였다.

(B는 검찰 조사 등에서 A가 1차례 욕설을 한 것 외에는 따로 폭언은 없었다고 진술했는데 1심 판사는 1차례 욕설만으로 위협적인 협박이 있었다고 보기 어렵다고 보았다.)

3) 그러다 A가 잠시 화장실에 다녀오겠다고 말하고 방을 나갔다. 잠시 뒤 노래방의 불을 끄고 B가 있는 방으로 A가 돌아왔다.

(1심 판사는 B가 있던 방에 잠금장치가 따로 없다는 점, 건물 밖으로 나가는 출입문도 잠근 상태가 아니라는 점을 지적하며 충분히 도망칠 수 있는 상황이었는데 B가 도망치지 않았다는 점, 또한 보도방 사장에게 전화를 걸어 도움을 청하지 않았던 점을 지적한다.)

4) 방에 돌아온 A는 B를 소파에 밀어붙이고 피해자의 배 위에 올라와서 바지를 벗기려고 했다. B가 울면서 하지 말라고 말했으나 A가 그치지 않자 '사람 살려' 하고 외치는 등 반항했다. A는 '가만히 있으라'고 말하며 피해자의 양쪽 어깨를 눌러서 일어나지 못하게 하고 피해자의 바지와 속옷 하의를 한꺼번에 벗긴 뒤 삽입을 시도했다.

(이 대목에서 1심 판사가 주목한 부분은 '어깨를 눌렀다'는 것과 속옷을 벗긴 상황이다. 먼저 어깨를 누르는 정도의 물리력을 행사한 것은 사실로 보이지만 그밖에 물리력을 행사한 적은 없다는 점을 지적한다. 또한 속옷을 벗긴 것과 관련해서 판사는 피해자 B의 진술이 오락가락하고 있는 점을 지

적한다. 즉 경찰과 검찰 조사에는 '내 어깨를 눌러 일어나지 못하게 하고 바지와 팬티를 한꺼번에 벗겼다'고 말했으나 1심 법정 당시 검사가 신문할 때는 '내 어깨를 눌러서 일어나지 못하게 한 건 기억나는데 옷을 어떻게 벗겼는지는 잘 기억하지 못한다'고 피해자 B는 진술했다. 한편 피해자는 옷을 벗길 당시 바지를 꼭 잡고 있었다고 진술했는데 1심 판사는 '그렇다면 피고인 A가 두 손으로 피해자의 양어깨를 누르고 있고, 몸으로 누르면서 동시에 피해자의 바지를 벗겼다는 말인데 이게 가능할까?' 하고 의심하게 된다. 요약하면 범행 순간에 대한 피해자 B의 진술이 일관되지 못하고 오락가락하고 있다는 점이 1심 판사로 하여금 그녀의 진술을 믿지 못하도록 하고 있다는 말이다.)

5) B는 A의 가슴을 밀면서 거부했으나 힘을 당하지 못했고, 결국 A는 B의 오른쪽 다리를 자신의 어깨에 걸친 채 삽입하여 10분 정도 성행위를 하고 있었다. 피해자 B는 그 10분 동안에도 계속 반항을 했으나 A가 양손과 몸으로 어깨 부분을 강하게 눌러서 도저히 피할 수가 없었다고 진술했다.

(→ 만일 반항이 있었다면 설령 벗어나기는 힘들어도 몸에 상처가 생길 수 있다는 점은 추론이 가능하다. 그런데 피해자 B는 얼굴과 목 부위가 붉게 변하기는 했으나 상처는 없었다. 상처가 없었다는 점은 피해자가 법정에서 진술한 내용이다. 이에 대해 판사는 과연 반항이 존재했는지, 폭력이 존재했는지 의구심을 지우지 못한다. 특히 피해자가 진술하는 성행위 당시의 체위, 즉 A가 피해자 B의 오른 다리를 자기 왼쪽 어깨에 걸친 채 삽입하고 있

었고, 피해자는 A가 자기 다리를 손으로 잡고 있었다고 진술했다. 판사는 이런 자세라면 A가 B를 완전히 제압하기는 어려울 것으로 보았다. B가 마음만 먹으면 도망칠 수 있을 가능성을 생각하는 것이다.

- 한편 피해자 B의 진술에 따르면 B는 A의 삽입 시도를 막기 위해 A의 성기를 손으로 잡았다고 말했다. 이 진술은 '성기를 손으로 잡았다면 그대로 꽉 붙잡아서 A의 시도를 무력화시킬 수 있지 않았는가?' 하는 1심 판사의 의심을 낳는 이유가 되기도 했다.

- 또한 A가 B의 입에 자신의 성기를 넣었고, 이에 B는 뱉어냈다고 진술했다. 이 진술 역시 1심 판사가 의구심을 보인 대목이다. 강간이라고 한다면 일반적으로 이런 행동은 보일 수 없다는 게 이유였다.)

6) 10분이 경과할 무렵인 새벽 6시 15분, 3명이 노래방으로 들어왔다. 이 중 한 명은 보도방(노래방 도우미를 관리하는 회사) 사장이었다. A는 인기척을 느끼고 성행위를 중단했다.

(피해자 B는 3명의 노래방 출입으로 비로소 A의 손아귀에서 놓이게 된다. 그런데 B가 이 3명에게 곧바로 피해사실을 알리지 않았던 점을 의심한다. 이 3명의 증인은 '방 안에서 우는 소리가 들렸다'고 진술했는데 판사는 그 외에 '비명 소리'가 들리지 않았다는 점을 지적한다.)

7) 새벽 6시 15분에 사건이 벌어진 방으로 들어간 이 3명은 '피해자 B가 울면서 옷을 입고 있었다'고 진술했다. 노래방 주인 A는 '술 한 잔 먹고 실수했다', '미안하다'고 말하며, 피해자가 요구하는 돈

을 일부 지급할 의향을 내비쳤다고 증언했다.

8) 사건 이후 피해자는 잠을 못 이룰 정도로 외음부에 통증을 느꼈고, 다음날 병원에서 '외음부찰과상, 외음부습진' 진단을 받았다. 1심 법정에 증인으로 참석한 의사는 이 정도 상처는 일상적인 성행위에서도 발생할 수 있으며, 또한 자위행위에서도 생길 수 있다고 밝혔다.

1심 판사는 이와 같이 개별 증거들이 의심의 여지가 많다고 보고 무죄를 선고했으며, 이에 불복한 검사가 항소를 했으나 2심 판사는 이를 기각했다.

 우리는 앞에서 합리적 의심이 무엇인지 살폈다. 검사가 주장한 강간 사건의 스토리에 대해 이와 다른 새로운 스토리를 쓸 수 있다면 이때는 합리적 의심이 제거되지 않은 상태로 무죄를 선고해야 한다. 즉 검사는 이 사건은 강간 사건 딱 하나의 스토리밖에 없다고 주장하고 있고, 판사는 '에이, 내가 보기에는 합의하고 성관계를 맺었다고 말해도 이야기가 안 되는 건 아닌데?' 하고 의심하고 있는 것이다.

 특히 이런 결론을 내리기 위해 1심 판사는 개별 증거를 꼼꼼히 따지고 있다. 강간죄가 성립되기 위해서는 폭행, 협박이 있었는지가 중요한데 개별 증거를 따져보면 피해자의 주장이 석연치 않다는 판단이다. 방문을 꼭 잠근 것도 아니고 성행위 당시의 자세가 옴짝달싹 못하도록 만드는 자세도 아니었는데 도망가지 않았고, 폭행을 행사했다는데 목이나 얼굴이 붉게 된 것 말고는 따로 상처도 없고, 딱 한 번 욕을 한 것 외에는 협박도 없었고, 비명을 지른 적도 없고, 외음부의 찰과상이나 습진은 일상적인 성행위에서도 생길 수 있는 것이라면 이건 다소 힘을 쓴 정황이 보이기는 하지만 '피해자의 항거를 현저히 곤란하게 할 정도'의 폭행이나 협박이 있었다고 보기 어렵다는 판단이었다.

그런데 3심 판사는 이런 똑같은 사실을 놓고 다른 판결을 내린다. 이 판례에서 가장 중요한 문구부터 옮겨보자.

이 문구는 지금도 유사한 사건의 판결문에서 흔히 인용될 만큼 중요하게 다루어진다. 왜 이게 중요해졌는가 하면 성폭력 관련 판결의 프레임을 바꾸었기 때문이다.

> 강간죄가 성립하기 위한 가해자의 폭행, 협박이 있었는지 여부는 그 폭행, 협박의 내용과 정도는 물론 유형력을 행사하게 된 경위, 피해자와의 관계, 성교 당시와 그 후의 정황 등 모든 사정을 종합하여 피해자가 성교 당시 처하였던 구체적인 상황을 기준으로 판단하여야 하며, 사후적으로 보아 피해자가 성교 이전에 범행 현장을 벗어날 수 있었다거나 피해자가 사력을 다하여 반항하지 않았다는 사정만으로 가해자의 폭행, 협박이 피해자의 항거를 현저히 곤란하게 할 정도에 이르지 않았다고 섣불리 단정하여서는 안 된다.
> – 대법원 2005. 7. 28. 선고 2005도3071 판결

이전의 프레임은 판례에 등장하듯 '사후적으로' 보아서 의심을 했다.

사후적으로 본다는 말은, '그러지 않았을 수도 있지 않았느냐?'는 말이다. 과거의 사태에서 벗어나서 지금 와서 보면 내가 그때 왜 그랬는지 모를 때가 있다. 그러나 익히 알려져 있듯 사람은 예상치 못하게 사건에 휘말리게 되면 당황하고 긴장하고 두려움을 느껴 노래방에 잠금장치가 없다거나 노래방 사장이 하의를 어떻게 벗기는지 기억하지 못하는 등 사태를 정확히 파악하기 어려울 때가 흔하다. 그러므로 이성적으로 꼼꼼히 따져서 '왜 도망가지 않았느냐?'고 의심하는 것은 사건의 실체를 밝히는 데 문제가 있다는 지적이다.

그런 맥락에서 3심은 '모든 사정을 종합'하여 당시의 구체적인 상황을 판단할 것을 주문한다(이런 경향은 성범죄 이외의 다른 사건에서도 똑같이 커지는 것으로 보인다. 바로 앞에서 다루었던 음주 폭행 사건에서도 피해자의 진술이 오락가락한 점을 2심에서 무죄의 주요 요인으로 꼽았던 것에 대해서 3심에서 다시 전체 맥락을 따져서 환송파기시켰던 것을 기억해 보자.).

> **강간죄와 관련된 이전 판결**
>
> 참고로, 아래 판결은 위 판결이 있기 전 강간죄에 있어서의 폭행·협박의 정도 및 그 판단 기준에 관한 대법원 판결이다.
>
> 강간죄가 성립하려면 가해자의 폭행·협박은 피해자의 항거를 불가능하게 하거나 현저히 곤란하게 할 정도의 것이어야 하고, 그 폭행·

> 협박이 피해자의 항거를 불가능하게 하거나 현저히 곤란하게 할 정
> 도의 것이었는지 여부는 그 폭행·협박의 내용과 정도는 물론 유형
> 력을 행사하게 된 경위, 피해자와의 관계, 성교 당시와 그 후의 정황
> 등 모든 사정을 종합하여 판단하여야 한다(대법원 1999. 9. 21. 선고 99
> 도2608 판결, 2001. 2. 23. 선고 2000도5395 판결 등 참조).
> – 대법원 2004. 6. 25. 선고 2004도2611 판결

이때 모든 사정의 종합에는 무엇이 속할까?

1) 폭행, 협박의 내용과 정도를 따지는 것은 기본이다. 사실 이 내용은 1~2심 판사가 특별히 주목했던 부분이다. 폭행, 협박의 개별적인 상황을 사후적으로 따진 결과가 무죄였다. 그러나 1번에 특별히 무게중심을 두고 판단하지 말고 다음 2~4번까지 함께 보라는 게 '모든 사정의 종합'의 핵심이다.
2) 유형력을 행사하게 된 경위
3) 피해자와의 관계
4) 성교 당시와 그 후의 정황

이와 같은 4가지 항목을 '종합하라'고 요구하는 게 이 판례의 핵심이다. 개별적으로 살폈을 때는 의심스런 진술이 많지만 종합해서 보면 설

령 한두 가지 의심스런 게 있어도 전체 그림을 그리는 데 큰 어려움이 없다면 그건 피해자의 주장을 사실로 보아야 한다는 말이다. 특히 이 사건의 마지막 대목이 중요한데 3명이 노래방에 들어오면서 성행위가 중단되었으며 이후 노래방 주인이 했던 말은 전체적인 그림에서 중요한 퍼즐이 된다. '술 한 잔 먹고 실수했다, 미안하다, 피해자가 요구하는 돈을 일부 줄 수 있다'고 말했다는 증언이 바로 그것이다. 또한 3심 판사는 피해자의 일부 진술, 즉 바지를 벗기는 과정에서 말이 오락가락한 점은 인정되지만 전체적으로 일관되게 진술하고 있다는 점에서 진술의 일관성이 깨지지 않았다고 보고, 피해자의 말을 믿을 수 있다고 판단한다(일관성이란 토씨 하나 빠뜨리지 않고 똑같은 말을 되풀이하는 것을 말하는 게 아니다. 디테일한 세부에서는 약간의 차이가 있을 수 있어도 전체가 가리키는 게 일관되었느냐 하는 게 더 중요하다. 약간의 차이가 발생하는 것은 범행을 당하는 순간에 경황이 없기 때문에 미세한 차이가 존재할 수 있다는 것이다.).

3심 판사는 이런 전체 그림에서 사건을 바라보면서 폭행과 협박이 있었는지 판단해야지 사후적 관점, 즉 나중에 제정신으로 보면 얼마든지 도망칠 수 있는 상황이지 않았느냐는 관점에서 판단하면 곤란하다고 지적한다.

한편 강간 사건의 판결 프레임이 변하게 된 것은, 피해 여성의 심리나 가치관에 대한 이해가 달라졌다는 점도 영향이 있는 것 같다. 즉 1~2심 판사는 강간이라는 위중한 위협에 처했다면 목숨을 걸고서라도 도망쳐야 한다고 믿는 경향이 있는 것 같다. 여자는 자신의 정조나 처녀성을 각별히 지켜야 한다고 믿는 마음이 있다는 말이다. 임진왜란 당시

왜군에게 욕을 보았던 여인들이 목숨을 끊는 일이 많았으나 몽고족에게 끌려갔던 고려 여인들은 당당히 고향으로 돌아온다. 우리는 나쁜 의미에서 '화냥년'이라고 부르는 이 말은, 당시 몽고족에게 끌려갔다 돌아온 여성을 '환향녀(還鄕女, 고향으로 돌아온 여성)'라고 부른 데서 온 말로, 이 여성들은 설령 욕을 보았다고 목숨을 끊을 정도는 아니라고 여겼다. 조선 여인과 고려 여인 사이에는 정조에 대한 가치관의 차이가 있을 뿐, 누구나 조선 여인처럼 정조를 목숨처럼 여겨야 한다고 주장할 수는 없는 노릇이다. 이런 관점에서 이 사건의 여성은 '강한 정조관념을 요구하는 시대 퇴보적 가치관'의 판례로부터 구원받았다고 보여진다.

한편 이런 문제는 노래방 도우미와 같은 직업에 대한 편견도 역으로 작용한 측면이 없어 보이진 않는다. 여성의 정조에 대한 편견은, 특히나 성적으로 문란해 보이는 여성에게 더욱 가혹한 판단을 내리는 듯하다. 하지만 직업이 성적 문란성을 판단하는 기준도 아니고, 성적 문란성은 형사재판의 판단 대상도 아니다.

다만, 판사는 시대를 초월한 이성적 판단을 요구받기는 하지만 시대로부터 완전히 단절될 수도 없고, 단절되어서도 안 된다는 점을 이해하고 있어야 한다. 이게 개인적인 편향에도 영향을 끼침을 이해하자. 그게 재판에서 이기려면 공부가 필요한 이유이기도 하다.

아래는 이 사건에 대한 대법원 판결이다. 천천히 읽으며 음미해보자.

대법원 판결

– 대법원 2005. 7. 28. 선고 2005도3071 판결 [강간치상][공 2005.9.1.(233),1469]

판시사항

[1] 강간죄가 성립하기 위한 폭행·협박이 있었는지 여부의 판단 기준

[2] 강간행위에 관한 피해자의 진술이 신빙성이 있고 당시 행위 상황 등에 비추어 피고인과의 성교 당시 피고인의 폭행으로 인하여 피해자가 항거하기 현저히 곤란한 상태에 이르렀던 것으로 봄이 상당하다는 등의 이유로, 강간치상의 공소사실을 무죄로 본 원심판결을 파기한 사례

원심판결

광주고법 2005. 4. 28. 선고 2005노94 판결

주문

원심판결을 파기하고, 사건을 광주고등법원으로 환송한다.

이유

1. 원심의 판단

원심은, 이 사건 공소사실에 부합하는 피해자의 진술은 피고인이 노래방의 방실 밖으로 나간 일이 있음에도 피해자가 그대로 머물러 있었던 점, 피고인이 피해자를 때리거나 위협적인 말로 협박하지는 않았던 것

으로 보이는 점, 피해자가 그녀의 옷이 벗겨진 경위에 관하여 다소 일관성 없게 진술하고 있는 점, 피해자의 주장대로 피고인이 양손이나 몸으로 피해자의 어깨부위를 강하게 눌렀다면 피해자의 어깨부위 등에 멍이 드는 등 상당한 정도의 상해를 입었을 만한데 그와 같은 상처가 없는 점, 성행위 당시 피해자가 몸을 일으켜 그 장소를 탈출하려고 하거나 소리를 질러 구조를 요청하는 등 적극적으로 반항한 흔적을 찾아볼 수 없는 점, 피해자가 피고인의 성기를 잡거나 피고인이 성기를 피해자의 입 안에 넣었을 때 피해자로서는 보다 적절하게 피고인에게 대항하여 그 자리를 모면할 수 있었을 것으로 보임에도 그와 같이 행동하지 않은 점, 공소외 1, 공소외 2가 이 사건 노래방에 들어와서 성교가 중단되었을 당시 피해자가 공소외 1 등에게 피고인으로부터 강간을 당하였다고 말하지 않았던 점 등에 비추어 그대로 믿기 어렵거나 그것만으로는 항거를 불가능하게 하거나 현저히 곤란하게 할 정도의 폭행·협박을 받았다고 인정하기에 부족하고, 공소외 1, 공소외 2, 공소외 3의 진술은 성교 후의 정황에 관한 것이거나 피해자로부터 피고인에게 강간을 당하였다는 말을 전해 들었다는 것에 불과하며, 피해자가 입었다는 외음부찰과상, 외음부습진은 다른 원인에 의하여도 발생할 수 있는 것이어서 피고인과의 이 사건 성관계로 인하여 발생한 것이라고 단정할 수도 없다는 이유로, 이 사건 공소사실에 관하여 무죄를 선고한 제1심판결을 유지하였다.

2. 이 법원의 판단

강간죄가 성립하기 위한 가해자의 폭행·협박이 있었는지 여부는 그 폭행·협박의 내용과 정도는 물론 유형력을 행사하게 된 경위, 피해자와의 관계, 성교 당시와 그 후의 정황 등 모든 사정을 종합하여 피해자가 성교 당시 처하였던 구체적인 상황을 기준으로 판단하여야 하며, 사후적으로 보아 피해자가 성교 이전에 범행 현장을 벗어날 수 있었다거나 피해자가 사력을 다하여 반항하지 않았다는 사정만으로 가해자의 폭행·협박이 피해자의 항거를 현저히 곤란하게 할 정도에 이르지 않았다고 섣불리 단정하여서는 안 된다.

기록에 의하면, 피해자는 이른바 노래방 도우미로서, "피고인 운영의 노래방에 와서 피고인 및 그 일행들의 유흥을 돋우는 일을 하다가 피고인의 일행들이 먼저 귀가한 후 1시간 더 연장하자는 피고인의 요청에 따라 피고인과 단 둘이 노래방에 있던 중, 피해자가 울면서 하지 말라고 하고 '사람 살려'라고 소리를 지르는 등 반항하였음에도, 피고인이 피해자를 소파에 밀어붙이고 양쪽 어깨를 눌러 일어나지 못하게 하는 등으로 피해자의 반항을 억압하고는 피고인의 성기를 피해자의 음부에 삽입하였다."고 일관되게 진술하고 있는바, 위와 같은 피해자의 진술은 피고인이 강간범의를 확정적으로 드러내기 이전에 피해자가 노래방에서 벗어날 기회가 있었다거나 옷이 벗겨진 구체적인 경위를 기억하지 못한다는 것만으로 쉽사리 배척할 수 있는 내용이 아닐 뿐만 아니라, 공소외 1, 공소외 2, 공소외 3은 "이 사건 후 노래방에 갔더니 피해자가 울면서 옷을 입고 있었고, 그 후 피고인은 '술 한 잔 먹고 실수를 하였다, 미안하다'고 하면서 피해자에게 그녀가 요구하는 금원의 일부를 지급할 의사를 표시하기도 하였다."고 진술하여 피해자 진술의 신빙성을 뒷받침하고 있다.

그렇다면 이 사건 공소사실에 부합하는 피해자의 진술은 신빙성이 있고, 그에 의하여 인정되는 사실을 위의 법리에 비추어 살펴보면 피해자가 당시 피고인과 단둘이 노래방 안에 있었던 점을 고려할 때 피고인의 폭행으로 인하여 피해자는 항거하기 현저히 곤란한 상태에 이르렀던 것으로 봄이 상당하다.

또한, 비록 피해자의 외음부찰과상, 외음부습진이 일반적으로는 강간행위 이외의 원인에 의하여서도 생길 수 있는 것이기는 하지만, 피해자의 진술에 의하면 이 사건 발생 후 너무 아파서 잠을 자지 못하여 이 사건 당일 바로 치료를 받은 결과 외음부찰과상 등으로 진단되었다는 것이고, 다른 원인에 의하여 발생한 것이라고 의심할 만한 자료도 없는 이상, 피해자의 외음부찰과상 등은 이 사건 범행으로 인하여 입은 것이라고 할 것이다.

그럼에도 이와 견해를 달리하여 이 사건 공소사실을 무죄로 본 원심의 판단은 채증법칙을 위반하였거나 강간치상죄의 성립에 관한 법리를 오해한 위법이 있고, 이를 지적하는 검사의 상고이유의 주장은 이유 있다.

3. 결론

그러므로 원심판결을 파기하고, 사건을 더욱 심리한 후 판단하게 하기 위하여 원심법원에 환송하기로 관여 대법관의 의견이 일치되어 주문과 같이 판결한다.

大法民國 新法典 2016

3장

끝까지 입장을
고수하라

"진술의
일관성뿐 아니라
주장과 태도의
일관성도 중요하다."

●

 일관성이 판결을
좌우한다

다음은 인터넷을 통해 검색한 기사 일부다. 여러분도 뉴스를 검색해 보기 바란다. 검색어는 '진술 + 일관성'이다.

❶

박근혜 대통령 탄핵심판 주심인 강일원 헌법재판관이 정동춘 K스포츠재단 전 이사장의 증언이 일관성이 없고 모순된다고 지적했다.(2017.2.16. 연합뉴스)

❷

김창렬 측 변호사는 "2012년 11월경에 노원구에 있는 고기 집에서 뺨을 수차례 때렸다라고 처음에 주장하다가, '아니다, 2012년 12월 강남에 있는 고기 집에서 폭행을 당했다'고 한다. 진술에 일관성이 전

혀 결여되어 있는 신빙성이 없는 허위 진술을 일삼고 있다"고 주장했다. (2015.12.15. OBS)

❸
이들은 "조 명예총장은 일관성 있는 여교수들의 유사 성추행 피해 진술이 있었음에도 불구하고 무혐의를 자신하면서 오히려 교수들을 명예훼손으로 고소하겠다고 하고 있다"며 "학교법인은 조 씨를 명예총장직에서 파면하고 상임이사직 해임을 즉각 단행해야 한다"고 주장했다. (2017.4.5. 기호일보)

❹
개발제한구역 인허가 비리 사건으로 1심에서 실형을 받았던 이교범 전 하남시장(65)이 항소심에서 핵심 혐의 무죄를 선고받았다. (중략) 재판부는 "추가로 이뤄진 증거조사 결과 공소사실과 명확하게 배치되는 사정들이 있고, 유일한 증거에 해당하는 관계자들의 증언에 신빙성이 부족하다"고 밝혔다. 또 "관계자들의 증언에 일관성이 없고, 일부 진술이 모순되며 객관적 사실관계나 정황과 배치되는 데다 자신의 책임을 피하려 이 전 시장에게 불리하게 진술할 이해관계가 있다"며 "공소사실이 합리적 의심을 배제할 만큼 객관적으로 증명됐다고 보기 어렵다"고 지적했다. (2017.3.24. 인천일보)

❺

임금도 주지 않고 지적장애인을 19년간 '노예'처럼 부린 것으로 드러나 공분을 샀던 청주 축산농가에 철퇴가 가해졌다. '만득이' 고모(47) 씨에게 강제 노역을 시킨 농장주 부부 중 부인 오모(62·여) 씨가 4일 결국 구속됐다. 단답형 정도의 대답을 하는 고 씨의 진술 내용을 토대로 구속영장을 발부한 청주지법 영장 전담 부장판사도 그의 진술에 신빙성이 있다고 판단한 것이다. 형사재판에서도 재판부가 고 씨의 진술에 증거 능력이 있다고 판단한다면 오 씨는 중형을 피할 수 없을 것으로 보인다. 물론 고 씨 진술의 일관성·신빙성을 재판부가 끝까지 인정해야 한다는 조건에서다. (2016.8.4. 연합뉴스)

❻

김현 의원 '대리기사 폭행' 무죄 선고…재판부 "피해자 목격자 진술 일관성 없다" (2016.2.15. 스포츠동아)

❼

이에 대해 재판부는 25일 선고공판에서 권 시장의 혐의에 대한 유죄 판단 이유를 구체적으로 설명했다. 우선 증인의 진술이 주요 부분에 대해 일관성이 있을 땐 진술의 신빙성을 함부로 부정할 수 없다고 밝혔다. 원장 정씨가 권 시장을 찾아가 돈을 줬다고 일관되게 진술하고 있다는 것이다. (2016.8.26. 영남일보)

❽

홍준표 경남도지사가 항소심에서 무죄를 선고받았다. 성완종 리스트에 연루돼 정치자금법 위반 혐의로 기소된 홍준표 지사는 오늘(16일) 서울고법 형사2부 심리로 열린 항소심 선고에서 무죄를 선고받았다. (중략) 이날 재판부는 홍 지사의 이름이 담겨 있던 성완종 전 경남기업 회장의 메모, 녹음파일, 녹취록 등의 증거능력은 인정하면서도, 성 전 회장 지시로 홍 지사에게 1억 원을 전달한 혐의를 받은 윤 전 부사장 진술이 모순돼 유죄 입증이 어렵다고 판단했다. 이는 항소심 결심 공판에서 진술 일관성 문제를 지적한 홍 지사 측 주장을 받아들인 것이다. (2017.2.16 MoneyS)

❾

경찰이 성폭행 혐의를 받고 있는 가수 겸 배우 박유천(30) 씨에 대해 구체적 물증이 없더라도 피해여성들의 진술이 구체적이고 일관되면 혐의를 적용할 수 있다는 입장을 밝혔다. 강신명 경찰청장은 4일 오전 서울 서대문구 미근동 경찰청사에서 기자들과 만나 "(고소 접수건들이) 비록 오래됐고 물증이 남아있지 않지만 피해자 진술이 일관되면 법원에서 유죄 판결을 내리는 경우도 있다"며 이같이 밝혔다. (2016.7.4 .뉴시스)

간략히 9가지 샘플만 실었지만 찾아보면 생각보다 많은 재판에서 '진술의 일관성'이 거론됨을 알 수 있다. 홍준표 자유한국당 대통령 후보가 2심에서 무죄 판결을 받은 이유도 '진술의 일관성' 문제였고, 가수 겸 배우 박유천이 기소된 이유도, 나아가 재판에서 무죄를 선고받은 이유 역시 모두 '진술의 일관성' 문제였다.

생각보다 물증으로 남아 있는 직접증거(사건을 직접 증명하는 증거)는 드물다. 유일한 직접증거가 진술뿐인 경우도 적지 않다. 이 경우 판사는 피해자나 목격자 등의 진술을 놓고 '이 말이 사실인지, 아닌지' 판단하는 과정을 거쳐야 한다. 이때 앞서 얘기한 3가지, 즉 증거 자체, 증거의 배경, 타 증거와의 관계도 따지지만 일관성도 이에 못지 않게, 때로는 그보다 더 중요하게 여긴다. 만일 일관성이 깨지면, 즉 말이 오락가락하면 일관성이 깨진 것으로 보고 앞에서 인용한 신문기사처럼 무죄판결의 주요한 근거로 들게 된다. 거짓말쟁이의 말은 더 이상 믿을 수 없다는 게 판사들의 일반적인 판단이다.

물론 예외적으로 일관성이 깨져도 문제 삼지 않고 진술의 신빙성을 인정하는 경우도 있다. 사건에서 사소한 부분에 대한 증언이 일관성이 없거나(대세에 지장이 없기 때문으로 이때는 일관성보다 전체 그림을 더 중시했기 때문) 말을 바꾼 이유가 충분히 납득될 만한 경우, 예컨대 다른 증거로 뒷받침이 될 때는 크게 문제 삼지 않을 때도 있다. 거꾸로 말하면, 사건에서 중요한 내용과 관련된 진술만큼은 일관되어야 하며, 기왕이면 다른 증거를 통해 자신의 말을 뒷받침한다면 그 진술을 믿을 만한 것으로 볼 가능성이 아주 높아진다는 얘기다. 즉 증거의 증명력이 높아지고 신빙성을 얻게 된다는 말이다.

이러한 설명은 우리에게 한 가지 중요한 교훈을 준다. 나는 나의 일관성을 목숨처럼 지켜야 하며, 반대로 상대방 진술의 일관성은 계속 흔들어야 한다는 말이다. 고대 전쟁에 비유한다면 일관성은 성(castle)이다. 나의 성은 지키고 상대방의 성은 허무는 것이 곧 무죄로 가는 길이다.

일관성을 지킨다는 말의 의미

말을 바꾸지 않는 것만을 일관성으로 보면 곤란하다. 일관성이라는 단어에는 사건 전체에 대한 당신의 입장과 태도도 담겨 있기 때문이다.

검찰이 당신을 기소했다. 공소장이 날아오고 어떤 내용인지 확인했다면 당신은 답변서를 통해 입장을 밝혀야 한다. 당신이 취할 수 있는 입장은 다음 세 가지 가운데 하나다.

1) 무죄 주장
2) 일부 무죄 주장 + 일부 유죄 인정 + 양형 전략
3) 유죄 인정 + 양형 전략

검찰이 당신을 특수강간죄[실무상 죄명은 '성폭력범죄 처벌 등에 관한 법률 위반(특수강간)'으로 표시된다.]로 기소했다고 가정해 보자. 특수강간이란

강간범행 과정 중 두 명 이상이 범행에 참여하거나 칼과 같은 흉기나 그 밖의 위험한 물건을 소지하고 위협하는 등의 사정이 있어야 한다[성폭력범죄의 처벌 등에 관한 특례법 제4조(특수강간 등) 제1항, 법정형 : 무기징역 또는 5년 이상의 징역].

이 경우, 당신은 합의 아래 성관계를 가진 것이지 강간을 한 적이 없다고 주장하면 1번 무죄를 주장하는 것이 된다. 한편 강간하려고 한 것은 맞는데(일부 유죄 인정) 칼을 든 적은 없다(일부 무죄 주장)고 주장하면 2번 일부 유죄(강간미수) 인정 + 일부 무죄를 주장하는 것이다(칼을 들고 위협하여 강간한 것은 특수강간에 해당, 더 무거운 죄값을 받게 된다.). 마지막이 다 인정하되 죄값을 가볍게 만드는 전략이다. 5년 징역형 받을 것을 3년형으로 감형 받는다거나 집행유예로 풀려나는 방법을 찾는 것이다(피해자와 합의했고, 초범이고, 반성하고 있고, 두 번 다시 같은 죄를 저지르지 않기 위해 성범죄 예방 교육을 신청해서 듣고 있으며, 안정적 직장이 있고, 가정생활 원만하다는 등의 사정을 밝혀서 형량을 가볍게 만드는 게 '양형 전략'의 핵심이다.).

이와 같이 사건 초기에 당신은 검찰 기소에 대하여 어떤 주장을 펼칠지 결정하고 그에 맞게 재판에 임해야 한다. 물론 막연히 세 가지 가운데 하나를 택하는 게 아니라 사건과 관련된 사실 관계를 꼼꼼히 정리하는 과정에서 당신에게 유리한 증거가 발견되거나 검사의 주장에 빈틈이 보이는지 확인하여 현실적으로 내가 얻을 수 있는 최선의 판결이 무엇인지 파악한 후 결정하는 게 정상이다. 같은 사건이라도 사건을 바라보는 관점에 따라 목표는 다 다를 수 있다. 변호사조차도 의견이 달라서 어떤 변호사는 유죄를 피할 수 없다고 말하고, 또 어떤 변호사는 일부 무죄가 가능하다고 말하기도 한다. 심지어 2장에서 살펴본 것처럼 판사마다 판결이 달라질 수도 있다. 1심에서 무죄였던 게 2심에서 유죄가 되기도 하고, 혹은 그 반대가 되기도 한다. 다음 절에서 다룰 실제 사건에서도 1심과 2심의 판결은 달라진다. 이 사건에서 검사는 피고인을 성폭력범죄의 처벌들에 관한 특례법위반(특수강간)으로 기소하였다. 피고인 측은 처음부터 끝까지 계속 무죄를 주장하였고, 이에 대해 국민참여재판으로 진행된 1심에서는 위 죄명대로 유죄로 인정한 반면, 배심원단은 흉기휴대의 점을 인정할 수 없다고 하여 강간미수죄만 인정하고 있다(배심원단의 의견은 판결에 참고할 뿐이다.). 한편 2심에서는 흉기 휴대의 점은 인정되나 강간미수의 죄는 인정되지 않고 강제추행의 점은 인정된다고 하여 성폭력범죄의 처벌들에 관한 특례법위반(특수강제추행)을 죄명으로 피고인을 집행유예로 석방했다.

이처럼 판결은 달라지기 때문에 피고인 입장에서는 정답이 존재한다고 생각하고 접근하기보다는 최선의 답을 찾는다는 마음으로 임하는 게 좋다(1심에서는 무죄를 주장하고, 그러다 유죄 판결을 받고 징역형이 나오면 깜짝 놀라서 2심에서는 양형 전략으로 갈아타는 경우도 흔하다. 그러나 흔하다는 것과 좋은 결과를 만들어내는 것은 차이가 있다. 잘 생각할 일이다.).

이와 같이 '사실 관계 파악 + 1~3번 선택' 후에는, 사태의 변화가 없다는 전제 아래 초지일관의 자세로 사건에 임하는 게 기본 전략이 된다. 무죄를 주장했으면 끝까지 무죄를 주장하고, 양형 전략을 썼으면 끝까지 양형 전략을 유지하는 것이 원칙이다. 아무 이유 없이 심리적으로 흔들려서 별다른 명분이나 증거 없이 태도가 바뀌면 곤란해진다. 왜 이렇게 해야 하는가 하면, 앞서 보았듯이 나의 주장이 일관되어야 진술 역시 일관성을 가질 수 있기 때문이다. 일관된 주장을 갖고 있는 사람은 말뿐 아니라 태도에서도 일관성이 보인다. 이때의 일관성은 진실하게 보이는 것을 말한다. 물론 진실한 태도를 보고 판사가 무죄 판결을 내리는 것은 아니지만 최소한 판사는 재판 과정에서 당신이 답변을 하는 모습을 관찰하며 여러 가지 증거를 종합하여 이 말이 믿을 만한지 아닌지 판단하는 데 참고한다. 따지듯이 '아니요, 안 그랬다고요!' 하고 무죄를 주장하는 피고인의 말은 과연 듣는 사람에게 신뢰를 줄 수 있을 것 같은가?

물론 1심은 무죄 주장, 2심 역시 무죄 주장을 펼치다가 최종단계에서는 유죄 인정, 양형 전략으로 갈아타는 경우도 현실적으로 많다. 그러나 이때는 형국의 불리한 전개라는 뚜렷한 변화 요인이 존재하기 때문에 전략을 갈아타는 것이지, 아무 이유 없이 방향을 선회하는 것은 안 된다는 말이다.

정리하자면 일관성은 다음과 같이 3가지로 분류된다.

1) **주장(혹은 목표)의 일관성**
"저는 그런 일을 저지른 적이 없습니다." or "돈을 빌린 건 맞지만 떼어 먹을 생각은 절대 없었습니다."

2) **진술의 일관성**
"전에도 말씀 드렸다시피 저는 그 사람에게 '1년 뒤에 갚겠다'고 분명히 말했습니다."

3) 태도의 일관성

태도의 일관성은 증거의 제출 시기뿐 아니라 답변하는 자세나 목소리, 표정 등도 포함된다. 판사는 일종의 거짓말탐지기처럼 관찰력을 동원하여 당신이 진술하는 동안 특정 버릇이 나타나는지 확인한다. 사람은 난처한 경우에 말을 더듬거나 발을 떨거나 손가락을 움직이는 등 특정 제스처가 나타나는 경향이 있기 때문이다. 가장 좋은 태도는 침착하고 차분하게 묻는 말에 간략히, 진솔히 답변하는 것이다.

상대방의 일관성을 깨뜨리는 방법
첫 휴가 나온 군인, 특수강간 사건에 휘말리다

1 | 발달

피해자나 혹은 목격자의 진술이 거의 유일한 사건에서 진술의 일관성을 깨뜨리는 것은 변론의 핵심 기술에 속한다. 동시에 피고인은 주장, 진술, 태도의 일관성을 잃지 않도록 각별히 주의하는 게 필요하다. 다음에 소개하는 사건에서 우리는 거의 유일한 증거인 피해자의 진술을 어떻게 깨뜨릴 수 있는지 살펴보는 동시에 피고인의 일관된 주장, 즉 끝까지 무죄를 주장하는 것이 어떤 효과를 일으키는지 알아보자(이 밖에도 배울 거리가 많으므로 참고하기 바란다.).

그(피고인)는 의무복무 중인 군인이었다. 입대 전 놀이동산에서 아르바이트로 일할 때 가까이 지낸 여성이 있었다. 휴가에 그녀가 보고 싶어 광주에 갔다. 그녀는 스탠드바에서 근무하고 있었고, 퇴근 후에 만나자고 하여 새벽 2시경에 그녀가 일하는 스탠드바로 갔다. 술집 정리를 돕고 인근 술집으로 가서 함께 술을 마셨다.

술을 마시던 도중 여자는 마침 깜빡한 일이 있다고 하여 함께 스탠드바로 돌아와서 업무를 해결했다. 둘은 2차를 어떻게 할까 잠깐 고민하다가 '그러지 말고 편의점에서 술을 사와서 가게에서 함께 마시자'고 말하고 함께 길을 나섰다. 둘은 편의점에 가서 와인 1병과 간단한 먹을거리를 구입한 뒤 다시 스탠드바로 돌아와서 와인을 나누어 마셨다. 그 다음부터가 문제다.

그런 뒤 피고인은 여자에게 키스를 시도했는데 여자도 거부하지 않았다. 잠시 후 스탠드바 내부의 룸으로 옮겨서 다시 키스를 시도하자 그녀가 거부했다. 피고인 말로는 여자가 싫어하여 더 이상 스킨십을 시도하지 않았다고 한다.

반면 여자의 주장은 달랐다. 스탠드바로 돌아와서 업무를 처리한 뒤 피곤하여 책상에 앉아 졸고 있었는데 그 사이 피고인이 자신을 안아서 번쩍 들더니 룸의 소파로 데려갔으며 강제로 성관계를 시도했다고 주장했다. 여자가 거부하자 피고인은 주방에 있는 식칼로 위협하며 강간을 시도했으나 역시 반항했으며 그 과정에서 화장실로 도피, 스탠드바 사장에게 전화를 걸었고, 사장이 대신 112에 신고하여 경찰이 출동했다고 주장했다.

피고인은 '나는 그런 적 없다'고 항변했으나 출동한 경찰은 믿지 않았다. 마침 군인 신분이었던 까닭에 군부대로 복귀했다가 약 1년 7개월 뒤 제대 후 민간인 신분으로 경찰에 구속되었다. 피고인은 '식칼을 가지고 협박하지 않았다'는 부분에 대해 따로 거짓말 탐지기 검사를 받았고 진실 반응이 나왔는데도 구속을 피할 수는 없었다. 그에게 부여된 혐의는 '성폭력범죄의처벌등에관한법률위반(특수강간)'죄였고, 검찰은 그를 기소했다.

2 | 전개

필자의 사무실로 사건 의뢰가 들어왔다. 피고인을 구치소에서 만났다. "저는 강간을 시도한 적이 없습니다." 그는 완고했다. 수감생활을 감내하더라도 끝까지 무고함을 위해 다투겠다고 말했다. 그 태도는 쉽사리 변할 것 같지 않았다.

필자와 공동 변호인은 고심 끝에 국민참여재판을 하면 좋겠다고 생각했다. 3가지 이유가 있었다.

첫째, 이 사건이 국민참여재판을 요청할 수 있는 조건을 갖추었기 때문이다. 〈국민의 형사재판참여에 관한 법률〉에 따르면 국민참여재판을 할 수 있는 사건으로 합의부 관할 사건(3명의 판사가 참여하는 재판)이나 그 사건의 미수죄·교사죄·방조죄·예비죄·음모죄 등에 해당하거나 관련사건 등으로 규정하고 있다. 물론 여기에는 몇 가지 배제 조건이 있다. 예컨대 배심원이 생명에 위협을 느낄 수 있다고 판단되는 등의 사정이다. 자세한 것은 〈국민의 형사재판참여에 관한 법률〉을 참고하자.

둘째, 이게 가장 중요했는데, 판사들의 보수적 성향 때문이었다. 늦은 시각에, 여관도 아닌 여자 혼자 있는 가게에 남자가 있었고, 더욱이 남자는 술도 한 잔 걸쳤고, 여성을 접하기 어려운 휴가 나온 군인이었다면 충분히 그럴 수 있으리라고 생각할 법하다(반대로 여자가 짧은 치마를 입고 있었거나 화장이 요란하다는 등의 사정이 있다고 보면 여성에게 불리한 판단을 하는 경향도 일부 보인다.). 오래된 편견이기는 하지만 성(sex)과 관련된 문제에서 판사들은 가부장적 아버지와 같은 입장에서 보수적이며 모범생적인 판결을 내리는 경향이 있다. 한편으로 최근의 성범죄 관련 사건에서 피해 여성의 진술을 일단 신뢰하고 보는 분위기가 있다는 점도 고려했다. 여성이 '성폭행을 당했다'고 주장할 때는 충분히 납득할 만한 이유가 있다고 보는 것이다. 성폭행 사실을 알리는 것이 부끄러운 일로 여겨졌고, 그래서 차마 남에게 얘기하기 힘든 일인데 이를 무릅쓰고 고소했다면, 특히 피고인에게 무슨 해를 끼치기 위한 정황이 존재하지 않는다면 그에 합당한 이유가 있을 것이라고 판단한다. 평균적인 얘기로 따지면 꼭 틀렸다고 할 수는 없다. 그러나 개별 사건이 통계와 같을 리는 없지 않은가? 어쨌든 이런 사정 때문에 판사를 설득하는 게 쉽지 않다고 보고, 기왕이면 성의식에서 조금 더 개방적인 배심원단의 판단을 받는 게 좋을 것 같았다.

셋째, 배심원단의 평결을 통해 판사의 판결에 영향을 끼치기 위해서였다. 물론 국민참여재판도 결국 판결의 주체는 판사다. 국민참여재판은 일반인이 배심원으로 참석하는 것도 맞고, 유/무죄 평결을 내리는 것도 맞다. 그러나 판사는 배심원단의 평결을 참고할 뿐 이와 다른 결론으로 판결을 내릴 수 있다. 즉 위 법률은 제46조 제5항에서 배심원의 평결과 양형에 관한 의견은 '법원을 기속하지 아니한다.'고 규정하여 있다. 그런데도 국민참여재판을 한 이유는 평결에서 무죄 판결을 받는다면 그래도 어느 정도 판사들의 판결에 영향을 끼칠 수 있으리라고 보았기 때문이다.

3 | 국민참여재판 준비과정

피고인이 국민참여재판을 받겠다고 법원에 통지서를 보냈다. 법원은 준비에 착수했다. 국민참여재판은 하루 만에 끝나기 때문에 꼼꼼한 사전 준비가 필수다. 재판일에 앞서 공판준비기일이 열렸다. 준비기일 때는 주장을 정리하고 증거방법을 논의하고 재판시간을 잡는 등 관련 사항을 협의했다. 이후 법원은 배심원을 선정하고 공판기일에는 배심원에게 참고 자료를 제공했다. 이 참고 자료는 배심원의 판단에 도움을 주기 위한 것으로, 우리에게도 판결 과정을 공부할 수 있는 좋은 자료라고 생각된다. 함께 살펴보자. 먼저 증거방법에 대한 설명 문구다.

배심원에게 제공된 자료 가운데 '증거법칙' 관련 부분

V. 증거법칙

1. 무죄 추정의 원칙

헌법 및 형사소송법에 의하면, 피고인에 대하여 유죄가 확정되기 전까지는 무죄로 추정됩니다. 따라서 검사가 피고인의 유죄임을 입증해야 하고, 피고인이 자신의 무죄를 입증할 필요는 없습니다.

(* 무죄 추정의 원칙이 존재하는 이유는, 대개의 사람들은 기소되었다는 사실만

으로 그 사람을 범인으로 의심하고 불이익을 주려는 경향이 있기 때문에 유죄 확정 전까지는 일단 무죄로 보자는 것이다. 물론 검사가 보기에 이유가 있으니까 기소를 한 것이지만 그래도 판단을 내려야 하는 사람은 이런 편견으로부터 벗어나야 하며, 그래서 무죄 추정의 원칙이 필요하다. 이것은 인권보호를 위한 헌법상 원칙이기도 하다. 한편 피고인의 유죄 입증은 검사에게 책임이 있음을 밝히고 있다.)

2. 증거재판주의

「증거에 의하여」 사실관계를 파악하여야 한다는 것을 의미합니다. 검사가 제출한 공소장이나 검사 및 변호인의 의견은 모두 주장에 불과할 뿐 그것 자체가 증거는 아닙니다. 다만, 피고인 신문 과정에서 나타난 피고인의 법정진술은 증거가 됩니다.

3. 자유심증주의

서로 배치되는 증거가 있을 경우, 그 중 어느 증거를 믿고 어느 증거를 믿지 않을 것인지는 판단자의 합리적이고 이성적인 판단에 맡겨져 있음을 의미합니다.

증거의 신빙성 유·무와 관련하여 몇 가지 기준을 제시한다면, ① 진술에 합리적인 근거가 있는지, ② 진술에 일관성이 있는지, ③ 진술이 다른 증거와 모순되는 면이 있는지, ④ 진술내용이 사회통념에 비추어 수긍할 수 있는지, ⑤ 진술자에게 어떤 이해관계가 있는지, ⑥ 피고인에게 납득할 만한 범행의 동기가 있는지, ⑦ 피해자가 사건화한 경위에 의혹이 없는지, ⑧ 진술하는 증인의 태도에 의심할 만한 점이 있는지 등을 들 수 있습니다.

하지만 위와 같은 기준이 절대적인 것은 아닙니다. 인간의 인식능력이나 기억력에는 한계가 있고, 증인의 태도 등은 그 증인의 성향·성격에 따라 다를 수 있으며, 그 외에도 법정에 현출되지 않은 수많은 변수가 존재하기 때문입니다.

(* 절대적인 기준이 아니라고 하지만 그렇다고 이를 마음대로 어겨서 판단하는 것도 안 된다. 이 기준을 벗어나서 판단을 내리기 위해서는 그에 합당한 근거가 있어야 한다. 참고로 여기서 제시된 기준은 우리가 앞에서 살폈던 '증거를 살피는 3가지 기준'에서 크게 벗어나지 않는다.)

4. 증명의 정도 – 합리적 의심이 없는 증명

검사는 피고인의 유죄라는 것을 합리적 의심이 들지 않을 정도로 입증(proof beyond a reasonable doubt)해야 합니다. 그렇지 못할 경우 검사의 증명이 부족하므로 무죄로 평결해야 합니다.

다만 의심의 여지가 전혀 없을 정도로 100% 완벽하게 입증하라는 것은 아니고, 공소사실이 진실이라는 확신을 주는 정도의 증명을 말합니다. 즉 검사가 완벽하지는 않지만 충분히 증명하여, 피고인이 무죄일지도 모른다고 의심하는 것이 더 이상 합리적이지 못한 때에는 피고인을 유죄로 인정하여도 됩니다.

(* 합리적 의심에 대해서는 여러 차례 이야기를 했다. 이 자료에서는 '의심이 합

리적이지 못할 때는 합리적 의심이 아니다'라는 식으로 설명하고 있는데 사실 이런 식으로 동어반복으로 설명하는 것 외에는 합리적 의심을 더 쉽게 설명하기는 어려울 수 있음을 감안해야 한다. 다른 단어를 가져와서 설명하면 그만큼 의미가 왜곡될 여지가 있기 때문이다.)

한편 법원은 이런 기초적인 자료 외에 이 사건의 쟁점이 될 만한 사안을 정리하여 배심원에게 나누어주었다. 이 자료는 판사가 공판준비기일에 검사, 변호인단과 상의하여 정리한 것으로 이 사건을 어떤 면에서 판단해 갈 것인지 대략적인 구조를 보여주고 있고 이를 기초로 판단해 갈 것임을 예고하고 있다.

배심원에게 제공된 자료 가운데 '쟁점' 관련 부분

Ⅲ. 이 사건의 쟁점

1. 유무죄에 대한 판단
○ 피고인(* 필자의 사건 의뢰인)은 이 사건 공소사실을 전부 부인하고 있습니다. 피고인은 공소사실의 기재와 같이 피해자가 근무하는 광주 동구 유덕동에 있는 ○○주점에서 피해자와 함께 술을 마시던 중 피해자와 1회 키스를 하고, 한 번 더 키스를 하려다 거절당한 일은 있으나

이후 성관계 자체를 시도한 사실이 없으므로, 피해자의 의사에 반하여 강제로 간음을 시도하거나 흉기 등을 휴대하여 피해자를 폭행 또는 협박하면서 성관계를 요구한 사실이 없다고 주장하고 있습니다.

○ 성폭력범죄의처벌등에관한특례법위반(특수강간)죄는 흉기나 그 밖의 위험한 물건을 지닌 채 또는 2명 이상이 합동하여 폭행 또는 협박으로 사람을 강간한 경우에 성립하는 범죄로, 이 사건에서는 ① 피고인이 피해자를 강간하려고 시도하였는지 여부, ② 피고인이 피해자를 강간하기 위하여 흉기인 식칼을 들고 폭행 또는 협박하였는지 여부가 쟁점이 됩니다.

○ ① 만일 피고인이 피해자를 강간하려고 시도하지 않았다고 판단할 경우, 피고인에게는 어떠한 범죄도 성립하지 아니하므로 피고인은 무죄입니다. ② 피고인이 강간하려고 시도하였고, 흉기인 식칼을 들고 피해자를 폭행 또는 협박하였다고 판단할 경우, 피고인에게는 성폭력범죄의처벌등에관한특례법위반(특수강간)죄(미수범)가 성립합니다. ③ 피고인이 강간하려고 시도하였으나, 흉기인 식칼을 들고 피해자를 폭행 또는 협박하지는 않았다고 판단할 경우, 성폭력범죄의처벌등에관한특례법위반(특수강간)죄(미수범)는 무죄가 되고, 피고인에게는 형법상의 강간미수죄가 성립하게 됩니다.

```
┌─────────────────────────────────┐
│ 피고인이 피해자를 강간하려고 시도하였는가? │
└─────────────────────────────────┘
        ↓ 예                    ↓ 아니오
┌─────────────────────────────┐   ┌──────┐
│ 피고인이 식칼을 들고 피해자를   │   │ 무죄 │
│ 폭행 또는 협박하였는가?         │   └──────┘
└─────────────────────────────┘
    ↓ 예           ↓ 아니오
┌──────────────┐  ┌──────────────────┐
│ 성폭력범죄의   │  │ 성폭력범죄의 처벌 등에 │
│ 처벌 등에     │  │ 관한 특례법위반       │
│ 관한 특례법위반│  │ (특수강간) → 무죄    │
│ (특수강간) → 유죄│ │ (강간미수) → 유죄    │
└──────────────┘  └──────────────────┘
```

2. 양형에 대한 판단

만일 피고인에 대한 이 사건 공소사실이 유죄로 인정된다면, 피고인이 저지른 범죄에 대하여 적정하고 합리적인 형량을 결정하게 됩니다. 피고인에 대한 이 사건 공소사실이 무죄로 인정된다면, 양형에 대하여는 판단할 필요가 없습니다.

만일 유죄로 인정되어 피고인에 대한 형을 정하게 될 때는, ① 피고인의 연령, 성행 및 지능과 환경, ② 피해자와의 관계, ③ 범행의 동기, 수단과 결과, ④ 범행 후의 정황 등을 참작하여야 하는데, 보다 자세한 사항은 '양형참고자료'에서 설명할 예정입니다.

위의 표를 보면 판사는 이 사건의 실체를 3가지로 파악하고 있음을 알 수 있다. 즉 1) 무죄, 2) 강간 미수 유죄 + 칼로 협박 무죄, 3) 칼로 협박하여 강간한 특수강간 유죄가 그것이다. 그런데 이런 3가지 실체 설정이 필자에게는 아쉬웠다. 왜냐하면 이밖에도 두 가지 더 실체가 존재할 수 있기 때문이다. 즉 4) 칼로 협박 유죄 + 강간 미수 무죄, 5) 강제추행이 그것이다.

특히 5번이 중요한 이유는, 만일 강간의 의도가 없었다면 강제추행 정도로 볼 여지도 있었기 때문이다. 실제로 피고인은 피해를 주장하는 여성의 하체에 손을 댄 적이 없었다. 이 점에 있어서는 피고인이나 피해자 모두 일치된 증언을 하고 있기 때문이다. 그렇다면 상체에 대해서(이 사건에서는 키스와 가슴을 만진 것)만 판단을 할 수 있는데 이를 강간의 의도가 있었다고 보는 것은 지나친 판단일 수 있다. 왜냐하면 강간이란 '반항을 불가능하게 하거나 현저하게 곤란하게 할 정도의 폭행이나 협박을 가하여 간음한 경우'를 말하고(대법원 2013.5.16.선고 2012도14788 판결), 간음이란 '성관계를 맺는 것'을 말하는데 하의를 벗기려는 시도도 없이 강간의 의도를 논할 수는 없는 법이 아닌가.

그러나 변호인 입장에서는 판사에게 이 문제를 거론하는 게 또한 부담이 되는 것도 사실이었다. 필자는 의뢰인의 요구에 따라 처음부터 무죄 전략을 펼치고 있었는데 자칫 '판사님, 이 사건의 실체로 제시한 3가지 가운데 강제추행이 빠졌습니다. 그것까지 함께 고려해 주셔야 합니다.'라고 말하면 자칫 강제추행은 인정하는 모양이 된다. 그런 부담을 안고 이의를 제기하는 게 옳다고 보기는 힘들었다. 그래서 그냥 넘어갔다. 미리 말하면 1심에서는 특수강간죄로 유죄를 선고받았으나 항소심에서는 강제추행죄로 바뀌었다(양형으로 말하자면 징역형에서 집행유예로 풀려날 수 있었다.). 그래서 1심 판사의 생각이 더욱 아쉬웠던 것이다.

 4 | 피해자 VS 피고인의 주장

사건을 본격적으로 살펴보자. 편의상 피해자의 주장부터 알아보기로 하자. 피해자의 피해진술은 검찰의 공소장에 잘 나와 있다(피해자의 진술 외에는 특별한 증거가 없는 사건이었다.).

공소사실 – 피해자의 진술

피고인은 2012. 4. 21. 군에서 휴가를 받아 쉬던 중 평소 안부 인사 정도를 하던 피해자 김○○(여, 22세)에게 '호주에서 유학 중인데 잠시 한국에 나왔다'라고 거짓말하여 만나기로 약속하고 2012. 4. 26. 새벽경 광주 모처에 있는 ○○술집에서 피해자를 만나 같이 술을 마셨다.

피고인은 위 피해자가 자신이 종업원으로 근무하는 광주 모처에 있는 ○○주점에 볼일이 있다고 하여 주점의 잠긴 문을 열고 안으로 들어가자 따라 들어가 주위에 아무도 없고 술에 취한 피해자가 졸고 있자 강간하기로 마음먹고, 피해자를 안아 그곳 소파에 눕힌 후 몸 위로 올라가 피해자의 목을 잡고 키스를 하면서 옷 안으로 손을 넣어 피해자의 가슴을 만지고, 자신을 밀치면서 반항하는 피해자와 계속 실랑이를 하면서 성관계를 시도하였으나 실패하였다.

피고인은 계속하여 바로 옆 주방에서 흉기인 식칼 1개(총 길이 35cm)를 들고 와 피해자에게 칼로 자신을 찔러보라고 하다가 칼끝을 피해자 가슴과 머리 쪽에 댄 상태에서 피해자 옷 안으로 손을 집어넣어 가슴을 만지고 강간하려 하였으나 피해자가 싫다면서 반항하다가 그곳 화장실로 들어가 문을 잠근 후 위 ○○주점 사장에게 연락하여 위 사장이 112에 신고를 하여 출동한 경찰이 그곳에 도착하여 미수에 그쳤다.

이 내용은 피해자의 진술에 근거한 것으로 112에 신고된 내용, 칼 등이 간접증거로 제시되었다(그런데 이런 물증들도 결국은 피해자의 진술에 근거를 둔 것이지 물증 자체가 피고인의 범행을 증명해주지는 못한다. 즉 검찰이 기소한 핵심에는 피해자의 진술이 있다는 말이다.). 한편 다음은 피고인이 주장하는 당일 벌어졌던 일이다(당시 변호인이었던 필자가 작성하여 제출한 내용).

답변서 – 피고인의 진술

(2012. 4. 22.)

휴가를 나온 다음날 군인이라는 신분을 밝히지 않고 호주유학 중 잠시 나왔다고 말하고 고소인(피해를 주장하는 여자)과 2012. 4. 26. 고소인이 근무를 마치는 시간에 만나기로 약속을 잡음.

(* 참고로, 여기서 고소인이라고 표현한 이유는 '피해자'라고 하면 피해사실을 인정하는 듯한 뉘앙스를 주기 때문이다. 엄밀히 말하면 판결 전이므로 '피해를 주장하는 사람'이 맞고, 여기서는 고소인으로 통일해서 부른다.)

(2012. 4. 26.)

- 02:00경 : 약속대로 고소인이 근무하던 광주 ○○주점에서 만나 가게 마감을 한 뒤
- 02:30경 : 인근 ○○술집에서 함께 술을 마심.
- 04:00경 : 술을 마시던 중 고소인이 근무하는 주점의 술 주문을 깜빡했다고 하여 다시 ○○주점으로 향함.
- 04:10경 : ○○주점으로 함께 돌아온 뒤 고소인은 술을 주문하고 트레이닝복으로 옷을 갈아입음. 다른 곳에 가서 다시 술을 마시는 것보다는 술을 사와 여기서 마시는 게 낫다고 서로 얘기가 되어 편의점으로 향함.
- 04:50경 : 와인과 샌드위치, 아이스크림 등을 인근의 세븐일레븐 편의점에서 함께 삼.

    (* 여기까지는 고소인과 피고인의 주장에 큰 차이가 없다. 그러나 이 다음부터는 서로의 주장이 상이하다.)

- 05:00경 : ○○주점에 돌아온 뒤 피고인은 와인을 따고 잔을 세팅한 뒤, 고소인과 함께 주방에서 과일 손질을 함. 식칼은 이때 과일

손질을 위해 사용했을 뿐, 그 뒤에는 사용한 적도 없고, 주방에 다시 가지도 않았다고 함.

- 06:00경 : 그 뒤 홀에서 피고인과 고소인은 함께 술을 마시다가 분위기가 좋아져 서로 손을 만지다가 키스를 나누게 됨. 키스를 나누던 중 고소인이 가게에 CCTV가 촬영되고 있으니 여기서 이러면 안 된다고 함.

- 06:30~07:00경 : 고소인과 피고인은 옆의 룸으로 걸어 들어가 소파에 함께 누움. 그리고 누운 상태로 얘기를 잠시 나누다 다시 키스를 시도함. 그러나 고소인은 다시 키스를 나눈 지 10분도 되지 않아 갑자기 자신의 머리를 받치고 있었던 피고인의 손을 뿌리침. 그러면서 "그만해라, 싫다"라고 하며 스킨십을 거부함. 피고인은 고소인의 갑작스런 행동에 당황했고, "왜 그래, 뭐 잘못됐어?" 하며 물어보았지만 고소인은 "짜증나, 아 몰라" 등으로 답하며 짜증을 부리는 이유는 얘기하지 않음. 피고인은 고소인의 기분을 풀어 주려고 옆으로 가서 다독이기도 하고, "괜찮아?", "왜 그래?", "뭐가 그렇게 짜증나는데?" 등 말을 계속 걸어보았으나 고소인은 이유를 말해주지 않고 짜증만 부렸고, 화를 내다가 울기까지 함. 그리고 고소인은 피고인을 상대하지 않음. 그 과정에서 피고인은 고소인의 신체에 손을 대지도 않았고, 성관계를 요구했다거나 위협을 하는 등의 행위는 전혀 한 바가 없음.

- 07:00~08:36경 : 고소인은 피고인과 말을 섞는 것도 거부하고 상

대해주지 않았으므로 둘 사이에 어색한 분위기가 지속됨. 피고인은 이유도 모르고 사이가 나빠진 채 고소인을 두고 갈 수는 없어 ○○주점을 떠나지 못하고 있었음.

- 08:36경 : 고소인은 룸에 앉아 있다가 화장실에 다녀온 뒤 컴퓨터를 켜고 인터넷을 하였음. 피고인은 고소인이 컴퓨터를 하기에 따라가 다시 말을 걸어보았지만, 고소인은 피고인을 무시하고 네이버 서핑 등 인터넷을 10~20분가량 하다가 컴퓨터를 껐음.

- 08:36~09:45경 : 고소인은 룸에 앉았다가 화장실을 들락날락함. 이때 피고인은 답답하여 한 번 피고인을 무시하고 지나가는 고소인의 팔을 세게 붙잡고 "대체 왜 이러는지 말 좀 해봐, 답답하다. 계속 나 안 볼 거냐. 앞으로 나 안 볼 거냐"고 고소인에게 항의했지만, 고소인은 팔을 뿌리치고 역시 이유는 말해주지 않음.

- 09:45~10:18경 : 고소인은 화장실에 들어가 문을 잠금. 피고인은 고소인이 화장실에 들어간 뒤 시간이 많이 흐르고도 나오지 않자 걱정되어 화장실 문 쪽으로 갔더니 고소인이 울고 있는 소리가 들렸음. 그래서 홀 냉장고에서 얼음물을 꺼내어 화장실 문 앞에서 기다렸음.

- 10:18경 : 고소인이 피고인을 지나쳐 화장실에서 나와 현관 쪽 소파에 가서 앉았음. 피고인은 얼음물을 전해주려고 고소인을 따라가는데, 문을 두드리는 소리가 들려 밖을 보니 경찰이 와 있었음. 그래서 문을 열어주었더니, 경찰들은 고소인과 말을 나눈 후 주방

에서 식칼을 가져옴. 경찰들은 피고인이 식칼로 위협하며 고소인을 강간하려 했는지 물어보았고 피고인은 이를 강하게 부정하며 CCTV라도 확인해보고 얘기하라고 항변하였으나, 경찰들은 피고인의 말을 믿지 않았고 일단 경찰서에 가서 조사를 하자고 하여 동행하게 됨.

(2013. 11. 28.)

— 이로부터 약 1년 7개월가량이 지난 뒤인 2013. 11. 28. 군에서 막 제대하여 아버지의 일을 도우며 지내고 있던 피고인은 느닷없이 경찰에 구속되어, 본 재판에 이르게 됨.

2012년 4월 26일 새벽 5시 이후로는 증언이 완전히 엇갈리고 있다. 이 2개의 이야기 가운데 무엇이 진실인지 가리는 게 판사의 역할이고, 검사나 변호사나 피고인은 자신의 주장을 관철하는 게 목적이다. 이 사건의 경우는 두 가지 방법이 있는데 하나는 고소인(피해자)의 진술에서 빈틈을 발견하는 것이고, 다른 하나는 내 이야기가 진실임을 입증하는 것이다. 그러나 안타깝게도 1심의 판결은 유죄였고 징역 2년이 선고되었다. 다음은 항소이유서 가운데 원심 선고 내용을 인용한 부분이다(아래 내용은 항소판결에 담겨 있는 것으로, 그래서 '원심'이라는 표현이 나온다. 원심이 1심 국민참여재판을 의미한다.).

1심 선고 내용

① 피해자는 이 사건 범행의 경위 중 일부 세부적인 부분에 관하여 진술이 일관되지 못하나, 이는 많은 시간이 흘렀기 때문인 것으로 보이고, 이 사건 범행의 경위 및 피해내용, 피고인이 흉기를 휴대한 사실 등 중요한 부분에 관하여는 비교적 일관되게 진술하고 있고, 진술의 내용이 구체적이며 자연스러워 진술의 신빙성이 높다고 보이는 점, ② 피해자에게는 피고인에게 불리한 허위의 사실을 진술할 만한 동기가 있다고 보이지 아니한 점, ③ 피고인과 피해자가 합의하에 자연스러운 신체접촉에 이르게 되었다고 보기는 어려운 점, ④ 피고인이 피해자에게 성관계를 하자는 취지의 말을 하면서 피해자의 몸을 만지고 반항하는 피해자를 잡아끄는 등으로 실랑이를 하였으며, 이에 피해자가 계속하여 거부하며 반항하자, 흉기인 식칼을 들고 피해자를 위협하였는데 이는 강간의 실행의 착수라 할 수 있는 점, ⑤ 피해자의 진술 중 흉기 휴대 부분과 다른 부분의 신빙성의 차이가 있다고 볼 만한 합리적 근거가 없는 점, ⑥ 피해자가 경찰에 신고를 시도하고자 주점 사장에게 사건을 알린 계기에 흉기휴대의 점이 크게 작용하였다고 보이는 점 등에 비춰 공소사실을 그대로 모두 인용하여 피고인에게 유죄를 인정하였다.

한편 원심 배심원단은 피고인이 흉기를 휴대하여 피해자를 위협한 부분에 관하여 이를 믿을 만한 증거가 없고, 피고인의 흉기 휴대 부분에 대한 피해자 진술의 신빙성이 없다고 보아 위 ③ 이유를 제외한 ①, ②, ④, ⑤, ⑥ 이유에서 원심 재판부와 다른 판단을 내려 배심원 9명의 만장일치로 '성폭력범죄의처벌등에관한특례법위반(특수강간)'은 무죄로 평결하고, '강간미수' 부분만을 유죄로 인정하였다.

흥미로운 점은 배심원단과 1심 재판부의 생각이 달랐다는 점이다. 배심원단은 흉기 휴대 부분에 대해서 무죄 판단을 내려 특수강간에서 강간미수 부분만 유죄로 인정했다. 반면 1심 재판부는 검찰의 기소 그대로 특수강간으로 판결을 내렸다. 징역은 2년이 선고되었다.

5 | 항소

1심 재판 과정에서 변론 과정을 생략한 이유는 항소심에서 자세히 다루기 위함이다. 앞서 간략히 언급했지만 보통 1심에서 유죄를 받은 사람들은 2심에서 양형 전략으로 갈아타는 경향이 있다. 그러나 우리의 피고인은 1심에 불복하여 2심을 신청하는 순간에도 일관된 주장을 펼쳤다.

"억울합니다. 저는 칼로 위협하거나 강간을 하려고 시도했던 적이 없습니다."

참고로 이 사건의 정확한 혐의는 특수강간이 아니라 특수강간미수다. 실제 성행위는 없었고, 강간하려다 실패했다고 피해자가 진술했다. 다만 죄명 표시를 성폭력범죄의처벌등에 관한 특례법위반(특수강간)으로 표시할 뿐이다.

 어쨌든 우리는 항소심을 준비하며 1심 당시 배심원단이 무죄로 인정했던 부분, 즉 칼을 든 것으로 보이지 않는다는 사실을 강조했다. 여기에는 거짓말탐지기의 결과도 한몫을 했다. 즉 피고인은 '칼을 들지 않았다'는 내용으로 거짓말탐지기 조사를 받는데 이때 진실이라는 판정이 나왔다. 한편으로 우리는 1심에서와 마찬가지로 피해자 진술의 일관성을 깨뜨리기 위해 공격했다. 결과적으로 2심 판사는 칼을 소지했다고 인정했지만 강간하려는 의도가 없었다는 사실은 인정하여 특수강간미수, 강간미수 모두 무죄가 되었다. 다만 채증법칙상 부득이 특수강제추행이 인정되어 징역 2년에 집행유예 3년을 받게 되었다. 이후 검사와 피고인 모두 2심 판결에 불복하고 3심을 신청했으나 기각되었다(검사로서는 '특수강간'이 '강제추행'으로 낮아졌으므로 받아들이기 힘들었을 것이고, 피고인은 끝까지 무죄를 주장했기 때문에 '강제추행'도 납득하기 어려웠을 것이다.).

 아무튼 중요한 건 피해자 진술의 일관성 문제이므로 변론을 통해 어떻게 일관성을 깨뜨리고 있는지 그 과정을 함께 살펴보자. 다음은 2014년 5월에 제출한 항소이유서 가운데 발췌한 내용이다.

항소이유서 – 일관성 깨뜨리기

3. 채증법칙 위배

[* '법관은 반드시 직접증거로만 범죄사실에 대한 증명이 있는지를 판단하는 것은 아니고, 직접증거와 간접증거를 종합적으로 고찰하여 논리와 경험의 법칙에 따라 범죄사실에 대한 증명이 있는 것으로 판단할 수 있다.'(대법원 2017. 1. 25. 선고 2016도15526 판결) 이 판시처럼 통상 채증법칙위배란 법관이 사실관계를 확정하기 위하여 증거를 취사선택할 때 지켜야 할 논리칙, 경험칙을 위반하는 것을 말한다.]

가. 피고인의 유죄를 인정할 수 있는 증거는 피해자의 진술뿐입니다.

(* 1심 당시 증거가 많이 제출되었지만 이 가운데 유죄에 영향을 끼치는 증거는 딱 하나밖에 없음을 지적한다. 나머지는 다 간접증거이고, 설령 간접증거를 다 인정하더라도 유죄를 판단할 수 없음을 설명한다. 그렇다면 남는 문제는 피해자의 진술이고, 피해자 진술의 일관성 등 신빙성이 없다면 그때는 무죄가 되어야 하는 것 아니냐는 취지로 변론을 이끄는 것이다.)

1) 원심은 증거의 요지로 "피고인의 법정진술, 김○○의 법정진술, 김○○에 대한 경찰 및 군검찰 각 진술조서와 그에 첨부된 약도, 사진, 식칼(흉기) 사진, 피의자 사진, 112신고사건처리표"를 들고 있습니다. 그러나 피고인은 경찰 및 군검찰, 검찰 각 진술조서에서 일관되게 범행을 부인해왔고, 원심 공판절차에서도 마찬가지로 범행을 부인하였

습니다. 또한 식칼(흉기) 사진(검찰 증거순번 8 증거기록 43-44면)은 피고인의 흉기 휴대 사실을 거증하는 증거인데, 흉기 휴대사실은 피해자와 피고인의 진술이 상반되는 부분으로써 위 식칼(흉기) 사진은 이 사건 범행현장이 아닌 주방에서 발견되었고 피고인이 흉기를 휴대하여 피해자를 협박하였는지 여부에 관하여는 아무것도 말해주지 못하고 있습니다. 한편 112신고사건처리표(검찰 증거순번 10 증거기록 48면)는 경찰에 2012. 4. 26. 10:16경 신고가 있었다는 사실을 나타낼 뿐, 피고인이 이 사건 범행을 저질렀는지 여부와는 무관합니다.

2) 반면 사경(* 사법경찰) 작성의 피해자에 대한 진술조서에 첨부된 사진(검찰 증거순번 3 증거기록 30면)과 피의자 사진(검찰 증거순번 9 증거기록 45면)은 이 사건 발생 직후 피해자와 피고인에게 발적(* 피부가 빨갛게 변한 것을 가리킬 뿐 홍반과는 무관)의 흔적이 있음을 보여주고 있습니다. 그런데 사경 작성의 피해자에 대한 진술조서에 첨부된 사진을 보면 피해자의 발적 부위는 명확히 식별이 가능한 반면, 피의자 사진에서 피고인의 발적 부위는 사진만으로는 판별이 되지 않습니다. 다만, 수사기관에서 피고인의 발적 부위는 손등과 손목이라 특정하여 수사를 진행하여 왔으므로(검찰 증거순번 18 증거기록 103면, 증거순번 29 증거기록 187면) 위 피의자 사진 중 이 사건과 관계된 발적 부위는 왼쪽 손목과 오른쪽 손등만을 지칭하는 것이라 할 것입니다(#첨부서류2 피고인의 발적 부위). 이를 종합하여 보면 ① 피해자, 피고인 모두 상처라고는 볼 수 없을 정도의 발적이 발생했고, ② 그나마도 범위가 극히 작은 부

분에 불과하며, ③ 특히 피고인의 경우 당시 왼쪽 손목에 시계를 차고 있어서 피고인의 왼쪽 손목 발적은 피해자와 소파에 누워 있을 당시 단순히 손목시계에 눌려 발생한 것일 가능성을 배제할 수 없다는 점, ④ 그 외 다른 상처가 전혀 발견되지 않아 피고인에게 공소사실을 모두 인정할 정도의 증거는 되지 않습니다.

3) 첨언하자면, 사경 작성의 피해자에 대한 진술조서에 첨부된 사진(검찰 증거순번 3 증거기록 30면)에서 피해자의 왼쪽 손목과 손등(보다 정확히는 엄지손가락 바깥 부분)에 나타난 발적도 피해자가 피고인에게 강간의 위협을 받았는지 여부를 판별할 수 있는 증거는 되지 못합니다. 대구지방법원 김천지원 2014. 2. 26. 선고 2013고단1379 판결에서 당해 재판부는 해당사건의 피고인이 "왼손으로 피해자의 오른팔을 잡아 움직이지 못하게 하고 오른손으로 피해자의 가슴을 1회 만져 피해자를 강제로 추행하였다"고 범죄사실을 인정하였고(증제15호증의 1. 판결문), 위 사건의 피고인이 강제로 추행한 증거로는 경찰수사 당시 피해자의 피해부위를 찍은 사진이 있었습니다(증제15호증의 2. 피해부위 예시사진). 증제15호증의 2. 피해부위 예시사진을 보면, 위 사건의 피고인은 강간에 이를 의사가 없이 추행만을 하였음에도 위 사건의 피고인이 잡은 위 사건 피해자의 오른팔은 시커멓게 멍이 들었습니다. 이는 가해자가 피해자의 의사에 반하여 신체를 구속했을 경우 어느 정도의 흔적이 남겨지는지 보여지는 예라 하겠습니다. 그런데 이 사건 피해자의 경우 피부도 하얗고 피해자가 주장하는 상황도 위 강제추행 사건에 비

하여 훨씬 과격함에도 증제15호증의 2. 피해부위에 준하는 멍이나 상처는 전혀 발견되지 않고 있습니다. 더욱이 증인신문 과정에서 피해자는 아래와 같이 피고인이 계속하여 여러 차례 손목을 잡고 룸 및 사무실로 끌고 갔다고 진술했는데, 한 차례도 아니고 여러 차례 피고인이 피해자를 잡아끄는 상황임에도 미미한 발적 밖에 남지 않았다는 것입니다.

> 재판장 : 손목을 계속 잡혀서 그랬다는 거예요?
> 피해자 : 네. 계속 이렇게 끌려갈 때마다 손목 이렇게 잡아가지고 갔었거든요.
>
> (* 이 내용은 1심 법정의 속기록에서 가져온 것이다.)

피해자의 진술에 비춰 실제 흔적은 극히 미미함을 고려한다면 피해자가 피고인을 범죄자로 몰기 위하여 임의로 경찰에 신고 전 만들어 냈을 가능성도 배제할 수 없습니다.

4) 결론적으로 피해자의 진술(경찰 및 군검찰에서의 진술조서 및 원심에서의 법정증언)을 제외한다면, 피고인을 유죄로 인정할 증거가 전무한 상태입니다. 도리어 피고인의 무죄가 입증되는 증거가 보다 많습니다. 이하에서는 이제껏 제출된 피해자의 진술증거의 신빙성을 되짚으며 원심에서 채증법칙을 위배하여 증거를 채택한 결과 사실을 오인하였음을 밝히고자 합니다.

아래부터가 본격적으로 진술의 일관성을 깨뜨리기 위한 변론이다. 필자는 피해자의 진술 가운데 의심이 나는 부분을 포착하여 이를 집중적으로 물었다. 여러분도 어떤 점에 포인트를 맞추는지, 어떤 질문을 던지는지 주의 깊게 보기를 바란다.

> **나. 그러나 피해자의 진술은 중요부분에서 일관성도 없고 신빙성이 없습니다.**
>
> 1) 2012. 4. 26. 06:00경 피고인이 잠든 피해자를 안고 룸으로 이동했는지 여부
>
> 가) 피해자는 경찰 및 군검찰, 원심 법정증언에서 2012. 4. 26. 06:00경(이후 본문에서는 이 사건 범행일시는 동일하므로 일시는 생략하고 '시간 단위 표시'만 하겠습니다) 피고인과 와인을 마시던 중 잠이 들었다고 일관되게 진술해 왔습니다. 그러나 어떻게 잠이 들었는지에 관하여는 경찰조사에서는 한 손을 괴고 졸았다고 하였고(검찰 증거순번 3 진술조서 17면), 검찰조사에서는 테이블에 엎드린 채로 졸았다(검찰 증거순번 22 피해자진술조서 146면)고 하였습니다. 피해자는 법정에서는 검사가 공소사실을 확인하며 엎드려 잠이 들었는지를 묻자 그렇다고 대답하였다가, 변호인이 잠든 상황에 대하여 설명을 구하자 "이렇게 테이블이 이렇게 있으니까 이렇게 받치고 있다가 그리고 졸았어요."라고 손을 괴고 잔 것처럼 답하였고, 이에 변호

인이 다시 한 손을 괴고 잤는지 묻자 "엎드렸는지 괴고 잤는지는 잘 모르겠어요. 졸았어요."라고 말해 진술을 바꾸고 진술이 바뀐 부분은 기억이 나지 않는다고 얼버무리고 있습니다.

(* 참고로, 이 사건은 소송에서 1년 7개월 전에 벌어진 사건으로, 기억이 희미하게 된 것은 어느 정도 납득될 수 있다. 실제로 유죄 판결을 내린 1심 판사는 오래된 일이라 기억이 희미하여 오락가락할 수 있다고 명시하며, 그래도 이 때문에 일관성이 깨진 것은 아니고, 오히려 자연스럽다고 판결문에 적었다. 특히 테이블에 어떤 자세로 잠들었는지와 같이 사건의 핵심 부분이 아닌 경우에는 희미해진 기억을 자연스럽다고 보는 게 옳을 수 있다. 그럼에도 이런 사항까지 물고 늘어지는 것은 '티끌 모아 태산'이기 때문이다. 작은 의심이라도 쌓이다 보면 큰 의심으로 이어진다.)

나) 그 뒤 피해자가 어떻게 룸으로 이동했는지 여부에 관하여, 피해자는 경찰조사에서는 피고인이 잠든 피해자를 "한 팔은 무릎 쪽에 다른 한쪽 팔은 겨드랑이 쪽에 해서 안아서 들어올려" 룸으로 이동해 피해자를 소파에 눕혔다고 하였고(검찰 증거순번 3 진술조서 19면), 검찰조사에서는 '피해자가 졸다가 일어나 와인을 냉장고에 넣고 집에 가려 하니까 피고인이 잠자리를 갖자고 하면서 피해자를 룸 쪽으로 밀쳐서 안쪽으로 갔다'는 취지(검찰 증거순번 22 피해자진술조서 152면)로 답하여 전혀 다르게 진술하고 있습니다.

다) 그러나 법정증언에서는 다시 피고인이 '자고 있는 피해자를 안고

들어 올려 룸에 눕혔다'는 취지로 답하여 진술을 번복했습니다. 옮겨진 과정에 있어서도,

변호인 : 아주 자연스럽게 이동해서 소파에서 눈을 떴다는 말씀이시네요

피해자 : 아뇨, 도중에 떴어요.

변호인 : 그런데 여기서는(검찰 증거순번 3 진술조서 19면) 지금 눈을 떴더니 소파에 눕혀져 있었다. 조금 시기상 차이가 약간 있네요.

피해자 : (묵묵부답)

세부적인 부분을 수정하다 보니 조금씩 진술내용이 달라지고 있습니다.

(* 마지막 문장에 주목하자. '세부적인 부분을 수정하다 보니' 하고 추론을 넣은 것은 여기에 뭔가 피해자 진술을 의심할 만한 정황이 있음을 지적하기 위해서다. 그러나 노골적으로 말하지는 않고 암시적으로만 건드리고 넘어간다.)

라) 피고인과 피해자가 어떻게 룸으로 이동했는지는 공소사실과 원심 인정 범죄사실에도 나타날 정도로 중요부분이고, 피고인이 성관계 또는 스킨십의 의사가 없는 피해자를 강간하려 했다는 범의가 드러나는 부분임에도 진술의 일관성이 없어 신빙성이 없습니다.

(* 피해자의 진술을 사실이라고 가정할 때, 피해자를 안고 가는 순간부터 강간의 범의를 읽을 수 있다. 그런 점에서 피해자가 기억이 오락가락한다는 것은 이상하다는 지적이다.)

마) 특히 이 사건 현장을 보면(검찰 증거순번 13 사진 56면, 증제10호증의 1, 2) 홀에서 피해자와 피고인이 앉아 있던 의자는 다리가 움직이지 않고 팔걸이가 있는 의자로, 피해자의 주장처럼 피고인이 한 팔은 무릎 쪽에 다른 한쪽 팔은 겨드랑이 쪽에 집어넣고 피해자를 안아서 들어올리기는 불가능한 구조입니다. 또한 피해자는 검찰조사에서 '피해자가 걸어 들어갔다'는 것을 전제하여 진술함으로써 경찰조사에서의 진술 및 법정증언과는 정반대의 진술을 하였습니다. 결국 피해자가 피고인과 술을 마시던 중 잠이 들었다는 점도 믿을 수 없고, 피고인이 피해자를 안아 들어올린 사실은 확인할 수도 없을 뿐 아니라, 도리어 피해자가 룸으로 걸어 들어갔다고 보는 것이 보다 설득력이 있습니다.

(* 의심에 설득력을 높이기 위해 의자 사진까지 첨부했다는 점을 기억하자. 저게 왜 증거가 되느냐고 생각하지 말고, 증거라고 생각되면 가져와야 한다.)

2) 2012. 4. 26. 06:00경 피고인이 성관계를 요구하는 피해자 위에 올라타 가슴을 만지고 손목을 제압하고 팔뚝으로 목을 누르는 등 강간시도를 했는지 여부

가) 피해자는 경찰조사에서 '피고인이 피해자를 룸 소파에 눕힌 뒤에 증인의 몸 위로 반쯤 올라와 양손으로 어깨를 밀쳐서 누르고 못 일어나게 하고 키스를 하려고 하자 피해자가 어깨인지 팔인지를 잡고 피고인을 밀쳐냈고, 그러나 다시 피고인은 한 손으로 피해자

의 양 손목을 모아서 잡고 키스를 하고 다른 한 손으로는 브라 안의 가슴을 만졌으며 그때 피해자의 양 손목을 잡고 있던 손이 풀려 다시 피해자가 피고인의 가슴을 밀어내어 피고인이 바닥에 떨어졌다'는 취지로 진술하고(검찰 증거순번 3 진술조서 19-20면), 한편 검찰조사에서는 같은 시간 '피고인이 주먹이나 발을 사용한 증인을 때린 적은 없지만 손으로 증인의 입을 틀어막거나 팔뚝으로 증인의 목을 누르는 등의 행위를 하였다'고 진술하였습니다(검찰 증거순번 22 피해자진술조서 149면을 제시하며). 그러나 피해자의 발적 부위를 찍은 사진(검찰 증거순번 3 진술조서 19면)에는 피해자의 진술에 따르면 피고인이 과격하게 강간시도를 위한 폭력행위를 하였다는 것임에도 불구하고 팔꿈치로 눌린 목 부위는 물론 일부 발적을 제외하면 다른 상처의 흔적은 찾아볼 수 없습니다.

나) 법정에서 변호인은 피해자에게 목을 눌린 경위에 대해 보다 자세히 질문을 하였는데, 그 내용은 아래와 같습니다.

변호인 : 어떤 위치에서 그렇게 했는지는 기억나시나요. 목을 눌렀다는 게 서있는 상태에서 아니면 누워 있는 상태에서.

피해자 : 제가 넘어져 있을 때.

변호인 : 넘어져 있을 때 목을 누른 거예요? 그럼 거의 몸무게로 누른 거나 다름없네요.

피해자 : 그것까진 잘 모르겠어요.

(중략. 검찰 증거순번 진술조서 30면 제시하며 설명)

변호인 : 근데 여기 손목 쪽 말고는 다른 흔적이 없죠?

피해자 : 그건 저도 모르죠.

피해자 진술에 따르면 넘어져 있는 상태에서 목을 눌러 흔적이 매우 강하게 남았어야 함에도, 그런 흔적이 없는 사진을 제시하며 왜 흔적이 없는 것인지 묻자 잘 모르겠다며 대답을 회피하였습니다.

다) 즉, 피고인이 잠든 피해자를 안아 들고 소파에 눕힌 뒤 과격하게 성폭행을 시도했다는 피해자의 진술만이 있을 뿐, 달리 그에 합치하는 증거가 없는 상황입니다. 따라서 이 부분 피해자의 진술도 신빙성이 없습니다.

3) 2012. 4. 26. 06:00~08:36경 피고인이 계속하여 피해자에게 폭력을 행사하며 성관계를 요구했는지 여부

가) 피해자는 경찰 조사에서 '피해자가 사무실에서 신발을 신으러 홀로 나와 가방을 만지자 피고인이 얘기하자며 홀 바에 앉았다가, 피고인이 다시 얘기 좀 하자며 룸으로 끌고 가 함께 앉았다가, 피해자가 룸에서 나가려 하자 피고인이 몇 번을 피해자를 안아서 룸 소파에 던졌다가, 다시 피고인에 의해 밀치며 사무실에 끌려들어 갔는데, 이때 피고인이 사무실 문을 닫고 피해자를 다시 사무실 소파에 던졌고, 피해자가 던져진 후 다시 일어나려 하면서 사무실 탁자 위 잔이 다 떨어졌다. 그리고 다시 던져져서 사무실에 있

던 골프채가 있는 곳에도 던져졌다'(검찰 증거순번 3 진술조서 21면)는 취지로 얘기하였습니다. 피해자는 그 뒤 피해자와 피고인의 실랑이는 잠시 소강상태에 접어들었고 피해자가 08:36경 컴퓨터를 사용(검찰 증거순번 13 사진 57면)한 것이라고 법정증언에서 진술한 바 있습니다.

나) 피해자는 법정에서도 "들어갔다가 넘어지고 막 이러다가 다시 밀고 나오고 계속 그렇게 반복하고"라고 하였고, 다시 보다 세부적으로 당시의 정황을 변호인이 물을 때,

변호인 : 아까 계속 그 사무실에 바하고 룸하고 계속 피고인이 안고 왔다 갔다고 했죠?

피해자 : 안고 간 것은 처음쯤에 그랬고 그 다음부터는 거의 그냥 밀고 끌고 그런 식으로 갔어요.

변호인 : 그러다가 어디 부딪친 적은 있어요?

피해자 : 넘어졌어요. 부딪친 것은 모르겠고. 바닥에 이렇게 계속 넘어졌거든요.

변호인 : 부딪치기는 한 번도 안 했어요?

피해자 : 그건 잘 모르겠어요.

변호인 : 그러니까 사무실 테이블 모서리랄지 그런데 부딪친 적이 없어요?

피해자 : 정확하게 물어보시니까 잘 모르겠는데, 전 넘어지고 부딪치기

도 했던 것 같아요, 벽에.

위와 같이 진술하면서, 06:00~08:36경 컴퓨터를 사용하기 전까지 피고인에게 성관계를 요구받으며 극심한 폭력을 당해온 것처럼 진술하였습니다. 그런데 피해자가 묘사한 것과 같은 폭력의 흔적은 찾아볼 수 없습니다(검찰 증거순번 3 진술조서 30면).

다) 한편 피해자가 경찰조사 당시 피고인이 여러 번 피해자를 안아 들고 홀, 룸과 사무실을 이동한 것으로 진술한 것과는 달리, 원심 법정에서는 처음 한 번만 피고인이 피해자를 안아 들고 룸으로 옮겼다고 진술을 번복했습니다.

변호인 : 몇 번을 안아서 이동한 거죠?

피해자 : 안긴 건 한 번이에요.

변호인 : 그러면 아무래도 초반에 진술하신 것이, 사건이 일어나자마자 진술하신 것이 맞다고 생각하시나요?

피해자 : 네.

변호인 : 그러면 다시 한 번 보시겠습니다.

(중략. 피해자의 경찰조사 당시 작성한 검찰 증거순번 3 진술조서 제시하며 피해자의 진술 사항을 설명)

피해자 : 안긴 것이 제가 말한 안긴 거는 이렇게 안겨서 처음에 간 것은 한 번이고요, 들어 올려져 있는 것을 안긴 것이라 얘기했던 거고, 저기서 안겨서 갔다는 것은 이렇게 안겨서 이렇게 밀쳐졌는

것을 말씀드리는 거예요.

(중략. 변호인이 다시 검찰 증거순번 3 진술조서 20면 부분의 피해자 진술부분을 읽어주며 피해자가 여러 번 안아 들어 올려져 이동하게 된 것으로 진술한 부분을 확인시켜주고, 진술이 반대되고 있다는 점을 지적)

피해자 : 잘 모르겠어요.

즉, 피해자가 06:00~08:36경 피고인에 의해 의사에 반하여 홀, 룸 및 사무실로 이동하게 되었다는 부분에 관하여 진술이 번복되고 있어 이를 신빙할 수 없습니다.

라) 06:00~08:36경 피고인이 계속하여 피해자에게 폭력을 행사하며 성관계를 요구하지 않았다는 점은 중사 주○○ 작성의 수사보고서(검찰 증거순번 12면 수사보고서 54-55면)에서 매우 분명하게 드러납니다. 위 수사보고서에서는 "이름을 알 수 없는 종업원(이름을 밝히긴 것을 거부함)에 의하면 4. 26.(목) 20:00경 출근하여 영업준비를 위해 청소하던 중 '사무실 내 테이블 위에 술병은 없었으나 술잔 10여개(일명 언더락잔, 스트레이트잔)가 있고 약간의 술이 들어 있었으며 재떨이 한 개는 뒤집어져 바닥에 떨어진 상태였다'고 진술한 바, 2012. 4. 27.(금) 01:09경 ○○주점 사장(박○○)과 전화통화한 결과 자신의 지인들과 함께 먹은 것이라고 함.(피해자의 진술 중 '사무실 내에서 자신을 소파로 내던질 때 테이블 위에 있던 잔이 다 떨어졌다는 진술과 미일치함)"이라 기재되어 있습니다. 다시 말해 피고인

이 피해자에게 성관계를 요구하며 폭력을 행사한 정황이 없고, 도리어 같은 시간 피해자의 진술처럼 피고인이 폭력을 행사하지는 않은 것으로 보이는 증거만이 있는 상태입니다.

마) 피해자의 진술이 위 수사보고서와는 상반되고 있는 바, 변호인은 피해자에게 신문과정 중 다시 확인을 구하였더니 증인은 법정에서 다시 발언을 번복하였습니다.

변호인 : 말하자면 떨어졌다고는 하는데 지금 떨어진 상태가 아니잖아요? 지금 진술하신 대로라면 다 떨어져 있고 깨지고 그랬어야 하는데 말끔히 정리라고 할까요? 그냥 그대로 술 마신 그대로 있었던 상태잖아요? 술도 있었으니까. 그런데 사무실에서 정말 던져지고 그렇게 나가려고 하는데 밀쳐지고, 테이블 쳐서 빈 잔들이 다 떨어지고 그런 일이 있었다고 지금 말씀하시는 것인가요?

피해자 : 근데 지금은 잘 모르겠어요. 근데 그때 그렇게 얘기했던 게 잔 부딪치는 소리를 들으니까, 정확하게 그 잔을 쳐다본 거는 아니에요. 그런데 그 상황에서 내가 테이블에 이렇게 부딪쳤고 잔이 이렇게 부딪치는 소리가 들리고 이러니까 그렇게 떨어졌다고 **생각했었나 봐요.**

변호인 : 그러면 테이블을 쳤는데 그냥 잔들이 넘어지지는 않고 위에서 살짝 움직이고 넘어지지 않았다는 얘기들이네요? 스트레이트

잔 같은 경우는 사실 밑면이 굉장히 작잖아요? 스트레이트잔 같은 경우는 이렇게 면적이 굉장히 넓어서 큰 충격에도 넘어지지 않고 그런 것은 아니잖아요? 언더락잔 같은 경우는 가능할지도 모르겠지만. 그런데도 지금 그냥 떨어진 것 같지는 않다? 넘어진 것 같지는 않다?

피해자: 잘 모르겠어요. 그것까지 신경 쓸 것은 아니어서.

변호인: 그런데 검찰조사에서 말씀하시기로는 "테이블에 무릎도 부딪치고 잔이 떨어져서 있는 것을 봤다"라고 얘기하셨어요. 그런데 "아마 제가 화장실에 가면서 피의자가 사무실로 들어간 것을 봤습니다." 그러니까 "본인 생각에는 피의자가 사무실로 들어가 떨어진 잔을 다시 올려놓고 정리했다는 것인가요?"라고 했더니 "예 그렇습니다"라고 말씀하셨어요. 지금 말씀하신 것과는 완전 반대 아닌가요.

즉, 위 수사보고서와 달리 사무실에는 피해자가 피고인으로부터 폭행을 당했거나 협박을 받은 아무런 흔적이 남아 있지 않다는 점을 지적하니, 피해자는 잔이 떨어진 것을 보지 못했다고 진술을 번복했다가, 적어도 스트레이트잔의 경우는 구조상 피해자의 무릎이 사무실 테이블에 부딪칠 때 넘어지지 않거나 떨어지지 않는 것이 어렵다는 점을 설명하니, 다시 잘 기억이 나지 않는다고 말을 바꿨습니다. 그리고 잔이 떨어진 것을 보지 못했다는 법정증언 부분이 피해자가 검찰조사에서 잔이 떨어진 것을 보았다는 진술부분(검찰 증거순번 22 피해자진술조서 149면)과 상반되는 점에 관하여는 설명하지 못하고 있습니다.

바) 결국 피해자는 우선 경찰조사에서 매우 급박하고 위험한 상황을 묘사하였다가 검찰조사에서 예상하지 못했던 위 수사보고서가 등장하자, 피고인이 이후 잔을 치운 듯하다는 진술을 추가하였다가, 위 사실을 추가하기 위해 함께 "잔이 떨어진 것을 봤습니다"라고 진술한 부분을 기억하지 못한 결과 진술내용이 갈팡질팡하게 된 것으로 보입니다.

사) 변호인은 증인신문과정 중 피해자에게 피해자의 진술대로라면 피해자는 사무실에서도 바닥과 골프채가 있는 장소 등에 여러 번 내쳐지고 넘어졌다는 것인데 왜 타박상이나 상처가 없느냐고 묻자, 피해자는 '사무실 바닥에는 스크린골프 시설의 초록색 인조잔디가 있어 그렇다'는 취지로 변명을 하였고, 변호인이 다시 '인조잔디가 있었다면 이불처럼 푹신푹신한 것도 아닌데 오히려 더 피부에 긁히기 쉬운 것이 아니냐?'는 취지로 질문하니 위와 같이 인조잔디로 인해 다치지 않았다는 입장을 고수하며 맞섰습니다. 그러나 피해자의 답변은 상식적으로도 납득이 어려우며, 설령 그것이 사실이라 하여도 바닥에 내쳐졌을 때 외에 골프채에 부딪치거나 소파에 던져졌을 때 아무런 상처가 발생하지 않았는지에 관하여는 설명이 되지 않습니다. 특히 피해자가 던져졌다는 사무실의 소

파는 세로폭 1m 10cm, 가로폭 48cm로 쿠션 폭이 좁은 것이어서 사람이 던져질 경우 열상, 타박상은 물론 뇌진탕의 우려가 매우 높은 곳이기도 합니다(증제9호증의 1, 2 참조).

아) 결국 06:00~08:36경 피고인이 계속하여 피해자에게 폭력을 행사하며 성관계를 요구했는지를 입증할 증거가 없음은 물론이거니와, 이 부분을 묘사하는 피해자의 진술은 계속하여 번복되고 있어 신빙성도 없고, 도리어 피고인이 성관계를 요구하며 피해자를 폭행 또는 협박하였다는 등의 사정은 없었던 것으로 보이는 증거만 있는 상태입니다. 따라서 피고인이 06:00~08:36경 피고인이 계속하여 피해자에게 폭력을 행사하며 성관계를 요구했다는 피해자의 주장은 사실이 아닙니다.

4) **2012. 4. 26. 06:00~10:00경 피고인이 피해자의 핸드폰을 빼앗았는지 여부**

가) 피해자는 경찰조사에서는 '피고인이 주방에 칼을 갖다 놓는 사이 몰래 핸드폰을 주머니에 넣었다'는 취지(검찰 증거순번 3 진술조서 23면)로 핸드폰을 되찾은 경위를 설명하였다가, 검찰조사에서는 '피고인에게 사장을 깨워야 한다고 하여 받았다가 통화 후 다시 뺏으려 하자, 가방에 보관만 하겠다고 설득해서 갖고 있었다'는 취지(검찰 증거순번 22 피해자진술조서 153면)로 핸드폰을 되찾은 경위를 다르게 설명하였습니다.

나) 변호인이 증인신문과정 중 핸드폰을 되찾은 경위가 달라진 점을 묻자 피해자는 먼저 핸드폰을 돌려받아 가방 속에 넣었고 그 상태에서 가방으로부터 핸드폰을 몰래 주머니에 넣었기 때문이라고 해명을 하였습니다. 그런데 그에 앞서 피해자는 피고인이 식칼을 주방에 가져다 두기 전까지는 계속 붙어 있었다고 증언하였습니다.

변호인 : 피고인과 떨어지게 된 계기가 칼 갖다 놓고 그 다음에 화장실에 가면서 처음 떨어진 거죠?

피해자 : 네.

변호인 : 그러면 계속 붙어 있었다는 얘기네요. 두 사람이.

피해자 : 네.

변호인 : 그런데 어디에 뺏어서 어디 보관했는지는 모른다? 잠시 두고서 어디 갔다 온 건가요, 아니면?

피해자 : 아뇨. 그냥 뺏겨서 걔가 가지고 있었는지 어디 놔뒀는지 모르겠다고.

변호인 : 그걸 모르겠다고요?

피해자 : 네.

즉, 핸드폰을 피고인에게 빼앗기고 그 상태에서 계속 피고인과 붙어 있었음에도 피고인이 핸드폰을 뺏어서 어디에 두었는지 모른다고 피해자는 진술하고 있는 것입니다. 결국 피해자의 진술을 그대로 믿기란 무척 어렵고, 설령 위 증언을 무리하여 진실로 받아들인다고 하여도 피고인은 식칼이라는 흉기로 강간을 시도하는 극악무도한 행위를 하는 와중에도 피해자의 핸드폰은 순순히 돌려주는 이상한 상황이 되어 버립니다.

다) 그에 그치지 않고 피해자는 원심 법정증언에 와서 처음으로 경찰에게 여러 번 전화를 시도했었다고 주장하여, 새로운 사실을 추가하였습니다.

변호인 : 증인은 아까 증언 중에 긴급통화 연결을 여러 번 시도했다고 했죠?

피해자 : 네.

변호인 : 긴급통화라는 것은 뭘 말합니까?

피해자 : 네?

변호인 : 긴급통화라는 것은 뭘 말하냐구요?

피해자 : 그거요. 112요. 경찰서.

변호인 : 연결이 안됐어요?

피해자 : 네.

변호인 : 몇 번 정도 했어요?

피해자 : 한두 번. 세 번.

변호인 : 아, 그래요?

피해자 : 네.

변호인 : 통화는 갔는데

피해자 : 그걸 잘 모르겠어요. 제가 핸드폰을 제가 못 가지고 있으니까 잠깐 딴 거 하는 사이에 옆으로 바로 하면 긴급통화 눌러지잖아요. 그걸로 눌러놓고 안 보이게 덮어놓고 막 소리 지르고 집에 가자고 뭐 이제 나가자고 이런 식으로 소리 지르고 했었는데 나중에 보니까 전화가 하나도 연결이 안 되어 있더라구요.

변호인 : 그러면 나중에 경찰관 분들이 증인이 가진 핸드폰에 전화 시도한 내용을 확인한 적이 있습니까?

피해자 : 그건 잘 기억이 안 나요.

변호인 : 그러면 경찰관 분들한테 그런 이야기 했습니까? 긴급통화 시도를 했다가 연결이 안 됐다는 얘기 했습니까?

피해자 : 그것도 기억이 잘 안 나요.

즉, 피해자에 의하면 핸드폰을 받은 뒤로도 피해자와 붙어 있는 상황에서 긴급전화를 하였다는 것인데, 피해자가 자신이 위험한 상황에 있었다는 점을 강조하기 위해 다소 무리하여 새로운 주장을 추가하려 했던 것으로 보입니다. 왜냐하면, 피고인과 붙어 있는 상황에서 긴급전화가 걸렸다고 하여도 피고인이 잠시 자리를 비우지 않는 이상(그러나 피해자 스스로 피고인과 떨어진 것은 식칼을 주방에 가져다 놓을 때가 처음이라고 하였습니다) 통화음이 들리기 마련인데 이를 피고인이 모를 수가 없고, 피해자 자신도 그와 같은 상황에서 만약 경찰이 긴급전화를 받았다면 피고인에게 몰래 신고하려 했다는 것을 들킬 뿐만 아니라 경찰에게 상황을 설명할 수 없게 되어버리기 때문입니다. 또한 위에서 "그걸로 눌러놓고 안 보이게 덮어놓고"라고 증언한 부분도 '핸드폰을 돌려받은 뒤 가방에 넣어두었다'는 증언과 상충하는 내용입니다. 피해자는 변호인이 다시 긴급전화를 한 사실을 사건 당일 방문한 경찰관들이 확인하였냐고 묻자 기억이 나지 않는다며 답을 회피해버렸습니다.

라) 결국 이 부분 피해자의 주장도 일반인의 경험칙상 믿기 어렵습니다. 강간범이 핸드폰을 돌려준다는 발상 자체도 허구적이거니와, 피해자에게 여러 번 전화를 할 기회를 준다는 점도 발상은 더욱이나 비상식적입니다. 피해자가 피고인에게 강간의 위협을 당하다가 용감하게 기지를 발휘하여 신고를 했다는 사실을 만들어 내기 위해 노력한 흔적으로밖에 해석되지 않습니다.

5) 2012. 4. 26. 09:30경 피고인이 고소인을 식칼로 위협했는지 여부

가) 피해자의 주장은 09:30경 피고인이 갑자기 주방에서 식칼을 가져와 위협하며 성관계를 요구했다는 것이고, 피고인의 주장은 05:00경 주점에 돌아온 뒤 피해자는 과도로 피고인은 식칼로 함께 과일을 손질했으며 그 뒤로는 식칼을 사용한 적이 없다는 것입니다. 피고인의 주장에 대하여 피해자는 피고인이 식칼을 사용한 적이 없고, 자신만이 과도로 혼자 과일을 손질했다고 합니다. 위 식칼은 경찰이 현장 도착 당시 룸이나 홀, 사무실이 아닌 주방에서 발견되었습니다.

나) 그런데 피고인이 홀에서 와인을 따고 술잔 두 개를 세팅하는 데에는 기껏해야 1분 내외의 시간이 걸렸을 것이고, 피고인은 ○○주점에 온 뒤에 새벽 2시 5분경 가게의 마감일을 도와주는 장면이 CCTV에 포착되었던 점(검찰 증거순번 13 사진 57면)을 보면, 이미 술잔 세팅을 마친 피고인은 피해자를 도와 주방에 가서 과일 손질을 함께 하였다고 보는 것이 자연스럽습니다.

다) 한편 피해자는 피고인과는 달리 경찰 및 검찰조사 과정에서 자신이 어떤 과일을 손질했는지에 관하여는 전혀 얘기하지 않다가, 원심 법정증언에 와서야 "과도가 있었어요. 제가 바나나를 잘랐으니까 있었던 것 같아요."라고 하여 자신이 '바나나'를 잘랐다는 사실을 추가하였습니다. 한편 바나나 외에는 어떤 과일이 있었는지 잘 기억나지 않는다고도 진술하였습니다. 이는 이미 검찰조사 과정 및 증인신문과정에서 '피고인이 바나나를 손질했다고 주장하는 것을 인지한 다음'에 새로이 주장한 것이어서 진술의 신빙성이 무척 떨어집니다. 실제로 증인은 수사과정에서 작성된 증거를 보고 새로운 주장을 추가한 전례가 있어(검찰조사 과정에서 수사보고서를 본 뒤 '잔이 떨어진 것을 보았다', '피고인이 식칼을 주방에 돌려놓고 사무실에도 들렸다'라는 주장을 추가했습니다) 증인 진술의 진정성에 더욱 의심이 갑니다.

라) 피해자는 경찰조사에서는 '밖으로 휴지를 갖다 주러 가면서 식칼

을 주방에 돌려놓았다(검찰 증거순번 3 진술조서 22-23면)'라고 하였다가, 검찰조사에서는 '휴지를 갖다 준 후 고소인이 눈물을 닦을 때 주방에 돌려놓고, 사무실에 가서 잔을 치웠다(검찰 증거순번 22 피해자진술조서 151면)'고 하여 식칼을 주방에 가져다 놓은 경위도 달리 진술하였습니다. 그런데 원심 법정증언에서는 '화장실에는 언제 갔느냐, 피고인이 자리를 비운 것이냐는 검사의 질문에 다시 "자리를 비웠어요. 제가 휴지를 달라고 했는데 사무실 안에 있는 휴지를 달라고 해서 사무실로 간 상태였고 그때 제가 화장실로 간 거예요"라고 구체적으로 진술하며 다시 진술을 번복했습니다.

마) 더욱이 피고인이 칼로 피해자를 위협한 장소도 일정하게 진술하고 있지 않습니다. 피해자는 경찰조사에서는 사무실에 있을 때 피고인이 식칼을 들고 왔다고 하였고(검찰 증거순번 3 진술조서 22면), 검찰 조사에서는 룸에 있을 때 피고인이 식칼을 들고 왔다(증거순번 22 피해자진술조서 150면)고 하여 식칼로 가져와 위협한 장소가 불분명합니다. 피해자는 법정에서는 다시 '룸에 있을 때 피고인이 식칼을 가져와 위협을 한 것'이라고 주장하였지만 대부분의 법정 증언에서는 시간이 오래되어 잘 기억나지 않는다고 답해온 반면, 사건발생 당일 기록한 사경 작성의 피해자에 대한 진술조서는 피해자의 기억이 명확한 상태에서 작성되었고 사무실에서 피고인이 협박한 상황도 구체적으로 묘사되어 있는 것을 감안한다면 피해자는 범죄사실을 묘사할 때 위협장소를 특정하는 데 어려움을

겪고 있는 것으로 보입니다. 그러한 사실이 존재하지 않은 상태에서 이미 주장했던 가상의 사실들과 앞뒤를 맞추어야 하기 때문입니다(만약 사무실에서 위협한 것을 참으로 설정한다면 피해자가 피고인이 주방에 식칼을 갖다 놓았다는 것을 보았다는 주장도 성립이 불가능하게 됩니다).

바) 무엇보다 피고인이 식칼을 사용해 피해자를 협박한 적이 없다는 점은 '거짓말탐지검사결과통보(검찰 증거순번 17 증거기록 78-83면)' 에서 입증되고 있습니다.

피고인에게 "가. 그 당시 주방에 있던 칼을 들고 왔나? 나. 그 당시 주방에 있던 칼을 들고 온 적이 있나? 다. 그 당시 주장에 있던 칼을 가지고 왔나?"라는 감정인의 질문에 모두 '아니오'라고 답변하여 검사 결과 '진실반응'으로 판단되었습니다.

이미 피고인이 당시 주방에 있던 칼을 들고 온 적이 없음을 여실히 나타내고 있습니다.

거짓말탐지기의 검사는 그 기구의 성능, 조작기술 등에 있어 신뢰도가 극히 높다고 인정되고 그 검사자가 적격자이며 검사를 받는 사람이 검사를 받음에 동의하였으며 검사서가 검사자 자신이 실시한 검사의 방법, 경과 및 그 결과를 충실하게 기재하였다는 여러 가지 점이 증거에 의하여 확인되었을 경우에는 형사소송법 제313조 제2항에 의하여 이를 증거로 할 수 있다고 할 것이나 그와 같은 경우에도 그 검사, 즉 감정의 결과는 검사를 받는 사람의 진술의 신빙성을 가늠하는 정황증거로서의 기능을 다하는데……(대법원 1984.2.14. 선고 83도3146 판결[강간치사·업무상횡령])

더욱이 거짓말탐지검사결과는 유죄의 입증을 위해 사용되는 증거인데, 거꾸로 거짓말탐지검사결과에서 피고인의 '성폭력범죄의처벌등에관한특례법위반(특수강간)' 부분의 무죄가 입증되고 있는 상황입니다. 적어도 위 거짓말탐지 결과서는 피고인에 대한 공소사실에 대한 '합리적 의심'을 가져올 수 있는 중요한 증거라고 할 것이며 이를 뒤집지 않는 한 피고인을 함부로 유죄로 할 수 없습니다.

(* 거짓말탐지기에 대한 추가 설명이 필요할 것 같다. 법원은 거짓말탐지기의 결과는 거의 증거자격으로 인정하지 않는다. 다만 위의 판례와 같은 예외적인 경우에만 증거자격을 인정받을 수 있을 뿐이고, 나아가 정황증거, 즉 간접증거로 활용된다고 설명한다. 달리 말해 직접증거로 쓰일 수 없다는 말로, 거짓말탐지기의 결과만으로 유죄 판결을 내릴 수 없다는 뜻이다. 한편 위에서 주장한 내용, 즉 '유죄의 입증에 사용되는 증거인데, 적어도 합리적 의심을 가져올 수 있는 중요한 증거'라는 말은 이런 뜻이다. 즉 유죄 판결을 위해서는 합리적 의심이 없을 만큼의 증명력이 필요하므로 몇 가지 정황증거만으로는 유죄 판결이 안 된다. 그러나 반대로 합리적 의심을 위해 쓰일 때는 높은 수준의 증명력이 필요한 게 아니다. 의심의 여지만 만들어도 무죄가 되기 때문이다. 그런 관점에서 거짓말탐지기의 결과는 피해자의

진술을 의심할 만한 증거가 되므로 이를 배척하기 위해서는 그에 합당한 이유가 있어야 한다는 취지로 주장하는 것이다.)

사) 그런데 달리 피고인이 식칼을 가져와 피해자를 위협했다는 증거가 없는 상황에서 위 거짓말탐지검사결과통보의 증명력을 아무런 이유도 없이 일방적으로 부인하고 피고인에게 전부 유죄를 임의로 인정해도 되는 것인지 의문이 들지 않을 수 없습니다. 가뜩이나 이와 같이 합리적 의심 없이 흉기 휴대 부분을 인정할 수가 없는 상황인데, 원심의 경우 배심원단마저 '성폭력범죄의처벌등에관한특례법위반(특수강간)' 부분은 만장일치 무죄로 평결한 상황이어서 더욱더 원심의 이 부분 판결에 관하여는 문제제기를 하지 않을 수 없습니다. 채증법칙의 위배 외에는 달리 표현할 방법이 없습니다.

다. 피해자의 진술은 세부적인 부분에서도 일관성도 없고 신빙성이 없습니다.

1) 피고인이 이 사건 발생 한 달 전부터 피해자에게 연락을 취해왔는지 여부

피해자는 이 사건 당시 '만나기 한 달 전부터 연락이 지속적으로 왔습니다.', '친구 핸드폰으로 빌려서 보냈다고 했습니다. 문자나 카톡으로 연락이 왔습니다.'라면서 마치 피고인이 계속 피해자를 만나려고 노력하였다고 주장하고 있습니다(수사기록 145면 피해자진술조서 참조). 그러나 피고인은 군에 입대하기 전 피해자에게 수회 전화한 적은 있으나 군에 있을 때, 특히 휴가 나오기 전에는 2011. 11. 29. 입대하여 5주간 신병교육을 받고 있었고 2012. 2. 23.부터 같은 해 4. 19.까지는 GP생활을 하였기 때문에 전화를 할 수도 없었습니다(증제14호증 복무사실확인서). 증인 이○○도 법정에서 GP복무 중에는 핸드폰을 사용할 수 없음을 확인해준 바 있습니다(달리 증명하지 않아도 상식 중의 상식이기도 합니다).

결국 피고인이 이 사건 발생 한 달 전부터 피해자에게 연락을 취해왔다는 피해자의 이 부분 주장은 명백하게 거짓말입니다.

2) 2012. 4. 26. 10:00경 피해자가 화장실에 있는데 피고인이 화장실의 잠긴 문을 열고 들어왔는지 여부

피해자는 10:00경 화장실에서 문을 잠그고 사장에게 전화를 하고, 화장실에 계속 있자, 피고인이 문을 밖에서 따고 들어왔다고 진술합니다(검찰 증거순번 3 진술조서 23면, 증거순번 22 피해자진술조서 151면). 그런데 ○○주점의 화장실은 안에서 잠그는 구조였고, 밖에는 달리 열 수 있는 장치가 없습니다(증제2호 화장실 사진, 증제10호증의5 홀 사진 참조). 피해자는 밖에서 화장실 문을 열 수 없는 구조에 관하여 아래와 같이 해명하고 있습니다.

    변호인 : 그런데 피고인이 어떻게 했는지 모르겠지만 화장실 문 따고 들어온 적이 있나요?

피해자 : 예, 문 열고 들어왔어요.

변호인 : 근데 지금 딱히 딸 수 있는 그런 장치들이나 이런 것이 보이지 않는데.

피해자 : 이거 말고요. 화장실 입구문이요.

변호인 : 네 입구문. 그렇죠. 뭐 열쇠가 있는 것도 아니고.

피해자 : 저거 열 수 있어요. 저거 옆에 구멍에 이쑤시개만 꼽으면 열리는데요.

변호인 : 어떻게 했는지 모르겠지만 이쑤시개로 왠지 열고 들어온 게 아니냐는 거죠.

피해자 : 저는 잠그고 들어왔는데 문을 열고 들어왔어요.

그러나 ○○주점의 구조나 특징을 잘 알고 있는 피해자와는 달리 피고인은 사건 당일 처음 ○○주점에 온 사람인데 피해자의 주장처럼 이쑤시개 등으로 쉽게 문을 열 수 있는지 알 수 있었다는 것은 매우 비상식적으로 들립니다. 더욱이 문의 구조를 보면 피해자의 주장처럼 이쑤시개 등이 쉽게 들어갈 만큼 공간이 보이지도 않고, 피고인이나 피해자를 비롯한 다른 ○○주점의 직원들이 이쑤시개 등으로 화장실 문을 연 적이 있었다면 그러한 흔적이 남아 있어야 하는데 달리 문틈에 어떤 흔적이 남아 있지도 않습니다(증제2호 화장실 사진, 증제10호증의5 홀 사진 참조).

결국 피해자의 이 부분 주장도 피고인의 범죄사실을 만들어 부풀리기 위한 거짓말이라 보아야 타당할 것입니다.

3) 기타 신빙성이 의심되는 사정들

가. 피해자는 피고인을 만나기 전 양주를 마셨다고 보여지는 사정들이 있으나 피해자는 이를 부정하고 있습니다.

피고인은 피해자가 피고인과 만나기 전에 실장이랑 아는 오빠들과 양주를 마셨다는 얘기를 들었다고 진술한 바 있습니다(검찰 증거순번 11 진술서 50면, 증거순번 26 피의자 신문조서(2회) 168면). 이름을 알 수 없는 종업원이 2012. 4. 26. 20:00경 출근하여 영업 준비를 위해 청소하던 중 사무실 내 사장(박○○)이 술잔이 10여개 있었다고 하였고, 사장(박○○)과 통화하니 지인들과 함께 사무실에서 술을 마신 것이라고 하였다고 기재된 수사보고서(검찰 증거순번 12 수사보고서 54-55면)가 있어 피고인의 진술에 부합하고 있습니다. 또한 피고인의 위 진술은 피해자가 얘기해주지 않는 한 피고인이 알 수도 없고 알려고 할 이유도 없었다는 점과, 피고인의 위 진술이 이 사건 공소가 제기되어 증거기록을 확인하기 전에 이뤄졌다는 점에서 진실이라는 점이 강하게 추정됩니다.

그런데 피해자는 피고인을 만나기 전에 맥주 한두 잔 정도 마신 것 말고는 거의 안 마셨다고 주장합니다(검찰 증거순번 22 피해자진술조서 145면, 원심에서의 법정증언). 사건발생 당시 피해자가 술에 취해 있었는지, 기억력이 불완전한 상태였는지 여부에 따라 피해자 진술조서에 대한 신빙성 판단이 달라집니다. 피해자는 자신이 피고인과 술김에 스킨십을 가지지 않았다고 주장하기 위하여 위와 같이 양주를 마신 사실을 부정하고 있는 것은 아닌지 의심됩니다.

나. 피해자는 자신이 피고인을 밀쳤더니 소파가 좁아 피고인이 바닥에 떨어졌으며, 위 소파는 혼자 누워도 좁을 정도라고 주장하고 있습니다.

피해자는 경찰 및 검찰 조사과정과 법정증언에서 피고인과 소파에 나란히 누워 키스를 한 사실을 부정하면서 소파가 혼자 누워도 좁다고 주장합니다.

그러나 소파의 크기는 가로가 54cm 내지 55cm가량, 세로가 피고인이 누워있던 곳은 202cm, 연결된 소파 포함시 257cm가량 되고(증제7호증 룸 구조도 참조), 당시 피고인의 키는 178cm, 몸무게는 58kg가량, 피해자는 "키는 158cm이구요. 몸무게는 42kg 정도(원심에서의 피해자 법정증언)"라고 하였으므로, 피고인이 주장하는 대로 바깥쪽에서 칼잠식으로 눕고 그 안에 피해자가 반듯하게 눕되 피고인의 왼팔을 피해자의 머리 밑에 넣어 팔베개 식으로 하고 오른팔은 피해자를 감싸듯이 하면 충분히 두 사람이 누울 수 있습니다(증제8호증의 3 내지 4 각 쇼파 재연사진 참조). 애당초 피고인이 보다 유리하게 진술할 마음이 있었다면 피해자와 피고인 두 사람 모두 칼잠식으로 누워 마주보며 키스를 나눴다고 거짓말을 하면 쉽게 넘어갈 수 있는 부분입니다. 그리고 무엇보다 피해자의 신체사이즈를 감안할 때 룸 안의 소파는 혼자 누워도 좁을 정도라는 주장부터가 거짓입니다.

다. 피해자는 증인신문과정 중 피고인이 ○○주점 출입문을 잠갔다는 새로운 사실을 추가했고, 피고인이 강간을 시도할 당시 밖에 행인들이 없었다는 주장도 번복하였습니다.

피해자는 검사의 주신문 과정 중 아래와 같은 진술을 하였습니다.

피해자 : 저는 안 잠갔는데 쟤가 잠갔어요.

검 사 : 피고인이 출입문을 잠갔다는 얘긴가요?

피해자 : 예, 안에서. 안에서 저기 문을 잠갔거든요.

검 사 : 피고인이 문을 언제 잠갔나요?

피해자 : 제가 밖에 나가려고 할 때. 제일 처음 나가려고 할 때요.

검 사 : 그러니까 피고인이 증인을 옮겨서 룸으로 데리고 가서 이제 성행위를 시도하는 그때 증인이 반항하면서 나가려고 하니까 그때 피고인이 출입문을 안에서 잠갔다는 건가요?

피해자 : 네, 그때 잠갔어요.

검 사 : 그럼 혹시 그 당시 ○○주점 밖에 지나가는 다른 사람들이 없었나요?

피해자 : 그 새벽에는 거기 사람들 잘 안 지나가요.

편의점에서 ○○주점으로 돌아온 뒤 출입문을 잠그지 않은 채로 피고인과 피해자가 술을 마셨다는 주장부터가 믿기 어려운 얘기인데, 피해자는 피고인이 출입문을 잠갔다는 주장을 증인신문과정 중에 새로이 추가합니다. 이에 그치지 않고 피해자는 피고인이 성행위를 시도하여 피해자가 밖으로 나가려 할 때 밖에 행인이 없었다고 주장합니다.

그런데 변호인이 피해자가 경찰조사 중에 (식칼로 위협하기 전인 06:00~08:36경) 피고인이 성행위를 시도할 때 피해자가 "의자에 앉아 있다가 날이 밝아 오니까 사람들이 왔다갔다 하니까 지나가는 사람들이 보인단 말이에요"라고 말한 부분과 피해자가 잠이 들었다 깼을 무렵인 06:00경에는 이미 날이 모두 밝아진 상태였음을 지적하자 피해자는 아래와 같이 말을 또 바꾸었습니다.

피해자 : 그러니까 제가 아까 없다고 말씀드린 것은 새벽이요. 밤에 거기 사람들이 잘 안 다닌다고요.

변호인 : 그러니까 사건 발생 전의 얘기잖아요. 사건 발생 전에 사람들이 안 다녔다는 얘기잖아요. 날이 어두울 때 얘기니까.

피해자 : 그런데 아까 그렇게 말한 것은 그 사건 시작하고 사람들이 다녔냐고 물어보신 게 아니라서 그렇게 얘기했는데요. 그냥 거기 그렇게 새벽에 사람이 많이 다니냐.

변호인 : 그러면 그때 검사님이 아까 질문하실 때 '통행이 없어요' 그런 것은 사건이 발생할 때가 아니라 그전에 어두울 때 얘기다.

피해자 : 그냥 그때 그냥 물어보셨잖아요? 그 길이 사람이 많이 다니는 길이냐. 그 시간대에. 그래서 새벽에는 사람들이 많이 안 다닌다. 그렇게 얘기한 거지.

변호인 : 많이 안 다니는데 어쨌건 사람들이 다닌다. 다녔다고 적혀 있으니까.

피해자 : 그런데 길인데 사람이 안 다닐 수 없잖아요?

변호인 : 예, 그렇죠. 그걸 여쭤보는 거예요. 아까 통행이 없다고 말씀하셔서 정확한 뜻을 여쭤본 거라고 생각해주세요. 어쨌든 의자에 앉아 있더니 날이 밝아 왔다는 거죠? 위협하는 중간에?

피해자 : (묵묵부답)

라. 피해자가 CCTV로 녹화를 할 수 있는 상황임에도 컴퓨터를 끈 이유가 설명되지 않습니다.

피해자는 컴퓨터를 켜야 CCTV가 녹화된다는 사정을 알고 있었습니다. 그러나 피고인은 이를 알지 못했을 뿐더러 사건 당시 CCTV가 녹화되고 있는 줄 알고 있었고, 따라서 사건발생 당일 경찰이 왔을 때 경찰에게 CCTV부터 확인해보고 조사하라고 요구한 바 있습니다. 피해자 역시 피고인이 ○○주점을 처음 왔을 때 CCTV에 연결된 컴퓨터 화면을 보았을 가능성이 없다고 하였습니다(검찰 증거순번 22 피해자진술조서 148면).

그런데 피해자는 08:36경 홀에 있는 컴퓨터를 사용하여 CCTV를 작동시켰다가(검찰 증거순번 13 사진 57면), 피고인에게 폭행을 당하며 강간의 위협을 받고 있는 상황에서 증거를 온전히 확보할 수 있었음에도 불구하고 컴퓨터를 꺼버렸습니다. 변호인은 그 이유를 피해자에게 물어보았더니 아래와 같이 진술을 번복하였습니다.

변호인 : 컴퓨터는 왜 껐어요?

피해자 : 옆에서 계속 지켜보고 끄라고 왜 켰냐고 하니까 껐어요.

변호인 : 끄라고 해서 껐어요?

피해자 : 이거 왜 켰냐고 뭐 할 거냐고 계속 그래서 아니라고 그냥 잠깐 켰다고 하면서 껐어요.

(위 피해자의 진술은 검찰 증거순번 22 피해자진술조서 153면에서 "검사 : 피의자가 컴퓨터를 끄라고 했나요? / 피해자 : 그건 아닙니다."라고 말한 부분과도 상충됩니다.)

변호인 : 피고인이 컴퓨터 끄라고 했다고 아까 말씀하셨잖아요?

피해자 : 그거 정확하게 모르겠어요.

라. 소결

상기에서 살펴본 바와 같이 피해자의 진술은 중요 부분에서나 세부적인 부분에서 일관되지 못하고, 조금만 자세히 질문을 하면 '기억이 나지 않는다', '모르겠다' 등으로 대답을 회피하고 있으며, 피해자의 진술 외 다른 증거들과는 대부분 불합치하고 있습니다. 그럼에도 원심은 과감하게 배심원의 평결도 뒤엎고 신빙성이 극히 부족한 피해자의 진술을 증거로 하여 피고인에게 전부 유죄를 인정하였습니다. 범죄의 증명은 합리적 의심이 없을 정도에 이르러야 함에도, 의심을 지울 수 없을 뿐 아니라 오히려 피해자의 무고 사실이 의심될 정도의 증거가 존재함에도 피고인에게 유죄를 인정한 것은 채증법칙을 위반한 판결이라 하겠습니다.

4. 사실오인의 점

가. 피고인은 성범죄를 의도하고 피해자를 만난 것이 아닙니다.

1) 원심 재판부는 피고인이 늦은 시간 원거리에 있는 광주에서 친구 사이에 불과한 피해자를 만난 사실 그 자체를 이해할 수 없다는 태도를 보였습니다. 아래는 원심 재판부가 피고인 신문과정 중 이 사건을 바라보는 시각을 스스로 밝힌 부분입니다.

> 재판장 : 5개월 만에 전화해서 만나가지고, 근데 5개월 만에 만나고 그전에 연인관계도 아니었는데, 피고인은 지금 자연스럽게 와인 마시다가 키스를 하게 됐다고 주장을 하고 있거든요.
>
> 피고인 : 예.
>
> 재판장 : 그게 상식적으로 이해가 안 가서 지금 물어보는 겁니다. 그럴 만한 무슨 계기가 있었어요?
>
> 피고인 : 아, 판사님. 죄송합니다. 제가 대드는 게 아니라 판사님이 말씀하신 대로 상식적인 선이라는 것이 있는데, 사람들이 꼭 상식적인 면에서만 행동한다고 그렇게 판단한다는 것은 좀 아닌 것 같습니다.
>
> 주 심 : 그 피고인이 휴가 나와서 다시 복귀하는 날짜가 언제였는지 기억나요?
>
> 피고인 : 27일이었을 겁니다.

주 심 : 그러니까 이 사건 26일 새벽에 있었는데, 피고인이 25일에 뭐 저녁이 됐든 오후쯤에 광주로 내려가서 새벽에 만난 거죠?

피고인 : 예 맞습니다.

주 심 : 26일 낮에는 다른 친구와의 약속은 없었나요?

피고인 : 친구와의 약속이 있는 것이 아니라 원래는 아버지 가게를 도와드리려고 했던 상황이었습니다.

주 심 : 아버지 가게를 도와드리러 언제쯤 올라갈 계획이었나요?

피고인 : 원래는 밤새우고 정확히 계획한 것은 없었지만 아침쯤에 올라가려고 생각하고 있었습니다.

주 심 : 아버지 가게는 뭐 꼭 도와줘야 하는 상황이었나요?

피고인 : 꼭 도와줘야 한다기보다는 아버지가 혼자서 힘들게 운영하시기 때문에, 지금도 아버지가 이제 편의점을 운영하시는데 아버지와 사촌형 둘이서 운영을 합니다. 편의점인데. 그렇기 때문에 근무, 제가 만약에 휴가를 나오면 가끔씩 편의점을 가서 편의점을 보는 그런 일을 했었습니다.

주 심 : 아버지께는 뭐 26일에 일을 도와드리겠다고 말을 해놓은 상태였나요?

피고인 : 그건 말을 했는지 안 했는지는 모르겠는데 아마 얘기가 되어 있었을 겁니다.

주 심 : 피고인이 열 시까지 지금 경찰이 올 때까지 그 가게에 머물러 있었잖아요?

피고인 : 예 맞습니다.

주　심 : 원래 계획보다는 늦어진 것 아닌가요?

피고인 : 원래 계획했던 시간이 따로 정해져 있던 것은 아니었구요. 상황이 그렇게 흘러가다 보니까 그 시간까지 있게 된 것 같습니다.

주　심 : 서울에 용무가 없던 것이었으면 몰라도, 서울에 어떤 일정한 용무가 있는 상황에서 대꾸도 안 하는 피해자를 달래기 위해서 열 시까지 기다린 게 조금 이례적인 상황인 것 같아서 질문을 했습니다. 이상입니다.

2) 위 재판부의 신문 내용을 보아 원심 재판부는 '피고인이 늦은 시간 원거리에 있는 광주에서 친구 사이에 불과한 피해자를 만난 사실'과 '피고인이 피해자에게 2012. 4. 22.경 호주에서 유학중인데 잠시 한국에 나왔다고 거짓말을 한 사실'을 단초로 하여, 피고인이 의도적으로 성범죄를 의도하고(혹은 범죄의 의사까지는 없었더라도 성관계는 의도하면서) 피해자를 만난 것으로 판단한 것으로 생각됩니다. 즉, 원심 재판부는 '야심한 시각에 연인관계가 아닌 남녀가 만났고 그중 남자는 집에서 멀리 떨어진 장소에서 거짓말을 하고 여자를 만나러 온 것이므로 이는 상식적으로 이해하기 어려운 일'이라는 전제로 이 사건을 바라보고, 범죄사실의 존부를 의심케 하는 다른 증거에도 불구하고 피고인은 성범죄를 의도하고 피해자를 만난 것으로 보이는 이상 전부 유죄를 인정할 만하다고 판단한 것이 아닌가 추측됩니다.

3) 그러나 연인관계가 아닌 남녀가 늦은 밤 만나는 것은 오늘날 그리 이례적인 일이 아닙니다. 실제로 자정을 넘은 시간에도 번화가에 가면 함께 있는 남녀를 보는 것은 그리 어렵지 않은데 그들 모두가 연인관계도 아닐뿐더러 성관계를 의도하고 만나고 있는 것도 아닙니다. 가부장적 가치관이 강하게 영향을 미치던 근대와는 달리 남녀의 사이는 보다 가까워지고 자유로워졌으며, 남녀가 친구관계를 맺으면서 만나는 것도 더 이상 희소한 일이 아니게 되었습니다. 더욱이 과거에 비하여 더 늦은 시간까지 공부와 일을 강요당하는 현대인의 생활패턴상, 늦은 시간 사람이 만나는 것은 더 이상 특별한 일이 아니게 되었습니다. 편의점 문화의 발달, 대중교통의 막차 시간 연장, PC방, 클럽, 바 등 야심한 시각의 유흥문화 발달 등은 이러한 늦은 시간의 만남이 더 이상 이례적이지 않게 되었다는 것을 방증합니다. 그리고 사람들은 서울과 광주라는 지역 차이도 예전처럼 멀게 느끼고 있지 않습니다. 여전히 생활권의 차이는 존재하지만, 그렇다고 하여 이동 자체에 큰 부담을 느끼지는 않습니다. 서울에서 광주는 자동차로 이동한다면 2시간 반 내지 3시간이 걸리는 거리이고, 과거에는 경부고속도로가 유일한 연결도로여서 교통정체가 발생하면 상당한 이동시간을 감수해야 했습니다. 그러나 오늘날은 이동경로도 확장되고 다변화되었으며, 특히 KTX의 등장으로 1시간 반이면 서울과 광주가 연결되어, 광주 시민들이 잠시 서울에 들러 쇼핑을 하고 내려오다 보니 광주의 상권이 흔들릴

정도로 두 도시 간 심리적 거리가 가까워졌습니다. 결국 원심 재판부는 이러한 사정을 고려하지 못하고 늦은 시간 피고인과 피해자가 광주에서 만났다는 사실에 지나치게 많은 의미를 부여한 것은 아닌지 의심됩니다.

4) 또한 위와 같은 사정이 아니라도, 피고인은 당시 2년간 사회와 격리되어 현역병으로서 출퇴근 없이 병역의무를 져야 하는 군인의 신분이었고 막 첫 휴가를 받은 시점이었습니다. 즉, 사람이 그리워 누구라도 시간이 된다면 만나고 싶은 것이 당연한 시점에서 이 사건이 발생한 것입니다(병사로서 군생활을 해보지 않았거나 사회와 격리되어 생활해보지 않은 일부 사람은 가슴으로 이해하지 못하는 감정일 수도 있으나, 우리나라 대부분의 청년 남성들이 병사로서 병역의무를 다하고 있으므로 그 감정을 추측해보는 것은 불가능하지 않을 것입니다). 피고인은 휴가기간 중 **빽빽**하게 친구들과 만날 약속을 잡고 있었고, 피해자와 만난 사실에 대하여도 '시간은 중요하지 않았다'는 표현을 사용하는데 이는 피고인이 당시 막 첫 휴가를 나온 병사로서의 감정을 그대로 반영한 것이라 하겠습니다.

5) 그리고 02:00에 만나자고 시간 약속을 정한 것은 피고인이 아닌 피해자입니다. 이 부분에 관하여는 피고인과 피해자 사이 다툼이 없습니다. 피해자는 아래와 같이 원심 법정에서도 피해자가 시간을 정하였다는 점을 인정하였습니다.

검　사 : 그러면 피고인이 그렇게 요구한 건가요? 아니면 증인이 그렇게 요구한 건가요? 아니면 서로 얘기하는 과정에서 그렇게 된 건가요?

피해자 : 그 애가 그날밖에 시간이 없으니까 그날보자고 했고, 그날 봐야 되면 제가 일을 해야 하니까 그때 마치니까 그때 볼 수밖에 없다고 얘기했고, 걔가 알겠다고 했어요.

검　사 : 그런데 아까 변호사님도 말씀하셨는데, 이 사건 당일 낮에 피고인을 만날 수는 없었나요? (중략)

피해자 : 네. 걔가 그날 다시 가야 된다고 얘기해서 그날 만났던 것 같아요. 그날밖에 시간이 없다는 식이었어요.

검　사 : 그럼 피고인이 이 사건 당일 그러니까 그날 아침이든지 오전이든지 빨리 가야 된다고 했었나요?

피해자 : 그건 잘 기억이 안 나요.

1차적으로는 피해자의 근무가 02:00경에 끝났기 때문이고, 2차적으로는 02:00경에 만나는 것에 대하여 피해자에게 별다른 거부감이 없었기 때문에 피고인과 피해자는 늦은 시간에 만나게 된 것입니다.

5) 피고인이 '호주에서 유학중인데 잠시 나왔다'고 거짓말을 하여 만나기로 약속하였다는 것이 이 사건 공소사실 및 원심이 인정한 범죄사실입니다. 그러나 그 구체적인 경위는 사실 다소 차이가 있습

니다. 피고인이 '사실은 지금 군인 신분이다'라고 밝히지 않은 점에는 변함이 없지만, 피고인이 피해자를 기망하여 성관계를 갖기 위해서 '나는 호주 유학생이다'라고 얘기한 것은 아닙니다.

검 사 : 근데 피해자를 만나기 전에 피해자에게 연락을 해서 호주에서 유학 중인데 잠시 한국에 나왔다고 거짓말을 한 사실이 있나요?

피고인 : 예 있습니다.

검 사 : 그와 같이 거짓말을 한 이유가 뭐죠?

피고인 : 사실 군입대하기 전에 입대를 하게 되면 연락을 못하게 되니까, 에버랜드 일 그만두고 나서도 수시로 연락을 하던 사이였습니다. 연락이 끊기게 되니까 저는 이제 늦은 나이에 군대 가는 것도 그렇고 군대 입대하는 사실을 밝히고 싶지 않아서 입대하기 전에 호주 유학을 간다고 말을 했었고 휴가 나와서도 그에 따라 숨겨야 할 수밖에 없는 상황이어서 호주 유학을 갔다가 잠시 한국에 들어왔다고 한 것이지 달리 악의적인 의도는 없었습니다.

피고인은 이미 이 사건이 발생하기 훨씬 전 군 입대를 할 즈음, 피해자에게 군 입대 사실을 밝히고 싶지 않아 (피고인의 작은 누나가 있던) 호주 유학을 간다고 말해두었던 상태였습니다. 휴가 중 피해자를 다시 만나게 되면서 이제와 사실은 군인이었다고 말하지 못한 것뿐이지, 군 입대 전부터 계획적으로 장차 피해자를 강간하리라 의도하고 거짓말을 하였던 것은 아닙니다. 피해자도 피고인이 이 사건 발생 며칠 전이 아니라, 보다 오래 전에 피고인이 피해자에게 호주에서 유학하고 있는 중이라고 얘기한 적이 있다고 하였습니다.

변호인 : 혹시 피고인이 증인한테 유학 간다고 언제 말했나요? 언제쯤?

피해자 : 유학을 간다고 얘기했던 적은 없구요. 연락이 와서 뭐하고 지내냐고 얘기하다가 자기는 호주에 있다고, 자기는 호주에서 유학하고 있다고 그렇게 얘기해서 호주에 있는 걸로 알고 있었어요.

변호인 : 그게 언제쯤이죠? 호주에서 유학하고 있다고 그러면 그 사건 당시와는 거리가 있는 시간이겠네요?

피해자 : 정확하게는 잘 모르겠어요. 그런데 그렇게 오래 연락하고 그러지는 않았어요.

변호인 : 호주에 유학하고 있다고 먼저 전화 온 적이 있었다는 얘기네요?

피해자 : 네.

결국 피고인이 거짓말을 하게 된 경위가 이 사건과는 무관함에도 이를 이유로 피고인이 의도적으로 피해자에게 늦은 밤 접근하였다고 판단했다면, 이는 증거관계를 모두 살피지 못해 빚어진 결과라 할 것입니다. (중략)

7. 결론

이와 같이 원심은 피해자의 진술이 일관되지 못하고 대부분의 사항에 관하여 세부적인 부분은 기억하지 못하여 모호하게 진술하고 있음에도 피고인의 범죄를 인정할 수 있는 거의 유일한 증거인 피해자의 진술만으로 전부 유죄를 인정하여 채증법칙을 위배하였고, 이 사건 경위에 관한 사실을 오인하였으며, 배심원의 자율적인 평결권을 침해한 절차적 위법이 있으므로 마땅히 다시 파기되어야 할 것입니다.

(*배심원의 자율적인 평결권과 관련, 필자는 판사가 배심원단에게 유무죄 판단의 영향을 끼쳐서는 안 된다는 점을 지적한 뒤 1심 판사가 배심원단에게 제공한 자료를 문제로 삼았다. 즉 이 사건의 실체를 3가지로 압축하는 과정에서 '강제추행' 부분을 뺐기 때문에 배심원단이 '강제추행'의 가능성에 대해서 생각할 수 있는 여지가 줄었고, 이는 배심원단의 판단에 영향을 끼친 것이라고 주장했다.)

더욱이 ① 피고인과 피해자 사이 놀이동산에서 함께 근무하며 알게 된 다른 지인들이 많이 존재했을 텐데 굳이 식칼까지 들고 성관계를 요구하며 폭행과 위협을 할 동기가 있었는지 의심된다는 점, ② 이 사건 발생장소는 피해자가 거주하는 광주에 위치하고 피해자가 매니저로 근무하는 주점이어서 장소의 구조(첨부서류#4 사건현장 내부구조도 참조)나 특징 및 내외부 상황을 가장 잘 파악하고 있는 곳인데 과연 4시간 넘게 피고인에게 감금당하며 성관계 요구를 받는 등 억압받았는지 의심되는 점, ③ 사건 발생 당시의 시간과 공간 구조상 피고인과 피해자가 룸으로 이동할 무렵부터 이미 날이 밝아 외부에 행인이 다니고 외부에서 주점 내부가 잘 보이는 구조였으며 인근에 대로와 번화가 대형병원 등 통행량이 많은 곳에 위치하여 마음만 먹었다면 쉽게 도망칠 수 있는 상황이었다는 점, ④ 피해자의 진술에 의하더라도 전화도 하고 화장실도 다녀오고 컴퓨터도 하는 등 계속하여 비교적 자유로이 활동할 수 있는 상황이었던 점, ⑤ 피해자의 진술이 모호하고 일관되지 못하며 몇 가지 부분에서는 거짓말을 하고 있음이 확실히 밝혀지고 있는 점, ⑥ 수사보고서 및 거짓말탐지검사결과 등과 같이 피고인의 무죄를 입증하는 주요 증거를 뒤집을 다른 증거가 달리 보이지 않는 점, ⑦ 피고인이나 피해자의 진술에 의하더라도 피고인이 피해자의 바지를 벗기거나 피해자의 성기 부분에 접근하여 간음을 시도하려고 한 적이 전혀 없는 점 등을 고려하면 과연 원심에서 피고인에 대한 범죄의 증명이 합리적 의심이 없는 정도에 이르렀다고 보기에는 부족합니다. 따라서 범죄의 증명이 충분히 이뤄지지 못한 이상 피고인에게 무죄를 선고함이 타당하다고 할 것입니다.

(* 이밖에도 항소심에서 여러 가지 추가로 주장한 게 있다. 그 중 한 가지는, 피고인이 사건이 발생하기 이틀 전 함께 휴가를 나온 군대 동기들과 성매매를 한 적이 있었다는 사실이다. 증인의 진술을 통해 이 사실을 증거로 제출한 이유는 피고인이 '성욕에 굶주렸다'는 추론을 무마하기 위해서였다. 군대에서 휴가 나온 사람은 대체로 의심을 받기 마련이다. 그러나 이틀 전에 성행위를 했다면 의심을 조금은 풀 수 있지 않겠는가.)

6 | 결론

이 사건은 1심 유죄, 2심 역시 유죄인 점에서는 똑같으나 1심에서 특수강간미수죄가 적용되었던 데 반해 2심에서는 강간 미수 혐의에 대해서는 무죄를, 칼로 협박했다는 점과 강제추행에 대해서는 유죄를 선고 받았으며 양형에서도 징역 2년 집행유예 3년으로 감형되는 결과를 이끌어냈다. 피고인이 원하는 목표(무죄)까지 달성하지는 못했으나 이 정도의 성과를 낼 수 있었던 것은 일관성에 대한 집요한 공격이 있었기 때문이다. 일관성은 이토록 중요한 역할을 한다.

한편 피고인은 처음부터 끝까지 무죄를 주장했으며, 중간에 진술을 바꾼 적도 없었다. 개인적으로 필자는 피고인의 이런 태도가 1심 특수강간 유죄를 2심 강제추행 유죄(집행유예)로 바꾸는 데 큰 원동력이 되었다고 믿는다. 일관된 주장을 펼치는 사람의 표정이나 태도 등을 정량적으로 측정할 방법은 없으나 우리가 사람의 인상에서 어떤 느낌을 받듯이 일관된 주장은 피고인의 표정이나 행동에 크고 작은 영향을 미쳤을 것이고, 이것이 거짓말탐지기를 비롯하여 여러 진술의 신빙성을 다투는 데 큰 영향을 끼쳤을 것으로 본다.

물론 필자는 변호사이지 '진실은 이렇다'라고 말하는 사람은 아니다. 피고인이 진짜 머리를 잘 써서 대본을 만든 것인지, 연기가 훌륭한 것인지 나는 확정적으로 말할 수 없다. 그럼에도 이 사건의 피고인과 같이 일관되게 펼쳐지는 주장은 알게 모르게 신뢰를 준다는 것만은 부정할 수 없다. 무죄의 기술 가운데 어쩌면 끝까지 입장을 바꾸지 않고 밀어붙이는 것이 첫째일지도 모른다. 상대방 진술의 일관성을 깨는 일에는 머리가 필요하지만 자신의 입장을 끝까지 고수하는 것은 단순히 머리를 잘 쓰고 안 쓰고의 문제라기보다는 재판에 임하는 의지의 문제다. 확고히 믿는 진실이 있다면 꺾이지 말고 끝까지 밀어 붙이자.

다만 일관성은 사실과 증거를 철저히 정리한 뒤의 일이다. 사건 자체가 흔들리는데 일관성을 유지한다는 것을 어렵다는 것을 기억하자.

마지막으로 항소심에서 흉기 휴대 부분을 인정한 부분을 소개한다. 2심 재판부는 흉기 소지를 인정한 것이 판례의 증거법칙에 따라 어쩔 수 없었다며 구차한 이유를 들어 피고인의 주장(흉기를 휴대한 적 없다!)을 배척했다.

> **2심에서 흉기 휴대를 인정한 이유**
>
> 다. 당심의 판단
>
> 1) 피고인이 흉기인 식칼을 휴대하여 피해자의 가슴을 만진 사실이 있는지 여부
>
>   제1심과 항소심의 신빙성 평가 방법의 차이를 고려해 보면, 제1심 판결 내용과 제1심에서 적법하게 증거조사를 거친 증거들에 비추어 제1심 증인이 한 진술의 신빙성 유무에 대한 제1심의 판단이 명백하게 잘못되었다고 볼 특별한 사정이 있거나, 제1심의 증거조사 결과와 항소심 변론종결시까지 추가로 이루어진 증거조사 결과를 종합하면 제1심 증인이 한 진술의 신빙성 유무에 대한 제1심의 판단을 그대로 유지하는 것이 현저히 부당하다고 인정되는 예외적인 경우가 아니라면, 항소심으로서는 제1심 증인이 한 진술의 신빙성 유무에 대한 제1심의 판단이 항소심의 판단과 다르다는 이유만으로 이에 대한 제1심의 판단을 함부로 뒤집어서는 안 될 것이다(대법

위 법리에 비추어, 원심이 설시한 위와 같은 사정에 원심과 당심이 적법하게 채택·조사한 증거들에 의하여 인정되는 아래와 같은 사정들을 보태어 보면, 피고인이 흉기인 식칼을 휴대하여 피해자의 가슴을 만진 사실이 인정된다. 따라서 피고인의 이 부분 주장은 이유 없다.

① 피해자의 진술은 비교적 일관성이 있고, 특히 피해자는 피고인이 흉기를 휴대하여 피해자를 협박한 대화 내용과 당시 피고인의 행동 등을 구체적이고 일관성 있게 진술하고 있는 바, 이는 피해자가 직접 경험하지 않고서는 진술할 수 없는 부분으로서 그 신빙성이 있다고 판단되며, 위 신빙성을 부인할 만한 특별한 사정은 발견되지 않는다.

② 당심 증인 주○○은 이 사건 수사과정에서 사건 당일 위 ○○ 주점을 직접 가보았을 때 현장은 깨끗한 상태였고 피고인은 폭행 및 강간시도 행위가 있었던 것으로 보이지 않았다고 진술하였으나, 위 주○○은 당시 위 주점이 저녁 영업을 시작하기 위하여 청소를 마치고 가게 문을 연 후에야 방문하였고 이에 그 종업원에게 가게 문을 열었을 때 본 사무실의 상황을 재연해 달라고 하여 그 부분만을 보고 위와 같이 판단한 것이어서 위 주○○의 진술로 피해자의 신빙성을 부인하기는 어렵다.

③ 위 ○○ 주점 인근 세븐 일레븐 편의점에 설치된 CCTV의 영상 및 위 ○○ 주점에 설치된 CCTV의 영상은, 사건 발생 전후 피고인과

> 피해자들이 녹화된 것이어서 사건 당시의 상황에 대한 판단에 직접적인 영향을 미치는 것이 아닐 뿐만 아니라 그 내용도 피해자의 진술의 신빙성을 부인할 정도에 이르지 아니한다.

위 판시의 핵심은 1심에서 인정한 진술의 신빙성을 2심이 생각이 다르다는 이유만으로 배척해서는 안 된다는 내용이다(배척을 위해서는 합리적 근거가 있어야 한다!). 이는 우리에게 중요한 교훈을 준다. "1심에서 최선을 다해 판결을 받아야 한다!" 같은 사실에 대한 판단은 심급마다 달라질 수 있으나 1심의 판단이 우선한다. 이런 이유로, 1심은 대강 준비하고 2심에서 꼼꼼히 대비해서 재판을 받겠다는 것은 안이한 생각이다.

4장

법정 밖에서
문제를 해결하라

"법정 다툼에 돌입하기 전

싸움에서 이기는 방법"

●

| 그들이 알려주지 않는 현실 재판의 모습 |

　재판은 두 얼굴을 하고 있다. 엄정한 이성과 논리에 토대를 두고 아름다운 문장으로 완결되는 이상적인 형태의 재판과, 곳곳에 물이 새고 있는 현실적인 형태의 재판이다. 4장에서 우리가 알아볼 것은 곳곳에 빈틈이 보이는 현실적 재판이다.

　현실의 재판에서는 늘 변수가 생긴다. 고소인의 착각으로 사건이 뒤집히기도 하고, 담당판사가 바뀌면서 사건의 향방이 달라지기도 한다. 우연히 알게 된 판례 하나로 유죄가 무죄가 되기도 하며 증거로 인정되지 못해 버려야 했던 자료가 뜻밖에 힘을 발휘하는 경우도 생긴다. 현실에서는 재판 당사자들이 착각을 일으키고 실수를 저지른다. 특히나 그런 실수와 착각은 주로 법정 밖에서 발생한다. 이런 사정을 잘 아는 변호사들은 법정 밖의 문제를 해결하여 법정 안의 싸움을 이긴다.

　물론 우리는 거의 흠결을 찾을 수 없는 이상적인 형태의 재판에 대해서 잘 알고 있다. 검사나 판사가 실수를 저지르기를 기대할 수도 없다. 그럼에도 현실에서는 크고 작은 실수가 발생한다. 때로는 실수가 아닌 자연스런 과정처럼 보일 때도 있다. 그러나 예민한 후각의 소유자에게는 그냥 지나칠 수 없는 먹잇감이 된다. 누가 문제를 삼느냐에 따라 이 작은 눈덩이는 커다란 눈사태가 되기도 한다. 그러므로 뭔가 잘못되었다고 느낄 수 있는 '감'이 중요하다.

4장에서는 실수 같지 않은, 그러나 판결에 영향을 끼치는 실수에 대해서 다룰 것이다. 요컨대 무죄의 열쇠는 이미 벌어진 상황 안에 존재한다. 뜻하지 않은 데서 해결책이 발견된다. 누가 어떻게 발견하고 활용할 것인지가 관건이다.

4장에서 다루는 사례들은 필자가 맡았던 사건들이며, 일부 예외는 있으나 법정 다툼보다는 해결 포인트를 보여주는 데 집중했음을 미리 알린다.

정확한 법리 분석 후 대응하자

사기죄 사건

사건 발생

"안녕하세요? 오랜 만에 뵙겠습니다."

낯익은 얼굴이 찾아왔다. 오래 전 사기사건으로 약식 기소되어 필자에게 변론을 의뢰했던 사람이었다. 무슨 일일까?

"고소를 당했습니다. 자문을 구하려고 왔습니다."

사건 내막을 들어보니 묘한 구석이 있었다.

"그러니까 고소인이 사기사건으로 고소를 했다는 말인가요?"

"네, 맞습니다. 사기로 고소당했습니다."

"그런데 당신은 최소한 사기는 아니다라고 주장하는 거죠."

"네, 맞습니다. 제가 전례는 있지만 이번 건 사기를 친 게 아니거든요."

그가 들려준 사건의 전말은 다음과 같았다.

 **사건의 전모**

사건의 당사자는 두 명이었다. 필자를 찾아온 의뢰인 A와, A를 고소한 B. A는 B로부터 상당한 액수의 돈을 받고 아직 되돌려 주지 않은 모양이었다. A가 머리를 굴렸다.

A : 좋은 땅이 나온 게 있는데 그게 돈이 되는 모양이에요. 근데 제가 지금이 좀 부족하네요. 그 땅이 팔리면 보상이 나오거든요. 혹시 돈 좀 있으시면 같이 투자해서 수익을 반씩 나누죠.

B : 그래요? 저도 투자하고 싶은데 어떻게 하면 되죠?

A : 토지 구입은 제가 하고, 따로 동업계약서를 작성하면 문제가 없죠.

B : 좋습니다. 그러면 먼저 땅을 구매하고 나중에 팔아서 수익이 나오면 반씩 가집시다. 저도 돈을 대는 입장이니 동업계약서도 꼭 작성하고요.

엄밀히 말하면 이 둘이 작성한 건 정식 동업계약서는 아니었고, 그 비슷한 것이었다. 어쨌든 문제는 다음이었다. 의뢰인 A는 땅을 판 뒤 무슨 사정이 생겼는지 보상금을 다 써버리고 말았다. B가 발끈했으리라는 건 눈에 훤한 일. 내놓으라는 돈은 안 주고 자꾸만 기다려라, 마련해서 주겠다고 차일피일 미루고 있는 A가 B 눈에는 얼마나 괘씸해 보였겠는가?

B는 A가 처음부터 보상금을 나눌 생각이 없었다고 판단했다. 갚을 생각 없이 돈을 떼어 먹은 것, 이것이 사기죄의 요건이다. 심증을 굳힌 B는 A를 사기죄로 고소한다.

쟁점

그런데 필자의 눈에는 다툼의 여지가 있어 보였다. 몇 가지 정황으로 보면 B가 주장하듯 사기죄로 보일 여지도 있었다. 예컨대 A는 B에게 상당한 돈을 빌려서 아직 못 갚고 있는 실정이었다. 판사 눈에 A가 처음부터 갚지 않으려는 정황이 사기죄를 의심케 할 수 있다는 말이다.

그런데 여기서 문제가 되는 게 동업계약서였다. 비록 정식 동업계약서는 아니지만 그렇다고 법적 효력이 없는 것도 아니었다. 어쨌든 둘은 동업계약서를 작성하여 함께 사업을 벌인 것이고, 그 과정에서 A가 자기 마음대로 돈을 처분한 것이므로 이것은 업무상 횡령으로 볼 수도 있다는 얘기. 그러나 고소인 B는 '그가 사기를 쳤다'는 주장을 굽히지 않았고 그래서 '사기죄'로 고소하기에 이른 것.

해결 포인트의 발견

그런데 이 사건의 답은 뜻밖에도 시간에 있었다.

필　자 : 사건이 언제 벌어진 거죠?

의뢰인 : 글쎄요, 꽤 됐죠. 한 7~8년 전일까요?

필　자 : 아, 그래요?

의뢰인 : 왜 그러시죠?

필　자 : B는 사기죄 외에 다른 주장은 하지 않는가요? 예컨대 업무상 횡령이라든가?

의뢰인 : 예, 계속 제가 사기 쳤다고만 주장해요.

의뢰인의 얘기에 따르면 사건은 7~8년 전에 발생했고, B는 계속 사기죄만 주장한다. 그런데 형법에서는 어떤 죄를 주장하느냐에 따라 구성 요건이 달라진다. 예컨대 사기죄는 기망, 즉 처음부터 거짓말하거나 변제 능력 없이 재물을 편취하는 것을 말하고 업무상 횡령은 동업자인 타인을 위해 사무를 보던 중 보관한 돈을 임의로 처분한 것을 말한다. 그 결과 범행 시점이 다르고 입증의 난이도가 다르다. 사기죄는 처음 B로부터 돈을 받을 때가 범행 시점이요, 업무상 횡령죄는 땅을 팔아 받은 보상금을 임의로 처분한 때가 그 시점이다. 그리고 업무상횡령죄는 A와 B가 동업관계라는 것, 그 과정 업무에서 돈을 받은 것, 정당한 이유 없이 위 돈을 A가 임의로 처분하는 것만 입증하면 되지만 사기죄의 기망은 기망행위를 입증해야 하는데 그것이 쉽지 않다. 현실적으로 적당한 핑계를 대면 빠져나갈 구멍이 많다.

당시 두 사람 다 동업관계를 인정하는 상태에서 업무상 횡령죄로 고소가 되면 A가 빠져 나가기 어려운 상태였다. 그러나 의뢰인이 '나는 사기를 친 적이 없다. 우리는 공동 투자한 것이지 돈을 빌린 게 아니다. 동업계약서가 그 증거가 아닌가.'라고 변론을 하고 있는데 B가 A를 업무상 횡령죄로 고소하게 되면 이상하게 돌아갈 수도 있었다.

만일 검사가 의뢰인의 주장을 듣고, 고소인에게 '이 사건은 사기가 아니라 업무상횡령죄나 배임죄가 될 가능성이 더 커요.' 하고 알려주면 고소인은 사기 고소를 취하하고 대신 업무상횡령이나 배임으로 의뢰인을 공격할 수도 있는 노릇이었다.

만일 그렇게 된다면 답이 없을 수도 있었다.

이럴 때 당신이라면 어떻게 하겠는가? 당연히 이 사건을 B가 사기죄로 몰고 가도록 내버려두고 다른 죄명으로 고소하거나 예비적으로 고소장 내용을 변경하지 않도록 신경 쓸 수밖에 없다.

해결책

특히 의뢰인이 확인한 결과, 사기죄로 할 경우 공소시효는 한 달 뒤면 완성되었다. 한 달만 잘 끌면 사건은 그대로 종료된다는 의미였다.

필자는 의뢰인에게 사기죄로 가는 것이 유리하다고 설명해주고, 사기죄와 업무상횡령죄의 차이에 대해서 알려주었다. 왜 이 차이를 알려주었는가 하면 그가 한 행위가 사기처럼 보이도록 검찰과 재판정에서 답변을 해야 했기 때문.

의뢰인은 혹시 중간에 말실수를 하지 않을까 싶어 검찰 조사관으로부터 조사받은 내용을 일일이 메모하며 나중에는 보지 않고 말할 수 있을 정도로 열심히 사건에 대응했다.

결과

사기죄로 고소된 이 사건은 수사가 진행되는 중간에 공소시효가 만료되어 종료되었다. 재판까지 갈 필요가 없이 끝난 사건이었다. 이런 경우 고소인은 투 트랙 전략을 쓸 필요가 있다. 앞서 주위적 공소사실과 예비적 공소사실이 있다는 것을 설명한 적이 있다. 이게 아니면 저거라도 죄가 있다는 걸 입증하겠다는 것이다. 범죄 사실의 명확한 형태는 모르지만 뭔가 죄가 있는 건 분명하다고 생각될 때 이처럼 공소사실을 둘 나누어서 기소하게 된다. 즉 고소인은 의뢰인을 고소하면서 주위적으로 '사기죄'를, 예비적으로 '업무상 횡령죄'를 주장했어야 했다. 고소인이 자기 심증에 따라 '이건 사기가 확실해' 하고 마음속으로 정해버리는 순간, 빈틈이 생긴 것이다.

사실 법률전문가의 조언을 듣고 고소하였다면 어려운 일이 아니었을 것이다.

사기죄와 업무상 횡령죄(형법)

제347조(사기)

① 사람을 기망하여 재물의 교부를 받거나 재산상의 이익을 취득한 자는 10년 이하의 징역 또는 2천만원 이하의 벌금에 처한다.
② 전항의 방법으로 제삼자로 하여금 재물의 교부를 받게 하거나 재산상의 이익을 취득하게 한 때에도 전항의 형과 같다.

제355조(횡령, 배임)

① 타인의 재물을 보관하는 자가 그 재물을 횡령하거나 그 반환을 거부한 때에는 5년 이하의 징역 또는 1천500만원 이하의 벌금에 처한다.

제356조(업무상의 횡령과 배임)

업무상의 임무에 위배하여 제355조의 죄를 범한 자는 10년 이하의 징역 또는 3천만원 이하의 벌금에 처한다.

다른 재판 자료에 답이 있다
전대보증금 편취 사건

 사건 발생

"후배님 도움이 필요해서 왔네."

하루는 중학교 선배가 찾아왔다.

"서울 시의원인 A를 아는가?"

생소한 이름이었다.

"그 자가 모텔을 하나 임대해서 운영하고 있었는데 약 1년 반 전에 내가 다시 임대했지. 계약 기간은 1년이었고, 보증금 5천에 매달 400만 원씩 지불하기로 계약을 맺었다네. 그런데 계약이 끝난 지 벌써 반년이 다 되어 가는데 보증금을 돌려주지 않고 있어. 그래서 사기죄로 고소했거든."

"그러니까 시의원 A라는 사람이 모텔 주인은 아니고 임대인이었다는 말씀이죠?"

"그렇지."

"선배님은 모텔 주인이 아니라 임대인으로부터 다시 임대를 받은 셈(이를 '전대'라고 한다.)인 것이고요?"

"그렇지."

"그리고 계약이 만료되었는데 임대보증금을 못 받아서 사기죄로 고소를 했다고요?"

"그렇지."

"그런데 사기죄라면, 무슨 증거라도 있었나요?"

생각보다 많은 사람들이 돈을 못 받으면 '사기죄' 고소를 생각한다. 그런데 단순히 상대를 겁주기 위해서 하는 시늉이 아니라면 해프닝으로 끝날 가능성이 있다. 뭔가 사기죄의 정황이라도 있어야 한다. 그게 아니면 이 사건처럼 아무런 힘을 발휘하지 못하기 때문이다.

"아니, 그 시의원이라는 작자가 돈을 떼어먹은 건 팩트고, 또 말이야, 그 모텔 주인이 다른 사람에게 모텔을 팔아치우려고 생각하고 있었다고."

"임대인은 재차 임대를 하고, 동시에 모텔 주인은 매물로 내놓았다는 말씀인가요?"

"그렇지. 그러면 이건 모텔 주인과 시의원이 짜고 사기 치려고 작정한 것 아닌가?"

"선배님은 그러니까 매물로 나온 걸 모르고 계셨다는 말씀이죠? 그런데 나중에 부동산에 알아보니 매매와 임대가 동시에 진행된 것이고."

"아니, 그건 아니고."

선배가 말을 흐렸다. 나중에 들어보니 정확히는 매매는 아니었고, 교환 형태로 처분할 계획이었다는 것이었고, 이 사실은 임대계약을 맺기 전부터 알고 있었다고 했다.

"그럼, 지금 사건은 어떻게 되었죠?"

"검찰에서 불기소처분을 내렸어."

사기죄로 기소할 거리가 못 된다는 뜻이다.

"이유가 뭐라고 합니까?"

"내가 교환 사실을 사전에 알고 있었으니 사기는 아니다. 그리고 내가 월세를 좀 밀렸거든. 그 때문에 그 시의원 작자가 자기 대출금을 못 갚아서 이 모텔이 경매 처리되었다, 그런 것도 이유라고 하더군."

"알겠습니다. 그러니까 핵심은 사기를 치려는 의도가 사전에 있었는지 충분히 소명하지 못한 것이군요."

"돈을 떼어먹은 게 확실한데도 소명이 안 된 것인가?"

"돈이야 못 받을 수도 있지만 그렇다고 다 사기는 아닙니다. 뭔가 정황이 있어야 검찰도 수긍을 하죠."

선배가 한숨을 푹 쉬었다. 속 시원한 해결책이 있다면 좋겠지만 이미 검찰에서 불기소처분을 내렸으니 큰 기대를 품지 않는 게 좋겠다고 말씀을 드렸다. 그러나 한 가지 짚이는 데가 있었다.

탐색

이게 사기사건인지 아닌지는 둘째 치고, 대개 이런 사건들은 공통점이 존재한다. 사건이 연쇄적일 가능성이 있다는 말이다. 중학교 선배님 말고도, 예컨대 이 모텔을 교환했다는 그 사람과 같이 또 다른 피해자가 있을 가능성이 있다. 달리 말해 피고소인(시의원 A)이 다른 수사나 재판에 연루되어 있을 가능성이 있다는 뜻. 시의원 A가 연루된 사건을 검색하여 기록을 읽다가 단서를 찾았다. 곧 항고를 준비했다(참고로 판결 이외에 결정이나 명령이 떨어진 경우, 즉 검찰의 불기소처분과 같이 처리된 경우에는 '항고'를 할 수 있다. 민사에서 1심에 불복하여 2심을 청구하는 것은 '항소'로 표현이 다르다.).

해결책

검찰에 보내는 항고이유서에 우리는 이 사건의 가장 핵심적인 내용을 찾아서 넣었다. 사기죄란 돈을 갚을 의사나 능력이 없이 돈을 빌린 것으로, 만일 상대가 돈을 갚을 의사가 없다는 사실을 밝힐 수 있다면 사기죄로 얼마든지 기소가 가능하고, 유죄 판결도 이끌어낼 수 있다.

다행히 시의원 A는 다른 재판을 하는 도중, 답변서를 통해 몇 가지 정보를 증언했는데 그 가운데 중학교 선배에게 유리한 내용이 적혀 있었다. 즉 중학교 선배에게 모텔을 임대할 당시, 시의원 A 측은 이 모텔을 저당 잡혀서 돈을 빌렸는데 그 이자를 갚을 능력이 없는 상태였다고 밝히고 있었다. 갚을 능력이 없는데 돈을 빌렸다면 그게 '갚을 의사도 없다'는 뜻이 된다. 아래 내용은 당시 필자가 검찰에 제출한 '항고이유' 가운데 일부를 추린 것이다.

- 시의원 A는 모텔을 담보로 땡땡신용금고에 7억 원을 대출받았다. 대출금의 한 달 이자는 945만 원 정도였다.

- 시의원 A 측은 다른 재판의 답변서를 통해 다음과 같이 밝히고 있다.

'타인의 채무보증 등으로 전 재산이 없어진 상태이다.'

'남편이 시의원 출마 및 친구 보증 등으로 인하여 가지고 있던 재산이 모두 없어진 상태이다.'

'매형이 경락받은 건물관리인으로 생활하고 있는 상태다.'

(* 이 사건은 애매한 부분이 있다. 최종적으로 법정 판결이 나온 상태가 아니기 때문에 이야기의 앞뒤가 불분명한 점도 존재한다. 시의원 A가 자기 소유도 아닌 모텔을 담보로 7억 원을 대출받았다는 것도 그런 점 가운데 하나다. 그러나 선배의 사건 해결에는 크게 중요한 부분은 아니므로 사전 전체의 전모에 대해서는 이 정도에서 넘어가자.)

재산은 한 푼도 없는 상태였고 수입도 미미하다. 그런데 매달 945만 원의 이자를 내야 한다. 그 상황에서 모텔을 월세 400만 원에 계약했다는 말은, 선배의 보증금으로 일부 대출금 이자 및 원금을 해결하고 나머지는 안 갚겠다는 의사가 있다고 볼 여지가 충분하다. 한마디로 갚을 능력이 없이 돈을 빌린 것이다. 왜냐하면 매달 945만 원 이자를 내야 하는데 선배에게 400만 원을 받으니 545만원이 매달 부족한 형편이라면 이미 부도는 예상된 것이기 때문이다.

결과

우리가 증거로 제시한 자료는, 시의원 측이 다른 재판에서 진술한 내용이었다. '우리는 갚을 능력이 없습니다'라고 스스로 밝히고 있는 마당에 다른 증거가 무슨 필요가 있겠는가. 검사에게 항고이유서를 제출한 뒤 얼마 후 선배에게 연락이 왔다.

"고맙게 되었네. 시의원 측에서 합의하고 싶다고 전화가 왔어."

추측건대 검찰에서 시의원 측을 불러서 기소 의견을 밝혔을 것이고, 그래서 합의를 하는 게 좋겠다고 설득한 모양이다. 돈과 관련된 사건은 대개 거미줄처럼 얽히고설킨 경우가 있다. 그 줄을 잘 찾아가면 뜻하지 않은 증거를 찾을 수 있음을 기억하자.

전쟁 중 작은 실수는 대세를 그르친다

유치권 점유 상실 유도 사건

사전 설명

유치권이란 게 있다. 예컨대 A가 건물을 짓고 싶어서 B에게 의뢰하여 공사를 진행했는데 A가 돈이 부족하여 B에게 공사대금을 못 주는 경우가 있다. 이때 B가 밀린 공사대금을 받으려면 '유치권'을 주장해야 한다. 유치권을 주장하기 위해서는 위와 같이 받아야 할 돈이 있어야 하고, 해당 건물을 '점유해야 한다'는 조건이 필요하다[민법제320조(유치권의 내용) 1. 타인의 물건 또는 유가증권을 점유한 자는 그 물건이나 유가증권에 관하여 생긴 채권이 변제기에 있는 경우에는 변제를 받을 때까지 그 물건 또는 유가증권을 유치할 권리가 있다. 2. 전항의 규정은 그 점유가 불법행위로 인한 경우에는 적용하지 아니한다.].

받을 돈이 있다는 건 증명이 어렵지 않다. 그런데 점유가 모호하다. 대법원 판결에 그 개념이 정립되어 있기는 하지만 추상적이다. 그래서 유치권 문제는 어쩔 수 없는 경우가 아니면 법정 밖에서 해결책을 찾는 게 효과적이다.

> **점유의 의미**
>
> 대법원 2016. 11. 9. 선고 2013다42649 판결[부당이득금]
>
> 물건에 대한 점유란 사회관념상 어떤 사람의 사실적 지배에 있다고 보이는 객관적 관계를 말하는 것으로서 사실상의 지배가 있다고 하기 위하여는 반드시 물건을 물리적, 현실적으로 지배하는 것만을 의미하는 것이 아니고, 물건과 사람의 시간적, 공간적 관계와 본권 관계, 타인 지배의 배제 가능성 등을 고려하여 사회관념에 따라 합목적적으로 판단하여야 할 것이며, 특히 임야에 대한 점유의 이전이나 점유의 계속은 반드시 물리적이고 현실적인 지배를 요한다고 볼 것은 아니다(대법원 2012. 7. 5. 선고 2011다101353, 101360 판결, 대법원 2014. 5. 29. 선고 2014다202622 판결 등 참조).

사건 발생

"변호사님, 어떻게 해야 됩니까? 유치권이 있는 줄 알았으면 입찰도 안 했을 거예요."

의뢰인은 경매 부동산을 낙찰받은 뒤 이 건물에 유치권을 행사 중인 사람이 있다는 사실을 뒤늦게 알게 되었다. 이런 일 때문에 여전히 유치권이 붙은 경매 물건은 사람들이 꺼리는 종목이기는 하다.

"유치권 사건은 통계적으로 유치권자에게 불리하기는 합니다만, 문제는 판결의 예측도가 상대적으로 낮다는 겁니다."

"무슨 뜻인가요?"

"100건의 사건이 벌어지면 70~80%는 가짜 유치권으로 판결이 납니다. 그런 점에서는 의뢰인에게 유리하죠. 그런데 어떤 사건이 70~80%에 속하는지 잘 모르는 경우가 많다는 뜻이에요."

"왜 그렇죠? 대강 승소 가능성이 보이지 않으세요?"

"대강 보이는 것으로 법정 다툼을 하기에는 부담이 있어요. 유치권 분야 판례가 계속 바뀌기 때문에 그래요. 유치권 관련 사건이 과거에는 드물었는데 최근 경매 분야에서 각광 받으면서 법정 다툼이 늘기 시작했죠. 더욱이 점유라는 개념이 복잡하기 때문에 판례가 언제 어떻게 바뀔지 알 수 없는 분야가 되었죠. 저를 믿으신다면 일단 법률적으로 해결하기보다는 다른 방법을 택해보시죠."

필자는 의뢰인에게 법률적 해결책은 뒤로 미뤄두고 일단 다른 방법을 써보자고 제안했다.

사건 전개

우리가 소송이 아닌 현실적 해결책을 강구한 이유는 해당 부동산에 유치권자가 거주하고 있었기 때문이다. 일반적인 경우 이럴 때 경매 낙찰자는 '부동산을 비워달라'는 건물명도 청구의 소를 제기한다. 그런데 이 판결을 통해 상대가 유치권자라는 게 입증이 되면 그때는 유치권자가 못 받은 공사비를 자신이 떠안게 되는 게 문제였다(밀린 공사비에 대한 책임은 1차적으로 건물주에게 있다. 그런데 새로 건물주가 되면 그 책임까지 떠안게 된다. 그래서 유치권 행사 중인 경매 물건은 가격이 바닥으로 떨어져 있다.).

그런데 그 유치권자를 만나 보니 그는 공사를 맡았던 A가 아니었다. 그는 자신을 A의 후배라고 밝혔다. 아마도 A 대신 점유를 맡고 있는 사람이었던 모양이다. 점유는, 회사 직원이나 가족과 같이 다른 사람이 해도 무방하기는 하다.

필　　자 : 회사 직원인가 보죠?

A의 후배 : 아닙니다. 후배입니다.

필　　자 : 그냥 후배인가요?

A의 후배 : 아니요. 그냥 선후배라서 대신 점유하고 있는 건 아닙니다.

필　　자 : 무슨 연유가 있으신가 보네요?

A의 후배 : 저도 받을 돈이 좀 있어서요.

필　　자 : A에게 말인가요? 이 공사와 관련이 있는 채권인가 보네요. 얼마나 되죠?

A의 후배 : 공사비에 비하면 크지는 않죠. 500 정도.

필　　자 : 그러니까 A가 공사대금 받으면 먼저 해결해주겠다고 했던 거죠?

A의 후배 : 그런 셈이죠.

필　　자 : 공사가 끝난 지 벌써 1년이 넘었네요? 언제부터 여기 사셨죠?

A의 후배 : 좀 됐죠.

필　　자 : 이 상황이 답답하시겠어요.

A의 후배 : 빨리 나가고 싶죠. 저도 제 인생이 있는데 이 일 때문에 올스톱이니.

 대응과 경과

　이야기를 마친 후 필자는 의뢰인을 만났다. 필자는 우리가 얻을 수 있는 결과는 총 3가지라고 설명해 주었다. 첫째는 소송을 벌여서 승소하는 결과. 그 경우 한 푼도 들이지 않고 유치권자를 내보낼 수 있다. 둘째는 소송을 벌여서 패소하는 결과. 유치권이 인정되면 우리는 영락없이 공사대금을 물어주어야 한다. 셋째는 소송 없이 A의 후배에게 그가 받아야 할 돈을 대신 주고 그를 내보내서 실질적으로 유치권을 말소시키는 결과. 마지막 세 번째 결과는 승소와 패소의 중간에 있는 것이지만 가장 안전해 보였다.

　며칠 뒤 의뢰인은 A의 후배를 만나 그가 못 받은 돈에 이사비까지 얹어주고 그를 내보냈다. 그런 뒤 자물쇠를 교체했다. 점유라는 조건이 사라졌으므로 A는 유치권을 주장할 수 없는 위치에 놓이게 되었다.

　"A가 언제 찾아올지 모르니까 대비해야 합니다."

　점유를 빼앗긴 사실을 알게 되면 대부분 장비 들고 찾아와 자물쇠를 박살내는 게 일반적이었다. 아니나 다를까, 며칠 뒤 A가 나타나 자물통을 부수고 빌라 안으로 들어가서 자신이 유치권자임을 다시 주장했다. 준비하고 있던 우리는 곧 경찰에 A를 고소했다. 죄명은 '주거 침입과 재물손괴죄'.

사건 해결

의뢰인이 처음 찾아왔을 때와 지금은 상황이 일변했다. 비록 A가 점유하고 있는 건 그때나 지금이나 같지만 점유를 회복하는 방식에 문제가 있었기 때문이다. 우리의 점유에는 법률적인 하자가 전혀 없었지만 A의 점유 회복에는 자물통을 부수는 등의 문제가 존재했다. 물론 이것만으로 A의 점유가 완전히 사라진 것은 아니다(점유는 생각보다 복잡한 문제다.). A는 경찰에 불려갔으며, 이 조사 과정이 더욱 중요했다. 경찰서에서 조사를 받는 동안 A는 왜 자신이 자물통을 부술 수밖에 없었는지 소명해야 했고, 그래서 공사계약을 체결했던 시절부터 이야기를 풀 수밖에 없었다. 이 와중에 우리는 우리 나름대로 증거 자료를 찾아서 경찰에 보냈다. 이야기가 하나둘씩 풀어지는 가운데 우리는 A가 치명적인 실수를 저질렀음을 알게 된다. 즉 알고 봤더니 이 경매 빌라는 여러 차례 소유자가 바뀌었고, 유치권자를 주장하는 A는 처음부터 유치권을 행사한 게 아니라 소유자가 한두 차례 바뀐 상태에서 점유를 시작하며 유치권을 주장했다. 이게 왜 중요한가 하면 건축주 소유일 때 점유를 시작해야 하며, 그래야 합법적인 점유로 인정받기 때문이다. 만일 제3자의 소유로 바뀌었을 때부터 점유를 시작하면 그건 불법점유에 해당한다. 아마도 A 역시 이런 사실을 모를 리는 없었겠지만 말이란 게 하다 보면 진실이 묻어 나오기 마련이다. A가 조금 더 용의주도했다면, 어려운 싸움이 되었을지도 모른다. 우리가 다소 유리한 국면에 접어든 것은 사실이지만 최종적으로 어떤 소송 결과가 나왔을지는 100% 장담하기 어려웠기 때문이다.

유명인을 위한 법률 대응 전략
메이저리거 폭력행위 및 재물손괴 사건

 사건 발생

시앤시 (69.XXX.XXX.98) 2008-10-24 08:02:14

2003년 K선수와 ○○신문 사건 생각해 봐요. K선수 그때 즉각 변호사 고용했잖아요. 2003년 11월 K선수가 ○○신문 사진기자 폭행했다는 혐의로 강남경찰서 불려가고 한창 시끄러웠을 때 K선수는 즉각 청와대에서 김대중 씨 비서관 했던 광주일고선배 노인수 변호사한테 사건 의뢰하고 자기는 빠지더라고요. 당시 24살밖에 안된 K선수가 사회생활에 닳고 닳은 노회한 사람들보다 더 나은 방법으로 침착하게 사건 처리했어요. 왠지 아세요? 미국에서 에이전트들이 어떤 방법으로 선수를 보호하는지 경험이 있어서 그래요.

개그우먼이자 방송인인 정선희 씨를 기억할 것이다. 2008년경 그의 남편인 안모 씨가 스스로 목숨을 끊은 사건이 벌어지자 그녀는 사회적으로나 친족들에게 갖가지 어려움을 당하고 있었다. 시중에는 근거를 알 수 없는 유언비어가 끝도 없이 유포되고 있었다. 그러던 중 2008년 10월 22일 주진우 기자의 "사채와 관련해 말 바꾼 적 없다"라는 기사(http://www.sisain.co.kr/news/articleView.html?idxno=3135)가 발표되었고, 이어 댓글란에 위와 같은 글이 실렸다. 엔터테인먼트 사업이 발달하는 것에 비하면 아직 법률적 보호 장치가 부족하다는 게 현직 법률가들의 공통된 의견이다. 실제로 정선희 씨 사건이나 필자가 의뢰받은 메이저리거 K선수 사건도 이제 막 유명인의 법률 조력 개념이 퍼지기 시작할 때 벌어진 일이었다.

사건 경과

2003년 10월 29일경 K선수는 미국 메이저리그 소속 보스턴 레드삭스에서 선수생활을 하던 중 국내에 입국하여 개인훈련을 하고 있었다.

같은 해 11월 8일 저녁, 서울 역삼동 소재 스포월드에서 운동을 마치고 K선수가 나오자 대기하고 있던 이모 기자가 카메라를 들이댔다. K선수는 찍지 말라면서 이 기자의 카메라를 빼앗는 과정에서 몸싸움이 벌어졌고, 그 결과 이 기자는 전치 2주의 상해를 입었고, K선수가 카메라를 빼앗아 던지면서 부서졌다고, 이 기자 측은 주장했다. 당시 부서진 카메라의 가격은 1,300만 원 상당이었다.

그리고 이틀 뒤인 11월 10일 이 기자는 K선수를 강남경찰서에 폭력행위 및 재물손괴 혐의로 고소했다. 이 기자 측은 '처음에는 고소할 생각이 없었지만 K선수가 조작극이라고 주장하며 폭행사실을 부인하고 있어 법적 대응에 나서기로 했다'고 주장했다.

사건 수임

며칠 뒤 K선수는 강남경찰서에서 조사를 받았다. 마침 필자는 광주에 있는 장인어르신으로부터 K선수를 도와 달라는 말씀을 들었다. 장인이 헬스클럽 모임의 회장이었는데 마침 K선수의 부친이 이 모임 총무였다.

"K선수가 지금 어려운 처지에 놓여 있다네. 알고 보니 이 친구가 자네 고등학교 후배가 아닌가."

이 사건은 나도 개인적으로 관심을 갖고 있던 일이었다. 매스컴을 통해 보도된 내용에 따르면 세계 최고 수준의 마무리 투수인 K선수는 지금 변호사의 조력도 없이 경찰에서 조사를 받고 있었다. 메이저리그에서 인정받는 투수가 아무런 도움도 없이 혼자 경찰서를 다니는 게 이상하지 않은가? 마침 장인의 요청도 있고 하여 K선수를 만나 사건의 진상을 파악했다.

상황 파악

K선수로부터 들은 사건 경위는 매스컴에 나온 내용과 대동소이했다. K선수는 기본적으로 이 기자가 잘못하였기 때문에 본인은 사과할 생각이 없다고 말했다. 물론 그의 생각을 부정하고픈 것은 아니지만 법조계

의 관행에 대해서 너무 안이한 생각을 갖고 있었던 것도 사실이다. 우리나라 법조 관행에 따르면 K선수의 행동은 형사상 책임 소재를 두고 논란의 여지가 분명히 있었다. 특히 우리나라는 동기보다 결과를 중시하는 분위기가 있었기 때문에 이 기자의 2주 상해와 부서진 카메라에 대해서 재판부가 책임을 물으려고 할 것이었다. 나는 그 점을 K선수에게 들려주었다. 그리고 한 가지 얘기를 더 들려주었다.

"우리나라 재판부는 여론에 예민한 편이에요. 그런데 여론은 진실을 다루기보다는 약자에 편드는 경향이 있습니다."

무슨 말인가 하면 이 사건이 자꾸 언론에 노출될수록 K선수에게 좋을 게 하나도 없다는 얘기였다.

부풀린 언론

유명인 사건은, 사건의 본질보다 언론에 나타나는 이미지의 싸움인 경우가 많다. 이런 사정 때문에 나는 K선수의 언론 노출을 막는 게 급선무라고 생각했다. 실제로 사건 보도 이후 연이어 K선수에게 불리해 보이는 뉘앙스의 기사들이 매스컴을 장식했다.

〈2003년 11월 9일자 기사〉

- K선수 반응 "폭행? 무슨 소리? 사과 계획 없다"
- 안하무인 K선수 폭력, 본지 기자 갈비뼈 부상 "찍지 말라고 했지!?"
- 도깨비 K선수, 줄행랑? 잠수? '기행의 끝은 어디인가?'
- 국내잠입 K선수, 기자폭행 충돌

- 기자 폭행한 K선수

- (기자석) 언론 외면은 팬 외면하는 것

- K선수, 사진기자 폭행 물의

- '빗나간' K선수, 사진 기자 폭행 물의, 국내서 개인훈련 중 취재 기자 폭행

- K선수, 사진기자와 몸싸움 물의

- '나 찍지 마' K선수 사진 기자 폭행 물의

- K선수 이번엔 취재기자 폭행 파문

- K선수, 사진기자와 몸싸움 / 전치 3주상해 K선수 왜 이러나, ○○신문기자 "갈비뼈 부상, 카메라 파손" 10일 폭력 등 혐의 고소키로

- "K선수, 기자 폭행" 피소 위기, K선수는 사실 부인

〈2003년 11월 10일자 기사〉

- K선수, 취재하던 사진기자 폭행, 내년 메이저리그에 '주먹대회'가 따로 생겼나

- 활빈단 "K선수 사과 안 하면 고무공 선물" '폭력은 절대 안 됩니다.'

- 폭력은 보호받을 가치 없다 / K선수 폭력, 각계 반응

- K선수 폭력 '피소' / 폭력 및 재물손괴 혐의

- K선수 "폭행 사과 계획 없다"

- '사진기자 폭행' K선수 피소

- K선수 빅딜 / 11일 ML단장 회동

- K선수, 폭행 혐의 피소

- K선수 "폭행은 없었다"

- 피해자측 "공식 사과 원한다"

- 사진기자 폭행 혐의 K선수 피소

- 사진기자와 몸싸움 벌인 K선수 고소당해

- K선수, 사진 기자 폭행 피소

- K선수, 폭력 및 재물손괴혐의로 '피소'

- 동아일보 칼럼 "순수했던 K선수 어디에"

- K선수, 홈페이지서 "카메라만 던졌다" 주장

- K선수에게 폭행당한 본지기자 전치 4주 진단

〈2003년 11월 11일자 기사〉

- 이모 기자 '외상후스트레스장애'까지 겹쳐

- 'K선수 폭력' 국제망신

- K선수 내주 초 경찰 출두

〈2003년 11월 13일자 기사〉

- "K선수에게 기자가 일방적으로 폭행당했다" 목격자 충격 증언 이 기자 넘어진 뒤에도 발 들어 위협 '폭행 목격자' 노모 씨 증언

- K선수 파문 3라운드, K선수 '노씨 증언 말도 안된다'

〈2003년 11월 14일자 기사〉

- 취재원들 "나는 ○○신문에 그런 말 한 적 없다" '○○신문' K선수 관련 보도 왜곡 의혹

대응책

필자가 신경을 쓸 수밖에 없는 게 있었다. K선수는 마침 연봉 조정 협상을 진행하고 있었다. 이런 경우 변호인이 할 수 있는 일은 사건을 원만히, 또 조속히 마무리 짓는 일이다. 물론 K선수가 '상대방이 먼저 잘못한 것이므로 나는 사과할 생각이 없다'는 주장을 펼치고 있으므로 그 주장을 어느 정도 유지하면서 하루 빨리 언론의 표적에서 벗어나야 했다.

그러자면 빨리 기자 회견을 열어 K선수가 언론에 등장하는 게 순서였다. 언론에서 부정적인 기사가 연일 등장하고 있는데 본인이 아무런 의견을 밝히지 않으면 언론은 더욱 자극적 기사를 흘리기 마련이다. 이런 악순환을 사전에 차단하기 위해서는 빨리 기자 회견을 열어 언론에 의사를 밝히고, 이후로는 변호사가 방패막이가 되어 K선수를 언론으로부터 보호하는 게 좋아 보였다.

한편 같은 달 14일경 메이저리그 관계자의 말을 인용한 언론 보도에 따르면 내년부터 K선수는 2년간 1,000만 달러(약100억 원)의 거액을 받을 것으로 기사가 났다.

1차 기자 회견

2003년 11월 14일 오후 4시 서울 강남구 삼성동 코엑스 인터컨티넨탈호텔에서 K선수의 기자 회견이 열렸다. 그 자리에는 K선수와 K선수 매니지먼트사의 실장, 당시 현장을 목격하였다는 K선수의 후배, 그리고 필자까지 총 4명이 참석했다. K선수는 그 자리에서 '피해자와 합의할 생각은 없고 사법부의 판단에 따라 책임 여부를 결정하겠다. 다쳤다면 사과할 수 있지만 지금 시점에서는 죄를 인정하는 것이기 때문에 아무런 사과를 할 수 없다. 재물손괴혐의에 대해 보상할 용의는 있다. 공인으로서 언론, 팬들과 자주 만나겠다.'는 취지의 발언을 했다.

이어 필자가 기자들의 질문에 답했다. 답변의 요지는 이랬다. 'K선수는 현재 구속될 가능성은 없다. K선수가 부당하게 초상권을 침해당하였다고 생각하고 이를 막는 과정에서 벌어진 일로 그때 일어난 실랑이를 폭행으로 보기 어렵다. 또한 오늘 K선수의 기자 회견 발언은 사실에 토대를 두고 있다.'

언론 대응책

기자 회견 후 필자는 후속조치로 K선수의 팬클럽에 글을 올리기로 했다. 제목은 '기자 사건에 대한 우리의 법적 담론'이었는데, 여기에 글을 올린 것은 두 가지 이유가 있었다. 하나는 여론을 유리하게 만드는 데 보탬이 되기 위해서였고, 또 하나는 피해를 주장하는 이 기자 측의 변호사에게 우리 측의 법률적 의견을 전달하기 위해서였다. 다음은 글 전문이다.

> 팬 여러분! 안녕하십니까. 노인수 변호사입니다. 최근 논란이 되고 있는 기자 사건에 대하여 K선수를 변호하고 있습니다.

K선수는 정당했고 당당했습니다. 예의를 갖추지 않은 기자분에 대하여 불법적인 필름을 회수하려고 노력하였으나 이를 기자분이 극구 거부하는 바람에 약간의 몸싸움이 있었고 카메라가 파손되었습니다.

위와 같은 행위에 대해 법률적인 판단이 분분합니다. 문제는 처음 기자분이 갑자기 나타나 자신의 신분을 확인시키지도 아니하고 카메라를 들이댄 것입니다. 그때 찍힌 K선수의 화난 표정을 신문에서 보고 여러분은 어떤 생각을 하였는가요. 이에 대해 K선수가 본능적인 자구 내지는 방어행위로 사진을 더 못 찍도록 요구했고 또 찍은 필름을 회수하려고 애쓴 것입니다. 카메라를 함부로 계속 들이댄 것은 '폭행'으로 의율될 수도 있습니다. 'CCTV'에 K선수가 먹살 운운하는 보도가 있다 하나 K선수의 전체 행위를 보면 이것을 가지고 법률상 '폭행'이라고 보기 어렵습니다. K선수도 왼손 등에 상처를 입었습니다. K선수는 폭행하려고 주먹을 휘두른 적이 없습니다.

미국이라는 타지에서 큰 선수로 자란 K선수는 더 크게 당황하였을지도 모릅니다. 미국에서는 그와 같은 무례는 쉽게 찾기 어려웠을 것이고 이에 대한 방어는 더 강력해도 법률상 문제가 되지 않았을지도 모릅니다. 그런데 우리나라는 결과만 중시하고 동기는 별로 생각하지 않는 경향이 있고 폭행의 범위를 넓게 인정하여 처음 잘못을 일으키지 않은 사람이 결과적으로 억울하게 나쁜 법률적 평가를 받게 되는 경우가 많습니다.

아무튼 우리 K선수는 팬들의 말씀을 경청하면서 언론과의 관계를 더

> 중시하고 원만하게 모든 문제를 풀어가려고 노력하고 있습니다. 팬 여러분께서도 마음으로 성원해 주십시오. 모든 것이 잘 될 것입니다. K선수가 남은 휴가기간 동안 연습을 충분히 하여 더욱 훌륭한 선수로 성장하여 국위를 선양하고 국가 경제에 큰 활력소 역할도 할 것입니다. 기대하십시다. K선수 파이팅!

해결책 탐색

피해를 주장하는 이 기자 측 변호사가 이 글을 못 보았을 리는 없을 것이다. 여기서 나는 이 사건이 폭행으로 기소되기 어렵다는 의견을 밝히면서 상대방 측 변호사와 간접적인 의견 조율을 하고 있었다. 굳이 말하자면 이 기자의 불법 내지 부당한 공격에 대하여 정당방위(형법제21조)를 주장할 수도 있었다. 다만 K선수는 '먼저 사과할 생각은 없다, 그러나 상대방이 먼저 사과를 하면 같이 사과할 생각은 있다'는 게 당시의 입장이었다. 이를 잘 알고 있는 나로서는 어떻게 하는 게 좋은 해결책이었겠는가?

상대방이 불법, 부당한 행위를 하거나 긴급한 경우(형법)

제21조(정당방위)

① 자기 또는 타인의 법익에 대한 현재의 부당한 침해를 방위하기 위한 행위는 상당한 이유가 있는 때에는 벌하지 아니한다.

② 방위행위가 그 정도를 초과한 때에는 정황에 의하여 그 형을 감경 또는 면제할 수 있다.

③ 전항의 경우에 그 행위가 야간 기타 불안스러운 상태하에서 공포, 경악, 흥분 또는 당황으로 인한 때에는 벌하지 아니한다.

제22조(긴급피난)

① 자기 또는 타인의 법익에 대한 현재의 위난을 피하기 위한 행위는 상당한 이유가 있는 때에는 벌하지 아니한다.

② 위난을 피하지 못할 책임이 있는 자에 대하여는 전항의 규정을 적용하지 아니한다.

③ 전조 제2항과 제3항의 규정은 본조에 준용한다.

제23조(자구행위)

① 법정절차에 의하여 청구권을 보전하기 불능한 경우에 그 청구권의 실행불능 또는 현저한 실행곤란을 피하기 위한 행위는 상당한 이유가 있는 때에는 벌하지 아니한다.

② 전항의 행위가 그 정도를 초과한 때에는 정황에 의하여 형을 감경 또는 면제할 수 있다.

결론

아마 상대방 측 변호사도 같은 의견이었을 것이다. 상대방 측 변호사로서는 이 사건이 폭행으로 인정된다고 하더라도 벌금형 정도에서 그칠 것임을 누구보다 잘 알고 있을 것이다. 전치 2주, 혹은 언론에 나온 대로 전치 4주 정도는 아주 가벼운 사건으로 처리되기 때문이다(사건의 중대성보다는 사건을 일으킨 사람의 유명세 때문에 커진 사건이기도 했다.).

그런 여러 사정을 감안하여 필자는 상대방 측 변호사와 물밑 접촉을 시도했고, 사태를 사과로 합의하는 것으로 방향을 정리했다. 그러나 누가 먼저 사과하는 문제가 남았다. 아마 K선수나 이 기자 모두 먼저 사과를 해야 한다는 요구를 받아들이기 힘들었을 것이다. 필자가 나섰다. 나는 이 기자 측에 대신 사과하는 형식으로 먼저 사과를 했고(그러나 K선수에게는 이 사실을 알리지 않았다.), 다음 이 기자 또한 K선수에게 사과하기로 했다. 이런 일을 변호인이 하지 않으면 누가 하겠는가? 필자의 간접 사과 이후, 이 기자 측의 사과가 소속 신문 인터넷판에 뒤따랐고(그러나 누가 먼저 사과했는지에 대해서는 겉으로 드러나지 않도록 주의했다.), 이후 K선수는 보도자료를 통해 공식적으로 사과하면서 사건은 일단락되었다.

사과문 보도자료

지난 8일부터 시작된 K선수(보스턴 레드삭스)의 스포월드 체육관에서 비롯된 사건에 대하여 팬과 국민여러분께 심려를 끼쳐드려서 죄송스럽게 생각합니다.

K선수는 지난 14일 이모 기자가 다친 것 등에 대하여 사과하고 싶다는 의사를 밝힌 바 있습니다. 그리고 카메라 파손 등에 대하여 합당한 보상 등을 하기로 하여 금일 일정액을 공탁을 하였습니다.

K선수는 금번 자신의 일련의 행동 대부분에 대하여 정당성을 굳게 믿고 있습니다. 그러면서 K선수가 운동하는 미국과 다른 우리나라의 결과를 더 중시하는 사법적 현실도 인식하게 되었습니다.

K선수는 이제부터 고국에서 2004년 시즌을 대비하여 열심히 준비하여 팬 여러분의 성원에 보답하기로 결심하였습니다.

따라서 더 이상 상대방과 여러 가지 공방도 중지하기로 하였습니다. 모든 것을 사법부의 판단에 맡기고 가능하면 이를 존중하기로 하였습니다.

앞으로 이 모든 점을 감안하여 팬과 국민여러분의 깊은 성원과 관심을 바랍니다.

멋지고 힘찬 K선수의 운동하는 모습을 기대하시기 바랍니다.

감사합니다.

2003년 11월 20일

K선수의 변호인

변호사 노인수

공문서의 증명력을 또 다른 공문서로 깨뜨리다
사건 05
농지양도소득세 과세처분 취소 사건

배경 정보

개인 소유의 농지를 지방정부가 매입하는 일(농지수용)은 빈번히 일어나는 일 가운데 하나다. 이런 사건에서 문제가 되는 내용 가운데 하나가 양도소득세다. 개인이 정부에 농지를 파는 형식이므로 개인은 '양도소득세'를 내야 하는데 일정 요건을 갖추면 양도소득세를 내지 않아도 되기 때문이다. 그 기준 가운데 하나가 8년 이상 농촌에 거주하며, 스스로 농사를 짓는 '자경농'이다. 이런 요건을 갖추면 양도소득세를 면제받는다.

사건 발생

"억울합니다. 저도 자경농이 맞는데 자꾸 아니라고만 하니."

의뢰인 A도 양도소득세 문제로 찾아온 사람이었다. 그녀의 남편은 건축 공사 일을 하러 다녔고, 의뢰인 A는 8년 전부터 농사를 지으며 살았다고 한다. 금번 지방정부에서 농지수용을 발표했고, 의뢰인 A도 당연히 자신은 자경농이므로 양도소득세를 면제받을 수 있으리라고 생각하고 있었다. 그런데 세무서의 생각은 달랐다. 세무서 직원은 '그 땅에서 농사를 지은 사람은 의뢰인 A가 아니라 A의 오빠라고 판단된다'는 내용의 공문서를 작성했다.

의뢰인 A는 억울한 심정에 국세심판청구를 했으나 역시 기각되었고, 이에 행정소송을 제기하기에 이른 것이다.

전개

필자는 의뢰인 A의 소송대리인으로, 처음에는 큰 문제라고 생각지 않았다. 증거자료도 충분했고, 이를 잘 취합하면 설령 세무 공무원이 작성한 공문서라도 충분히 뒤집을 수 있으리라 생각했다.

그런데 행정소송 제1심 판결은 세무공무원이 작성한 공문서의 내용을 사실로 받아들이고, 우리가 제시한 증거는 받아들이지 않았다. 아무리 증거가 많아도 공문서를 뒤집을 만큼 증명력이 크다고 보지 않은 탓이다. 당시 판결문에 기재된 내용은 다음과 같다.

"믿기 어렵고, 그 밖에 원고가 제출한 증거만으로는 원고의 자경 요건이 구비되었음을 인정하기에 부족하며, 달리 이를 인정할 만한 증거가 없다."

보충 설명

우리나라 재판은 자유심증주의를 채택하고 있다. 쉽게 설명하면 1~10까지의 증거 가운데 어떤 증거에 어떤 증명력을 부여할지는 판사 마음이라는 뜻이다. 그러나 아무리 판사 마음이라도 마음대로 하지는 못한다. 대체로 공문서와 같이 공무원이 직무상 작성한 서류는 함부로 배척하지 못한다는 게 판례의 일반적인 생각이다.

"민사소송법 제327조 제1항(현재는 법제356조 제1항)은 공문서의 진정 추정에 관하여 문서의 방식과 취지에 의하여 공무원이 그 직무상 작성한 것으로 인정할 때에는 이를 진정한 공문서로 추정한다고 규정하고 있으므로 이 추정을 뒤집을 만한 특단의 사정이 증거에 의하여 밝혀지지 않는 한 그 성립의 진정은 부인될 수 없다."(대법원 84누786 판결)

한마디로 진정성립이 된 공문서(공무원이 직무상 작성한 것)는 이를 뒤집으려면 특별한 증거가 필요하고 일반적인 사문서로는 뒤집기 어렵다는 내용이다.

작전

이럴 때는 어떤 방법이 있을까? 문제는 공문서의 증명력을 우리가 뛰어넘지 못한다는 사실. 이 문제를 해결하려면 공문서에 버금가는 또 다른 공문서가 필요했다. 우리는 해당 공무원을 고소하기로 계획을 세웠다.

"세무공무원들이 공문서를 허위로 작성하고, 국세청장에 대한 심판청구에 위 공문서를 제출했습니다."

고소한 죄명은 허위공문서 작성과 동행사죄(문서만 허위로 작성하면 허위문서 작성이 되지만 이를 바탕으로 실제 이 문서를 사용하였다면 그게 '행사죄'가 된다. '동'은 앞에 말한 '허위공문서 작성'과 이름이 같다는 뜻으로 붙인 것이다.)였다.

물론 공무원이 밉다거나 벌을 주려는 뜻이 크게 없었다. 우리가 필요한 것은 이 공무원을 조사할 수사기관의 자료였다.

경과

수사 결과, 피고소인들인 세무 공무원에 대하여 '범죄를 저지르려고 한 의도'가 없었다는 등의 이유로 불기소처분(혐의 없음)이 내려졌다. 그러나 우리는 불기소장에 적힌 불기소 이유를 통하여 중요한 증거 하나를 건질 수 있었다. 당시 불기소장에는 '의뢰인 A는 제1농지에서 밭농사를 지었고 제2농지는 애매하다'는 내용이 적혀 있었다. 즉 검찰이 다시 수사를 진행하는 가운데 우리가 제출한 증거 등을 종합하여 불기소장을 작성한 것이다.

해피 엔딩

불기소장은 우리가 손에 넣으려고 했던, 또 하나의 공문서였다. 이 공문서에는 세무공무원이 작성한 공문서의 내용과 일부 반대되는 내용이 담겨 있었다. 우리는 이 자료를 증거로 제출했고, 항소심은 일부 승소 판결로 막을 내렸다. 당시 항소심 판결문에는 다음과 같은 내용이 담겼다.

"세무공무원들이 작성한 탐문보고서는 논농사에 초점이 맞추어진 것이고, 객관성을 담보하기 어렵다. 경찰관들이 작성한 진술조서에는 원고가 이 사건 제1농지에서 밭농사를 짓는 것을 보거나 들은 적이 있다는 진술이 다수 존재한다. 이들 진술자들이 논농사 부분에 대하여 달리 진술하고 있는 점에 비추어 보면 객관성과 신빙성이 있다. 원고는 8년 이상 이 사건 제1농지를 직접 경작하여 자경요건을 충족하였다."

사족을 붙이자면 세무공무원은 '논농사'만 농사로 보았고, '밭농사'는 농사로 보지 못했다는 얘기다.

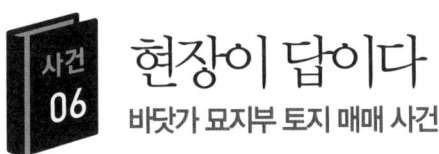

현장이 답이다
바닷가 묘지부 토지 매매 사건

사건 발생

의뢰인 A의 요청에 따라 경상도 사천 바닷가를 간 적이 있었다.

"B라는 사람에게 산을 팔기로 계약을 맺었습니다. 그런데 계약 내용이 다르다고 수천만 원을 깎든지 아니면 잔금을 못 주겠다고 버티고 있어요. 기분이 나빠서 B에게는 팔기 싫은데 이 사람이 가처분 신청을 해서 다른 데 팔지도 못하고 있습니다. 벌써 1~2년째 이러고 있습니다. 어떻게 해야 할까요?"

의뢰인 A가 팔려고 내놓은 산에는 묘가 1기 있었다. A도 이를 계약 전에 고지했었다. 그런데 B가 얼마 뒤 해당 산에 묘가 10여기 있다며 협상을 요구하고 나선 것이다. B는 해당 산에 있다고 주장하는 묘기 10개를 사진으로 찍어서 제출했고, 법원은 이를 받아들여 가처분 결정이 떨어진 상태였다. 말만 들어서는 알 길이 없었고, 매물로 나온 산을 직접 보는 게 좋겠다 싶었다.

쟁점

계약을 무효로 돌리기 위해서는 B의 잘못을 찾아야 했다. 우선 밝혀진 것은 매수인 B가 잔금을 치르지 않고 있다는 점. 이 점은 다툼의 여지가 없다. 다음은 묘가 몇 기인가 하는 점이다. 만일 매수인 B의 주장대로 묘가 10여기 존재하고, 사전에 묘지 숫자와 관련하여 어떤 계약 내용이 존재한다면 계약 해제에 장애가 될 수도 있다(묘의 수를 따지면서 산을 매매하는 건 일반적인 경우는 아니다. 보통은 부동산 현황에 따라 매매를 하게 되고 나중에 다른 부분이 발견되었다면 그때는 매수인이 부담을 안는다.). 아마도 매수인 B 역시 산을 매매해본 경험이 있다면 이를 잘 알 것으로 생각했다. 다만 가처분 결정이 걸림돌이었다. 가처분 결정이 취소되어야 잔금 지불 의무를 이행하지 않은 매수인 B의 책임이 되므로 의뢰인 A는 거꾸로 위약금을 받고 계약을 해제할 수 있다.

현장에서 얻은 정보

마침 창원에 사건이 있던 날, 변론을 마치고 사천버스터미널로 가서 의뢰인 A를 만났다.

"매수인 B도 근방에 살고 있지요? 영농법인을 한다고 들었는데."

"네, 이 근처에 살아요."

우리는 매수인 B를 만나기로 하고 이동하면서 이야기를 나누었다. 들어보니 매수인 B는 이 지역에서 매실나무를 재배하고 매실을 추출하여 판매하고 있었다. 그런데 과거 매실나무 묘목을 판 적이 있는데 이 때문에 주변 사람들에게 거짓말쟁이라고 욕을 많이 먹고 있다고 한다. 아마 그 말이 사실이고 이 사건도 같은 맥락으로 본다면 매수인 B는 매매계약은 유지하되 매매대금을 최소화하려는 속셈을 가진 것으로 보였다. 한편 매수인 B는 해당 산을 구입하여 펜션사업을 하려고 중개인 명의로 사업허가를 군청에 냈다가 농림지역이라 불허가 되었다는 소문도 들린다고, 의뢰인 A는 전했다.

현장에 가보니 해당 산은 남해가 보이는 전망 좋은 곳으로 소나무 등 잡목이 우거졌다. 숲이 울창하여 겉에서 보면 묘지가 존재하는지 알기 어려웠다. 더욱이 장기간 방치된 묘지는 설사 묘지라고 해도 알아차리기 어려웠을 것으로 보였다.

필자는 의뢰인 A의 안내를 따라 이 산에 있다는 묘 1기를 찾아보았다.

"얼마 전에 이곳에 묘 하나가 있었는데 이전해서 지금은 없습니다."

의뢰인 A는 흔적만 남은 땅을 가리키며 말했다. 다시 걸음을 옮겼는데 의뢰인도 헷갈리는지 묘지가 어디 있는지 쉽게 찾지 못했다. 그러다 한참 올라가서 수풀을 헤치고 겨우 찾았다. 그곳에 묘가 있다는 사실을 알고 가도 헤매기 마련인데 도대체 그 존재를 어떻게 알 수 있을까? 필자는 휴대폰 카메라를 통해 이 과정을 모두 사진으로 남겼다.

우리는 터미널로 가는 도중에 이 산의 예전 주인을 만났다. 그는 오랫동안 이 산을 소유했는데 자신이 소유할 당시에는 자신의 선조 묘 하나밖에 없었고, 최근에 2기가 이장된 것으로 알고 있다고 증언했다. 몇몇 증언과 현장 검증만 보면 묘가 10여기 이상 존재한다는 증거는 찾을 수 없었다.

"매수인 B가 법원에 제출한 가처분 신청서에 묘지 사진을 따로 첨부한 게 있지요? 그 사진은 이곳이 아니겠네요."

"그러게요. 그걸 어디서 찍어서 가져 왔는지 저도 궁금해요."

대응책

결과를 먼저 말하면 가처분 결정은 취소되었고, 계약은 자연스럽게 해지되었다. 물론 이런 결정을 내리기 전에 우리는 매수인 B가 왜 이런 일을 벌였는지 추론했다.

"매수인 B가 매매계약 대금을 가지고 매도인을 괴롭힌 이유는 매수인이 평소 소행이 불량한데다 계획하였던 펜션사업이 어렵게 되고 자금 동원이 어렵게 되자 어떻게든 핑계를 대어 매매 대금을 줄이고, 동시에 시간을 끌기 위해서였다."

그 다음, 필자는 의뢰인 A에게 다음과 같은 대응책을 제안했다.

- 매수인 B가 동네 사람들을 얼마나 괴롭게 했는지 대화를 나누고, 그 대화 내용을 녹취하여 저장할 것(사실확인서를 써 달라고 하면 이웃인 관계상 어려울 것이므로).
- 예전 소유자로부터 이 산에 묘가 3기밖에 없다는 점에 대해 사실확인서를 받을 것.
- 매수인 B가 펜션사업 허가를 받으려다가 받지 못하였다는 점을

군청이나 중개인 등을 통해 확인할 것. 예컨대 사실확인서나 B가 제출한 서류 혹은 제출한 흔적을 찾아보고, 정 안되면 행정정보공개 등을 통해 찾아낼 것.
- 가처분 신청서에 첨부한 묘지 사진에 대해서 매수인 B로 하여금 현장에서 일일이 대조하게 해달라고 요구할 것(매수인 B가 거절하면 그 내용을 녹취할 것).

사건마다 다르기는 하지만 현장이 중요한 사건일 때는, 현장에 답이 있는 경우가 많다. 다음 사건도 현장이 중요한 사건이었다.

왜 앞선 변호사들은
현장 방문을 소홀히 했을까?
유치권, 같은 사건 다른 판결

 3건의 소송

　필자의 책 〈변호사 노인수의 유치권 진짜 가짜 판별법〉이라는 책을 보고 A가 찾아왔다. 얘기를 들어보니 이미 사건은 법정 다툼이 한창이었다. 여러 변호사에게 사건을 맡겼으나 원하는 성과를 거두지 못해서 필자를 찾아왔다고 했다.

　의뢰인 A는 유치권을 주장하는 시공사 대표였다.

　"건축주가 돈을 안 줘서 해당 건물이 경매로 넘어갔습니다. 물론 저는 그 전부터 해당 건물을 점유하고 있었죠."

　요컨대 대금을 지불하지 않은 건축주는 빠지고, 유치권자와 경매 낙찰자 사이의 다툼이었다.

　A가 점유 중인 건물은 5층 건물이었다. 경매 낙찰자는 A의 유치권 주장에 대해서 민사 소송 제기(부동산인도명령)로 맞섰다. 그러나 경매 낙

찰자의 기대와 달리 판사는 A의 손을 들어주었다. 이에 불복한 경매 낙찰자는 2심을 신청했으나 여기서도 패소 판결을 받았고, 현재 이 사건은 대법원에 계류 중이었다.

상황은 의뢰인 A에게 유리하게 전개되었고, 실제로 의뢰인 A를 괴롭힌 것도 부동산인도명령 소송이 아니었다.

"경매 낙찰자가 제가 점유 중인 건물 4층을 탈취했습니다. 그래서 부동산인도명령 소송에서도 이겼겠다, 당연히 제가 이길 줄 알고 저도 4층에 대해서 부동산인도명령 소송을 걸었습니다."

그런데 판결은 의뢰인 A의 패소였다. 이에 불복한 의뢰인 A도 2심을 신청했고, 여기서도 패하자 현재 이 사건 역시 대법원에 계류 중이었다.

재판은 이게 끝이 아니었다. 의뢰인은 이 건물 2~5층을 점유하고 있다가 4층을 빼앗기는 바람에 당시에는 3개 층만 점유하고 있었다. 경매 낙찰자는 4층 점유 후 의뢰인이 제기한 부동산인도명령에서 승소한 것을 바탕으로 5층도 내놓으라고 소송을 걸었다. 이때는 '부동산인도명령'이 아니라 '건물명도소송'이었다. 어쨌든 3번째 소송에 휩싸인 의뢰인은 기대 반 불안 반이었다. 그러나 불행히도 건물명도소송의 재판관은 의뢰인에게 건물을 비우라는 판결을 내렸다(경매 낙찰자 승소). 이렇게 억울한 일도 없을 것이다. 의뢰인은 곧 이에 불복하고 2심을 신청, 현재 이 사건은 항소심 계류 중이었다.

문제 정리

문제의 해결책을 찾기 전에, 우선 문제가 무엇인지부터 정리하는 게 순서 같다. 사건을 접하면 변호사들은 문제 정의부터 시작한다. 문제란 고정되어 있는 것도 아니고, 내가 어떻게 이 사건을 바라보느냐에 따라 달라지기 때문이다. 나는 다음과 같은 과정을 거쳐 이 사건의 문제가 무엇인지 정리했다.

1) 보통 유치권 다툼은 '점유가 적법한가' 하는 점이 문제인 경우가 흔하다. 이 사건도 점유를 둘러싼 법정 공방이었다.
2) 그런데 이 점유에 대해서 3건의 소송은 서로 다른 결과가 나왔다. 한 건은 의뢰인의 손을 들어준 상태고, 다른 두 건은 경매 낙찰자의 손을 들어주었다.
3) 우리는 동일한 자료가 입력되면 동일한 결과가 나온다고 생각한다. 그게 합리적이다.
4) 그런 관점에서 결과가 다르다는 말은 인풋(input)이 다르다는 말일 수 있다. 즉 의뢰인 A와 경매 낙찰자가 각 3건의 사건에 대해서 법원에 제출한 자료가 다른가? 확인해 보니 그건 아니었다. 약간의 표현 차이만 존재할 뿐 법률적으로는 차이가 없는 자료들이었다.
5) 그렇다면 같은 자료를 놓고 판사가 판단을 달리했다는 것인데, 그렇다면 제출한 자료가 자의적으로 해석될 여지가 있었다는 말이 아닌가?

6) 가설을 세워보자. 의뢰인 A가 제출한 자료가 미비하여 판사마다 해석의 여지를 준 것이다.

물론 재판부의 판단 기준이 다를 수 있다는 점을 배제하기는 힘들다. 그러나 그건 판사의 영역이고, 필자가 할 수 있는 건 증거 자료를 보완하여 해석의 여지를 줄이는 일이다. 특히 여기서 간과해서는 안 되는 게 단순히 증거 자료를 보완하는 데 포인트가 있는 게 아니라 '전달'이라는 측면에서도 문제가 있을 수 있다는 점을 기억해야 한다. 즉 증거 보완도 중요하지만 증거를 제출할 때 이를 제대로 전달하는 방식도 중요하다는 얘기. 증거라고 제출했는데 이게 무슨 말인지 모르면 곤란하지 않겠는가.

해결책

문제가 정리되면 답도 따라 온다. 답은 증거 확보와 전달 방식 점검이다. 일단 증거 확보를 위해 현장을 다녀가기로 했다.

한 가지 기억해야 할 점은, 대법원에 상고한 사건의 경우, 물론 재판 당사자를 포함 변호사도 추가 자료를 제출할 수 있다. 그러나 3심 재판은 사실심이 아니기 때문에 추가로 제출한 자료는 증거조사절차를 거치지 않는다. 이 때문에 의뢰인 A의 방문 시기가 안타까웠다는 점을 먼저 밝힌다.

어쨌든 필자는 의뢰인 A가 점유 중인 건물을 답사하기 위해 방문했다. 의뢰인 말로는 변호사 중에 현장까지 내려온 사람은 필자가 처음이라고 했다. 현장 방문을 통해 알게 된 정보는 다음과 같다.

1) 해당 건물에는 멀리서도 알 수 있게 '유치권 점유 중'임을 알리는 플래카드가 붙어 있었다.
2) 해당 건물은 정문 외에 두 개의 비상구가 있었다. 하나는 남쪽으로, 다른 하나는 북쪽으로 외부와 연결되어 있었다.
3) 의뢰인이 이 건물의 점유를 위해 운영하고 있는 관리사무소는 5층에 있었고, 의뢰인 측이 점유 중인 곳은 2층과 3층, 5층이었다.
4) 이 건물 1층에는 농협 슈퍼가 있었다. 그런데 1층 슈퍼 사람들이 2층 공간까지 이용하게 해달라고 양해를 구했기 때문에 2층은 자물쇠로 잠그지 못했다.
5) 관리인들은 2007년부터 관리일지를 작성하고 있었고, 4층을 빼앗길 당시의 상황도 잘 정리해두고 있었다. 또한 당시 4층 강탈 사건을 대표이사에게 보고하기 위해 준비한 문서도 갖고 있었다.
6) 비상구가 2개 있었고, CCTV로 건물 외관을 확인할 수는 있었지만 2층을 드나드는 사람이 1층 농협 고객인지 알 수 없는 상황이었다. 즉 누군가 유치권을 침범해도 제어할 수 없다는 얘기(아마도 이 부분이 판사마다 판결이 달라진 이유가 되는 것 같았다.).

이런 사실들은 추가 증거로 대법원 사건에 문서 제출했고, 고등법원에 항소 중인 사건은 여기에 추가로 다음과 같이 증거신청을 했다.

1) 관리사무실의 위치, 관리인들의 근무 형태, 플래카드나 CCTV의 설치 위치, 출입문 위치 등을 사진으로 찍어서 제출했다(점유가 제대로 이루어지고 있음을 보여주려고 했다.).
2) 이 사건 경매 당시 현황조사를 작성한 집행관을 증인으로 소환하여 조사 당시 건물 경비 상태나 관리인과 통화한 내역, 조사 보고서 내용을 심문하겠다고 밝혔다.
3) 예전 관리인을 소환하여 당시 관리 상태와 관련 심문을 하겠다고 밝혔다.

 결론

그러나 안타깝게도 증거신청은 받아들여지지 못했고 결과적으로 의뢰인은 모두 패소했다. 대법원 소송 2건에 추가로 제시한 자료도 큰 힘이 되지 않았다. 그럼에도 이 사건을 소개하는 이유는, 문제를 어떻게 설정한 것인지, 어떻게 답을 찾을 것인지 보여주기 위함이다.

돈을 끝까지 받으려면 민사/형사 투트랙 전략이 필요하다
대여금 편취 피해 사건

민사소송을 못 하는 이유

　이 책은 형사재판을 중심으로 무죄의 기술을 다루고 있지만 민사 사건도 섞여 있다. 많은 소송이 형사와 민사가 함께 진행되기 때문에 넣은 것인데 경우에 따라서는 민사소송을 꼭 걸어야 할 때도 있다.

　아는 형님의 아내, 즉 필자에게 형수뻘 되는 이의 이야기다(필자가 의뢰받은 사건은 아니었고 나중에 들은 이야기다.). 형수는 결혼 전에 몇 차례에 걸쳐 수억 원의 돈을 빌려주었는데 아직 받지 못하고 있었고, 그 자를 고소하게 되었다. 사람마다 다르지만 형수가 형사고소만 하려고 했던 이유는, 민사소송에 들어가는 비용 때문이었다. 당시 가정경제가 넉넉지 못한 형수는 형사고소만으로도 돈을 받을 수 있지 않을까 생각하고 있었다. 물론 형사고소를 해도 합의를 하면 돈을 받을 수는 있다. 그러나 알다시피 몸으로 때우기로 작정하면 답이 없는 게 형사고소다(물론 민사에서 승소한다고 해도 작정하고 달려든 자에게는 답이 없기는 하지만).

사건 전개

돈을 빌려준 시점은 1999년에서 2001년 사이였다. 형수가 사기죄로 고소한 시점은 2003년경. 고소가 접수되고 검찰에서 수사가 진행되었다. 그런데 수사가 끝나기도 전에 피고소인이 외국으로 도망을 쳤다. 그러다 2011년 피고소인이 한국으로 입국했다. 별 문제 없겠다고 판단한 모양이었다. 그의 생각은 이러했다.

"사기죄의 공소시효가 10년이니까 어디 외국으로 피신해 있다가 10년 다 채우고 들어오면 끝나는 거 아니겠어?"

그러나 피고소인이 모르고 있던 게 있다. 외국 체류 시간은 공소시효에서 제외된다(형사소송법제253조제3항). 입국 후 그는 다시 수사를 받게 되었고, 사기죄로 재판을 받게 되었다. 그런데 여기에 문제가 숨어 있었다. 그가 도주한 사이 채권 소멸시효는 완성되어 있었던 것. 무슨 말인가 하면 채권은 10년이 지나면 사라진다. 돈을 달라고 민사재판을 걸 수 없다는 말이다.

사기죄의 공소시효는 외국 도피 중 정지하지만 채권 소멸시효는 정지하지 않는다. 그 사이, 형수는 민사적 권리가 사라지게 되었다. 물론 피고소인은 형사재판에서 유죄를 선고받고 실형을 살게 되었지만 형수는 돈을 받을 수 있는 법적 권리를 놓치고 말았다.

> 공소시효의 기간
>
> 형사소송법제249조(공소시효의 기간)
>
> ① 공소시효는 다음 기간의 경과로 완성한다. 〈개정 1973.1.25, 2007.12.21〉
>
>   1. 사형에 해당하는 범죄에는 25년
>   2. 무기징역 또는 무기금고에 해당하는 범죄에는 15년
>   3. 장기 10년 이상의 징역 또는 금고에 해당하는 범죄에는 10년
>   4. 장기 10년 미만의 징역 또는 금고에 해당하는 범죄에는 7년
>   5. 장기 5년 미만의 징역 또는 금고, 장기10년 이상의 자격정지 또는 벌금에 해당하는 범죄에는 5년
>   6. 장기 5년 이상의 자격정지에 해당하는 범죄에는 3년
>   7. 장기 5년 미만의 자격정지, 구류, 과료 또는 몰수에 해당하는 범죄에는 1년
>
> ② 공소가 제기된 범죄는 판결의 확정이 없이 공소를 제기한 때로부터 25년을 경과하면 공소시효가 완성한 것으로 간주한다.

 대응 전략

그렇다면 채권의 소멸시효를 연장할 수 있는 방법이 없을까? 설령 피고소인이 해외 도피 중이더라도 그를 상대로 민사소송을 제기하는 게

좋은 방법이다. 상대가 외국에 있기 때문에 도리어 판결을 받기는 수월하다. 판결이 확정되면 그때부터 다시 10년의 소멸시효가 진행되기 때문에 원하는 만큼 연장할 수 있다.

한편 민사소송의 경우 소멸시효가 특별한 불법행위의 경우 3년(민법제766조), 공사 대금도 3년(민법제163조), 상사시효 5년(상법제64조)으로 짧기 때문에 받을 돈이 있다면 각각의 채권의 소멸시효를 사전에 체크하여 대비해야 한다.

양형 전략으로 갈아타기
사건 09
남의 땅 대출 사기사건

 사건 발생

많은 재판 과정에서 반복적으로 나타나는 패턴이 있다. 1심에서 무죄를 주장하다가 유죄를 선고받으면, 2심에서 유죄를 인정하되 양형 전략으로 갈아타는 방법이다.

필자가 맡은 이번 사건도 비슷한 케이스였다. 의뢰인 A는 이미 1심 판결에서 유죄를 선고받고 구속수감된 상태였다. 항소심을 준비하기 위해 그를 찾아갔다. 그를 면회하기 전 확인해 본 결과 1심 판결문에는 대략 다음과 같이 사건이 요약되어 있었다.

의뢰인 A는 여러 명과 공모하여 일명 '남의 땅으로 대출받아 나눠 먹기' 계획을 세웠다. 말 그대로 남의 땅을 자기들 땅인 것처럼 위조하여 이를 토대로 대출을 받는 것이 골자였다. 이 일을 위해 6명 정도가 역할을 분담했다. 먼저 피고인 1은 해당 토지를 물색했고, 피고인 2는 가짜 땅 주인(피고인 3)을 찾아서 토지 주인의 이름으로 개명하도록 했다. 피고인 4는 대출 받는 일과, 대출금을 세탁하는 일을 맡았고, 피고인 5는 잔심부름과 운전사 노릇을 했다. 의뢰인 A는 대출기관을 찾는 역할을 맡았다. 계획은 순차적으로 진행되었고, 피해자는 총 5억 원의 피해를 입게 되었다.

대응책

구치소에서 만난 의뢰인 A는 고개를 절레절레 흔들었다.

"저는 너무 억울합니다. 저는 그냥 대출기관을 알아봐 달라고 해서 알아봐 준 것뿐입니다. 설마 남을 속여서 돈을 가로채는 일이라고 생각지 못했습니다."

의뢰인 A는 첫 면담에서 범행을 극구 부인했다. 그러나 필자가 판단한 1심 판결문의 내용으로 보면 A는 사건을 주도하고 있었다. 단순히 대출기관을 알아보는 일에서 그친 게 아니었다. 그러나 의뢰인의 생각도 중요했으므로 절충안이 필요했다. 그래서 일단 무죄 주장으로 가되 만일 여의치 않으면 어떻게든 형량을 줄이는 쪽으로, 기왕이면 집행유예를 받는 쪽으로 방향을 선회하는 것이 좋겠다고 제안했다.

며칠 뒤 필자는 다음과 같이 항소이유서를 작성하여 2심 재판부에 제출했다. 그런데 자세히 보면 이 항소이유서는 일반적으로 무죄를 주장하는 내용과는 약간 다르다는 점을 눈치 채기 바란다. 설명은 뒤에 하겠다.

〈항소이유서〉

경위가 어찌 되었든 피고인이 가장 중요한 핵심 고리가 되어 피해자를 만들어 냈다는 점에 대해 어떤 변명의 여지도 없다고 생각합니다.

피고인의 사업 욕심이 이 사건을 유발시켰다고 생각합니다.

피고인은 강원도에서 태어나 그곳에서 건설관련 사업을 하다가 수년 전 서울로 진출하여 강남구 5지구 도시재개발사업을 추진해 왔습니다. 그 과정에서 토지 매입을 위해 수백억 원의 자금이 필요하였습니다. 이러한 자금을 사용하기 위하여는 이른바 중개 수수료라는 명목으로 수억 원의 비용이 필요하였습니다.

피고인은 2006년 초부터 피고인 측이 가지고 있던 부동산 등을 담보로 여러 모로 대출을 추진하였습니다. 그러나 피고인이 세금을 체납하여 신용이 낮았던 점, 또한 원래 담보를 제공하기로 했던 사람들이 약속을 위반하는 등의 사정으로 어려움에 봉착하였습니다. 그 과정에서 공소외(이 소송과 무관한 사람) 김의 소개로 상피고인 4를 만나 그가 경영하는 주식회사 X영을 채무자로 하여 대출을 추진하게 되었습니다. 그 과정에서 위 재개발 사업장 인근의 모 레스토랑에서 자주 보았던 이 회장이라는 성명불상의 사람으로부터 담보할 토지를 추천받았습니다.

한편 과거부터 대출 등으로 알고 지내던 상피고인 2가 이 사건 토지를 담보로 제공하겠다고 나섰습니다. 그러면서 자신이 이 회장의 역할을 대신할 것이라고 하면서 토지 주인 측 사람으로 나서게 되었습니다. 이는 위 2가 증인으로 지난번 기일에 증언한 바 있습니다.

또 피고인은 이 사건 토지를 담보로 대출받기 위하여 금융중개 경력이 있는 공소외 서를 통하여 수협이나 국민캐피탈 등에 문의하는 일을 추진하게 되었습니다. 도중에 토지 주인 측의 약속 위반 등으로 우여곡절을 겪다가 수협 대출은 중지되고 국민캐피탈 측에서 8억 원을 대출받기로 하여 그중 5억 원을 대출금 명목으로 위 상피고인 5의 명의로 받아 피해를 발생시키게 되었습니다.

물론 이 사건 과정에서 나타난 바와 같이 모든 것이 순리대로 처리된 것은 아니었습니다. 특히 토지 주인이라는 사람이 여러 번에 걸쳐 약속을 지키지도 않았고 나타나지도 않았습니다. 그리고 나중에 나타난 토지 주인도 대출 욕심에 그가 진짜 토지 주인인지 여부에 대해서는 간과하였습니다.

피고인은 나중에 채무자인 상피고인 김경X의 명의로 대출받은 돈 중, 피고인 측은 약속대로 가짜 토지주 측에 4억 원을 먼저주고 채무자 5가 8,000만 원을, 나머지 2,000만 원을 피고인의 당시 급한 채무 변제 등에 사용하였습니다. 피고인은 나머지 돈 3억 원에 대하여도 대출받을 것으로 생각하고 있었습니다.

이와 같이 구구절절 이야기를 풀어가는 것을 판사는 기본적으로 좋아하지 않는다. 판사는 사건과 연관된 사실 중심의 내용만 필요로 하기 때문이다. 그러나 이처럼 자세한 내막까지 넣어서 항소이유서를 작성한 이유는, 우선 따로 첨부할 만한 증거가 없었기 때문이기도 하고, 또한 양형을 고려했기 때문이다. 양형을 생각한다면 사건의 전후 사정을 밝히는 게 좋을 때가 있다.

항소심은 여전히 의뢰인에게 불리하게 돌아갔다. 의뢰인의 무죄를 증명할 만한 증거가 딱히 없다는 것도 문제였지만 항소심에서 검찰은 의뢰인에게 불리한 증거 몇 가지를 추가하면서 더욱 곤경에 빠뜨렸다. 나는 더 이상 무죄를 주장하는 게 아무런 이익이 없다고 판단했다.

"더 이상 버티는 것은 좋은 전략이 아닙니다. 감옥에 가는 것보다는 집행유예를 받는 방법을 택하는 게 좋지 않겠습니까?"

의뢰인은 깊은 한숨을 쉬더니 그러자고 동의했다.

이미 항소심을 했다는 말은 유죄를 인정하지 못한다고 주장(사실오인에 의한 무죄 주장)한 것이니 그 주장을 철회하는 것으로 죄를 인정한다는 의사 표시를 했다. 지금부터 중요한 것은 '반성하는 마음이 있으며, 다시는 실수를 되풀이하지 않겠다'는 뜻을 표시하는 것이었다. 그래서 다음과 같이 변론요지를 정리해서 제출했다.

항소심 변론요지

이 사건을 변론하면서 재판장님이 지적하셨던 것처럼 피고인이 원심에서부터, 아니 이 사건 범행이 발각되고부터 철저하게 자신의 진실을 주장하고 증거를 제출하였어야 하는데 그러한 점이 부족하였던 것을 피고인 측은 인정하고 있습니다.

그리고 이 사건 발생 전후 항소이유서에서 밝혔던 것처럼 피고인의 석연치 않았던 행동 등에 대하여 나름대로 변명을 하기는 하였지만 제대로 설명되지 아니하여 피고인의 부담으로 남아 있습니다.

그러나 지난 시간을 돌아보면 피고인이 이 사건 대출과정에서 너무 자신의 사업을 성공시키고 말겠다는 욕망이 앞선 나머지 상대방과 환경 그리고 그 입장 등을 제대로 뒤돌아보지 아니하고 이 사건 파국으로 나갔던 점 등에 대해 통렬히 반성하면서 피고인은 적절한 벌을 받을 각오를 하고 있습니다.

지금까지의 재판 상황으로 보아 피고인은 이른바 미필적 고의에 의한 정도의 범의는 있었다고 자인하고 있습니다.

그러나 원심판결에 나타난 것처럼 상피고인 4가 범인인 줄 알고 그의 호적등본을 떼지 못하게 일부러 범죄를 저지른 적은 없습니다. 이 사건 대출 관련 업무를 전문으로 하던 법률사무소 직원이 알아서 한다고 하여 그만둔 것뿐입니다.

재판장님!

피고인은 교육자의 아들로 태어나 XX대학교 법학과를 나온 뒤 1996년경부터 열심히 건설, 부동산업계에서 정상적으로 사업을 해 왔습니다.

원래 XX에서 사업을 하다가 2003년경부터 서울 종로구에서 멋들어진 재개발사업으로 성공하고 싶었습니다.

그 과정에서 피고인은 이 사건에 증인으로 나선 증인 이, 동 전, 동 조, 동 송 등 자신을 돕는 사람도 만났고, 한편 이 사건에서처럼 피고인을 이용하여 범죄의 구렁텅이로 몰고 가는 사람들도 만났습니다.

피고인은 이번 경험을 통하여 이 무서운 사회를 잘 식별하여 다시는 잘못을 범하지 않겠다고 굳게 다짐하고 있습니다. 그리고 자신의 욕심도 잘 제어하겠다고 마음먹고 수감생활하는 동안 묵상과 독서를 통하여 수련하고 있습니다.

피해자(XX캐피탈 사업주)에게도 우선 피해 원금과 위로금 명목으로 금 2,500만 원을 공탁하였지만 나머지 피해금액에 대하여서도 투자금을 회수하고 부동산을 정리하여 최선을 다해 갚으려고 노력하고 있습니다.

왜냐하면 피고인은 앞으로도 건실한 사업가로 성공하고 싶고 이 사회에 기여하고 싶은 욕망을 갖고 있기 때문입니다.

관대하신 재판장님!

이 사회에서 처음으로 큰 시련과 고통을 안게 된 피고인에게 사업가로

> 서 성장할 수 있는 시금석이 되도록 기회를 주시옵소서!
> 부디 이번에 한하여 피고인을 용서하여 주시기 바랍니다.
> 지금까지 범죄치 않고 이번 실수로 많은 것을 깨달은 피고인에게 재판
> 장님의 관대하신 처분을 기대합니다.

변론요지에서 강조한 것을 정리하면 다음과 같다.

1) 잘못을 인정한다(물론 어디까지 잘못인지 그 범위를 명시해야 한다.).
2) 공탁을 했다(기왕이면 합의가 좋으나 안 되면 공탁이라도 해서 합의의사가 있음을 밝히는 게 좋다.).
3) 초범이다(굳이 밝히지 않아도 이미 판사가 알기는 할 것이다. 그러나 문맥상 넣어두는 게 다음 4번 내용과 잘 어울린다.).
4) 다시는 이런 일을 저지르지 않기 위해 지금 노력하고 있다(여기서는 구속되어 있는 상태이므로 독서와 수련을 통해 새로운 사람으로 태어나겠다는 각오를 보인 것이다. 그러나 구속 중이 아니라면 봉사활동, 종교활동 등을 시작하거나 뭔가 바꾸려는 의지가 보이는 어떤 구체적인 활동을 기록하는 게 좋다.).

결과는 어떻게 되었을까? 이 사건은 원심에서 '피고인이 이 사건 범행대상 토지를 물색하고 대출절차를 진행하는 등 이 사건 범행에 있어 핵심적인 역할을 한 것으로 보이는 점, 뚜렷한 근거 없이 범행을 부인

:: 정상을 결정하는 판단 요소 ::

항목	검토할 내용
구성요건 부수사정	<주관적 사정> : 범행동기, 범행결의의 강약 등 <객관적 사정> : 범행의 태양 및 수단 · 조직성, 과실범의 부주의 정도, 피해정도와 결과(피해자와 유족에게 주는 정신적 · 육체적 · 경제적 영향, 피해감정, 근친자 등 피고인의 주위에 끼친 영향), 범죄의 사회적 파급 효과(모방성, 전파성, 사회적 영향, 형사정책적 관점에서의 폐해) 등
피고인의 속성	연령, 정신적 · 육체적 소질, 성장과정, 성격(상습성 포함), 경력(전과, 전력 포함), 가정환경 등
범행 후 정황	피해회복 또는 그 노력 유무와 정도, 개전의 정, 재범의 위험성(사회적 처우, 가정환경, 갱생의욕) 등

(* 류혁상, 권창국, 「증거의 신빙성 제고를 위한 효과적인 증거 수집 및 현출방안」, 한국형사정책연구원, 2005. p.349)

하면서 이 회장이란 인물을 내세워 그 책임을 모면하려고 하는 점, 다만 초범인 점등을 참작'하여 징역 1년 6월이 선고되었다가 항소심에서는 '이 사건 범행의 가담 정도가 비교적 경미하고 피해자를 위하여 2,500만 원을 공탁한 점 기타 피고인들의 연령, 성행, 가정환경 등 기록에 나타난 모든 양형조건을 종합하여 보면, 원심이 위 피고인들에게 선고한 형이 다소 무거워서 부당하다 할 것이어서' 피고인에게 징역 1년 6월에 집행유예 2년을 선고했다.

참고 자료

흔히 '정상을 참작하여'라고 말하는 것을 들어본 적이 있을 것이다. 정상이란 피고인의 사정을 의미한다. 그가 범행을 저지른 것은 맞지만 이런 사정이 있음을 감안하여 형량을 매길 때 참고하는 요소들이다. 판사도 형량을 결정할 때(양형) 이 요소를 살펴보기 마련이고, 검사도 구형

(이 자가 이런 잘못을 저질렀으니 몇 년의 징역형을 구합니다.)할 때 이 요소를 기준으로 살펴보기 마련이다. 만일 왼쪽 표에 해당하는 게 있다면 적극 제출하여 조금이라도 감형을 받는 게 '양형 전략'의 핵심이다.

사건 10 양형을 위한 조건 만들기
대습상속녀 토지사기사건

 어느 과부의 사연

　판사를 설득하기 위해서는 설령 증거가 될 수 없다고 생각되는 자료라도 모으는 게 좋다. 그게 나중에 양형에서 유리한 국면을 만들기도 하는 법이니까.

　애초에 우리는 혐의가 없는 것을 전제로 사건 의뢰를 받았다. 사건 내용은 이러했다. 의뢰인 A는 남편과 사별한 여성이었다. 마침 시어머니가 상당한 재산을 남기고 돌아가셨다. 이런 경우 죽은 남편을 대신하여 대습상속인이 된 과부에게도 남편 몫의 유류분이 돌아간다(일정한 비율의 재산 받을 권한이 생긴다.). 어쨌든 시어머니가 남긴 재산 가운데 부동산을 재산 분할하는 과정에서 의뢰인 A의 명의로 등기가 되어 있는 부동산이 발견되었다. 그런데 의뢰인 A는 평소 이 부동산을 눈여겨보고 있던 부동산중개업자 측에서 팔 생각이 있느냐고 묻기에 마침 살림살이가 어려워서 제법 괜찮은 가격을 받고 집을 팔았다.

그게 문제였다. 이 집은 의뢰인 명의로 되어 있었지만 재산 분할의 대상이었기 때문이다. 더욱이 의뢰인 A는 이미 유류분반환청구권을 주장할 수 있는 시간(제척기간)을 넘겨 재산 분할에 아무런 권리가 없었다. 그런데 이미 집을 팔아버렸으니 상속인들 입장에서는 기가 막힐 수밖에.

사태 파악

처음 사건 의뢰를 받을 때는 의뢰인에게도 유류분의 권리가 있다고 생각하여 무혐의의 여지가 있다고 판단했다(당시 의뢰인은 여러 스트레스로 기억이 가물가물하는 등 정신이 말짱한 상태가 아니었다.). 그러다 사기죄로 조사가 진행되는 동안 여러 가지 불리한 정황들이 나왔다. 주임 검사를 만나 보니 혐의를 인정할 수밖에 없는 상황이었고 피해액이 수억 원이라 잘못하면 구속될 수도 있는 처지였다.

문제 재설정

유류분 권한도 없고, 피해액은 수억 원에 해당한다. 돌아가는 상황은 의뢰인에게 불리했다. 경제력이 없어서 합의를 할 수 있는 처지도 아니었고, 의뢰인의 심리 상태를 보면 시도 자체가 불가능했다. 의뢰인은 범행을 극구 부인하고 있었다. 양형에서도 불리한 처지였다. 그나마 다행인 점은 검찰에서 의뢰인의 동기와 나이, 건강상태 등을 감안하여 불구속 기소로 재판이 진행되었다.

구속을 피하려면 당장 급한 게 피해자와의 합의였다. 그게 아니면 적당한 선에서 공탁이라도 해야 했다. 하지만 경제적으로 어려운 처지였던 의뢰인은 피해자가 원하는 금액을 줄 만한 형편이 아니었다. 그런데 며칠 여기저기 알아보았는지 의뢰인은 자기 형제 담보의 부동산으로 대출받으면 어떻게든 합의금을 줄 수 있을 것 같다고 알려왔다. 필자는 피해자에게 연락하여 조금만 시간을 주면 합의금을 마련하겠다고 제안했으나 피해자는 이에 응하지 않았다. 도대체 답을 찾을 길 없는 막막한 터널이 계속되었다.

 해결책

그때 필자가 다시 꺼내든 카드가 유류분이었다. 의뢰인은 남편이 죽었고, 또한 자녀가 없었기 때문에 유류분을 받을 권한이 있었다. 다만 유류분을 요구할 수 있는 시간(제척기간)이 지났기 때문에 청구소송을 걸 수가 없었다. 그러나 나는 이게 민사소송에서는 힘을 발휘하지 못해도 형사재판에서는 나름 가치가 있을 것으로 보고 민사법원에 유류분 반환청구소송을 제기했다. 민사소송을 이기는 게 목적이 아니었다. 민사소송 소장이 필요했고, 이 자료와 함께 서면을 통해 의뢰인이 유류분을 받을 위치에 있는 사람임을 설명했다. 그리고 유류분을 받으면 피해액을 갚겠다고 적었다.

한편 이와 동시에 의뢰인은 민사소송이 진행되는 동안 비록 피해액의 절반에도 못 미치는 액수였으나 공탁을 마쳤다.

이런 대응책은 형사재판 판사에게 어떤 영향을 끼쳤을까? 의뢰인이 피해 복구를 위해 애를 쓰고 있다는 점, 유류분반환청구를 할 수 있는 위치에 있었으나 불행히도 시간을 놓쳐 돈을 못 받았고 그래서 이런 사단이 생긴 것이지 처음부터 떼어먹으려고 했던 건 아니었다는 점 등을 소명하는 데 크게 도움이 된 것으로 보인다. 그런 사정을 감안하여 이 사건 판사는 집행유예로 사건을 종결지었다. 죽은 공명이 산 중달을 도망치게 했다는 말처럼 민사에서 패소한 판결이 형사에서 유용한 양형 자료가 되기도 한다. 앞서 소개한 사건 5에서, 불기소장에 적혀 있었던 내용이 유용하게 쓰인 것과 동일한 맥락이다.

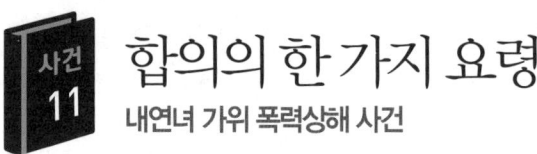

합의의 한 가지 요령
내연녀 가위 폭력상해 사건

 배경 설명

　이번에도 양형과 관련된 짤막한 사건 하나 살펴보자. 양형 조건에서 가장 중요하게 여기는 조건 가운데 하나인 합의와 관련된 이야기다. 여자 문제로 구속될 뻔하다가 다행히 집행유예를 선고받은 사건이었다.

　의뢰인에게는 성산업에 종사하는 내연녀가 있었다. 그는 내연녀의 손을 가위로 찌르고 여러 차례 폭력을 행사한 끝에 상해를 입혀서 불구속 기소가 되었다. 의뢰인은 처음, 가위로 찌른 적이 없다고 부인했으나 1심에서 징역 1년 6월의 실형 선고를 받았고, 그 상태에서 필자에게 사건을 의뢰했다.

　1년 6월의 실형은 생각보다 과하다는 느낌이 들어서 물어보니 의뢰인은 젊은 시절 약혼관계였던 여자를 성폭행하였다고(집안의 반대가 있었다고 함) 구속되었다가 석방된 전례가 있었고, 또한 피해자와 합의에 실패하고 나아가 합의하겠다며 피해자를 찾아간 것이 판사 보기에 좋지 않았던 모양이었다(합의서가 필요하여 피해자를 만나야 할 경우 조심스럽게 접근해야 한다. 합의한다고 찾아갔다가 도리어 피해자를 보복하였다고 오해를 받아 판사에게 나쁜 평가를 받을 수도 있다.).

여성 피해자, 여성이 만나기

남녀 사이의 사건에서 여자가 피해자인 경우, 남성 가해자로서는 합의가 참으로 어려운 일이 된다. 피해자로서는 무섭기 때문에 당사자를 만나고 싶어 하지 않고(스토커로 오인받거나 또 다른 범죄 유발 가능성을 의심하는 경우도 있다.), 또한 연락처를 알기 어려울 때도 있기 때문이다. 어쨌든 이 문제를 해결하는 게 필자의 몫이었으므로 우리는 방법을 마련했다. 우리 사무실의 사무장이 마침 여성이었고, 그를 보내면 최소한 만남은 가능할 것으로 보았다. 사무장이 만남을 추진하는 동안 의뢰인에게는 합의하기 위한 최소한의 돈을 마련하라고 요청했다. 그러나 의뢰인은 경제 사정이 넉넉한 사람도 아니었고, 주변에서 돈을 구하기도 쉽지 않았던 모양이다. 선고기일은 시시각각 다가오고 있었다.

시간 벌기

이럴 때 변호인들이 쉽게 생각하는 게 선고 기일 연장이다. 시간을 조금만 벌면 합의금을 마련할 수 있을 것이고, 합의금을 마련하면 선고 결과가 달라질 수 있다. 그렇다면 누구라도 선고 기일 연장을 위해 판사에게 호소하지 않겠는가? 현재 합의 진척상황(피해자도 합의의 뜻이 있으나 지금 마련이 힘들다는 내용으로 적음), 피고인의 노력 등을 소상히 적어서 최대한 피해를 보상하려고 하니 잘못을 뉘우치고 있고 새로운 사람이 되려고 하는 피고인에게 자비를 베풀어달라는 내용의 서면을 제출하여 다행히 한 달의 시간을 벌었다. 사실 돈을 구하는 데 한 달도 그렇게 넉넉한 시간은 아니다. 그러나 별 수 있는가. 주어진 시간 안에 최대한 마련해 보는 수밖에.

다행히 의뢰인은 선고기일 하루 전에 돈을 구하여 피해자와 합의를 할 수 있었고, 그 자리에서 작성한 합의서를 당일 제출했다. 그리고 다음 날, 항소심 판사는 형이 너무 무겁다며 집행유예를 선고했다. 재판은 막을 내렸다.

사건 12 누구의 실수가 더 적은가?
분양대행 비용 회수 사건

 친구의 하소연

휴대폰 벨이 울렸다. 전화를 받아보니 고향 친구였다.

"어떡하지? 이러다 수억 원을 날리게 생겼어."

"진정하고, 차분히 이야기해 보게. 무슨 일인가?"

사연이 구구절절했는지 한동안 횡설수설하던 친구는 다시 처음부터 사건을 설명하기 시작했다.

"A라고 분양대행을 하던 친구가 있었거든. 그 친구가 어디 건축하는 곳에서 분양대행을 하는데 같이 해보자고 해서 동업계약을 맺고 돈을 좀 댔거든. 그런데 A가 갑자기 죽어버렸다네. 그런데 며칠 뒤에 시행사에서 찾아왔어. 나 보고 철수하라는 거야. 아니, 그동안 분양대행 업무 하려고 들인 돈이 수억이야. 내 동생도 대행 사무실 차려놓고 매일 출퇴근했다고. 그런데 이제 와서 그냥 나가라면 누가 나가겠는가? 이건

4장 법정 밖에서 문제를 해결하라 | 379 |

말이 안 되잖아? 도대체 나는 어떻게 해야 하는 거지?"

친구의 약점

분양대행을 하는 사람을 그냥 나가라고 할 수는 없을 텐데 무엇이 문제였을까? 친구가 보내준 서류와 그간 벌어진 일들을 차분히 들어 보니 문제가 많았다.

친구는 시행사와 바로 계약한 것이 아니었다. 정식 분양대행계약을 맺은 곳은 B회사였는데 이 B회사의 이사가 친구를 끌어들인 A에게 대행을 승계한다는 계약을 맺었던 것이었고, 친구는 그 A와 동업하는 형식으로 영업을 진행했던 것이다. 그러나 동업계약서는 없었다.

한 가지 문제가 더 있었다. 친구는 자기 동생이 현장에서 분양대행을 한다고 수개월 동안 컨테이너 박스 1개를 갖다 두고 팸플릿을 만들고 인원을 동원하는 등 노력을 들였으나 실적이 한 건도 없었다. 심지어 수억을 들였다고 하지만 어디에 어떻게 썼는지 입증하는 게 쉬워 보이지 않았다. 그리고 최근에 건축물의 분양에 관한 법률이 제정되어 위 법률 시행 전에 건축허가를 받았다고 하더라도 위 법 시행일 전에 입주자 모집을 하지 않은 경우에는 1) 분양 신고 후 2) 분양 승인을 받아 3) 분양해야 하는데 그러지 못했다는 것이다.

그런데 최근 B회사가 시행사에 대하여 분양 대행 포기서까지 제출하자 시행사 직원들이 직접 분양을 하겠다며 인근에 컨테이너 박스를 설치하면서 친구에게 나가라고 했다는 것이다. 일리 없는 이야기는 아니었다.

상대의 약점

이 사건을 해결하기 위해서는 무엇이 필요할까? 없는 동업계약서를 만회하기 위해서는 계약당사자였던 B회사를 친구가 대위하고 있다고 여러 가지 법적 대처가 우선적으로 필요했다. 그래도 비용 지출에 대한 증거가 너무 부족한 건 단점이었다. 뭔가 좋은 수가 없을까?

그러다 우리는 시행사의 단점을 발견했다. 이 사건 당시 제정된 분양 관련법에 따르면 분양 승인을 받은 뒤에 분양을 할 수 있도록 되어 있었다. 그런데 시행사는 승인도 받기 전에 분양을 하려고 컨테이너 박스를 설치했다. 엄연한 법률 위반이었다. 만일 친구가 이 일을 고발하고 동시에 친구가 유치권을 행사하며 버틴다면(나중에 쫓겨나는 한이 있더라도) 그만큼 건축 시기는 늦춰질 것이고, 이는 시행사의 손해로 돌아갈 것이다.

자, 누구의 약점이 더 큰 것인가?

대응책 ①

우리는 일단 위와 같은 법률상의 문제(대위권, 유치권 등)가 있으리라는 점을 전제로 법원에 분양금지 등 가처분을 신청하고 시행사 소유 부동산의 가압류를 신청하여 법률적으로 분양을 못하도록 막았다. 아래 문건은 당시 부동산 가압류 신청을 하면서 작성된 내용 일부이다.

신청원인

1. 채권자와 채무자들의 관계

가. 2005. 10. 21.경 채무자 주식회사 C(이하 채무자 C라고만 합니다.)는 신청외 주식회사 호프플러스와, 채무자 C가 경우프라자란 이름으로 별지 목록 기재 부동산의 대지 위에 건축 시행중인 상가(이하 경우프라자 상가라고만 합니다.)에 대하여 분양 대행 계약을 체결하였습니다.(소갑제1호증 분양대행계약서)

나. 2005. 11. 17.경 주식회사 호프플러스는 신청외 A(* 죽은 친구)와, 위 채무자 C와의 분양대행계약을 승계하는 분양대행계약승계계약을 체결하였습니다.(소갑제2호증 분양대행계약승계 계약서)

그런데 위 계약과정에서 위 A를 대신하여 신청외 서XX이 위 A를 대리하였으며, 위 A는 그 시경 채권자 박XX과 위 박XX을 대신하여 주XX 명의로 동업 약정을 체결하였습니다.(소갑제3호증의 1 동업 약정서)

다. 위와 같이 상담이 진행되는 동안 채권자(* 필자의 친구)는 2005. 11. 15.경 위 장소에 분양 대행업무 사무실로 컨테이너 1대를 준비하고 또 이에 필요한 집기, 전화 등을 마련하고 인근에 직원 숙소를 마련하여 사무실 직원들을 투입하여 영업 준비를 마쳤습니다.

그리고 상가분양 현수막 등을 채권자의 비용으로 마련하여 그 시경 분양대행업무를 시작하였습니다.

라. 2005. 12. 하순경 채무자 C는 분양계약서 용지(소갑제4호증의 1) 및 광고 전단지(소갑제4호증의 2), 경우프라자 브로셔(소갑제4호증의 3)가 구비되었다고 연락이 와 채권자는 채무자 C로부터 각 수백, 수천 매 가량을 전달받아 분양사무소에 비치하고 영업을 계속하였습니다. 특히 광고 전단지의 대표전화번호는 채권자 분양팀의 명의로 된 전화번호(000-000-0000)를 사용하였습니다.

마. 그런데 다른 현장과는 달리 위 공사 현장은 토목공사 속도가 현저히 늦어지며 공정도 예정기간을 점점 넘어서는 데다 다른 현장과 비교하여 상대적으로 높은 가격(1평당 약 800~1,000만 원 정도 비쌈, 소갑제5호증의1 분양 면적 및 가격표, 3. 오창단지 프라자 가격 비교)으로 영업의 어려움을 수차례 채무자에게 건의하였으나 이에 응하지 않고 대신 공사는 어떠한 상황에서도 정상적으로 진행될 것이니 영업에 충실하라는 소리만 들었습니다. 그러나 결국 하도급업체에 대한 공사비 미지급으로 인하여 2006. 2.말경 급기야 공사마저 중단되는 사태가 발생하였습니다.

바. 2006. 3.경 한 달간 공사가 중단된 현장을 지켜보면서 마음 아파했던 채권자 분양 영업팀은 상가 분양을 받은 사람들이 입을 피해를 우선 걱정하게 되었고 상가분양사업승인에 대한 법률적 검토를 하던 중 건축물 분양에 관한 법령에 위 사업장은 2005. 4. 23. 이전에 건축허가를 득하였더라도 2005. 4. 23. 이전에 최초 입주자 모집공고를 하지 않았으면 청원군청에 분양 승인을 받고 보증

보험사의 보증서를 받아야 하며 영업 방식도 수의 분양계약이 아닌 공개추첨, 공개모집 방식으로 영업해야 한다는 사실을 알게 되었습니다. 이에 채권자는 수분양자의 피해를 막으려면 시정이 필요하다고 생각하고 채무자 경우에게 이를 알렸습니다.

사. 그러나 채권자에게 돌아온 것은 현장 철수 명령과 채무자 소속 이름미상 주임 등을 포함한 새로운 분양 영업팀을 구성하여 채권자가 마련한 분양사무실 옆에 일방적으로 새로운 분양 사무실을 설치하였으며(소갑제6호증의 1 내지 4 각 사진) 사실상 채권자로 하여금 분양영업을 할 수 없도록 횡포를 부렸습니다.

아. 이에 그동안 채무자는 채권자가 위 주식회사 호프플러스 등을 대신하여 위 분양대행업무를 하는 것을 알고 인정하여 왔으며 그동안 채권자가 든 소요경비만도 2억 원가량 들었으며 이제 와서 분양을 할 수 없도록 한 것은 있을 수 없는 일이라며 정상적으로 분양할 수 있도록 요구하고 있으나 채무자는 계속 이를 거절하고 있습니다.

2. 손해배상금 채권발생

이에 채권자는 채무자를 상대로 손해배상 등의 소송을 준비 중에 있으나 소송 계속 중 채무자가 분양을 완료하거나 입금된 분양 대금 및 자금을 부당하게 집행하거나 치명적인 자산 처분 또는 채무 부담행위로 나아갈 경우 사업의 실제 주체인 채권자로서는 분양대행의 영업권을 회복하게 되더라도 위 사업 진행상 회복하기 어려운 손해를 입을 우려가 있고 이미 옆에 분양 사무실을 차려 놓고 직원들로 하여금 분양을 하도록 하고 있어 시급히 채권자가 채무자에게 갖는 분양대행권과 이를 방해하거나 위반한 채무자에 대한 손해배상청구권 등을 보전할 필요가 있습니다.

이에 부득이 채무자를 상대로 손해배상청구의 소를 준비하고 있는바 위 청구 채권의 집행 보전을 위하여 본 신청에 이르렀습니다.

대응책 ②

이와 함께 우리는 관할 관청에 고발하겠다고 시행사(채무자) 측에 알리기로 했다.

친구의 마지막 실수와 결과

가처분 소송이 진행되던 중 시행사 측에서 연락이 온 모양이었다. 나중에 얘기를 들어보니 시행사에서는 조폭을 동원하여 컨테이너 자체를 없애 버리겠다는 등 친구를 압박하며 동시에 컨테이너로 찾아와 친구 동생을 괴롭혔다. 물론 일방적인 협박이 아니라 합의를 하라는 협박이었단다.

그런데 필자가 보기에 이 합의는 다소 성급한 감이 있었다. 만일 합의 전 나에게 연락을 했더라면 여러 조언을 줄 수 있을 것이고, 그랬다면 조금 더 나은 조건에서 합의가 이루어질 수 있을 것이다.

어쨌든 친구는 조폭이 다녀간 그날 밤 다소 아쉬운 액수에서 합의를 하고 소송을 취하했다.

사건 13 뜻밖의 눈물
고위공직자 뇌물 수수 사건

 사건 발생

평소 동생이 입이 마르게 칭찬하던 공무원이 있었다.

"그분만큼 청렴한 분이 또 없습니다."

그런데 얼마 전 동생이 전한 이야기는 뜻밖이었다. 공기업 이사장이었던 그분이 뇌물죄로 구속영장까지 청구되었고, 며칠 뒤 구속영장 실질심사를 앞두고 있다는 얘기였다. 요컨대 내게 영장심사부터 변론을 맡아달라는 것.

사건의 내막을 들어보니 고소를 한 사람은 이사장 A의 고향 후배 B라고 한다. 이사장 A와, 그의 고향 후배 B의 인연은 몇 년 전으로 거슬러 올라간다. A가 공기업 이사장에 취임하자 B는 지연, 학연을 들먹이며 A에게 다가갔다. B는 공사업체 대표였고, A에게 잘 보여서 일을 따내려는 심산이었다. 틈만 나면 찾아와서 식사를 대접하고, 골프채를 주기도 하고, 비싼 핸드백 등을 선물했다. 그러나 이사장은 이미 다른 곳과 계약이 되었던 까닭에 도울 방도가 없다며 B의 요구를 거절했다. 그러나 B의 노력은 A의 임기가 끝날 때까지 그치지 않았다. 그러다 A가 이사장직에서 물러나자 B는 그를 뇌물죄로 고소한 것이다(A는 임기를 마친 뒤 B의 고소 이전에 다른 사건으로 검찰에 구속되어 수사를 받고 있는 입장이었다.).

보통 뇌물죄로 고소되는 경우는, 뇌물을 준 사람이 원하는 결과를 얻지 못했을 때 뇌물을 받은 사람을 고소하는 형식으로 이루어진다. 특히 뇌물을 받은 사람이 더 이상 도와줄 수 없게 되거나 힘없는 자리로 물러날 때가 주로 고소가 이루어지는 시기다.

이 사건의 포인트

고소한 사람은 자신이 뇌물로 준 금액이 상품권, 골프채 등을 포함하여 수천만 원에 이른다고 주장했다. 뇌물액 수천만 원이라면 청구된 구속영장이 받아들여질 가능성이 컸다.

진짜 수천만 원 상당의 금품을 받은 게 맞을까? 사건을 수임한 뒤 곧바로 이사장의 집으로 달려갔다. 이사장 A의 집에는 B가 주었다는 핸드백이 포장된 상태로 그대로 보관되어 있었다. 그 말은 A가 뇌물을 받은 건 맞지만 먼저 손을 내미는 등 적극적으로 요구하고 나선 게 아니라 부득이 하게 받아두고 처리 문제로 골치를 썩고 있었다는 얘기로 해석될 여지가 있었다. 또한 당시 A의 안주인은 오랫동안 미장원을 경영하며 집안 살림을 주도하고 있었는데 이 말은 그들이 수천만 원을 받았을 가능성이 희박하다는 간접증거에 해당되었다. 뇌물로 수천만 원씩 받은 사람이 뭐 하러 아내로 하여금 미용실을 하도록 하겠는가.

정리하자면 A의 집에서 알게 된 것에 따르면 뇌물죄 자체를 완전히 부인할 수는 없으나 수천만 원은 과하다는 결론이었다. 관건은 뇌물죄의 액수를 어디까지 낮출 수 있느냐 하는 점이었다.

뜻밖의 눈물

필자는 여러 사정을 확인한 뒤 구속영장 실질심사에서 변론을 했다. 마침 그날 법정 방청석에는 A의 아내가 참석했다. 그런데 영장심사가 진행되는 동안 A의 아내는 눈물을 펑펑 쏟았다. 더욱이 이사장 A 역시 흐르는 눈물을 참지 못하고 몇 차례 눈시울을 적셨다.

일반인이 사전에 이런 걸 준비한다는 것도 말이 안 되고, 설령 준비하더라도 억지로 눈물을 짜내는 게 가능하기나 할까? 뜻밖에 터진 두 사람의 눈물은, 필자가 제출한 포장 상태의 핸드백과 함께 큰 힘을 발휘하며 판사를 설득하는 밑거름이 되었다.

다행히 이사장 A는 불구속 수사를 받게 되었고, 이 사건은 핸드백 등 수백만 원을 수뢰한 가벼운 뇌물 사건으로 축소되어 선고유예판결을 받게 되었다.

모든 눈물이 다 힘을 발휘하는 건 아니지만 때마침 발견된 증거와 결합하면 종종 큰 힘이 된다.

법리로 해결되지 않는 일
광주 시절 두 개의 사건

장면 1

    재판이란 게 법정 논리만으로 해결되는 일은 아니다. 생각해 보면 너무 당연한데 그건 판사도 이 시대의 상식 안에서 자유롭지 못하기 때문이다. 그런데 그 상식이 장소와 사람에 따라 달라질 수 있기 때문에 같은 사건도 조금씩 엇갈리는 판결로 나올 수 있다.

    한창 검사로 활동하던 시절, 마침 고향 광주로 발령을 받았다. 광주 생활 초기에 있었던 사건이다. 피의자 A는 술 한잔 걸치고 길을 가던 중 포장마차 손님과 시비가 붙었다. 서로 말다툼을 벌이고 주먹까지 주고받았다. 그 과정에서 포장마차도 일부 파손되었다. 신고를 받고 경찰이 출동하여 현행범으로 체포하려고 했다. 그런데 피의자 A가 몸부림을 치며 경찰관의 안면을 가격했다. 뜻밖의 일격을 당한 경찰은 순간 정신을 잃고 바닥에 쓰러졌다. 119 구급차가 출동하고 경찰관을 실어

갔다. 사건이 벌어진 시각도 캄캄한 밤이었다. 체포된 피의자 A에게는 폭력행위등처벌에 관한 법률위반 중 상해, 재물손괴 그리고 공무집행 방해로 인한 상해 등의 책임을 물어야 한다는 얘기가 나왔다.

당시 사건이 올라왔을 때 경찰은 불구속을 하는 게 좋겠다는 의견을 냈다. 하지만 사건을 담당한 필자로서는 이건 구속감이라는 생각이 들었다. 경찰을 때려 눕혔으니 이는 국가 공권력을 쓰러뜨린 공권력 도전 행위가 아닌가? 마치 공무원인 내가 당한 것 같다는 생각이 들었다. 공익의 수호자인 공권력을 이토록 침해하는 일이 다시는 없어야 한다고 생각했다. 그래서 '죄질이 불량하다'는 의견을 붙여 구속 영장을 청구했다. 그런데 법원은 영장을 기각시켰다. 기각 결정을 내린 판사실에 전화를 걸어 강력하게 항의했다.

"판사님이 주먹에 맞아 기절해도 기각할 것입니까?"

나로서는 도저히 납득하기 힘든 결정이었다. 며칠 뒤 법원 판사 한 명이 법원을 대표하여 검찰에 찾아왔다. 나 말고도 항의 전화를 걸었던 검사가 있었던 모양이다. 판사는 '이는 검찰의 사법권 침해다. 재발 방지를 약속해 달라.'고 요구하고 돌아갔다.

물론 그 판사의 지적은 정당한 것이었고, 검사가 영장 기각으로 항의 전화하는 것도 올바른 처신은 아니었다. 우리는 판사에게 잘못을 인정하고 재발 방지 약속을 했다. 그래도 여전히 내 판단이 잘못이라고 생각지 않았다. 나는 낚시 바늘에 걸린 복어마냥 입이 쭉 나온 채 광주의 초기 시절을 지내고 있었다. 그렇게 여러 달을 광주에서 살다 보니 이곳의 관행이라는 것에 눈을 뜨기 시작했다. 딱 꼬집어 누가 광주의 분위기를 알려준 것은 아니었지만 점차 광주라는 곳에서 시민과 공권력 사이에 어떤 관계가 설정되어 있는지 대강 짐작하게 되었다. 광주는 5·18의 본고장으로, 공권력에 대한 도전에 대해 상대적으로 관대한 처분을 해온 곳이었다. 그래서 처음 경찰에서 불구속품신이 올라왔던 것이고, 판사도 기각 결정을 내렸던 것이다.

이걸 불합리하다고 말할 수도 있다. 그러나 바꿀 수 없는 걸 불평하느라 다른 방편을 찾지 못하는 우를 범하면 곤란하다. 지역에 따라 공권력과 시민의 관계에 차이가 있다는 점을 인정하는 게 속 편할 때가 있다.

 장면 2

두 번째 사건도 광주 시절 이야기다. 이 시기에 나는 검사 옷을 벗고 변호사 개업을 한 뒤 잠시 정치에 발을 들였다. 당시 나의 주요 업무 가운데 하나는 소속 정당의 법률 문제를 해결하는 것이었다.

당시 공직선거법이 일부 개정되면서 기초단체의원은 정당을 표방할 수 없도록 법률로 규정했다. 생각해 보면 조금 이상한 개정이었다. 국회의원도 공직자일 텐데 그들은 당연히 정당을 표방해야 한다. 그런데 같은 공직자인데 기초단체의원만 정당을 표방하면 안 된다? 다분히 위헌 여지가 있는 조항이었다.

기초단체의원의 정당 표방을 금지하는 법률이 통과하자 내가 속해 있던 지역의회도 발등에 불이 떨어졌다. 실상은 법률을 일부러 어기려고 해서 생긴 일도 아니고, 그저 해프닝에 불과했다. 광주 지역은 민주당이 우세한 지역이라 기초단체장 후보도 민주당, 광역단체 의원 후보도 민주당, 기초단체의원 후보도 민주당인 경우가 많았다. 그런데 지구당 사무실에서는 선고공보를 만들 때 배경은 똑같이 두고 이름만 바꿔서 제작하는 게 관례였고, 또 무슨 문제가 있겠느냐는 안이한 인식이 있었다. 그러다 보니 기초단체의원 후보의 공보 포스터가 기초단체장, 광역단체자 등의 포스터와 형식이 똑같았다. 공보 자료를 본 경쟁 후보 측에서 정당을 표방하였다고 고발이 이어졌고, 광주 남구에서는 여러 명의 구의원이 정당관계를 표방했다는 이유로 벌금 100만 원 이상의 선고를 받았다. 벌금 100만 원 이상의 선고를 받은 게 왜 중요한가 하면 이런 사람은 선거에 나갈 수 없거나 혹은 시의원 자격을 박탈당하기 때문이다. 어쨌든 이와 유사한 여러 건의 사례가 광주고등법원에 계류 중이었다.

나는 이 사건의 담당 판사를 알고 있었다. 개인적인 친분은 없었으나 그분은 광주 지역에서 존경을 받는 분이었고, 가끔 종교 모임 등에서 뵐 때가 있었다. 그러다 보니 자연히 이 분의 성향이나 소신 따위를 알게 되었다. 나는 우리 당의 법률 위반 문제를 조언해야 하는 입장이었고, 이 사건의 판사에 대해서는 성향을 알고 있었다. 그리고 나의 생각은 '힘들겠다'였다.

"이 분이 판사로 있는 한 적당한 타협은 이끌어내기 힘들 겁니다."

나는 여러 차례 시의원들을 만나 의견을 전했다. 그 말은 '여러분들 의원직에서 물어나야 할지도 모릅니다.'라는 뜻이었다. 다행히 벌금 100만 원 미만의 선고를 받는다면 자격을 유지할 수 있을 것이지만 과연 담당판사를 얼마나 설득하여 원하는 결과물을 얻어낼 수 있을까? 그게 너무 불투명했다.

고심 끝에 찾은 답은 담당판사가 바뀔 때까지 시간 끌기였다. 누가 오더라도 현재의 담당판사보다는 조금 더 순리적으로 판결을 하지 않을까 싶었다. 판사는 일정 시간이 지나면 다른 곳으로 발령이 난다. 자리가 자주 바뀐다. 그래서 같은 사건을 다른 판사가 담당하는 경우도 흔하다. 나는 현재의 담당판사에게 판결을 받는 것은 현명하지 못한 대응책이라고 생각했고, 그래서 시간 끌기에 나섰다. 변론이 종결되지 못하도록 중간 중간 증거를 제출하고, 증인을 신청했다. 증인 신청이 받아들여지면 증인 심문을 연기해 달라고 요청하기도 했다. 물론 담당판사가 변호사의 속셈을 모를 리 없었다. 몇 차례 판사의 지적이 있었지만 어쨌든 변호사가 할 수 있는 게 뭔가? 갖은 변명을 대면서 시간을 연장하는 게 유일한 방법이라고 생각했다. 다행히 그 사이 담당판사가 바뀌었다.

물론 후임 판사도 전임 판사와 생각이 똑같을 수 있다. 그러나 일말의 기대를 품고 다음 전략을 짰다. 정당 표방 문제는 위헌 소지가 있다는 생각에 위헌법률심판제청을 신청했다. 그 무렵 질질 끌었던 사건은 후임 판사를 통해 판결이 나왔는데 다행히 벌금 80만 원으로 종결되었다. 그리고 한참 뒤에 헌재에서 정당표방 관련 공직선거법은 위헌이라는 결정이 내려졌다. 위헌 이전에 의원직을 박탈당하거나 자격이 정지된 사람으로서는 억울할 일이었다.

어떤 법률 문제는 이 두 개의 사건처럼 법률가의 능력 밖에 존재할 때가 있다. 이런 사정을 모르면 엉뚱한 데 힘을 쏟을 수밖에 없다.

참고로, 다음 내용은 당시 헌법재판소의 위헌 결정문으로, 이 문제는 19대 장미대선에서도 지방 의원 공천권 공약 등에서 되풀이됨을 알 수 있을 것이다. 어쨌든 지방 의회의 성향과 관련, 위헌 문제를 해결하지 않으면 어렵다는 게 현재의 평가다. 참고하자.

헌법재판소 2003. 1. 30. 2001헌가4 공직선거및선거부정방지법 제47조 제1항 중 앞괄호부분 등 위헌제청

【결정요지】

1. 선거에 당하여 정당이냐 아니면 인물이냐에 대한 선택은 궁극적으로 주권자인 국민의 몫이고, 입법자가 후견인적 시각에서 입법을 통하여 그러한 국민의 선택을 대신하거나 간섭하는 것은 민주주의 이념에 비추어 바람직하지 않기 때문에, 기초의회의원선거에서 정당의 영향을 배제하고 인물 본위의 투표가 이루어지도록 하겠다는 구체적 입법의도는 그 정당성이 의심스럽다. 그리고, 후보자가 정당의 지지·추천을 받았는지 여부를 유권자들이 알았다고 하여 이것이 곧 지방분권 및 지방의 자율성 저해를 가져올 것이라고 보기에는 그 인과관계가 지나치게 막연하므로, 법 제84조의 규율내용이 과연 지방분권 및 지방의 자율성 확보라는 목적의 달성에 실효성이 있는지도 매우 의심스럽다.

나아가, 법 제84조가 지방자치 본래의 취지 구현이라는 입법목적의

달성에 기여하는 효과가 매우 불확실하거나 미미한 반면에, 이 조항으로 인해 기본권이 제한되는 정도는 현저하다. 즉, 후보자로서는 심지어 정당의 지지·추천 여부를 물어오는 유권자들에 대해서도 침묵하지 않으면 안 되는 바, 이는 정당을 통해 정계에 입문하려는 기초의회의원 후보자에게 지나치게 가혹하다. 또한, 지방의회의원 선거의 선거기간이 14일로 규정되어 있고 사전선거운동이 금지되는 등 선거의 공정성을 담보하는 각종의 규제들이 마련되어 있어서 실제로 유권자들이 기초의회의원 후보자와 접촉할 수 있는 기회는 그리 많지 않은 데다가 이른바 4대 지방선거가 동시에 실시되고 있는 탓으로 유권자들이 후보자들 개개인의 자질과 능력을 일일이 분석·평가하기란 매우 힘든 실정이므로 현실적으로 후보자에 대한 정당의 지지·추천 여부는 유권자들이 선거권을 행사함에 있어서 중요한 참고사항이 될 수밖에 없는데도 불구하고, 무리하게 후보자의 정당표방을 금지하는 경우에는 유권자들은 누가 누구이고 어느 후보가 어떠한 정치적 성향을 가졌는지도 모르는 상태에서 투표를 하거나 아니면 선거에 무관심하게 되어 아예 투표 자체를 포기할 수도 있다. 이러한 점들을 종합할 때, 정당표방을 금지함으로써 얻는 공익적 성과와 그로부터 초래되는 부정적인 효과 사이에 합리적인 비례관계를 인정하기 어려워, 법익의 균형성을 현저히 잃고 있다고 판단된다.

이에 덧붙여, 법 제84조 단서에서는 후보자의 당원경력의 표시를 허용하고 있는데, 이러한 당원경력의 표시는 사실상 정당표방의 일환으로 행해지는 것이 통상적이어서 법 제84조 본문과 단서는 서로 중첩되는 규율영역을 가지게 되는바, 이로 말미암아 법 제84조는 기초의회의원 후보자로 하여금 선거운동 과정에서 소속 정당에 관한 정보를 어느 만큼 표방해도 좋은지 예측하기 힘들게 하고 국가형벌권의 자의적 행사의 빌미마저 제공하고 있으므로 명확성원칙에 위배되는 측면이 있다.

그렇다면, 법 제84조는 불확실한 입법목적을 실현하기 위하여 그다지 실효성도 없고 불분명한 방법으로 과잉금지원칙에 위배하여 후보자의 정치적 표현의 자유를 과도하게 침해하고 있다고 할 것이다.

3. 법 제84조의 의미와 목적이 정당의 영향을 배제하고 인물 본위의 선거가 이루어지도록 하여 지방분권 및 지방의 자율성을 확립시키겠다는 것이라면, 이는 기초의회의원선거뿐만 아니라 광역의회의원선거, 광역자치단체장선거 및 기초자치단체장선거에서도 함께 통용될 수 있다. 그러나, 기초의회의원선거를 그 외의 지방선거와 다르게 취급을 할 만한 본질적인 차이점이 있는가를 볼 때 그러한 차별성을 발견할 수 없다. 그렇다면, 위 조항은 아무런 합리적 이유 없이 유독 기초의회의원 후보자만을 다른 지방선거의 후보자에 비해 불리하게 차별하고 있으므로 평등원칙에 위배된다.

낌새가 이상할 때는 시간을 벌어라

경매기입등기후 점유 유치권 사건

사건 발생

아는 교수가 경기도에 위치한 공장을 낙찰받았다. 그런데 유치권을 주장하는 회사가 두 곳 나타나서 하는 말이 공장 설비를 해주었는데 공사비를 못 받고 있단다.

교수는 민사집행법상 부동산인도명령을 신청했다가 기각당하고 할 수 없이 건물명도 등 청구의 소를 제기했다. 피고(두 곳의 회사) 측이 자신들의 유치권 주장은 정당하다며 증거를 제출했다. 그들이 제출한 증거는 두 장의 사진이었다.

"이 사진은 경매개시결정기입등기일 전에 점유를 개시했음을 증명하는 증거입니다."

유치권을 주장하기 위해서는 경매개시결정기입등기일 전에 점유하고 있음을 증명해야 한다. 이 날짜가 지난 뒤에 점유하는 것은 무효다.

그들이 제시한 사진에는 날짜가 기입되어 있었는데 기입등기일 전이었다.

 전략

유치권 사건을 수차례 경험하면서 노하우가 쌓였던 나는 자료를 살피고 난 뒤 대응 전략을 마련했다. 보통 경매가 벌어지기 전에 감정평가사가 나가서 감정을 하기 마련이다. 또한 집행관도 현장을 방문하여 조사를 한다. 이게 무슨 말인가 하면 감정평가사와 집행관의 현장 조사는 경매개시결정기입등기일 전에 이루어진다는 사실이다. 그래야 경매개시를 결정할 수 있지 않겠는가? 그런데 내가 조사할 결과에 따르면 이 두 명이 현장 조사를 다녀왔을 때는 분명 공장에 아무도 없었다고 기록에 나와 있었다. 나아가 공장 이웃에 사는 사람에게 확인하니 낙찰을 받을 무렵에 공장 사무실에서 전깃줄을 연장해서 사용했다는 증언이 나왔다. 이 세 가지 증거만 있다면 승소는 문제없다는 게 나의 판단이었다.

낌새

그런데 왠지 이상한 낌새가 느껴졌다. 보통의 재판이라면 이렇게 서둘러 끝낼 일이 아닌데 유독 판사가 변론종결을 앞당긴다는 느낌이 들었다. 또한 판사가 변론기일에 하는 말이 왠지 마음에 걸렸다. 우리 측의 증거에 대해서 뭔가 받아들이기 힘들어하는 것 같은 느낌도 들었다.

변론을 하다 보면 종종 이상한 느낌이 들 때가 있다. 구체적인 정황은 없으나 내가 생각한 대로 사건이 풀리지 않고, 이상한 방향으로 가는 것 같은 묘한 느낌. 만일 그런 느낌이 든다면 그때는 무슨 수를 써서라도 변론을 이어가야 한다. 평소와 달리 시곗바늘이 빠르게 돌고 있는데 나만 혼자 어리둥절해 있다면 불길한 징조다.

반전

그날 판사는 변론을 종결했지만 필자는 여러 이유를 대며 재개를 주장했다. 하지만 아직 뭐가 어떻게 잘못 굴러가고 있는지 감을 잡지 못한 나는 다시 자료를 살펴보며 문제의 포인트를 찾으려고 애를 썼다. 다행히 판사는 변론 재개를 허락했다. 그리고 다시 변론기일이 찾아왔다. 그런데 이 날 반전이 있었다.

"피고들이 제출한 사진은 원판이 있나요?"

판사가 직접 피고들에게 물었다. 드문 경우였다. 피고들은 서로 얼굴을 쳐다보더니 한 명이 엉거주춤 일어서며 대답했다.

"이사도 가고, 좀 정신이 없었습니다. 오가는 중에 카메라도 사라지고 원본을 저장했던 컴퓨터도 없어졌습니다."

"이 사진의 날짜는 어떻게 넣은 거죠? 일반적으로 사진에서 자동으로 남는 날짜 같아 보이지는 않는데요."

피고들은 꿀 먹은 벙어리가 되고 말았다. 다시 날짜에 대해서 묻는 판사의 다그침에 피고들은 포토샵으로 넣었다고 답변했다.

결론

판사의 질문과 피고인들의 답변이 이어지는 동안, 내가 놓치고 있었던 게 무엇이었는지 알게 되었다. 내가 제출한 증거와 피고 측에서 제출한 증거는, 만일 위조한 증거가 아니라면 당연히 사진이 우선시되었다. 사진은 기술적인 것으로 그 자체로 점유 사실을 입증할 수 있다. 반면 내가 제출한 자료는 사람들의 증언이 전부다. CCTV와 목격자의 증언 가운데 당신은 무엇을 믿겠는가? 더욱이 점유하는 사람에 대해서 탄핵증거가 없다면 판사는 적법점유추정의 원칙에 따라 점유를 주장하는 사람의 말을 믿게 된다. 사진까지 증거로 제출했으니 판사의 마음이 피고 측으로 기울어져 있었음을 알 수 있다.

일반적으로 판사는 사건에 개입하지 않고 원고나 피고(혹은 피고인이나 검찰)가 제출한 증거 안에서만 사실 관계를 판단한다. 다행히 판사의 개입으로 사건은 일대전환점을 맞았고, 결과는 우리 측의 승소로 끝났다. 법조 경력 40년간 경험한 일 가운데 매우 드문 일이었다.

소송을 치르다 보면 아무리 전문가여도 놓치는 게 생길 때가 있기 마련이다. 특히 사건의 판결에 영향을 끼치는 중대한 실수일 때도 있다. 그럴 때 우리의 예민한 감각은 뭔가 불길한 낌새를 느끼도록 해준다고 생각한다. 이유 없이 불안하고, 뭔가 이상하게 돌아간다고 느껴지면 시간을 벌어라. 그리고 놓친 게 뭔지 찾으라.

피고소인 중 한 명이 소재불명일 때
사기죄, 배임죄 순차 고소 사건

사전 설명

사기죄와 배임죄처럼 어떤 범죄로 고소하느냐에 따라 결과가 달라지는 경우가 종종 벌어진다. 만일 어떤 범죄로 고소하는 게 옳은지 모를 때에는 입증이 어렵고 무거운 죄명을 주위적 고소로, 상대적으로 쉽고 가벼운 죄명을 예비적 고소로 해서 양동작전을 펼치는 게 좋다.

사건 발생

A와 B는 서로 모텔과 토지를 맞교환하기로 약속했다. 교환계약까지 맺고 계약을 이행했는데 무슨 속셈이었는지 B가 자신의 토지를 제3자인 C에게 넘기고 말았다. A로서는 황당할 수밖에. 그 제3자인 C는 B를 대신하여 일을 처리해주던 법무사였다. 이럴 때는 누구를 무슨 죄명으로 고소해야 할까?

전개

누구라도 B와 C가 짜고 A를 속였다고 생각하는 게 정상이다. 실제로 A는 이 둘을 사기죄로 고소했다. 그런데 법무사가 그 사이 종적을 감췄다. 검찰은 '법무사 소재가 불명이다, 그를 조사할 수 없어서 참고인 중지가 되었으니 불기소처분을 내린다'고 결정했다. 이 말은 사기사건의 피고소인으로 고소된 법무사가 사라졌으니 그 사람이 나타날 때까지 기다려 보자는 얘기였다. 사건은 법원 근처에도 가보지 못하고 일시중지 상태가 되었다. 다음 내용은 당시 수사결과 의견서다.

사기죄 경찰 범죄사실과 수사결과 의견

피의자 1은 부동산 컨설팅업, 2(A)와 3(A-1)은 부부지간으로 충북 단양군 임야 소유자들, 4(C)는 법무사사무장. 4는 법무사로 공모하여 2009.5.19.15시경 서울 서초구방배동 사당역 부근 서울메트로본사 앞 상호불상다방에서 고소인 소유 시흥시 모텔과 피의자 3 소유 충북 단양군 임야를 같은 해 5.30까지 맞교환하기로 하는 교환계약을 체결하고 고소인 소유의 모텔에 고소인이 채무자로 근저당권설정등기되어 있는 우리은행의 채무 10억 5,600만 원은 피의자 3이 채무자로 채무승계를 받으면서 소유권이전등기를 마치기로 하고 모텔에 기설치되어 있는 시설 및 집기류 일체도 현상 그대로 양도승계받고 피의자 3 소유 충북단양군 임야에 등기되어 있는 은행대출금 5,600만 원과 가압류건은 피의자 3이 같은 해 7.30.까지 말소, 해제하고 고소인 명의로 소유권이전등기를 하기로 계약 후 이를 이행하지 않은 것이다.

(중략)

본건은 고소인 주장에 대해서 피의자들과 대질하여 범죄사실 특정코자 하였으나 현재 위 건 부동산에 대해서 맞교환 물건의 등기업무 및 타인명의등기이전을 해주어 시가 약 2억 원 상당손해를 입게 한 부분에 대해서 피의자 5가 소재불명이므로 그의 소재가 발견시까지 기소중지(체포영장)의견이며 피의자 1, 2, 3, 4에 대해서는 피의자 5 소재발견 시까지 참고인중지의견임.

A는 그 길로 나를 찾아와서 이럴 때는 어떻게 해야 하느냐며 하소연했다.

 대응책

의뢰인 A의 이야기가 사실이라면 법무사 C에게 아무런 책임이 없을 수 없는 노릇. 검찰은 소재를 찾아보겠다고 얘기했으나 언제 찾을지 알 수 없으니 기다려야 한다는 말인데 그게 언제가 될지 모르는 것 아닌가.

의뢰인의 요구는 간단했다. 기다릴 수 없다, 빨리 기소해서 결론을 짓고 싶다!

검찰이 불기소처분을 내린 이유는 불러다가 조사를 해야 한다는 것 때문이었다. 사기죄는 속이려는 의도가 있어야 한다. 의도란 게 사람 마음이고, 마음을 알려면 그런 정황이 존재해야 하기 때문에 입증이 만만치 않다. 그래서 관련된 사람들을 불러다가 조사하는 게 필수 과정이다. 그런데 만일 조사 과정을 생략할 수 있다면 굳이 법무사의 소재를 찾을 필요가 없지 않겠는가? 한마디로 법무사를 피고소인에서 제외하면 되는 일이다.

이를 위해 죄명을 조정할 필요가 있었다. 만일 사기죄를 배임죄로 바꾸면 굳이 법무사 C를 조사할 필요가 없고, 그 자체만으로 B를 고소할 수 있다. 왜냐하면 배임죄는 '타인의 사무를 처리하는 자'인 B에게 중점이 맞춰 있고 그에 따라 굳이 C를 조사할 필요가 없기 때문이다.

결과

의뢰인 A는 필자의 충고대로 배임죄로 고소했으며, 검찰은 B의 배임 혐의를 인정하여 사건을 법원으로 넘겼다. 한편 의뢰인 A는 B 외에도 C 등을 함께 고소했으나 이들은 혐의가 없는 것으로 보고 검찰에서 불기소처분을 내렸다. 다음은 배임죄 고소장의 일부 내용이다.

배임죄 고소장 일부

1. 당사자들 관계

고소인은 시흥시 모텔의 소유자이고, 피고소인 1은 고소인 명의의 모텔과 피고소인 2 소유의 충북 단양군 임야를 맞교환하는 계약을 체결할 수 있게 소개한 자이고, 피고소인 3, 4는 부부입니다.(증제1호증의 1. 부동산교환계약서, 2 내지 7. 각 등기부등본 참조)

2. 고소사실 요지

고소인과 피고소인 3, 4는 동 1(고소인과 처음 통성명을 할 당시 1의 동생으로 소개하여 알고 있다가 차후 이 사건 부동산 명의변경이 제대로 이행되지 않아 고소인이 신분증 요구를 하여 1로 알게 된 것임.)의 중개로 2009. 05. 19. 서울시 서초구 방배동 서울지하철본부 앞 상호미상의 커피숍에서 고소인 소유의 시흥시 모텔(이하 '모텔'이라고 합니다.)과 피고소인 3 소유 충북 단양군 임야(이하 '이 사건 부동산'라고 합니다.)의 각 토지를 2009. 05. 30.까지 맞교환하기로 하는 교환계약을 체결하되, 고소인 소유 모텔에 고소인의 채무자로 근저당권설정등기 되어 있는 우리은행의 채무 10억 8,000만 원은 피고소인 3가 채무자로 채무를 승계 받으면서 소유권이전등기를 마치기로 하고, 모텔에 기 설치되어 있는 시설 및 집기일체도 현상 그대로 양도 승계 받고, 피고소인 3 소유의 이 사건 부동산에 등기되어 있는 은행 대출금 5,600만 원과 가압류건은 피고소인 3이 2009. 07. 30.까지 말소, 해제하고 고소인 명의로 소유권이전등기를 하기로 하여 그 즈음 고소인은 이 사건 부동산의 등기이전에 필요한 비용 금4,590,900원을 법무사사무실의 사무장에게 지급하였으며 고소인에게 위 피고소인 명의의 부동산을 이전등기하여 줄

의무가 있음에도 이를 위반하여 피고소인 3 명의의 이 사건 부동산은 2009. 8. 19.자로 고소외 정모에게 소유권이전을 하였습니다.

사건 17 고발보다는 고소가 좋다
탈북자 사기 피해 사건

 사건 발생

　탈북자 A와 B는 사귀는 사이였다. A는 PC방을 운영하고 있었는데 하루는 공부를 하겠다고 마음먹고 PC방을 매물로 내놓았다. 얼마 뒤 C가 찾아와 자신이 상가 건물이 있는데 PC방과 교환하면 어떠냐고 제안했다. 가만히 보니 상가 건물이 있으면 월세가 들어오니 쏠쏠한 재테크가 될 것 같았다. A가 이 사실을 B에게 알리자 B는 그 상가를 자신이 구입하면 좋겠다고 말했다. 어차피 PC방을 팔려고 했던 것이니 A는 그렇게 해도 괜찮겠다고 생각했다. 이렇게 삼각 거래가 이루어졌다. 즉 A는 C에게 PC방을 넘기고, C는 B에게 상가를 넘기고, B는 A에게 상가 대금을 주었다.

　그런데 나중에 알고 보니 상가에는 근저당권이 설정되어 있었다. 상가는 곧 경매로 넘어가고 말았다. 중간에서 이를 지켜보던 A는 B에게 너무 미안했다. 자기 때문에 손해를 본 것 같아 뭐라도 해야 할 것 같았다. 그래서 A는 B 대신 C를 사기죄로 고소하는 동시에 민사 소송을 제기했다. 그러나 형사 고소는 검찰 선에서 불기소처분으로 끝이 났고, 민사에서도 패소하였다.

첫 번째 문제

A가 필자를 찾아온 것은 민사 패소를 확인한 뒤였다. 누가 보더라도 문제가 있어 보이는 이 사건은 왜 형사에서는 불기소처분이 되고, 민사에서는 패소가 된 것일까? 이것이 고소와 고발의 차이를 극명히 보여준다. 물론 법률상 고소와 고발은 피해 당사자가 하느냐, 제3자가 하느냐 하는 간단한 차이밖에는 없다. 그러나 현실에서 이 둘의 차이는 크다. 제3자는 자신이 피해를 입은 게 아니었기 때문에 검찰 조사에서 대답하는 데 한계가 따르기 마련이다. 더욱이 사건이 삼각 거래라는 형태로 복잡하게 진행되어 검찰은 혐의점을 찾는 데 애로가 컸다.

두 번째 문제

B가 A에게 돈을 주었다는 사실을 입증하기 어려웠던 것이 불기소처분에 크게 작용했다. 북한에서는 가까운 사람끼리 돈을 주고받을 때 현금을 직접 건네는 경향이 있다. 증거를 남기지 않는다는 말이다. 우리 상식에 그 정도 큰돈이 오가면 당연히 계좌이체 등 금융거래 흔적이 있어야 하는데 주고받았다는 증언만 있지 실제로 증거가 없으니 검찰로서는 이 사건의 실체를 파악하는 데 어려움이 따랐다.

해결책

　필자는 사건을 위임받은 후 피해자 B의 이름으로 C를 고소하도록 하고 동시에 북한 형법전 등을 공부하여 북한 사람들의 돈 거래 방식에 대해 소명한 자료를 제출했다.

　그러나 안타깝게도 형사 고소는 불기소된 적이 있었던 탓인지 역시 불기소로 끝이 났다. 그나마 민사소송에서는 탈북자의 금융 거래 문화를 충분히 소명한 까닭에 민사조정에 회부되어 피해액 절반가량을 돌려받는 것으로 결론이 났다.

고소와 고발

고소는 범죄로 인한 피해자가 하는 것이고(형사소송법제223조), 고발은 범죄가 있다고 사료될 때 가해자를 처벌해 달라고 하는 것이다(형사소송법제234조).

고소나 고발에 대한 검찰의 불기소처분에 대하여 불복의 방법은 항고는 같고 고소권자는 형사소송법제260조 규정에 따라 관할 고등법원에 재정신청을, 고발권자는 검찰청법제10조에 따라 대검찰청에 재항고를 할 수 있다.

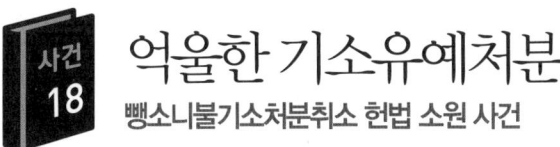

억울한 기소유예처분
사건 18
뺑소니불기소처분취소 헌법 소원 사건

 배경 설명

검사에게는 여러 가지 권한이 있다. 사건을 기소하여 법정으로 보낼 수도 있고, 불기소처분을 내려 자기 손에서 끝을 낼 수도 있다. 그런데 불기소처분 가운데 기소유예처분이란 게 있는데 이게 묘하다. 기소유예처분이란 충분히 기소할 만한 사안이지만 사정을 봐주겠다는 얘기다. 기소를 하지 않으므로 사건은 종료되지만 피의자 입장에서는 언짢을 수 있다. 나는 무죄가 확실한데 검사가 뭐라고 나를 죄 있다고 정하고 마음대로 용서한다는 말인가? 이 경우 피의자(기소되었다면 피고인이 되지만 기소 전이므로 피의자라고 부른다)는 어떤 대응책이 있을까?

사건 개요

술을 한잔 걸치고 길을 가던 A와 B가 'C의 차량에 받쳤고, C가 사고를 낸 후 그대로 도주했다'고 경찰에 고소한 사건이다. 검찰은 A와 B의 진단서와 진술 등을 토대로 C의 죄를 인정했으나 C의 과실이 크지 않다고 판단하고, 그대로 기소유예처분을 내렸다. 그런데 C는 자기 죄를 인정할 수 없었다. 자신은 A와 B를 차로 받은 적이 없으며 술에 취한 A, B와 실랑이를 벌이는 게 싫어서 그대로 차를 몰고 집으로 왔다고 주장했다. 하도 답답하고 억울하여 C는 필자를 찾아와 하소연했다.

이런 경우 우리가 할 수 있는 일은 헌법재판소에 헌법소원을 하는 일밖에 없다(헌법재판소법제68조). 저지르지도 않은 죄를 억울하게 뒤집어썼으므로 이는 헌법에서 보호하고 있는 개인의 평등권과 행복추구권을 침해했다고 주장할 수 있는 것이다. 우리는 헌법소원을 제기했다. 헌법소원이 만능열쇠는 아니지만 충분히 소명할 수 있다면 억울한 누명을 벗는 데 도움이 될 때가 있다. 이 사건은 복잡하지 않으므로 당시 헌법재판소의 결정문을 보면서 살펴보자.

헌법재판소 결정문

기소유예처분취소(1999. 9. 16. 99헌마219 전원재판부)

주문

피청구인이 1999. 2. 26. 인천지방검찰청 1998년 형제 113639호 청구인에 대한 특정범죄가중처벌등에관한법률위반(도주차량) 사건에 관하여 한 기소유예처분은 청구인의 평등권과 행복추구권을 침해한 것이므로 이를 취소한다.

(* 주문이란 결정된 내용을 의미한다. 주문에 따르면 기소유예처분은 헌법에서 보장한 개인의 평등권과 행복추구권을 침해한 것이며, 따라서 취소한다는 게 핵심 내용이다.)

이유

1. 사건의 개요

이 사건기록과 수사기록(인천지방검찰청 1998년 형제 113639호 불기소사건기록)에 의하면 다음과 같은 사실이 인정된다.

가. 피청구인(* 여기서 피청구인은 기소유예처분을 내린 검찰이 된다.)은 1999. 2. 26. 청구인(* 억울함을 주장하며 나를 찾아온 의뢰인이다.)에 대한 특정범죄가중처벌등에관한법률위반(도주차량)사건에 관하여 청구인을 기소유예한다는 처분을 하였는바, 그 불기소이유는, 청구인은 1998. 10. 22. 19:30경 인천 30무○○○○호 소나타승용차를 운전하여 인천 남동구 도림동 287 앞길을 만수동 방면에서 소래포구 방면으로 진행하던 중, 전방주시의무 및 안전운전의무를 게을리 한 업무상 과실로 위 도로 우측변으로 보행하던 청구외 정○우(* 자신을 피해자라고 주장한 고소인 A)의 좌측 옆구리 부분 및 청구외 김○미(* 자신을 피해자라고 주장한 고소인 B)의 우측 안면부를 위 승용차의 후사경으로 순차적으로 충격하여 위 정○우로 하여금 전치 약 2주간의 요추부염좌상 등을, 위 김○미로 하여금

전치 약 3주간의 안면부좌상 등을 각 입게 하는 사고를 발생시키고도 즉시 정차하여 피해자를 구호하는 등 필요한 조치를 취하지 아니하고 도주한 사실은 인정되나, 청구인에게는 동종의 전과 없고, 피해자들의 상해정도도 중하지 아니하므로 청구인에 대한 소추를 유예한다는 것이다.

(* 검찰은 기소유예처분을 내리면서 나의 의뢰인, 즉 헌법소원 청구인에게 교통사고를 내고 도주한 죄가 있음을 명시한 뒤 다만 정상참작하여 기소하지 않는다고 밝히고 있다.)

나. 청구인은 자신이 운전하던 승용차로 위 정ㅇ우 및 김ㅇ미를 충격하여 상해를 입힌 사실이 없어 혐의가 없음이 명백함에도 피청구인이 청구인에 대한 혐의를 인정한 후, 기소유예처분을 한 것은 청구인의 평등권과 행복추구권을 침해하였다고 주장하면서 1999. 4. 17. 이 사건 심판청구에 이르렀다.

(* 필자의 의뢰인이 주장하는 내용은, 나는 교통사고를 낸 적이 없다는 점이다.)

2. 판단

가. 특정범죄가중처벌등에관한법률 제5조의3 제1항 제2호 소정의 도주차량죄는 자동차운전자가 업무상 과실로 타인에게 상해를 입게 한 후 그 사실을 알고도 피해자를 구호하는 등 필요한 조치를 취하지 아니하고 도주하는 경우에 성립되는 범죄이므로 이 사건

에서는 청구인 운전의 위 승용차가 위 정○우 및 김○미를 충격하여 그들로 하여금 상해를 입게 한 사실이 있는지, 그런 사실이 있다면 청구인이 그 사실을 알고도 아무런 조치 없이 도주한 것인지가 핵심쟁점이라고 할 것이므로 그에 관하여 차례로 살펴보기로 한다.

(* 다툼이 있는 내용이 무엇인지 정리한 내용이다.)

나. 우선, 위 정○우가 청구인 운전의 승용차에 충격당하여 상해를 입은 사실이 있는지 여부에 관하여 살피건대, 이에 부합되는 증거로는 위 정○우 및 김○미의 각 진술, 위 정○우에 대한 상해진단서 등이 있다. 또한, 위 정○우가 위 승용차에 충격당하지 않았더라면 도로상에서 시비가 발생하지 않았을 것이고, 청구인의 집까지 찾아와 항의를 하지는 않았을 것이라는 점 등을 고려하여 보면 청구인 운전의 승용차가 위 정○우를 충격하였고, 그 충격으로 정○우가 전치 약 2주간의 요추부염좌상 등을 입었다고 봄이 상당하다.

이에 대하여 청구인은 위 정○우 주장의 교통사고 후에도 위 승용차의 후사경이 접히지 않았으므로 위 승용차의 후사경이 위 정○우의 옆구리 부분을 충격하지는 않았음이 명백하고, 충격하였다고 하더라도 상해를 입을 정도는 아니었다고 주장하나, 사고 후 후사경이 접히지 않았다는 사실만으로는 위 정○우가 충격당하지 않았다고 인정키 어렵고, 위 진단서가 허위로 작성된 것이라는 점에 대한 반증이 없는 상황에서는 그 충격으로 상해를 입었을 리가 없다는 청구인의 주장은 받아들이기 어렵다.

(* 헌법재판소는 피해자 A가 교통사고를 당했다고 판단하고 있다.)

다. 다음으로, 위 김○미가 청구인 운전의 승용차에 충격당하여 상해를 입은 사실이 있는지 여부에 관하여 살피건대, 이에 부합되는 증거로는 위 정○우 및 김○미의 각 진술, 위 김○미에 대한 상해진단서 등이 있으나, 위 김○미는 최초 경찰에서 조사를 받으면서 청구인 운전의 승용차 후사경 부분이 위 정○우의 허벅지 부분을 충격하였다고 진술하였다가, 재조사를 받는 과정에서 위 정○우의 옆구리 부분을 충격하였다고 진술하는 등 진술에 일관성이 부족하고, 인천지방검찰청 검찰주사보 작성의 수사보고서(실황조사 보고)의 기재에 의하더라도 위 승용차 진행방향의 우측도로변에서 있던 위 김○미가 위 승용차의 후사경 부분에 의하여 오른쪽 안면부를 충격당한다는 것은 상식적으로 납득키 어려워 위 김○미의 진술은 신빙성을 인정키 어렵고, 같은 이유로 위 정○우의 진술도 받아들일 수 없다.

다만, 위 김○미에 대한 진단서 상에는 위 김○미가 오른쪽 안면부에 좌상을 입은 것으로 기재되어 있으나, 위 김○미는 청구인의 집앞에서 청구인의 처인 청구외 박순자로부터 오른쪽 안면부를 구타당하였다는 점을 고려하여 보면 위 진단서에 안면부좌상이 기재되어 있다는 사실만으로는 위 충격의 점을 인정할 자료로 삼기에 부족하다. 따라서, 위 김○미가 위 승용차의 후사경부분으로 오른쪽 안면부를 충격당하였다고 볼 만한 아무런 증거가 없다.

그러나, 위 김○미에 대한 진단서 상에는 요추부염좌상, 슬관절부좌상도 기재되어 있고, 위 박순자와의 시비 도중 그러한 상해를 일으킬 만한 행동이 없었으며, 위 진단서가 허위로 작성된 것이라는 점을 입증할 만한 자료가 없다는 점을 고려하여 본다면 청구인과 위 정○우, 김○미가 도로상에서 시비를 벌이던 중, 승용차가 출발하면서 그 충격으로 도로상에 넘어져 위 김○미가 상해를 입었을 가능성도 없지는 않은 것으로 보여진다.

(* 헌재는 피해자 B는 교통사고를 당한 게 아니며 다른 일로 다친 것으로 보인다고 판단한다.)

라. 그렇다고 하더라도, 청구인에 대한 이 사건 피의사실에 대한 혐의가 인정되기 위하여는 위 정○우와 김○미가 상해를 입은 사실을 알고도 아무런 조치 없이 도주하였다는 점이 인정되어야 할 것인 바, 이에 관하여 살펴보기로 한다.

(* 이 사건에서 핵심이 되는 부분이, 교통사고 후 도주했는가 하는 점이다. 뺑소니인가 아닌가를 살피는 부분이다.)

우선, 위 정○우는 경찰에서 처음 조사 받을 때에는 다친 곳이 없다고 진술하였다가, 그 후 사고 당시에는 다친 줄 몰랐으나, 자고 일어나니 허리가 아파서 병원에서 진단서를 받아서 제출하게 되었다고 진술하고 있는 등 당시 위 정○우 자신도 다쳤다는 사실을 알지 못하였다는 점, 위 승용차의 후사경이 사고 후에도 접히지 않을 정도로 가볍게 충격되었다는 점 등을 고려하여 본다면 사고 당시 청구인이 위 정○우의 상해사실을 알았거나 충분히 알 수 있었을 것이라고 보기는 어렵다.

다음으로, 위 김○미가 위 승용차의 후사경에 의하여 안면부를 충격당하였다고 인정키 어려움은 앞에서 본 바와 같고, 그렇다면 위 김○미가 도로상에서 청구인과 시비하던 중 자동차의 발진으로 넘어지면서 위 진단서상의 요추부 및 슬관절부 좌상 등을 입었을 가능성을 배제할 수 없음은 앞에서 본 바와 같으나, 그러나 이는 청구인이 자동차를 출발시킨 이후의 상황으로서 위 김○미가 청구인의 집으로 찾아와 그 사실을 항의하기 전까지는 청구인이 위 김○미의 상해사실을 알았다고 볼 만한 사정도 없다.

또한, 청구인은 유효한 운전면허를 취득한 상태였고, 위 승용차의 운전당시 주취상태에 있었던 것도 아니며, 위 승용차는 종합보험에 가입되어 있었던 점 등에 비추어 청구인에게는 교통사고를 내고 도주하여야 할 만한 사정을 발견하기 어렵고, 위 정○우와의 도로상에서의 시비 후 위 승용차를 운전하여 약 1~2분 거리상에 있는 집으로 가서 위 승용차를 정상적으로 주차시켜 놓았다는 점을 고려하여 본다면 위 정○우와 김○미의 상해사실을 알고도 도주하였다기보다는 술에 취하여 비틀거리는 위 정○우 등과의 시비를 피하기 위하여 그 자리를 벗어난 것이라는 청구인의 주장에 수긍이 간다.

더욱이 위 정○우와 김○미의 진술에 의하더라도 청구인이 운전하던 승용차에 충격당하여 상해를 입은 사실이 인정될 뿐, 그들의 진술로도 청구인이 그들의 상해사실을 알고도 도주하였을 것이라는 점을 인정하기는 부족하다.

(* 여러 정황증거를 살핀 후 청구인이 교통사고를 알고도 도주하였을 것이라는 주장에 부정적인 의견을 내놓는다. 즉 청구인은 교통사고 자체를 몰랐을 가능성이 크다는 말이다.)

그렇다면, 청구인이 교통사고를 야기하고도 도주하였을 것이라는 점을 뒷받침하여 줄 아무런 증거가 없고, 오히려 청구인이 교통사고 사실을 알지 못한 채 집으로 간 것으로 보여지는 증거만이 있을 뿐임에도 피청구인이 그에 관한 수사를 충실히 하지 아니한 채 부족한 증거만으로 청구인의 도주혐의를 인정한 후 기소유예처분한 것은 자의적인 검찰권의 행사로서 청구인의 평등권을 침해하였다 할 것이고, 위 기소유예처분으로 인하여 청구인의 운전면허까지 취소당하였으며, 사회적으로 범죄자로 인식될 수도 있다는 점 등을 고려하여 보면 청구인의 행복추구권도 침해하였다고 보지 않을 수 없다.

(* 수사를 제대로 하지 않고 청구인이 도주했다고 결론지은 것은 평등권, 행복추구권을 침해하는 것이라고 지적하며 청구인의 헌법소원을 인용하고 있다. '인용'이란 간단히 말해 청구인이 승소했다는 얘기다.)

 **보충 설명**

필자가 맡았던 다른 사건에서도 헌법소원을 통해 구제받은 경우가 있다. 의뢰인은 장년의 건실한 직장인이었고, 평소 바둑을 즐기는 사람이었다. 하루는 즐겨 다니던 기원에서 평소 알고 지내던 사람들과 간단한 술내기 노름을 하다가 누군가의 고발로 경찰 조사를 받게 되었다. 이들이 노름을 하면서 내건 판돈은 술 한잔 걸칠 만한 수준으로 소소했으나 검찰은 이들을 역시 기소유예처분을 내렸다. 재판도 안 받고, 구속되는 일도 없지만 말이 좋아 기소유예처분이지 범죄자라는 낙인이 찍히는 불명예스런 일이다. 필자는 충분히 조사도 이루어지지 않은 채 무작정 범죄자로 낙인이 찍힌 의뢰인에게 헌법소원을 제안했고, 이때도 개인의 평등권과 행복추구권 침해를 이유로 들어 인용을 이끌어낸 경험이 있다. 검찰은 자신들의 편의를 위해 가끔씩 사건 내막을 자세히 조사하지 않고, 마치 선심을 쓰듯 기소유예처분을 내릴 때가 있다. 만일 죄가 없는 게 분명하다면 기소유예처분이라고 좋아하지 말고 적극

적으로 자신의 권리를 주장해야 한다. 기소유예처분이 어떤 사회적 불이익이 되어 돌아올지 알 수 없는 일이다.

누군가는 먼저 책임을 짊어져야 한다

공직자 부부 임대보증금 편취 사건

사건 발생

남편은 안경점을 운영하는 자영업자였고 부인은 보건소 직원이었다. 부부는 고척동에 남편 명의의 작은 아파트를 1채 소유하고 있었다. 하루는 남편 앞으로 낯선 번호의 전화가 걸려왔다. '당산동에 좋은 아파트가 있으니 구경 다녀가시라'는 분양사무실의 홍보 전화였다. 마침 아파트 한 채를 구입할 생각도 있었고, 수중에 약간의 현금도 있었다. 여기에 고척동 아파트를 팔고, 구입할 아파트를 담보로 대출을 받으면 어떻게든 자금을 마련할 수 있을 것 같았다. 곧 당산동 아파트를 담보로 대출을 받았다. 시중은행이 1순위였고, 건설회사가 2순위로, 총 7,500만 원을 대출받았다. 아파트 명의자는 아내로 했다.

전개

여기까지는 별 문제가 없었다. 그런데 고척동 아파트 매물이 문제였다. 문의하는 사람조차 없었다. 당장 현금이 부족하다 보니 일단 고척동 아파트를 세라도 놓자고 생각하고, 남편 안경점의 직원에게 전세금 7,000만 원을 받고 임대했다. 엎친 데 덮친 격으로, 남편이 운영하던 안경점이 경영악화에 빠졌다. 돈 나올 구멍이 없으니 급한 대로 당산동 아파트에도 세를 놓게 되었다.

당산동 아파트를 전세로 내놓자 김 모라는 사람이 임차인으로 나섰다. 법률관계를 따진다면 당산동 아파트는 아내의 명의로 되어 있으므로 아내가 나서서 계약을 맺는 게 옳다. 그러나 부부란 게 어디 그런가? 아내는 단순 명의자일 뿐 모든 일은 남편이 혼자 처리했다. 남편과 김 모 씨는 임대보증금 1억 2,000만 원에 계약을 맺되, 다만 2순위 근저당권(건설회사에서 대출받은 돈)을 일정 기간 안에 해결하는 조건으로 임대차 계약을 맺었다.

남편은, 안경점 운영만 괜찮다면 2순위 근저당권인 건설회사에서 빌린 돈을 다 갚을 수 있으리라고 판단하고 흔쾌히 계약서에 사인을 했다. 그런데 마침 고척동 아파트에 살던 안경점 직원이 방을 빼겠다며 임대보증금을 돌려달라고 요구해왔다. 달리 돈을 융통할 곳이 없었고, 마침 당산동 아파트의 임대보증금으로 받은 돈이 있으므로 이것으로 직원의 보증금을 갚아주고, 또 안경점 매출이 시원치 않아서 몇 달째 지불하지 못했던 거래처 외상값을 변제했다. 당산동 아파트에 살던 임차인은 약속한 기일이 지났는데도 2순위 근저당권이 그대로 살아 있자 약속을 어겼다며 월세를 지불하지 않았다. 그 사이에도 대출받은 돈을 갚는 일 때문에 남편은 스트레스를 받았다. 꼭 누가 작정해서 자신을 괴롭히려는 것 같았다.

더 이상 돈을 융통할 방법을 찾지 못한 남편은 아내와 협의 후 개인회생 절차를 밟게 되었다. 그리고 이와 동시에 당산동 아파트의 임차인은 주인집이 계약을 이행하지 않아 계약이 무효가 되었다며 부부에게 임대보증금 반환을 요구하다가 뜻대로 되지 않자 당산동 아파트의 명의자인 아내를 상대로 고소에 나섰다.

 문제의 발생

개인회생 절차까지는 어쩔 수 없는 일이었다고 치자. 그러나 그 다음 상황이 문제였다. 고소를 당한 아내는 정년을 코앞에 두고 있는 보건소 직원이었다. 평생을 평범하게 살아왔고, 또한 이런 일에 경험도 없던 터라 빚 독촉을 견디기 어려웠다. 빨리 돈 갚아주고 이 혼란스런 사태에 종지부를 찍고 싶었다. 그래서 생각한 게 명예퇴직이었다. 퇴직을 하면 2억 원가량이 퇴직금으로 나온다. 이 돈이면 당산동 임차인의 임대보증금도 돌려줄 수 있다. 그러나 문제가 있었다. 2013년도 공무원 및 청원경찰 명예퇴직 시행공고에 따르면 형사 기소 우려가 있는 자는 명예퇴직 수당을 반액밖에 지급받을 수 없었다. 2억이 순식간에 1억으로 줄어든다.

고소당한 아내는 경찰에 출두하여 모두 다 자신의 잘못이라고 털어놓은 뒤였다. 그런데 실제 이 임대계약은 남편이 주도한 것이 아니었던

가? 설령 남편에게 위임했더라도 이 계약의 독소조항이었던 2순위 저당권 말소 조건에 대해서는 제대로 모르고 있었다. 모르면서 '나의 책임'이라고 경찰 조사를 받았으니 기소되는 것은 시간문제로 보였다. 결국 경찰은 명의자인 아내만 조사한 뒤 '피의자는 피해자와 약속한 임대차계약조건을 이행하지 않고 임대보증금을 다른 채무 변제용으로 사용한 사실로 재산상 이득을 취하였고, 결국 피해자의 임대보증금 반환이 불가능함으로써 손해를 가한 사실이 인정된다'고 수사를 종결한 뒤 사기죄 기소의견으로 사건을 검찰에 송치했다(기소할지 말지는 최종적으로 검찰에서 결정한다.).

해결책

검찰에 사건이 넘어간 뒤 부부가 우리 사무실로 방문했다. 가만히 들어 보니 집안의 재정 문제는 남편이 전반적으로 관장하고 있었고, 아내는 그냥 명의만 빌려주는 입장이었다. 뭔가 소명의 여지가 있었다. 더욱이 아내가 공직자로 조금만 시간을 벌면 명예퇴직금을 받을 자격이 생기므로 임대보증금을 돌려줄 수 있을 것 같았다. 그러나 검찰에서 기소하여 집행유예라도 받으면 아내는 불명예퇴직으로 퇴직금이 반토막 나게 되었다. 내 변론의 핵심은 아내가 비록 명의자이지만 남편이 주도적으로 처리한 것일 뿐, 아내에게는 책임이 없다는 사실을 주장하는 것이었다. 아내를 일단 이 사건에서 빼내는 게 포인트라는 얘기.

계약 과정에 대한 자료를 조사하고, 임차인과 통화하면서 여러 정보를 수집하던 중 한 가지 증거 자료를 얻게 되었다. 임차인은 대화 도중 자신은 남편과 계약을 맺었음을 확인해 주었고, 또한 아내와 통화하기는 했으나 계약서 작성 후 아내가 보건소 직원인지 확인하기 위해 전화했을 뿐이라고 설명했다(즉 2순위 근저당권에 대한 이야기는 언급하지 않았다.).

임차인의 진술은 물론 녹취했으며, 이는 중요한 증거가 되리라고 생각했다. 나는 남편을 불러서 이 사건에서 핵심은 공무원인 아내를 사건에서 제외시켜 공직을 유지시키는 일임을 설명한 뒤, 그러기 위해서는 지금이라도 검찰에 가서 '경찰 조서는 잘못이고, 진상은 이렇다'고 진술하라고 조언했다. 남편 입장에서는 좀 이상하게 들릴지 모르지만 남편이 모든 책임을 짊어지는 게 사건 해결의 실마리였기 때문이다(고소인과 합의 등이 없는 관계로 자칫 남편이 징역형을 살 수도 있는 문제였기 때문에 따로 불러서 의견을 개진한 것이다.).

결론

다행히 남편은 말귀를 알아들었다. 나는 부부에게 검찰에 가서 진술하는 방법을 조언해주었다.

얼마 뒤 아내는 혐의없음(증거불충분)으로 불기소되었고 남편이 사기죄로 기소되어 징역 1년에 집행유예 2년형을 선고받았다. 혐의가 사라진 아내는 이후 자신의 신용을 기초로 고소인과 원만히 합의를 보았다.

부부 사이에는 명의를 위해 이름만 빌려주는 경우가 왕왕 존재한다. 그래서 부부가 함께 문제에 처하는 경우도 존재한다. 법적인 문제는 언제라도 발생할 수 있음을 이해한다면 사전에 명의 문제를 명확히 해놓는 것이 좋은 일이다.

합의 노력은 사건 해결의 필수조건이다

미숙아 쌍둥이 사망 살인 사건

배경 설명

약 25년 전, 검사였을 때 맡았던 사건 하나를 소개한다. 이 사건을 소개하는 이유는 두 가지다. 하나는 검사들이 사건을 어떻게 처리하는지 대강 알 수 있기 때문이고, 더 중요한 다른 하나는 합의하는 방법을 소개하고 싶기 때문이다. 합의만큼 법정 밖에서 이루어지지만 법정 안의 다툼을 해결하는 데 좋은 방법도 없다.

사건 발생

20세 전후의 어린 미혼모가 몸무게 1kg의 작은 미숙아 쌍둥이를 출산했다. 당시 대학 병원의 산부인과 의사는 아이의 생존 가능성이 없다며 미혼모와 아이의 아빠에게 '가망이 없다, 곧 죽을 것이다, 밖에 버려라'고 말했다. 나중에 찾아본 의학계 보고서에 따르면 275g짜리 미숙아가 살았던 사례가 알려져 있었다. 하지만 당시 사회 분위기는 지금과 달라 의사는 사회적으로 존경받는 직업이었고, 미숙아는 확률적으로 생존 가능성이 낮다는 게 일반적인 통념이었으며, 가망이 없는 미숙아를 처리하는 방식이 현재의 상식으로는 이해하기 어려운 점도 있었다.

산모 부부는 눈물을 머금고 두 아이를 라면 박스에 담고 병실을 빠져나왔다. 마침 병원을 나서기 위해 엘리베이터를 기다리던 산모 부부는 담당 산부인과 의사를 다시 만났다. 산모 부부는 사정을 호소하며 아이를 살려 달라고 매달렸다. 그러나 의사는 산모의 손을 뿌리쳤다.

방법이 없었다. 어린 부부는 고향집으로 돌아왔다. 막상 집에 오니 두 아기를 어떻게 해야 할지 몰라 라면 박스에 그냥 두었다. 너무 무섭고 불쌍해서 차마 산에 버릴 수 없었다. 그렇게 얼마나 지났는지 한 아기는 죽고 한 아기는 계속 울었다. 산모는 이 아기가 여태 목숨이 붙어 있으니 이것은 살리라는 뜻인가 보다 하고, 죽은 아기만 가까운 곳에 묻고 산 아기는 기르기로 작정했다.

그렇게 얼마간 지내다 보니 산모와 아빠는 의사의 박정한 태도가 너무 억울하고 화가 났다. 며칠 뒤 시내에 있는 시민 인권 단체에 진정을 넣었다. 아마도 해당 단체에서는 처음, 진정인과 의사를 중재하여 둘을 화해시키려고 했던 것 같다. 그런데 의사는 자신은 잘못이 없다며 발뺌을 했다. 결국 화해는 물 건너가고 해당 시민단체에서 검찰에 고발하여 형사사건이 되었다. 그리고 그 사건에 주임검사로 의료전담인 필자가 배정되었다.

검사의 생각

고발장을 손에 든 검사는 어떤 생각을 하게 될까? 더 들어보고 싶지 않을까? 당연한 이야기지만 무엇이 사실인지, 서로 어떻게 다르게 말하는지 알 필요가 있다.

당시 이 사건의 담당검사였던 필자는 산모와 의사를 소환하여 이야기를 들어보았다. 둘의 말이 대개 같았다. 만일 다르다면 무엇이 사실인지 사건의 실체가 수면 위로 뚜렷이 떠오를 때까지 관련 자료나 참고인을 조사하게 된다. 이때 검사가 사실의 모양을 그리는 수준은 '충분히 그럴 법하다'고 여겨지는 정도로는 부족하고, '합리적인 의심이 없을 정도'에 이르러야 한다. 그래야 기소할 수 있기 때문이다.

그 다음, 사실의 모양이 다 그려지면 검사는 어떤 법조항을 적용해야 하는지 법전을 찾게 된다(이를 '의율'이라고 한다.). 보통의 경우 의사가 잘못을 저지르면 검사는 형법 제268조상의 업무상 과실치사상죄를 떠올린다. 의사가 업무상 잘못을 저질러 다치게 하거나(상해) 죽게 했으니(치사) 말이다. 그런데 이번 사건은 양상이 다르다는 게 필자의 판단이었다. 즉 쌍둥이 중 한 명은 살았고 한 명은 죽었다. 만일 죽은 아이도 어떤 조치를 취했다면 살 수 있지 않았을까? 의사가 최선을 다했는데 어쩔 수 없이 죽는 경우가 있고, 최선을 다하지 않은 상태에서 죽어도 상관없다고 방치하는 경우도 있지 않은가?

나는 이 사건이 일부러 방치된 경우에 속한다고 판단했다. 그래서 의사에게 '미필적 고의에 의한 부작위 살인죄'를 적용하여 기소장을 작성했다.

설명

의율한 죄명을 보면 '미필적 고의'라는 말이 보인다. 법률에서는 '일부러 그랬는지 혹은 알고 그랬는지'와 같이 범행을 저지른 사람의 의도나 인지 정도를 매우 중요하게 다룬다. 검사 역시 그런 관점에서 사건을 바라본다.

누군가 바늘로 풍선을 찌르려고 한다. 당연히 풍선이 터질 것으로 예상하고 귀를 막을 것이다. 이처럼 어떤 결과가 나올지 확실하게 의도하고 행동하는 것을 '확정적 고의'라고 한다.

한편 어린 딸아이가 가지고 노는 풍선을 발로 뻥 차는 아빠가 있다. 물론 아주 드물게 터질 수 있다는 사실을 아빠도 알고는 있지만 일부러 터뜨리려고 풍선을 찼겠는가? 그런데 하필 운 나쁘게 풍선이 빵 터졌다면, 그래서 풍선을 찬 본인도 깜짝 놀랐다면 이를 '인식 있는 과실'이라고 한다.

마지막으로, 확정적 고의와 인식 있는 과실 사이에 중간 단계가 있다. '분명 터질 것이다!'라는 생각으로 행동하는 것과 '그럴 수도 있겠지만 설마 터지겠어?' 하는 생각으로 하는 행동의 중간에는 '터질 수도 있다. 그래도 어쩔 수 없다. 나는 이 행동을 할 것이다.'라는 생각도 있다. 그게 바로 미필적 고의다.

또한 위에서 나는 '부작위 살인범'이라는 표현을 썼다. 범행은 크게 '작위범'와 '부작위범'으로 구별할 수 있다. 작위범은 어떤 행동을 적극적으로 하여 나쁜 결과를 가져오는 것이고 부작위범은 어떤 직위에 있는 사람이 마땅히 해야 할 의무가 있는데 이를 하지 않아 나쁜 결과를 가져오는 행위를 말한다.

이 사건의 경우 의사가 미숙아를 살릴 수 있도록 소아과의 인큐베이터실로 보내는 등 필요한 조치를 하여야 할 사람이 아무런 조치를 취하지 않았을 뿐만 아니라 죽어도 상관없다고 방치하여 결국 죽게 만들었다고 판단하여 '부작위'라는 표현을 썼다.

화해의 기회

그러나 필자는 곧바로 의사를 기소하지 않았다. 검사는 마지막으로 정상참작 할 만한 게 있는지 따지기 마련이다. 당시는 1990년대 초반이었고, 의사는 사회적으로 존경받는 직업이었다. 그런 의사를 살인죄로 구속한다는 것은 사회적으로 큰 반향이 예상되었다. 부담스러운 일이었다. 그래서 일단 정상참작 할 만한 거리를 만드는 게 중요했다.

당사자들을 불러 화해를 하도록 기회를 주었다.

화해라는 것은 먼저 의사가 산모 부부에게 잘못을 빌고 필요하면 금전으로 위로하는 방식이 가장 보편적이다. 그런데 의사 본인은 잘못이 없다고 생각했는지 혹은 설령 처벌은 받더라도 사과는 못하겠다고 생각했는지 어쨌든 사과할 생각도 없었고, 그렇다고 피해자가 요구하는 위자료 액수에 대해서도 일언반구 없었다. 다만 간접적인 루트를 통해 사건이 잘 되기를 바란다는 취지의 이야기만 전했다. 그렇게 2개월이 지났다. 방법이 없었다. 원칙에 따라 처리할 수밖에 없었다.

법정 공방

나는 '미필적 고의에 의한 살인죄'를 적용하여 의사를 구속 기소하였다. 이후 법정에서 공방이 있었다. 당시 법원의 판결은 '미필적 고의에 의한 살인죄'를 부인하고 변호인이 주장하는 '업무상 과실 치사죄'를 적용하였다. 어느 정도 예상하던 결과이기는 했다. 왜냐하면 판사가 의사란 신분 자체에 부담을 가졌을 수도 있고 중죄인 살인죄의 미필적 고의를 증명하기 위해서는 더 확실한 증명력이 필요하다고 생각했기 때문인지도 모른다. 또한 당시 나 역시 새롭게 알게 된 일이지만 의사는 실수가 잦은 직업이었다. 그런 점들을 고려하여 법원은 '업무상 과실 치사죄'로 최종 판결을 내렸다. 결과론적인 이야기일 수도 있지만 의사로서는 이 일이 업무상 과실 치사에 해당한다고 처음부터 주장하고 관련 증거를 제출하여 검사를 설득하는 게 헛심을 빼지 않는 바람직한 전략이었다. 한편 일이 재판에까지 이르고 변호사가 개입하면서 의사 역시 태도에 변화를 보였다. 의사는 산모 측에 사과하고 적지만 합의금을 주었다.

살인죄와 업무상과실치사의 차이

의사가 치료하다가 잘못하여 사람이 죽었다. 이때 고의로 죽였다면 형법제250조제1항 '사람을 살해한 자'로 '사형, 무기 또는 5년 이상의 징역에 처'해질 수 있다. 이에 반해 업무상 잘못, 즉 과실로 죽게 하였다

> 면 형법제268조 '업무상 과실 또는 중대한 과실로 인하여 사람을 사상에 이르게 한 자'로 '5년 이하의 금고 또는 2천만원 이하의 벌금에 처' 하도록 되어 있다. 구별은 사인에 고의가 있느냐, 업무상 과실로 인한 것이냐에 따른다.

합의 문제

산모 측이 최초 요구한 합의금은 1억 원이었다. 벌써 25년 전쯤이니까 당시로서는 꽤 큰돈이었다. 그런데 나중에 합의에 이른 액수는 5백만 원이라고 한다. 처음 부른 액수는 실제로 받기를 원하는 객관적인 액수라기보다는 피해자들이 입은 자존심의 상처와 억울함 그리고 분노의 크기를 대변하는 것으로 보는 것이 옳다. 실제로 사고 직후 피해자는 객관성을 유지하기 힘들 만큼 정신적으로 큰 충격을 받은 상태인 경우가 많다. 극도로 흥분해 있거나 혹은 분노에 휩싸여 있기 마련이다. 그래서 액수가 높아진다.

다른 문제도 있다. 피해자가 보험회사 직원도 아니고 어떻게 정확한 피해액을 산정할 수 있다는 말인가. 그래서 일단 손해를 보면 안 된다고 생각하고 합의금을 높게 책정하는 것이다.

그러나 시간이 지나면서 흥분이 가라앉고 주변에서 위로와 조언도 듣게 되면서 분노도 사그라지고 조금씩 객관성을 찾게 된다. 대화가 가능한 상태가 되어 간다. 이 시간을 기다려야 한다. 처음 상대방이 요구하는 합의금 액수를 들었을 때 너무 놀라거나 너무 당황할 필요는 없다. 일단 액수에 대해서는 부정도 긍정도 하지 않도록 한다. 또 혐의를 모두 인정하기로 마음먹은 게 아니라면 '잘못했다'는 식의 이야기도 하지 않는다. 다만 도의적 책임, 미안한 마음만 표현하며 상대방의 마음이 가라앉기를 기다린다.

합의는 여러 가지 점에서 피고인이 주목해야 할 전략 가운데 하나로, 법정 밖에서 사건을 해결하는 데 큰 도움이 된다. 최근에는 사기사건과 같은 개인적 법익 사건의 경우, 당사자가 합의가 되어 고소가 취소되면 바로 사건을 종결시키는 '각하' 제도가 자주 활용된다.

특히 검찰이나 판사가 중시하는 것은, 합의의 액수보다는 화해했다는 서면이다(합의 액수가 아무런 의미가 없다는 뜻이 아니다. 우선순위를 말한다.). 합의서의 유무가 사건을 바라보는 눈을 다르게 만든다는 점이다. 따라서 완전 무죄를 주장하는 게 아니라면, 또한 무죄를 주장하더라도 명백하지 않으면 피고인은 합의하기 위한 노력에 시간을 쏟아야 한다. 피해자에게 욕을 먹으면 그만큼 합의금도 줄고, 양형 조건도 만족시킬 수 있다는 생각으로 정성을 쏟으며 합의에 임하자.

위 사건의 경우, 피고인이나 그 가족이 반성하고 합의하려고 노력하였다면 구속이나 과실치사죄 등도 면할 여지가 없었던 것은 아니었다. 필자가 보기에는 피고인 측의 태도가 판결에 나쁜 영향을 끼쳤다고 생각한다.

처분문서는 더 높은 증명력의 유지 노력이 필요하다

가짜 차용증 유용 사기사건

사건의 핵심

 필자의 책 〈이기는 민사재판의 비밀〉에서도 자세히 다루었던 사건 하나를 소개한다. 이 사건은 여러 사정이 복합적으로 얽혀 있었다. 민사소송과 함께 형사소송이 진행되었으며, 증거를 두고 치열한 공방이 벌어졌다.

 이 사건의 원고(필자의 의뢰인으로 필자가 처음 사건을 맡을 때 민사사건이 진행 중이었으므로 '원고'라고 부르기로 하자.)는 핵심 증거로 처분문서를 제출했다. 원고가 제출한 처분문서는 차용증과 현금보관증이었다. 차용증이란 돈을 빌렸다는 사실을 적은 것이고, 현금보관증은 내 돈을 다른 누군가가 보관하고 있다는 사실을 적은 문서로, 사실상 돈을 빌려주었다는 의미에서는 같은 문서다. 차용증과 현금보관증은 처분문서의 일종으로, 만일 '진짜' 차용증이라고만 받아들여지면 강력한 증거가 된다.

다툼이 없는 사실

원고는 일수에 의한 사채놀이를 하는 사람이었고, 피고와는 1999년 5월경 지인을 통해서 알게 되었다. 피고는 원고에게 350만 원을 빌리고 약속대로 1주일 뒤에 이자와 함께 갚으며 첫 거래를 텄고, 이후 둘은 수차례에 걸쳐 돈을 빌리고 갚는 방식으로 거래를 이어갔다.

쟁점(다툼이 벌어지는 사실)

(원고의 주장) 원고가 제기한 소장을 보면 원고는 피고에게 5억 7,663만 원의 돈을 빌려주었다. 이 가운데 ① 5억 2천은 1999년 5월부터 2002년 6월 사이에 빌려준 것으로 차용증을 증거로 갖고 있으며, ② 4천 5백은 2002년 10월에 빌려준 것으로 차용증과 현금보관증을 갖고 있다. 한편 ③ 2003년 2월, 3월, 6월에 걸쳐 1,163만 원을 빌려주었는데 이때 빌려준 돈에 대해서는 따로 차용증이 없었다. 원고의 주장은 한마디로, 지금까지 빌려준 돈 5억 7,663만 원을 갚으라는 내용이었다.

(피고의 주장) 그런데 피고는 돈을 받을 사람은 도리어 자신이라며 반소를 제기했다(원고가 제기한 소송을 본소라고 하고, 이에 대해 피고가 거꾸로 청구하는 소송을 걸면 반소가 된다. 본소에서 원고가 패소하더라도 피고가 돈을 받을 수 있는 게 아니므로 피고는 다시 반소를 제기한 것이다.).

피고는 통장계좌 내역을 증거로 제시하며 원고가 피고에게 송금한 액수보다 피고가 원고에게 송금한 액수가 더 많다는 점을 지적했다. 구체적으로 보면 원고가 지금까지 피고에게 이체한 돈은 4억 9,539만 5,000원이고, 피고가 원고에게 보낸 돈은 9억 7,165만 8,820원이다.

원고가 피고 대신 지불한 카드 연체 대금 663만 원을 뺀다고 하더라도 피고는 원고에게 4억 7,626만 원을 더 보냈으므로 그만큼 받을 돈이 있다는 주장이었다. 그러면서 위 액수를 청구하는 반소를 제기하였다.

지금까지 내용을 요약하면 원고는 차용증과 현금보관증이라는 증거를 제시한 것이고, 피고는 은행 거래 내역을 증거로 제시하며 팽팽히 맞서고 있는 상황이다.

피고의 또 다른 증거 제시

(피고가 제출한 증거) 물론 피고에게는 은행 거래 내역 외에 다른 증거가 있었다. 피고가 원고의 주장이 사실이 아님을 밝히려면 원고가 제출한 처분문서, 즉 차용증과 현금보관증을 의심할 만한 또 다른 증거를 제시해야 한다. 피고는 처분문서가 가짜임을 밝히기 위해 '조정기일 변론조서'를 함께 제출했다.

(증거의 출처) 이 조정조서의 출처를 알기 위해서는 이 사건의 배경을 알아야 한다. 원고는 처음부터 5억 7,663만 원에 대해서 소송을 제기한 게 아니라 제일 마지막에 빌려주었다고 주장하는 1,163만 원에 대해서 대여금 소송을 먼저 제기했다가 다시 청구취지를 확장하며 이 소송으로 이어진 것이다. 당시 소액사건 때 판사는 강제조정결정을 내렸다. 그런데 조정기일에 원고가 진술했던 말이 말썽이 된 것이다. 원고는 담당조정판사가 있는 자리에서 피고가 '다른 채권자에게 보여주기 위해 필요하니 현금보관증을 써달라'고 4~6회에 걸쳐 자신에게 요청했고, 원고는 별다른 의심 없이 써주었으며, 이후 원고는 이 가짜 처분문서들

을 폐기했다고 진술했다.

피고는 당시 조정기일변론조서에 적힌 이 내용을 증거로 제출하며, '가짜로 작성한 현금보관증으로 소송을 제기할 줄은 몰랐다'며 억울함을 호소했다. 판사는 사건을 어떻게 보았을까?

'다른 사람도 아니고 원고 본인이 가짜 현금보관증을 써준 적이 있다고 증언했다면 이번에 증거로 제출한 현금보관증도 가짜일 수 있다는 말이 아닌가? 도리어 피고는 통장계좌내역이라는 명확한 증거가 있지 않은가? 그렇다면 원고의 주장은 거짓이고, 피고의 주장이 사실일 가능성이 크다.'

역전

마침 이 사건은 형사고소로도 이어져 형사재판이 진행 중이었다. 원고는 처음 피고를 상대방으로 민사소송을 통해 문제를 해결하려고 했다. 그런데 피고가 도리어 반소를 제기하자 화가 난 원고는 차용증과 현금보관증을 첨부하여 '피고가 나를 속여서 내 돈 5억 7,663만 원을 가로챘다'며 사기죄로 피고를 고소했다. 그런데 검찰은 피고를 불기소 처분(혐의 없음)하고 도리어 원고를 무고 혐의(죄 없는 사람에게 죄 있다고 고소했다는 혐의)로 입건하여 기소했다.

상황이 역전되어, 원고가 피고인으로 법정에 섰으며, 1심에서 유죄 판결을 받았다. 이후 민사소송 1심에서도 원고는 패소하고 피고가 승리하는 결과를 맞았다. 원고는 졸지에 무고죄를 뒤집어쓰고, 4억 7,626만 원을 갚아야 하는 처지가 된 것이다.

반격 준비

그러나 원고는 민사와 형사 모두 결과를 받아들이지 못하고 항소를 준비하기 위해 필자를 찾았다. 그동안 원고가 대응한 방식을 보니 원고는 문제가 된 차용증과 현금보관증 2개만 증거로 제출하고 다른 증거는 하나도 제시하지 못하고 있었다. 설령 가짜 처분문서를 쓴 전력이 있더라도 이번 문서가 진짜라면 다른 증거를 통해서 입증할 수 있는데 이를 소홀히 한 것이다. 일단 반격을 가하려면 원고가 피고에게 준 돈이 피고가 원고에게 준 돈보다 많다는 것, 즉 원고가 빚쟁이가 아니고 피고가 빚쟁이가 분명하다는 것을 간접적으로라도 증명해야 했다. 그래서 필자는 의뢰인(원고)에게 이렇게 요청했다. "증거가 필요하다. 이 사건과 관련된 것은 먼지까지 싹싹 쓸어다가 나에게 보여 달라." 물론 원고의 말이 거짓일 수도 있다. 그러나 변호사 입장에서는 의뢰인이 진실을 말한다고 가정할 수밖에 없으며, 그래서 최선을 다해 증거 수집에 나선 것이다.

반격 포인트 발견

이 사건의 쟁점은 원고(의뢰인)가 제시한 처분문서가 진짜인가 가짜인가 하는 점이었다. 원고의 처분문서가 인정받지 못한 이유는 원고가 허위로 처분문서를 작성했던 경험이 있음을 스스로 밝혔기 때문이다. 의뢰인(원고)은 나의 조언에 따라 집안을 한바탕 뒤집어엎고 관련된 자료를 하나도 빼놓지 않고 다 가지고 왔다. 그 자료에는 여러 차용증과 매출 전표, 은행 통장, 하다못해 휘갈겨 쓴 장부, 메모까지 담겨 있었다.

필자는 그 증거 후보들을 들여다보는 동안 차용증 사이에 한 가지 차이가 있다는 사실을 알았다.

어떤 차용증에는 피고의 지문과 날인만 있었고, 어떤 차용증에는 다른 사람(알고 보니 피고의 남편이었음)의 이름과 지문, 날인이 적혀 있었다. 그 부분을 지적했더니 의뢰인(원고)이 뭔가 기억난 듯이 말했다. "맞아요, 진짜 차용증에는 남편 이름을 적게 했어요. 헷갈릴까 봐 그런 거죠. 상단에는 '정식'이라고 글자를 써넣게 했고요."

그러고 보니 차용증 위에 작게 '정식'이라고 적혀 있었다.

한 번 거절당한 증거가 다시 증거로 인정받기란 필자의 법조인 경력 수십 년간에도 매우 드문 일이었다. 이 사건 역시 처음의 의심을 100% 지울 만한 완벽한 새로운 증거를 마련할 수 없었다. 판사는 때로는 일관성을 증거보다 더 중시한다. 만일 일관성이 깨졌다면 증거들을 대할 때 의심의 강도를 올리기 마련이다. 이 사건 역시 이미 일관성이 심하게 훼손되어(가짜로 차용증을 만들었던 전력이 있었던 만큼) 아무리 새로운 증거가 나온다고 한들 100% 회복은 불가능했다. 그러나 지금 상황이 어떤가? 의뢰인은 항소에서도 패소하면 실형을 선고받게 되고, 뜻하지 않은 4억 7천만 원을 고스란히 갚아야 하는 입장이 되는 것이다. 돈과 명예에서 큰 손해임에 틀림이 없었다.

새로운 전략과 무죄 판결

우리는 먼저 형사소송 항소심에 집중하기로 했다. 이러한 경우 통상 민사는 형사소송이 결론 날 때까지 기다려 준다. 우리의 작전은 유죄를 의심할 만한 정황을 지속적으로 제공하는 데 있었다.

우선 차용증이 가짜와 진짜가 있음을 밝히는 데 초점을 두었다. 그리고 원고가 피고에게 빌려 준 돈이 더 많음을 입증하고자 했다. 형사 항소심은 다행히 무죄로 판결이 났다. 판사는 차용증에 적힌 '정식'이라는 단어와 남편의 서명 날인이 있는 이유를 피고(형사소송에서는 고소인)가 충분히 설명하지 못하고 있다는 점을 들어서 '처분문서가 가짜라고 보기에는 의심스런 점이 있다'고 밝혔다.

판사가 피고(형사소송에서의 고소인)의 말을 의심하게 된 계기는 다행히 예전 사건의 영향도 있었다. 불과 수년 전 피고는 타인을 기망한 사기죄로 징역 1년, 집행유예 2년을 받은 적이 있었다. 당시 피해자와 합의나 공탁이 필요했을 텐데 돈이 필요했다면 왜 의뢰인(형사소송에서는 피고인)에게 돈을 달라고 촉구하지 않았는지 의심스럽다고 판사는 밝혔다. 또한 받을 때는 현금으로 받고, 줄 때는 계좌이체를 한 것일지 모르기 때문에 은행계좌 기록만 보고 그만큼의 채권이 있다고 보기도 의심스럽다는 말을 덧붙였다. 이에 더해 피고(형사소송에서의 고소인)가 당시 교회 사택과 월세집을 전전했으며, 남편도 신학대학원에 다니는 등 돈벌이가 넉넉지 못했다는 점을 지적했다.

사실 형사소송에서는 유죄 판결을 내리기 위해서는 '합리적인 의심이 없을 정도의 증명력'이 필요하다. 만일 여러 정황들이 여러 가능성을 말하고 있다면 이는 합리적 의심이 있다는 말이고, 그래서 유죄 판결을 내리기 어려워진다. 다행히 형사소송은 무죄를 선고받았다.

아래는 당시 형사 항소심 판결문이다.

1. 항소이유의 요지

가. 사실오인

피고인(* 필자의 의뢰인)이 A(* 본문상의 피고)를 고소한 내용은 허위의 사실이 아니다. 피고인은 1995. 5.부터 2003. 1.경까지의 총 대여원금 4억여원과 그 이자를 모두 합하여 2002. 6. 30.자로 소급하여 액면금 5억 2,000만원의 차용증(이하 '이 사건 차용증'이라 한다.)을 작성·교부 받은 것이고, 이와 별도로 2002. 9. 2.부터 2002. 10. 7.까지의 대여금에 관하여 2002. 10. 7. 액면금 4,500만원의 현금보관증(이하 '이 사건 현금보관증'이라 한다.)을 작성·교부받았다. 이와 같이 피고인은 A에 대하여 이 사건 차용증 및 현금보관증에 기재된 내용대로 대여금 채권을 가지고 있음에도 불구하고, 이 사건 차용증 및 현금보관증이 단지 피고인의 채권자들에게 보여주기 위하여 허위로 작성된 것이라는 A의 진술을 그대로 믿고 피고인을 유죄로 인정한 원심판결에는 채증법칙을 위배하여 사실을 오인한 위법이 있다.

나. 양형부당

원심의 형(징역 10월, 집행유예 2년)은 너무 무거워서 부당하다.

2. 이 법원의 판단

가. 쟁점

이 사건의 쟁점은 처분문서인 이 사건 차용증 및 현금보관증이 거기에 기재된 의사표시의 내용과 달리 '피고인의 채권자들에게 보여주기 위한 용도'로 허위로 작성된 것인지 여부라고 할 것인데, 처분문서는 그 진정성립이 인정되는 경우 그 문서에 표시된 의사표시의 존재와 내용을 부정할 만한 분명하고도 수긍할 수 있는 특별한 사정이 없는 한 그 내용 되는 법률행위의 존재를 인정하여야 하므로(대법원 2000. 1. 21. 선고 97다1013 판결, 2000. 10. 13. 선고 2000다38602 판결 등 참조), 이 사건 차용증 및 현금보관증에 표시된 의사표시의 존재와 내용을 부정할 만한 분명하고도 수긍할 수 있는 특별한 사정이 있는지에 관하여 A의 진술을 보기로 한다.

나. A의 진술과 그 신빙성

(1) A는 피고인에 대하여 이 사건 차용증 및 현금보관증에 기재된 바와 같은 차용금채무가 없고 단지 피고인이 '채권자들에게 보여주기만 하고 바로 찢어버릴 테니 차용증을 작성해 달라'고 부탁하므로 이 사건 차용증 및 현금보관증을 허위로 작성해 주었다고 진술하면서, 피고인과 사이에 이와 같이 허위의 차용증을 10회 이상 작성해 준 적이 있다고 한다. 그리고 A는 피고인에 대하여 위와 같은 채무가 있는 것이 아니라 오히려 자신이 피고인에게 약 4억 8,000여만원 상당의 채권이 있다고 진술하고 있다.

(2) 그러므로 보건대, 이 사건 기록에 의하면 피고인이 A로부터 이 사건 차용증을 교부 받을 당시 이 사건 차용증 외에 A 명의의 내용허위인 12억짜리 차용증을 함께 교부 받은 사실, A가 2002. 2.경 B를 사

기죄로 고소할 당시 피고인이 A의 요구로 A 명의의 내용허위인 차용증 5장을 교부받아 이를 수사기관에 제출한 사실을 인정할 수 있다. 그러나 이 허위의 차용증에는 모두 A의 서명·날인 또는 무인만 있을 뿐이지만, 이 사건 차용증 및 현금보관증에는 그와 달리 A뿐만 아니라 그녀의 남편인 C가 A와 함께 서명·날인하였다는 점 및 이 사건 차용증에는 그 상단에 "정식"이라고 기재되어 있다는 점 등에 비추어 이 사건 차용금 및 현금보관증이 과연 "채권자들에게 보여주기 위하여" 허위로 작성된 것인지는 석연치 않다.

(3) 그리고 실제로 A가 피고인에게 4억 8,000여만원 상당의 채권이 있는지 대하여 보건대, 이 사건 기록(특히 A의 당심 법정진술, B의 원심 법정진술)에 의하면 ① A는 피고인이 민사소송을 제기하기 이전에 2002. 11. 12.경 사기죄 등으로 구속되어 2002. 12. 17. 서울지방법원 사기 등 징역 1년, 집행유예 2년을 선고 받았으며(A가 D의 허락 없이 D 명의의 신용카드를 발급받아 물품을 구매하고 현금서비스를 받은 사건, 재산범죄 피해액 : 93,045,853원), 2003. 10. 29. 서울지방법원 사기죄 등 징역 1년, 집행유예 2년을 선고받았으므로(위 사건과 동일한 내용의 사건 재산범죄 피해액 : 132,246,311원), 만일 A가 피고인에 대하여 위와 같은 채권이 있었다면 피해자와의 합의 내지 변제공탁 등을 위해서라도 피고인으로부터 위 채권을 변제받아야 할 필요성이 있었을 것인데도, A는 피고인으로부터 민사소송을 제기받기 전까지 아무런 노력을 하지 않았다는 점, ② A와 피고인 사이에 은행거래내역상 A가 피고인에게 송금한

금액이 더 많은 것으로 나타나기는 하였지만, A가 피고인으로부터 현금을 차용한 후 주로 은행계좌를 통하여 이를 변제하였을 가능성을 배제할 수 없어서 은행거래내역상으로 송금한 금액이 더 많다고 하여 곧바로 동액 상당의 채권이 있다고 단정할 수 없는 점, ③ 실제로 A는 B와의 은행거래내역상 A가 B에게 더 많은 돈을 송금한 것을 이용하여 2003. 2. 20.경 B로부터 약 11억 7,000만원을 변제받지 못하였다고 하면서 B를 사기죄로 고소하였으나, A의 송금액이 더 많다고 하더라도 이는 A가 B에게 차용금을 변제한 것으로 보인다는 이유로 사기죄의 무혐의결정이 난 점, ④ A가 피고인과 금전거래를 한 1999.경부터 2003.6.경까지는 교회의 사택이나 월세집에서 거주하여 특별한 재산이 없었으며, 남편인 C는 신학대학에 다니며 교회전도사로 활동하고 있었고, A는 피고인을 비롯한 여자들과 금전거래를 하는 외에는 특별한 직업이나 수입이 없었던 점 등에 비추어 A가 피고인에게 4억 8,000여만원의 채권이 믿기도 어렵다.

다. 소결론

이와 같이 A의 진술은 신빙성이 없고 달리 이 사건 차용증 및 현금보관증에 표시된 의사표시의 존재와 내용을 부정할 만한 분명하고도 수긍할 수 있는 특별한 사정이 있음을 인정할 증거가 없다. 따라서 이 사건 차용증 및 현금보관증이 허위임을 전제로 하는 이 사건 공소사실은 결국 범죄사실의 증명이 없는 경우에 해당하여 형사소송법 325조 후단에 의하여 무죄를 선고하여야 할 것인바, 이와 달리 이 사건 공소사실을 유죄로 인정한 원심 판결에는 처분문서의 증명력에 관한 법리를 오해하고 사실을 오인하여 판결 결과에 영향을 미친 위법이 있다 할 것이다.

3. 결론

그렇다면 피고인의 항소는 이유 있으므로, 형사소송법 제364조 제6항에 의하여 원심판결을 파기하고, 변론을 거쳐 다시 다음과 같이 판결한다.

이 사건 공소사실의 요지는 "피고인은 자영업에 종사하는 자로서, 사실은 A와 친구 사이로 지내면서 1999년경부터 서로 돈을 빌리고 빌려주는 돈거래를 하였으나, 대부분 그때그때 서로 변제하여 2002. 10. 7.경 당시 A에 대하여 5억 6,500만원의 채권이 존재하지 않음에도 불구하고, A에게 '사채업자에게 보여주기만 하고 바로 찢어버릴 테니 차용증을 작성해 달라'고 부탁하여 A로부터 2002. 6. 30.경 A 명의의 5억 2천만원 차용증 1매와, 2002. 10. 17.경 A 명의의 4천 5백만원 차용증 1매를 각 교부받은 후 이를 찢어버리지 않고 계속 소지하고 있는 점을 이용하여 허위 내용의 위 차용증 2매를 근거로 A로부터 차용증상 금액 상당의 돈도 받아내고, A로 하여금 형사처벌을 받게 할 목적으로, 2005. 6. 27.경 서울 ○○구 ○○동 소재 ○○○ 변호사 사무실에서 '피고소인 A는 돈을 갚을 의사나 능력이 없음에도 1995. 5.부터 2002. 6. 30.까지 고소인 ○○○으로부터 돈 5억 2천만원을 빌리

> 고 2002. 6. 30.경 그 차용증을 작성해주고, 2002. 9. 2.부터 같은 해 10. 7.까지 돈 4,500만원을 빌리고 2002. 10. 17.경 그 차용증을 작성해 주었음에도 돈을 한 푼도 갚지 않고 이를 편취하였으니 처벌해 달라는 취지의 허위 내용이 기재된 고소장을 작성하여 같은 달 29.경 서울 ○○구 소재 서울○○경찰서 민원실에 우편 접수하여 A를 무고하였다."라고 함에 있는바, 앞서 항소이유에 관한 이 법원의 판단에서 본 바와 같이 이 사건 공소사실은 범죄사실의 증명이 없는 때에 해당하여 형사소송법 제325조 후단에 따라 무죄를 선고하기로 하여 주문과 같이 판결한다.

 그렇다면 민사는?

그러나 민사는 달랐다. 피고 측에서도 변호사를 선임했고, 이미 제출될 만한 증거는 형사소송을 통해 다 나온 상태였다. 만일 형사에서 유죄판결을 받았다면 민사 역시 피고의 승소일 가능성이 높았다. 왜냐하면 형사의 유죄판결은 증명력이 높기 때문에 이를 뒤집기란 하늘의 별 따기였기 때문이다. 다행히 무죄판결을 받았지만 무죄판결을 받았다고 민사까지 승소하리라는 보장은 없었다. 형사소송에서의 무죄판결은 '유죄라고 인정할 만큼 뚜렷한 증거가 없다'는 뜻일 가능성이 크기 때문이고, 이 사건이 그랬다.

우리는 더 이상 제출할 게 없을 만큼 많은 증거를 제출한 뒤라서 이제부터는 상대방 주장에 흠집 내기에 집중했다. 예컨대 우리는 이런 식으로 공세를 폈다.

① 만일 피고가 원고에게 받을 돈이 있다면 차용증이나 기타 뭐라도 있어야 할 텐데 왜 증거가 없느냐?
② 피고는 과거에도 현금으로 돈을 받고 통장으로 이체하여 갚으면서 통장기록을 자기에게 유리하게 만든 뒤 상대방에게 돈을 달라고 요구한 전력이 있다. 이 때문에 사기죄로 실형을 선고받았다.

한편 형사소송 항소심 판결을 적극 활용하여 '차용증이 가짜라고 주장하는 피고'에 대해 '피고의 주장이 의심스럽다면 이는 차용증이 진정 성립된 것이다'라고 강조했다.

피고 측의 반격

물론 이에 대해 상대방 변호사가 가만히 있을 리는 없다. 그들도 다음과 같이 원고의 약점을 파고들었다.

① 원고의 주장대로라면 12억 정도를 빌려주었던 것인데 그만한 돈을 빌려줄 때 장부도 없이 빌려주었다는 게 말이 되는가?
② 현재 수입 등을 보면 과연 12억을 빌려줄 만한 여력이 되는가?

한편 상대방 변호사는 피고를 옹호하는 주장도 펼쳤다. 즉 피고가 사기죄로 판결을 받았으나 빌린 돈을 다 갚았기 때문에 정상참작 되어 집행유예를 받은 것이라고 당시 판결문을 인용했다. 그리고 '차용증의 진정성립' 문제에 대해서 상대방 변호사는 '형사소송의 무죄판결'이 죄가 있는지 의심스럽다는 것이지 죄가 없음이 뚜렷하다는 게 아니므로 차용증은 여전히 진위 여부가 분명치 않다는 점을 강조했다.

최종 결론

진흙탕 싸움이 되고 나면 어떤 증거도 더는 인정받기 어려워진다. 민사소송 항소심의 판사 역시 부담감을 크게 느꼈을 것이다. 이 사건은 판사 직권으로 조정으로 넘어갔으며 원고와 피고에게 양보를 요구하여 최종 결론은, 피고가 원고(의뢰인)에게 1억 원을 지불하는 것으로 조정되었다. 우리의 승리였다.

1심에서 유죄판결(형사)과 패소(민사)를 받았던 사건이 2심에서 무죄판결(형사), 승소에 가까운 조정(피고의 반소를 완전히 배제하고 원고의 주장 일부를 받아들였으므로)이 되는 경우도 드물다. 이런 역전극이 가능했던 것은 진짜 차용증과 가짜 차용증 사이의 차이를 발견한 것과, 여기에는 따로 소개하지 않았지만 자질구레한 메모까지 싹싹 긁어모아 원고가 피고에게 준 돈이 더 많았음을 보여주는 데 기여했던 여러 증거가 큰 역할을 했다.

진실이 있으면 반드시 이를 입증할 증거가 어딘가에는 있다. 최선을 다해 정직하게 증거를 찾고 또 찾자. 그 증거들이 당신의 진실을 오롯이 밝혀줄 것이다.

신속히 입장을 정하여 즉시 행동에 나서야 한다

사건 22 남의 땅 편취 공모 사건

 사건 발생

시행업을 하는 고향 선배가 있었다. 이 선배는 돈에 대한 윤리의식이 희박하여 금전 관계에서 신뢰를 얻지 못하는 사람이었다. 하루는 이 선배가 사색이 되어 필자를 찾았다.

"고향 친구 놈하고 돈을 좀 모아서 땅을 좀 샀거든. 그런데 우리한테 땅을 판 놈이 알고 보니까 진짜 주인이 아닌 거야."

선배는 물을 단숨에 들이켜며 억울함을 하소연했다.

"완전 사기 당한 거잖아? 그래서 이 놈을 찾아갔는데 어디로 도망쳤는지 도무지 찾을 길이 없다네."

"고소는 하셨나요?"

"아니."

"왜요?"

선배는 우물쭈물 말을 잇지 못했다. 한참 뒤 그가 마지못해 입을 열었다.

"나도 물론 땅 살 돈을 대기는 했는데 말이야, 내가 그 땅 매매하는 과정에서 돈을 좀 챙겼거든."

"얼마나요?"

"크지는 않아. 그냥 용돈 정도."

선배가 선뜻 고소하지 못하고 나를 찾아온 이유를 알 것 같았다.

선배가 처한 상황

필자의 생각에 이 사건은 선배와 그 가짜 땅 주인이 공모하여 후배를 속인 사기사건으로 보일 가능성이 컸다.

"매매대금을 지불했다는 그 친구와는 만나 보셨어요?"

"그럼 만나는 봤지."

"혹시 그 친구 분이 선배님을 의심하지는 않던가요?"

선배가 소개했으니 충분히 의심을 살 만한 정황이다. 그러나 선배 말로는 친구는 자기 말을 믿고 있는 것 같다고 했다.

"나도 피해를 보았다고 이야기했더니 의심하지는 않는 것 같아."

"그런데 아시다시피 돈이란 게 친구와 적을 구별하는 것이 아니잖아요. 친구 분이 언제 어떻게 마음을 바꿔서 선배님을 공모자로 보고 고소할지 알 수 없는 일입니다."

"그럼, 어떻게 해야 하겠는가? 도망친 놈을 찾을 길도 없고, 고소하자니 내가 공범이 될 것 같고."

해결 포인트

이런 문제에서 시간은 내 편이 아니다. 가만히 있다 보면 앞은 자리에서 사기 당한 그 친구가 점점 분노를 키울 것이다. 분노가 커지면 날아간 돈이 아깝게 될 것이고, 그러면 자연히 선배를 의심하는 게 인지상정. 결코 손을 놓고 있을 상황은 아니었다.

"문제가 뭐냐면, 누가 고소를 했는가 하는 문제 때문에 상황이 달라질 수 있다는 말입니다. 선배가 고소하는 것과, 친구 분이 고소하는 것은 정말 하늘과 땅만큼 차이가 나는 일이에요."

친구가 고소를 하면 선배는 조사를 받게 되고, 매매과정에서 일부 돈을 챙긴 게 드러난다면 공모자가 될 가능성이 매우 농후해진다. 반면 선배가 고소를 하게 되면 설령 돈을 챙긴 정황은 드러나더라도 '나도 피해자다'라는 것을 주장할 수 있는 근거가 생기게 된다. 이건 사소한 차이인 것 같지만 최종 결과에서 큰 차이를 만든다.

결론

선배는 필자의 조언에 따라 도망친 가짜 주인을 상대방으로 '사기 및 공문서 위조 등'의 죄목으로 고소했다. 그리고 며칠 뒤 선배의 고향 친구는 예측대로 화를 참지 못하고 선배를 공모자로 하여 사기죄 고소를 하게 되었다. 다행히 선배가 먼저 고소한 덕분에 '나도 피해자'라는 주장이 인정받아 형사 기소를 면하게 되었다.

만약 조금만 망설이다가 친구가 먼저 고소를 했다면 골든타임을 놓친 나머지 공범으로 몰리게 되었을 사건이었다.

공모와 공모관계이탈의 요건

대법원 2008. 4. 10. 선고 2008도1274 판결[강도상해·특수절도]

[1] 형법 제30조의 공동정범은 2인 이상이 공동하여 죄를 범하는 것으로서, 공동정범이 성립하기 위하여는 주관적 요건으로서 공동가공의 의사와 객관적 요건으로서 공동의사에 기한 기능적 행위지배를 통한 범죄의 실행사실이 필요하고, 공동가공의 의사는 타인의 범행을 인식하면서도 이를 제지하지 아니하고 용인하는 것만으로는 부족하고 공동의 의사로 특정한 범죄행위를 하기 위하여 일체가 되어 서로 다른 사람의 행위를 이용하여 자기의 의사를 실행에 옮기는 것을 내용으로 하는 것이어야 한다.

[2] 공모공동정범에 있어서 공모자 중의 1인이 다른 공모자가 실행행위에 이르기 전에 그 공모관계에서 이탈한 때에는 그 이후의 다른 공모자의 행위에 관하여는 공동정범으로서의 책임은 지지 않는다 할 것이나, 공모관계에서의 이탈은 공모자가 공모에 의하여 담당한 기능적 행위지배를 해소하는 것이 필요하므로 공모자가 공모에 주도적으로 참여하여 다른 공모자의 실행에 영향을 미친 때에는 범행을 저지하기 위하여 적극적으로 노력하는 등 실행에 미친 영향력을 제거하지 아니하는 한 공모관계에서 이탈하였다고 할 수 없다.

사건 23 입장을 빨리 취하라
강도 사건 피해자냐 사기사건 가해자냐

 사건 발생

터널 비전이란 특정 정보에만 시선이 간 나머지 다른 정보에는 시선을 주지 못하는 심리 현상을 일컫는 말이다. 마음이 어딘가에 사로잡혀 있으면 그 시야가 터널 크기만큼으로 줄어들기 때문에 '터널 비전'이라고 부른다. 뜻하지 않게 사건에 휘말리면 감정 절제가 힘들어지면서 사건의 전체 그림을 보는 데 어려움을 겪기도 한다. 이 사건도 마찬가지였다.

친구의 동생이 찾아왔다. 당시는 벤처 붐이 일었던 시기로, 엔젤투자자(창업 기업의 초기 단계에서 투자하는 소규모 투자자)가 크게 늘었던 때였다. 동생은 IT 전문가였고, 마침 A가 동생의 기술력을 높이 평가하여 같이 회사를 차리게 되었다. 자금은 동생과 A가 반반씩 내기로 합의했다.

여러 해 열심히 일한 결과, 그 합작기업은 이익을 내는 구조를 만들었다. 투자자를 모으기에 적합한 조건이 만들어진 것이다. 그러자 A가 속셈을 드러냈다. A는 자기 사람들과 함께 회사를 독차지할 심산으로 동생에게 퇴사를 강요했다. 당연히 동생으로서는 황당한 일이었다. 동생은 무슨 말도 안 되는 소리냐며 화를 냈지만 도리어 신체적 위협이 뒤따랐다. 동생은 그간 작업한 자료까지 빼앗기고 말았다.

진짜 문제

"이대로는 회사를 송두리째 빼앗길 것 같습니다."

그 동생이 친형의 소개로 필자를 찾아와서 처음 건넨 말이었다. 그런데 사정을 다 들은 필자가 보기에는 그게 문제가 아니었다. 동생은 자기 회사를 빼앗길지 모른다는 생각을 갖고 그 문제 해결을 위해 찾아온 것이었으나 내 시선에는 이건 꼼짝없는 투자사기 조짐이었다.

"지금 사태가 심각하지?"

그에게 물었다.

"협박하고 위협하고 정말 못 견디겠습니다. 그 동안 어떻게 키운 회사인데 이게 말이 됩니까?"

"그런데 내가 보기에는 지금 돌아가는 상황이 그런 게 아니야. 회사 빼앗기는 게 문제가 아니라고."

그 동생이 무슨 뜻이냐는 듯 나를 쳐다보았다.

"지금 대규모 투자자를 모집할 계획이라고 했지? 자네는 그 회사 동업자로 되어 있고. 이들의 행태가 폭력을 동원하고 있고, 동업자를 자기들 마음대로 내쫓으려고 하고 있단 말이야. 뭔가 짚이는 데가 없나? 이건 먹고 튀겠다는 자들이 보이는 일반적인 모습이라고."

"네?"

"회사 내부에서 문제를 해결하려고 하지 말게. 이들을 강도상해 등의 혐의로 고소하고 회사에서 빠져나오란 말이야. 그렇지 않으면 투자사기 공범으로 몰려서 억울한 감옥살이를 할 수 있다고."

결과

동생은 필자의 의견을 진지하게 받아들여 얼마 뒤 강도상해 등의 혐의로 A 일당을 고소했고, 기업에서 발을 뺐다. 수개월 뒤 A 일당은 대대적인 엔젤투자 모집 광고를 냈고, 얼마 뒤 사기범 등으로 구속되었다.

모든 사건은 난데없이 벌어지는 게 아니라 돌아가는 상황이란 게 있다. 조금만 상식을 갖춘 사람이라면 뻔히 알 수 있는 일도 많다. 그러나 감정이 앞서게 되면 사태의 추이를 객관적으로 보는 눈을 잃을 수 있다. 터널 비전을 주의하자.

부동산 사기사건 증거 수집법
개발빙자 땅 투기 사기사건

 배경 설명

부동산 사기사건의 경우, 핵심은 사기 당한 돈을 어떻게 받아낼 것인가 하는 점이다. 이를 위해 필요한 활동은 4가지다. 1) 증거 수집, 2) 재산 추적, 3) 형사 고소, 4) 민사 소송 제기.

증거를 수집하는 이유는 소송에서 이기기 위해서이고, 재산을 추적하는 이유는 가압류 등으로 재산을 묶어두기 위해서이다. 형사 고소를 하는 이유는, 꼭 벌을 주려는 목적 외에도 수사기관을 통해 우리가 할 수 없는 조사가 이루어지기 때문이며, 나아가 민사소송을 유리하게 이끌기 위함이다. 형사소송에서 이기면(즉 피고소인이 유죄 판결을 받는 것) 민사도 이길 가능성이 그만큼 높아진다.

이 사건도 전형적인 부동산 사기사건이었다. 개발을 앞둔 땅이 있다. 나중에 엄청난 보상금이 떨어질 것이다. 우리도 땅을 조금 샀는데 현재

평당 3배가 올랐다, 지금이 적기다, 다른 사람이 나도 사고 싶다고 줄을 서 있다, 이 정보는 구청에 잠깐 올랐다가 내려갔다, 이 지역 부동산 가격 상승이 문제가 되어 정보가 일반에 공개되지 않았다, 내가 아는 사람이 이쪽에서 일하고 있어서 확실한 정보다, 이 땅은 토지거래허가구역이라 정상적인 방법으로 매매가 불가능하다, 경매를 통해 매매를 해야 한다…… 돈 굴릴 때가 필요한 사람이라면 귀가 솔깃할 만한 이야기들이다.

사건 발생

"원지동 부근에 시립 화장장이 건립된다고 하는데 이쪽에 사기를 치는 사람들이 많다고 합니다. 제가 아는 분도 피해를 입었다고 해요."

알고 지내던 교수님 한 분이 어느 날 필자에게 들려준 이야기였다. 며칠 뒤 교수님 소개로 피해자 A가 찾아왔다.

"6천만 원을 주고 100평을 구입했는데 그 사이에 평당 가격이 3배가 올랐다고 하기에 그만……"

A가 입을 뗐다.

"시립 화장장이 이곳에 생길 거라면서 지금 사라고 했거든요. 그런데 나중에 알고 보니 제가 산 땅은 시립 화장장 부지가 아니라 그 옆에 있는 맹지였어요. 100평에 시가 1천만 원도 안 되는……"

"총 피해액이 얼마인가요?"

"1억 8천입니다."

경매 기록을 살펴보았다. 그 일대의 경매 낙찰자는 피해자 A가 마지막이었다. 그 뒤로는 더 이상 경매 낙찰자가 보이지 않았다. 이 말은 이 사기사건의 막차를 탔다는 뜻이다.

"돈을 어떻게 되찾을 수 있을까요?"

피해자 A는 땅이 꺼져라 한숨을 쉬었다.

증거 수집

최소한 사기꾼이라면 사후 관리에도 신경을 쓰는 게 정상이다. 이들은 고소나 소송을 당하면 '정상적인 거래 행위였다'고 주장할 게 뻔했다. 이를 위해서는 당연하지만 증거 수집이 우선이었다. 이런 경우, 사기꾼들이 피해자 A에게 전달한 정보와 실제 토지 사이에 차이가 있다는 점을 찾는 게 가장 먼저 확인할 일이다.

- 등기부등본을 떼 보았다 : 피해자 A가 경매를 통해 구입한 땅은 약 100평 정도였고, 이 100평은 전체 3만 평 정도에 속한 일부의 땅이었다. 3만 평의 땅에는 수십 명의 소유자가 존재했다. 이들 중 대다수가 또 다른 피해자로 보였고, 아마도 일부 땅은 사기꾼들이 소유자로 되어 있는 것 같았다.
- 경매절차에서 실시된 감정평가서를 확인해 보았다 : 감정평가서에 따르면, 3만 평이 위치한 곳은 서초구 원지동 소재의 어느 마을 남측으로, 경부고속도로 주변의 산림이 둘러싸고 있고, 북쪽으로는 비탈진 자연림 상태였다. 도로가 없는 맹지였고, 분묘도 여러 기 있는 것으로 추정되었다. 부동산 경계가 모호할 만큼 수풀

이 우거진 곳이었다.

- 인터넷 포털사이트에 접속해서 거리를 측정해 보았다 : 3만 평이 위치한 곳에서 750미터 거리에 서울시에서 건설을 추진하는 서울추모공원이 있었다. 그런데 이 두 곳 사이에는 계곡이 놓여 있었다.
- 서울시청 인터넷 사이트에 접속했다 : 서울추모공원 건립 현황을 살폈다. 2001년 7월 부지 선정, 2009년 2월 사업부지 토지 보상이 협의 완료되었다(피해자 A가 사기를 당한 시점은 2006년 12월로 아직 토지 보상이 이루어지기 전이었다.). 이곳에는 화장시설, 종합의료시설, 공원 등이 설립될 예정이었다.
- 3만 평의 땅이 개발 가능한 지역인지 확인하기 위해 토지이용계획확인서를 찾아보았다 : 이 3만 평의 땅은 자연녹지지역이고, 개발제한구역, 대공방어협조구역, 제한보호구역, 공익용산지, 보전산지, 과밀억제권역, 야생동식물보호구역, 토지거래계약에 관한 허가구역으로 되어 있었다. 한마디로 개발될 여지가 전혀 없는 곳이었다.
- 국토해양부 사이트에 접속해서 이 3만 평 땅의 공시지가를 확인했다 : 2006년 1월 기준 1평당 16,800원, 2007년 1월 18,100원, 2009년 1월 기준 19,800원이었다. 2007년 1월 기준으로 피해자 A가 경매 낙찰받은 100평의 공시지가는 약 598만 원이었다. 600만 원만 있으면 살 수 있는 땅을 1억 8천에 산 셈이었다.

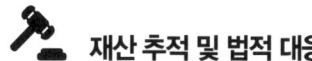 **재산 추적 및 법적 대응**

이 사건에서 드러난 공모자는 총 2명이었고, 사건을 조사하는 과정에서 이 두 명이 누군가에게 돈을 입금한 사실이 확인되었다. 아마 이 세 번째 인물도 사기에 가담하고 있는 사람으로 보였다. 우리는 이 3인의 재산을 추적해 보았다.

사기꾼 1: 작은 아파트 1동을 소유하고 있음.

사기꾼 2: 공부상 재산 추적이 어려움. 다른 사건으로 구속 중임.

사기꾼 3: 서초구에 상당한 건물과 토지가 있음. 그러나 이 자를 고소하기에는 별다른 증거가 없어 힘들어 보임. 한편 사기꾼 1~2가 사기를 치는 과정에서 피해자 A에게 약속어음을 공증한 것이 발견됨.

재산 추적 후 우리는 1차적인 법적 대응을 강구했다.

사기꾼 1: 소유 아파트에 대해, 피해금액(1억 8천)에 해당하는 만큼 불법행위에 의한 손해배상청구권을 피보전권리로 하여 부동산가압류신청을 하여 결정을 받음.

사기꾼 2: 1차 조치 없음.

사기꾼 3: 약속어음금청구권을 피보전권리로 하여 부동산가압류신청을 하여 결정을 받음.

이어서 우리는 2차적인 법적 대응에 나섰다.

사기꾼 1: 불법행위에의한손해배상청구권을 요건사실로 하여 민사소송 제기, 경찰서에 사기죄로 고소.

사기꾼 2: 불법행위에의한손해배상청구권을 요건사실로 하여 민사소송 제기, 경찰서에 사기죄로 고소.

사기꾼 3: 불법행위에의한손해배상청구권을 요건사실로 하여 민사소송 제기

결과

예상대로 사기꾼들은 민사소송에서 '자기들은 속이려고 한 적이 없다'고 주장했다. 물론 우리는 사건의 경위를 설명하며, 사기꾼들의 주장을 조목조목 반박했다. 이미 증거 수집 과정에서 충분히 사기 의도를 확인할 수 있었기 때문에 어려운 과정은 아니었다. 검찰은 사기꾼 1~2를 기소했으며, 이어진 형사재판에서 사기꾼 1~2는 피해액 6천만 원에 대해서 사기죄로 유죄 판결을 받았다(왜 1억 8천이 아니라 6천인가 하면 나머지 1억 2천을 사기꾼 3에게 매매대금 형태로 주었기 때문이었다.). 한편 형사재판이 끝난 뒤 연이어 열린 민사재판에서는 1억 8천이 아닌 1억 7,130만 원을 피해액으로 인정하여 원고 승소 판결을 받았다. 그러나 사기꾼 3에 대해서는 증거 부족으로 패소했다.

사기사건에서 중요한 것은 상대방이 재산을 가지고 있을 때 가압류 등으로 선제공격하면서 후속조치를 취해야 한다는 점이다. 그게 아니면 재판에서는 이길 수 있으나 손에 돌아오는 것은 아무것도 없을 수 있다.

프레임 바꾸기
정비사업관리업자 배임 사건

 배경 설명

경험칙이란 단어는 무서운 의미를 내포하고 있다. 행동이나 습관이 일상적인 범주에서 벗어나는 사람에게는 적용하기 어려운 경향이 있기 때문이다. 경험칙은 문화에 큰 영향을 받기 마련이다. 이런 이유로 다른 문화권에서 건너온 사람이거나 일상적인 문화권 밖에 있는 사람의 경우는, 그 사람의 행위를 이해하기 위한 충분한 보충 자료가 필요하다. 일반인의 눈에 정치인의 행보가 이상하게 보일 때가 있지만 그건 정치인이 처해 있는 정치문화의 특수성에 기인하기 때문이 아니겠는가. 그러므로 평균적인 직업이 아니거나 일상적인 상식 수준에서 이해하기 곤란할 만한 어떤 사정이 있다면 그 문화와 경위를 자세히 풀어서 보여줄 필요가 생긴다. 이것이 프레임 바꾸기로, 이 사건을 이해할 수 있을 만한 배경지식을 판사에게 제공하는 게 목적이다.

🔨 사건 발생

2009년 10월경 일이다. 평소 회사 업무로 오랫동안 관계를 맺던 회사 대표가 배임죄(특정경제범죄가중처벌등에 관한 법률 위반)로 형사 기소되면서 동시에 민사 재판을 받게 되었다.

A 대표는 도시정비관리업체 사장이자 주택정비사업재개발조합의 조합원이었다. 그는 해당 정비 구역 내에 자리한 절[寺]의 처리 문제에 관여하고 있었다. 그러다 새로 구성된 조합의 집행부에 의해 '조합장을 비롯한 A 대표가 사익을 취했다'는 내용으로 고소되었다. 고소인들(조합 집행부)의 주장은 이러했다.

- 조합장과 A 대표는 공모하여 A 대표가 그 처남과 함께 영업보상도 안 되는 절 부지와 건물을 인수하는 과정에서 조합은 수억 원의 보상금을 지불하는 등 조합에 손해를 입었다.
- 이 과정에서 이들은 싼값에 조합원 지위를 부당하게 인수하여 수억 원의 이익을 챙겼다.

형사 제1심 재판 결과 피고인 A 대표는 징역 1년 6월에 집행유예 3년의 유죄 판결을 받았다. 당시 필자는 민사 소송을 담당하고 있었고, 형사소송은 다른 변호사가 맡았는데 유죄 판결 이후 A 대표의 요청으로 형사 항소심부터 참여하게 되었다. 이미 담당 변호사가 항소이유서를 제출했고, 필자는 항소이유보충서를 제출하기로 했다.

해결 포인트

1심의 쟁점은 다음과 같았다.

1) 절의 경우, 청산 절차를 밟지 않고 협상을 통해 보상을 한 이유가 무엇인가?
2) A 대표가 인수한 조합원 지위가 4개라고 하는데 과연 적절했는가?
3) 보상을 한 결과, 조합원에게 부담을 주는 셈이 되는데 사전에 조합원 총회 결의 등 적법한 절차를 거쳤는가?

1심 재판부는 이 3가지 쟁점에 대해서 모두 피고인에게 불리한 판단을 내렸다. 항소심에서의 쟁점 역시 이 점에 대한 해명이 중심을 이루었다.

1) A 대표는 부당한 이익을 얻으려고 개입한 것이 아니라 부득이하게 도와주려고 한 것이다. A 대표는 이전에 조합원이었다. 절 문제 해결과정에서 절 관련 조합원 지위를 이어 받으려는 것이지 사적인 이익을 취하려던 게 아니다.
2) 절뿐 아니라 이전에 해결된 교회의 처리 과정도 함께 살펴주기 바란다. 그 교회에도 보상금을 지불하고 건축 부지를 제공했는데 절보다 더욱 많이 주었다. 이 둘을 비교하면 절 문제 처리 방식이 이상해 보일 까닭이 없다.
3) 조합장이 사익을 추구했다는 게 드러나지 않은 상태였다. 법률적

청산 절차 외에도 경영상 다른 처리 방법을 구할 수 있는 것이다. 즉 협상을 통해 문제를 해결하는 것은 경영상 판단으로, 이는 형사상 책임을 물을 수 없는 것이다.

4) 법적 절차보다 협상을 통한 빠른 처리는 다른 재개발조합 사례에 비춰보면 막대한 손해 발생을 막는 효과가 있었다.

결론

물론 주장만 한 것은 아니고, 이런 사정을 입증하기 위해 새로 증거를 찾았고, 이 조합의 관리처분계획을 주도한 정비사업관리업체의 담당자를 증인으로 세웠다. 그와 동시에 이 사건의 경위를 충분히 풀어서 설명하고, A 대표의 행위가 경영 판단에 해당한다는 점을 설득하기 위해 다른 판례를 제시했다.

A 대표는 오랫동안 경영자로 살아왔기 때문에 일반인의 시각과 다른 경험과 사고를 갖고 있다. 그러나 반대로 그는 남들도 자기처럼 생각할 것이라고 믿는 경향이 있다. 그래서 1심에서는 주장만 하고 그쳤으나 2심에서는 이 점을 충분히 입증하기 위한 자료와 설명을 제공한 것이다. 그게 제3자였던 정비사업관리업체 담당자의 증언 요청이었고, 경영 판단에 대한 판례였으며, 마지막으로 A 대표가 이런 판단을 내리게 된 사정을 충분히 설명한 경위서였다.

다행히 재판부에서 경영판단부분 항소이유를 받아 들여 무죄를 선고하였다.

사례에 맞는 판례가 판세를 뒤집는다

대법원 2015. 3. 12. 선고 2012도9148 판결[특정경제범죄가중처벌등에관한법률위반(횡령)·특정경제범죄가중처벌등에관한법률위반(배임)·사기]

그리고 경영상의 판단과 관련하여 기업의 경영자에게 배임의 고의가 있었는지 여부를 판단함에 있어서도 일반적인 업무상배임죄에 있어서 고의의 입증 방법과 마찬가지의 법리가 적용되어야 함은 물론이지만, 기업의 경영에는 원천적으로 위험이 내재하여 있어서 경영자가 아무런 개인적인 이익을 취할 의도 없이 선의에 기하여 가능한 범위 내에서 수집된 정보를 바탕으로 기업의 이익에 합치된다는 믿음을 가지고 신중하게 결정을 내렸다 하더라도 그 예측이 빗나가 기업에 손해가 발생하는 경우가 있을 수 있는바, 이러한 경우에까지 고의에 관한 해석기준을 완화하여 업무상배임죄의 형사책임을 묻고자 한다면 이는 죄형법정주의의 원칙에 위배되는 것임은 물론이고 정책적인 차원에서 볼 때에도 영업이익의 원천인 기업가 정신을 위축시키는 결과를 낳게 되어 당해 기업뿐만 아니라 사회적으로도 큰 손실이 될 것이므로, 현행 형법상의 배임죄가 위태범이라는 법리를 부인할 수 없다 할지라도, 문제된 경영상의 판단에 이르게 된 경위와 동기, 판단대상인 사업의 내용, 기업이 처한 경제적 상황, 손실발생의 개연성과 이익획득의 개연성 등 제반 사정에 비추어 자기 또는 제3자가 재산상 이익을 취득한다는 인식과 본인에게 손해를 가한다는 인식(미필적 인식을 포함)하의 의도적 행위임이 인정되는 경우에 한하여 배임죄의 고의를 인정하는 엄격한 해석기준은 유지되어야 할 것이고, 그러한 인식이 없는데 단순히 본인에게 손해가 발생하였다는 결과만으로 책임을 묻거나 주의의무를 소홀히 한 과실이 있다는 이유로 책임을 물을 수는 없다(대법원 2004. 7. 22. 선고 2002도4229 판결 참조).

억울하더라도 적당한 때 멈춰야 한다

사건 26
어느 순진한 종교인의 대여금 사건

사건 발생

평소 친분이 있는 종교인 A에게서 연락이 왔다. 소송 문제로 상의할 게 있단다.

"소송을 당하셨다고요? 어떤 일이 있었습니까?"

"제가 다니는 교회에 B라는 성도가 있습니다. 그 사람이 참 교회 일에 열심이었거든요. 교회 시설을 세우는 데도 관심을 보였고요. 이 사람이라면 믿을 만하겠다 싶은 마음도 들고, 또 돈도 빌리고 하는 그런 관계였어요. 마침 제가 빌라 한 채를 갖고 있었는데 그 사람 하는 일에 보탬이 되라고 그 사람 앞으로 명의를 옮겼지요."

글쎄, 생각하기에 따라서 다르겠지만 아무리 믿는 사람이라지만 명의를 옮겼다는 말이 얼른 이해가 되지 않을지 모른다. 굳이 명의를 옮기지 않더라도 도와주는 방법은 여러 가지가 아닌가. 어쨌든 A에게는 그게 도움을 주는 방법이었을 것이거나 혹은 뭔가 말하기 거북한 사연이 있을 수 있다. A가 말을 이었다.

"그런데, 저는 까마득히 모르고 있었습니다만, B가 제 빌라를 자기 아들 명의로 바꾸어놓았더군요(소유권이전등기)."

법률적으로만 따진다면 등기자가 소유권을 갖고 있으므로 자식에게 명의를 넘기는 건 하등 하자는 없는 일이다.

"그 아들이 말입니다, 글쎄 그 집을 다른 사람에게 다시 팔아버렸어요."

"빌라에는 누가 살고 있었죠?"

"전세 사는 사람이 있었죠. 아들이 어디서 마련했는지 보증금도 돌려주어서 세 들어 살던 사람을 나가게 한 모양이에요. 그 빌라는 은행에 저당도 잡혀 있었는데 그것도 갚은 모양입니다."

"그 아들이 빌라에서 살았던 모양이죠?"

"네, 빚 다 갚고 그 집에서 얼마간 살다가 딴 사람에게 팔았다더군요. 아니, 이게 말이 안 되잖아요? 그건 제 집인데."

A가 한숨을 쉬더니 말을 이었다.

"그런데 말입니다. 제가 B에게 돈을 빌리고 갚고 좀 그런 관계였습니다. 몇 번 돈을 빌렸는데 아직 제가 못 갚은 게 있거든요. 그걸 갚으라고 B가 소송을 건 겁니다."

"차용증을 쓰셨나요?"

"네, 차용증을 써주었죠. 하지만 그 빌라는 원래 제 것이었고, 그걸 팔았으면 판 값은 제 것이 맞잖아요?"

"그렇죠. 일단 법률적 관계를 떠나서 사정이 그렇다면 맞는 것이죠."

일단 맞장구를 치기는 했지만 그런 주장을 판사가 곧이곧대로 받아들일지는 모를 일이었다.

"집을 얼마에 팔았답니까?"

"보증금 빼주고, 저당 잡힌 것 풀고 남은 돈이 2천만 원이라고 하더군요. 그 2천에다가, 전에 B와 함께 계에 가입해 있었거든요. 제가 곗돈을 타서 1천만 원을 갚았어요."

"원래 B에게 갚아야 할 게 얼마였죠?"

"3천만 원이니까 저는 다 갚은 셈이죠."

"혹시 빌라는 공짜로 준 게 아니라 잠시 명의만 맡긴 것임을 증명할 수 있는 방법을 갖고 계신가요? 또 곗돈을 주었다는 사실을 입증할 방법도 있으신가요?"

"명의를 준 게 아니라 맡겼다는 건 몇몇 사람들이 알고 있어요. 그 사람들이 증인이라고요. 곗돈으로 갚은 건 계장부에 적혀 있고요."

쟁점 정리

아마도 이런 사건을 접하는 변호사라면 누구나 다 '이건 어렵다'고 판단하는 게 정상이다.

일단 드러난 증거만 보자. 원고, 즉 B가 제출한 증거자료는 차용증과 등기부등본이다. 반면 필자의 의뢰인인 A가 갖고 있는 증거 자료는 증인과 계장부의 확인서가 전부다. 만일 이 증거들이 권투선수가 되어 사각의 링에 오른다고 가정하면 누가 이길 것 같은가? 누가 보더라도 차용증과 등기부등본이 아닐까? 차용증은 두 명이 합의하여 자성한 것이고, 등기부등본은 공공기관에서 작성한 것이다. 반면 증인의 말은 상대가 인정하지 않으면 다툼이 생기는 피고의 주장일 뿐이며, 계장의 확인서는 일기와 같은 개인의 기록일 뿐이다. 입증력에서 큰 차이가 존재하기 때문에 권투경기는 처음부터 한쪽으로 기운 상태에서 진행되기 마련이다.

경과와 실책

그런데도 필자의 의뢰인은 '그 빌라는 나의 것이었고, 나는 곗돈 받은 돈으로 1천만 원을 갚았다'는 주장을 굽히지 않았다.

명의신탁은 법률적으로 인정해주지 않지만 일부 종중이나 종교계에서 발견되기 때문에 이 부분을 강조하면 다툼의 여지는 있어 보였다. 실제로 이 사건의 담당판사는 초기에 화해를 권고했다. 3천만 원 가운데 적당한 액수에서 타협을 보라는 얘기였다. 민사재판에서는 흔히 벌어지는 상황이었다. 원고는 화해 권고를 받아들일 생각이었던 모양이다. 그런데 피고(필자의 의뢰인)가 이를 거부했다. "저는 줄 돈이 없다고요. 다 갚았는데 뭘 더 줘요."

조정이나 화해를 하게 되면 판사는 원고와 피고에게 한 걸음씩 물러서게 하기 때문에 필자 입장에서는 피고가 다소 억울하더라도 현명한 판단이 되리라고 생각했다. 그러나 피고가 거부 의사를 표명하면서 사건은 정식 재판으로 넘어갔고, 결국 피고는 패소 판결을 받았다. 3천만 원을 고스란히 갚아야 하는 입장이 된 것이다. 판사가 원고 승소 판결을 내린 이유는, 앞서 설명한 증거 때문이었다. 피고에게 증거가 없었던 건 아니지만 원고의 주장을 깨뜨릴 만큼 증명력이 크지 못했기 때문이다. 만일 필자의 의뢰인이 증명력에 대해서 이해도가 있었다면 재판은 조정 절차를 거쳐 3천만 원이 아닌 이보다 적은 금액에서 갚아야 할 돈이 결정되었을 것이다.

:: 후기 ::

1. 용인으로 이사한 후 집에서 가까운 동네 교회에 다녔습니다. 눈으로 어림해 보니 교회 뒷산으로 올라가서 산등성이를 넘으면 집에도 갈 수 있고, 운동도 되겠다 싶었습니다. 돌아오는 주일에 교회를 파하고 동편 공동묘지 쪽으로 길을 찾아봤습니다. 당시는 여름이라 수풀이 빽빽하여 몇 걸음 못 가고 발길을 돌렸습니다. 그러다가 작년 겨울쯤 교회 뒤 학교 기숙사 쪽으로 갔더니 잎을 떨어뜨린 나무가 앙상하게 뼈대를 보이면서 그 사이로 낙엽 깔린 흙바닥이 드러났습니다. 성큼 발걸음을 내디뎠습니다. 산길이 잠시 보이다가 이내 사라지고 딱히 길다운 길 없이 낙엽 쌓인 계곡과 산등성이가 이어졌습니다. 걷는 대로 길이 되는 셈이었지요. 그뒤 서너번 더 인적 없는 산길을 홀로 걸어다녔습니다. 그러다 얼마 전 예배를 드리고 나오는 길에 무심코 아내에게 산길로 가자고 했더니 선뜻 따라 나서더군요. 내색은 안 했지만 속으로 깜짝 놀랐습니다. 딱히 길이라고 부를 만한 길이 없고 그냥 내가 가면 그게 길인데 아내는 분명 길이 없다고 한소리하겠죠. 아니나 다를까. 길 없는 숲길을 걸으며 아내에게 계속 야단을 들어야 했습니다.

2. 많은 세월, 법조계 주변을 어슬렁거리면서 귀동냥한 것, 피부에 와 닿았던 것, 여전히 머리에 남아 있는 것을 부족하나마 날 것 그대로 내놓습니다.
    제대로 정리하지 못한 얘기도 있을 것이요, 깊이 있는 탐구가 부족한 내용도 있을 텐데, 만일 그렇다면 저의 독단에 불과하겠지요.

그러나 한편으로는 각자가 삶의 영역에서 최선을 다할 때, 나아가 조물주를 향하여 마음을 다할 때 진리와 정의가 이루어진다고 생각합니다. 저의 작고 부끄러운 체험이 혹 보다 나은 분에게 닿아 또 다른 기회를 여는 데 도움이 되리라 생각해 봅니다.

3. 사실 법조 3륜이라고 하지만 사건이 발생하면 먼저 수사관이나 검사가 판단하고, 그래서 재판에 넘겨지면 다음으로 판사가 판단합니다. 판관들은 어떻게 어떤 이유로 결론에 도달하는지, 그 과정에서 우리는 어떻게 판관을 설득할 것인지 사례와 경험과 판례를 통해 대강을 더듬어 보았습니다. 물론 부족한 점이 많습니다만, 이 작은 노력이 누군가에게 생각할 기회를 제공하고 더 나은 변론의 방안을 도출하는 데 도움이 되리라 믿습니다.

4. 이제 졸저를 내는 마당에 저와 동행하였던 분들이 너무 많습니다. 검사 시절 저를 도와주었던 형사님, 수사관님, 검사님 그리고 상사분들, 변호사 개업 후 저에게 사건을 맡겨주었던 의뢰인분들 그리고 저의 변론을 판단해 주었던 각계 각층의 판사님들. 때로는 좋은 인연으로, 때로는 악한 인연으로 만났던 분들입니다. 지금 돌이켜 보니 이 만남에는 뜻이 있었고, 그래서 이유를 묻지 않고 감사한 마음을 전합니다. 세상 사람들에게 작은 이익이나마 되고자 출간한 책이지만 행여 이 글로 인해 어려움을 겪거나 섭섭함을 느끼신 분이 있을지 모릅니다. 의도하지 않은 일이지만 미리 고개 숙여 사과드립니다. 다만 좋은 뜻에서 시작한 일이었음을 양해해 주시면 고맙겠습니다.

5. 이 책의 탄생까지 함께하신 여러분, 고맙습니다.
어려운 원고를 쉽게 풀어준 권병두 편집장님, 심플한 디자인으로 독자 친화적 책자를 만들어준 홍석문 디자이너님, 따뜻한 시선이 담긴 사진으로 차가운 법률 서적에 온기를 불어넣어준 큰딸 지윤이.
그리고 남이 가지 않는 길을 가면서 그래도 길이라고 우기는 남편을 수십 년간 안아주고, 오늘도 모든 간난을 함께하고 있는 사랑하는 아내 김현옥 박사,

마지막으로 영육간에 보여도, 보이지 않아도 끝까지 저를 붙잡아 주시고 격려해 주시는 영원한 동반자 삼위일체 하나님.
정말 감사하고 감사합니다.
늘 참고 참으면서 좋은 세상에 작은 밑거름이 되는 책을 내도록 내일도 힘껏 뛰겠습니다.

6. 이 책에 대한 좋은 의견이나 참고할 만한 사례가 있으신 분은 아래 주소나 이메일 혹은 팩스로 연락주시면 감사하겠습니다.

서울특별시 서초구 서초중앙로 8길 17 하오르빌딩 302호(우 06640)
Tel. 02-3482-3838 Fax. 02-3482-3836
blog.naver.com/sunnun2
lawwin475@hanmail.net

3판 후기

세월이 많이 흘렀습니다. 책을 발간한 후 형사재판의 흐름을 계속 주시하고 있습니다. 당연히 법리가 발달하고 증거법에 대한 논리도 세밀하게 변하고 있습니다. 다만 이 책을 찾는 분들이 많아 초판 그대로 3판을 찍습니다. 참고로 무죄의 논리나 제1심 심리의 중요성 등에 대해 제가 2019년 1월경 발간한 「판사 검사 변호사, 그들이 알려주지 않는 형사재판의 비밀」(도서출판 순눈, 2019 개혁증보판)이 조금 도움이 될 것입니다. 그동안 이 책을 읽고 많은 의견을 주시고 격려해 주신 독자 여러분께 다시 한 번 감사드립니다. 후일 더 많은 사례와 논리를 축적하여 더 좋은 책을 만들어 갈 것을 약속드립니다. 감사합니다.

2025년 1월
노 인 수 경상

저자 약력

학력

1980 서울대 법과대학 법학과 졸업

1983 서울대 대학원 법학과 수료

1997 전남대 행정대학원 정책학과 수료

2010 건국대 부동산대학원 졸업

2020 경기대 서비스경영대학원 졸업(경영학 박사)

경력

1980 제24회 행정고등고시 합격

1981 제23회 사법시험 합격

1993 조선대학교 법과대학 형사법 겸임교수

1994 서울지검 강력부 수석검사

1995 서울고검 부장검사

1996 무등건설 법정관리인

2000 무등일보 파산관재인

2002 청와대 사정비서관

2008 종합 자산관리사 합격

2014 건국대학교 행정대학원 민사집행전공 겸임교수

현재 〈변호사노인수&법률사무소〉 대표 변호사

노서 출판 순눈 대표

저서 및 논문

1997 〈달건 장밟혔다〉

1999 〈큰 고기 잡는 그물을 펼쳐라〉

2003 〈겨울 다음에 봄이〉

2006 탈북자의 남한 적응 실태와 우리

2009 〈유치권경매와 손자병법〉

2010 주택재개발사업조합설립추진위원회의 운영개선방안연구

   (건국대학교 부동산대학원 석사학위논문)

2011 〈변호사 노인수의 유치권 진짜 가짜 판별법〉

2013 〈판사 검사 변호사, 그들이 알려주지 않는 형사재판의 비밀〉

2016 〈이기는 민사재판의 비밀〉

2017 〈유죄받은 자의 변명〉

2019 〈검경수사 잘 받는 법〉

2020 유치권 부동산 경매의 개선방안 연구 : 사례와 판례를 중심으로(경기대학교 서비스경영전문대학원 박사학위논문)

2020 〈어쩌다 성범죄자〉

2021 〈술술 읽히는 상속 증여 세(稅)테크 법(法)테크〉

참고문헌

공자(김형찬 역), 「논어」, 홍익출판사, 2013.
권영법, 「합리적 의심 – O.J. 심슨은 어떻게 무죄가 되었나?」, 현암사, 2017.
김장순, 「무죄판결과 법관의 사실인정」, 경인문화사, 2013.
김선화, "형사소송에서 자유심증주의에 관한 이론적 연구", 고려대학교 대학원 박사
　학위논문, 2005.
김형석, 「백년을 살다보니」, Denstory, 2016.
노인수, 「판사 검사 변호사, 그들이 알려주지 않는 형사재판의 비밀」, 지식공간,
　2013.
노인수, 「달건 장밟혔다. 노인수 검사의 깡패 사냥」, 도서출판 민현, 1997.
노인수·이선우, 「경매유치권과 손자병법」, 법률정보센타, 2009.
류혁상·권창국, 「증거의 신빙성 제고를 위한 효과적인 증거 수집 및 현출방안」, 한국
　형사정책연구원, 2005.
민영성, "범인 식별 진술의 위험성과 그 대처방안", 「법학연구」, 제42권제1호, 부산
　대학교 출판부, 2001.
박경리, 「토지 1」, 마로니에북스, 2015.
박광배·김상준·안정호, 「무죄론」, 학지사, 2017.
변종필, "간접증거에 의한 유죄 인정", 「비교형사법 연구」, 제5권제2호, 한국비교형
　사법학회, 2003.
사법연수원, 「2011 증인신문기술」, 사법연수원, 2011.
사법연수원, 「2011 형사 변호 실무−법률실무과목」, 사법연수원, 2011.

사법연수원, 「2012 형사증거법 및 사실인정론 법률실무과목」, 사법연수원, 2012.

사법연수원, 「2016 형사증거법 및 사실인정론 법률실무과목」, 사법연수원, 2016.

서동호·김선근, 「조상땅 찾는 법」, 다산초당, 2008.

신동운, 「판례분석 신형사소송법 Ⅱ」, 법문사, 2012.

신호진, 「형법요론 총론」, 문형사, 2012.

신호진, 「형법요론 각론」, 문형사, 2012.

양동철, 「형사법 기록형 형사소송실무」, 박영서, 2012.

위재민, 「제3판 형사절차법」, 한국표준협회미디어, 2012.

이준호, "형사재판에 있어서 증명력 판단의 기준 - 사실인정에 대한 대법원 판례의 고찰", 「사법연수원 논문집」 제2집, 2005.

이창현·강동필·김영천·정해영·성기강, 「형사변호와 무죄」, 미래와 경영, 2004.

한정우, 「세 번만 읽어도 좋은 변호사를 골라 승소하는 법」, 다산초당, 2006.

한종술, 「소송문서작성의 전략」, 육법사, 2010.

홍용표, 「형사 소송 기술」, 주서출판사, 2000.

윤재윤, 「좋은 변론, 좋은 변호사」, 법률신문사, 2024.